U0626461

高等职业教育制冷与空调技术专业系列教材

冷藏运输技术及应用

主　编　朱永祥
副主编　范　丽
参　编　王前进
主　审　秦黄辉

机 械 工 业 出 版 社

本书共分八章，内容包括现代冷藏运输技术概论、冷藏运输中的制冷基础知识、铁路冷藏车运输技术、公路冷藏车运输技术、水路和航空冷藏运输技术、冷藏集装箱运输技术、液化气体运输与设备、冷藏运输制冷装置的运行管理。

本书所选案例具有典型性，兼顾了普遍适用性和可操作性，可以满足不同地区、不同学校的需求。

本书可作为高等职业院校制冷与冷藏、制冷与空调专业教材，也可供相关专业技术人员参考。

图书在版编目（CIP）数据

冷藏运输技术及应用/朱永祥主编．—北京：机械工业出版社，2013.6（2023.8重印）

高等职业教育制冷与空调技术专业系列教材

ISBN 978-7-111-44705-4

Ⅰ.①冷…　Ⅱ.①朱…　Ⅲ.①冷藏货物运输-高等职业教育-教材　Ⅳ.①U

中国版本图书馆CIP数据核字（2013）第266184号

机械工业出版社（北京市百万庄大街22号　邮政编码100037）

策划编辑：张双国　责任编辑：张双国　版式设计：常天培

责任校对：佟瑞鑫　封面设计：赵颖喆　责任印制：郜　敏

北京富资园科技发展有限公司印刷

2023年8月第1版第3次印刷

184mm×260mm·13.25印张·323千字

标准书号：ISBN 978-7-111-44705-4

定价：39.80元

电话服务　　网络服务

客服电话：010-88361066　　机　工　官　网：www.cmpbook.com

010-88379833　　机　工　官　博：weibo.com/cmp1952

010-68326294　　金　书　网：www.golden-book.com

封底无防伪标均为盗版

机工教育服务网：www.cmpedu.com

前　言

由于近年来冷藏运输行业发展迅速，对一线高层次人才的需求尤为迫切，不仅对人才数量的需求不断增加，而且对人才的技术规格要求也逐步提高。从岗位群来看，冷库制冷系统和中央空调系统的运行管理、安装施工管理对人才需求量最大。目前，我国现有食品冷藏行业一线的技术人员大多数是中专及以下文化层次，专科以上高层次人才严重匮乏，而且其技术水平很难适应新技术的要求，这已严重落后于该行业的发展。技术水平高、经验丰富的操作管理人员比较少，普通存在技术素质低的现象。国内现有各类学校中培养的冷藏运输行业的人才明显偏少，难以满足社会需求。高等职业技术院校的专业设置应适应社会的经济发展及预期需要，应用型高级职业技术人才的社会需求前景广阔，因此，高等职业技术院校设置此类专业十分必要。

为体现高等职业教育特色，本书精心选材，采用在实际工作中广泛应用、与学习者关系最为密切的相关专业文献和素材，强度理论与实践、深度与广度、基础知识与专业前沿知识相结合，力求反映本行业工程方面的现状和发展趋势。

本书选材广泛、内容新颖、图文并茂、文体规范、难度适中，注重专业知识服务于实际应用，本书既可以作为专业教学内容完整的专业教材，也可以作为广大从事冷藏运输行业人员的实用参考书。

本书由南通航运职业技术学院朱永祥任主编并统稿，南通航运职业技术学院范丽任副主编，参加编写的还有上海海事局王前进。本书第一章、第二章、第三章由朱永祥编写，第四章、第五章、第六章由范丽编写，第七章和第八章由王前进编写。本书由秦黄辉主审。

本书在编写过程中参考或引用了国内一些专家学者的论著，在此表示感谢。

由于书中内容广泛，编者水平有限，不当之处在所难免，恳请读者批评指正。

编　者

目　　录

第一章　现代冷藏运输技术概论

第一节　冷藏运输技术概论

冷藏运输技术是将易腐食品从一个地方通过科学的运输设备和运输条件迅速而完好地运至另一个地方的专门技术。科学的冷藏运输对食品的开发利用、提高食品的经济效益、改善人民生活具有重要意义。

我国土地辽阔、地形复杂、海岸线长，各地的气候差别大，因而各种食品的资源丰富、品种繁多。为了把大量易腐食品从生产地运往消费地，为了提高食品出口量，推动我国食品工业的发展，食品冷藏运输是不可缺少的。

按易腐食品的性质要求，食品从生产时起到销售为止，都应该不断地保持一定的运送温度、湿度等条件。只有这样才能保持食品良好的品质。如果从生产到销售的全部过程中有一个环节或一段时间不能保证必要的运输条件，食品将降低质量或腐烂变质，以致失去食用价值。

1. 食品冷藏运输的构成

食品冷藏运输利用各项技术设备，运用冷藏、保温、通风换气等方法，将易腐食品完好地运至销售部门，它要求食品的采购、运输、销售等部门都具有必要的冷藏设备，以形成一个完整的“食品冷链”。

食品冷链是指易腐食品从产地收购或捕捞之后，在产品加工、储藏、运输、分销和零售，直到消费者手中，其各个环节始终处于产品所必需的低温环境下，以保证食品质量安全、减少损耗、防止污染的特殊供应链系统，如图 1-1 所示。

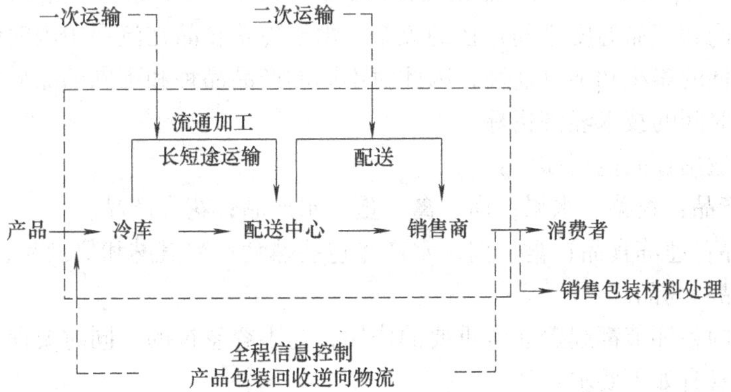

图 1-1　食品冷链的模型

（1）按食品从加工到消费所经过的顺序分类　食品冷链由冷冻加工、冷冻储藏、冷藏运输及冷冻销售构成。

1）冷冻加工：包括肉禽类、鱼类和蛋类的冷却与冻结，以及在低温状态下的加工作业过程；果蔬的预冷；各种速冻食品和奶制品的低温加工等。在这个环节上主要涉及的冷链装备有冷却、冻结装置和速冻装置。

2）冷冻储藏：包括食品的冷却储藏和冻结储藏，以及水果蔬菜等食品的气调储藏，它保证食品在储存和加工过程中的低温保鲜环境。在此环节主要涉及各类冷藏库/加工间、冷藏柜、冻结柜及家用冰箱等。

3）冷藏运输：包括食品的中、长途运输及短途配送等物流环节的低温状态。它主要涉及铁路冷藏车、冷藏汽车、冷藏船、冷藏集装箱等低温运输工具。在冷藏运输过程中，温度波动是引起食品品质下降的主要原因之一，所以运输工具应具有良好的性能，在保持规定低温的同时，更要保持稳定的温度，长途运输尤其重要。

4）冷冻销售：包括各种冷链食品进入批发零售环节的冷冻储藏和销售，它由生产厂家、批发商和零售商共同完成。随着大中城市各类连锁超市的快速发展，各种连锁超市正在成为冷链食品的主要销售渠道，在这些零售终端中，大量使用了冷藏、冷冻陈列柜和储藏库，由此逐渐成为完整的食品冷链中不可或缺的重要环节。

（2）按冷链中各环节的装置分类　可分为固定的装置和流动的装置。

1）固定的装置：包括冷藏库、冷藏柜、家用冰箱、超市冷藏陈列柜等。冷藏库主要完成食品的收集、加工、储藏及分配；冷藏柜和冷藏陈列柜主要供机关团体的食堂及食品零售用；家用冰箱主要为家庭提供冷冻食品。

2）流动的装置：包括铁路冷藏车、公路冷藏汽车、冷藏船和冷藏集装箱等。

2. 食品冷链

食品冷链是随着科学技术的进步、制冷技术的发展而建立起来的，它是以冷冻工艺学为基础，以制冷技术为手段，在低温条件下的物流现象。因此，冷链建设要求把所涉及的生产、运输、销售、经济和技术性等各种问题集中起来考虑，协调相互间的关系，以确保易腐食品在加工、运输和销售过程中的安全，它是具有高科技含量的一项低温系统工程。

冷链物流应遵循“3T原则”，即产品最终质量取决于载冷链的储藏与流通的时间（Time）、温度（Temperature）和产品耐藏性（Tolerance）。“3T原则”指出了冷藏食品品质保持所允许的时间和产品温度之间存在的关系。由于冷藏食品在流通中因时间—温度的经历会引起的品质降低的累积和不可逆性，因此对不同的产品品种和不同的品质要求都有相应的产品控制和储藏时间的技术经济指标。

目前冷链所适用食品范围如下：

1）初级农产品：蔬菜、水果；肉、禽、蛋；水产品；花卉产品。

2）加工食品：速冻食品；禽、肉、水产等包装熟食；冰淇淋和奶制品；快餐原料。

3）特殊商品：药品。

食品冷链中的各环节都起着非常重要的作用，是不容忽视的，同时要保证冷链中食品的质量。对食品本身有如下要求：

1）食品应该是完好的，最重要的是新鲜度。如果食品已开始变质，低温也不可能使其恢复到初始状态。

2）食品应在生产、收获后不作停留，或只作短暂停留后就予以冷冻。

图 1-2 所示为易腐食品冷藏运输网络示意图，即食品冷链的主要环节。食品从生产地经采摘、屠杀进入生产性冷库，再由铁路冷藏车或公路冷藏车运送到大城市分配性冷库或出口港储存冷库，然后由市内销售系统利用冷藏汽车运输到小型冷库或直接送至销售市场。食品还可以通过冷藏船、冷藏集装箱甚至飞机运送到国内外的城市与港口。易腐食品在这些环节中，均保持了必要的运输条件，最终也保证了食品的良好品质及食用价值。

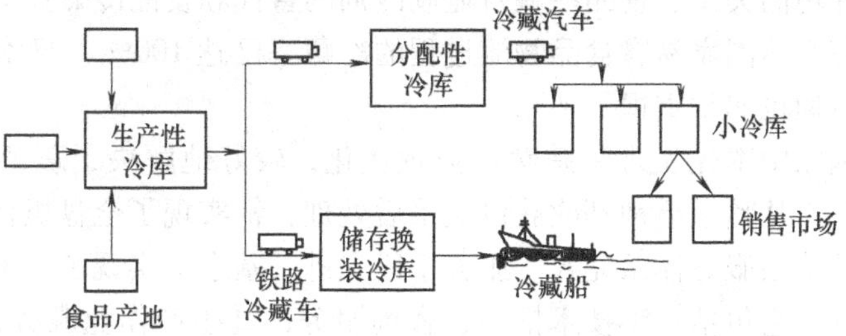

图 1-2　易腐食品冷藏运输网络示意图

冷藏运输设备必须满足以下技术要求：

1）具有性能可靠的制冷和加温设备，保证食品必需的运输条件。

2）具有良好的隔热性能，以减少外界环境的干扰，即冷藏车和冷藏集装箱应有较小的传热系数 K（一般不大于 0.35 ~0.46W/m^2 · ℃）。

3）设有必要的装卸货和通风设备，保证食品合理装载和均匀的内部温度，并在必要时进行通风换气。

4）具有可靠的检测和监视设备，能正确指示、记录、调节冷藏室内的温度参数，并进行故障预报和报警，确保运输食品、设备及人员的安全。

5）冷藏运输设备还应该具有载重量大、货间及地板有效容（面）积大、自重小和良好的应用适应性。

第二节　发达国家和发展中国家食品冷链行业的发展现状

食品冷链起源于 19 世纪上半叶冷冻机的发明，电冰箱出现后，各种保鲜和冷冻食品开始进入市场和消费者家庭。到 20 世纪 30 年代，欧洲和美国的食品冷链体系已经初步建立。20 世纪 40 年代，欧洲的冷链在第二次世界大战中被摧毁，但战后又很快重建。现在欧美发达国家已形成了完整的食品冷链体系。

一、发达国家易腐食品物流发展与冷链模式

1. 发达国家易腐食品物流发展与现状

国际上对食品质量与安全提出了越来越高的要求。发达国家目前采取了许多积极的措施，在生产设备、生产工艺、与外部环境的最佳协调、可追溯的易腐食品原料、更好的接口管理等方面取得了较大进展。

1999 年 5 月召开的第一届世界农业研讨大会上，来自各国的农业部部长们一致认为，无论是发达国家还是发展中国家，都必须对以下四个问题立即引起高度重视：一是食品安全，二是增加农业研究的投入，三是可持续农业技术需求，四是 WTO（世界贸易组织）和

世界农业贸易。

世界食品物流组织于1943年成立，它在包括改善食品及其他货物在保存、配送过程中的冷藏技术、人才培训、信息沟通、研究与发展等方面卓有成效，并上升为全面的物流服务（在易腐食品上表现尤为突出）。发达国家对食品服务业如何满足消费者的要求、物流及物流服务公司的性能进行评价和低温条件下食品的物流设备与要求等都在进行研究，并十分重视食品冷藏业与环境的关系、食品冷藏行业制冷剂的替代和食品冷藏业的立法研究。

英国、美国等发达国家易腐食品物流过程的冷藏率已达100%，日本对食品产业技术与易腐食品的保鲜流通也非常重视。

美国在发达国家中率先实现了蔬菜产业现代化，较好地解决了蔬菜周年均衡供应的问题。美国的蔬菜生产从整地播种到收获以及采后处理，都实现了全盘机械化，部分作业还实现了自动化。美国蔬菜服务体系完善，服务手段先进，基本上实现了产前、产中、产后全程多方位社会化服务，它包括：①技术推广、咨询服务；②生产作业服务，包含耕地、播种、喷施、除草、采收多种作业服务；③购销服务，主要提供蔬菜的采购收集、分级整理、加工包装、储运和销售等产后服务；④信息服务，利用多种现代化媒体，提供有关生活、农资、市场、生产技术及病虫害预测、预报等多种信息服务；⑤其他服务，包括信贷与保险、农场管理咨询、法律、会计、土壤测试等服务项目。

为了保证质量和降低损耗，美国非常重视蔬菜采后处理的各个环节。一般程序为：采收和田间包装→预冷（有冰冷、水冷、气冷等）→清选→杀菌→打蜡或薄膜包装→分级包装。所有蔬菜包装材料均印有蔬菜名称、等级、净重、农家姓名、地址、电话等，以保证信誉。蔬菜始终处于采后生理需求的低温条件，形成一条“冷链”，即田间采后预冷→冷库→冷藏车运输→批发站冷库→自选商场冷柜→消费者冰箱。由于处理及时得当，美国蔬菜在加工运输环节中的损耗率仅为1%～2%。

2. 发达国家的食品冷链模式

发达国家冷链的进步，是由顾客的需求所驱动、食品工业和超级市场着力发展结成的硕果。在新设备和新工艺设计中，制冷设备制造商充分考虑了顾客的要求，政府则通过法规施加了强有力的影响，来自社会的诸多先进技术也都汇聚其中。

发达国家的冷链可以分为两种模式：第一种是美国模式，在这种模式中，食品厂商是原动力，他们研发新产品，创造了各自的品牌，与批发商和零售商建立了紧密的联系；另外一种是英国模式，零售商在供应链中起着重要的作用，他们大力宣传自己所青睐的配送商的品牌产品，他们的特点是贴近消费者，两者各自千秋。

现在尚难准确预言以上两种模式中的哪一种在将来成为胜利者，但是按照海德森（Henderson）的看法，由于品牌的国际化倾向和做广告要花费大量金钱，食品厂商将占优势。食品工业为主体还是配送业为主体，这与食品在何处生产、运输路线以及在哪里冷藏陈列都有关系。因为销售食品的50%需要制冷，使得经济方面的因素更为重要。

（1）消费者的需求趋势　消费者的需求决定着食品的生产和零售，这些需求包括四个方面：健康、安全、服务、满意。更确切地说，按照人类未来营养的预测，顾客需求的主要趋势可以综合如下：

1）方便食品和完全制成食品的需求增长。因为工作家庭在增加，离家外出工作的妇女在增加（美国为2/3），不婚男子在增加，就连退休的人也在抱怨没有充裕的时间，所有以上这些人都不想把时间消磨在做饭上面，人们在厨房里的时间已大大减少。在美国，每天用于做饭的时间只有30min。

食品配送公司的战略也在发生变化，饭店和配送公司之间的界限越来越模糊不清，因为超级市场开始销售全制成餐食和家用餐食，就好像形成了销售外卖餐或外携家用餐食的饭店连锁店。以致最后，连餐具也设计得像盘碟一样，根本不要再洗了。

2）花更少的时间购买食品。在这方面，电话销售和因特网销售家庭餐饮是一种新的销售方法，某些超级市场已经开始做这种业务。

3）冷冻食品需求量增加。由于冷冻食品有易于制作和长期保存、卫生和食品安全、风味和花样多（如天然的、传统的、地方特色的菜肴等）、营养平衡等优点，虽然各国之间存在着很大差异，但冷却食品的销售增长速度比冻结食品快，冻结食品的消费在不少国家已趋于平稳。

这里有几点值得说明：冷却食品更天然，更新鲜；冻结食品的消费量在许多国家中已达到很高的水平；冻结食品从采购至消费之间的时间较短（一般是3天）；用冷却食品制作餐食费时比冻结食品短。然而，这种情况只是对个人消费者而言，因为冻结食品的一半是用在餐馆，故而用量还在增加。另外，食品加工商还用冻结食品作为原料生产冷却食品。

4）顾客需要统一而稳定的质量，无淡旺季之分。属于季节性生产的那些产品，由于实行标准化生产，进入国际贸易领域后经济效益会异常丰厚。

5）需要各种各样的花色品种。为了适应青年、老年、肥胖者、重体力劳动者、运动员、妇女等各类群体的不同需要，产品的花色品种要琳琅满目。

6）更多地要求信息和透明度。现在的顾客越来越多地希望知道产品原料的来源、能量值、储存温度、生产至销售的日期、最佳食用期等信息。许多顾客愿意购买知名品牌的产品，因为这些名牌产品的生产过程、冷链控制水平大都是值得信赖的。

顾客更加关注并警惕用离子辐射处理或改性的食品，也十分关注运用基因工程有机物合成的食品。基于营养方面的考虑，更多的顾客移情于水果和蔬菜，因为它们有丰富的维生素、纤维，能量值较低，可预防癌症。

7）要求添加剂少、含盐低的产品。对这类产品更要杜绝微生物的污染。

8）要求产品具有可视性，良好的色泽、风味、组织结构。从这一角度，顾客较钟情于加工制作过的产品。为了保证这类产品的质量不因蒸煮而改变，加工时通常都在较低温度下（57~60℃）先蒸煮一下。这类产品的质量在加工后易受损害，因此一定要有良好的保藏条件。

9）食品安全。食品具有最佳的卫生条件、气体调节、包装等。

（2）冷链法规的建立　绝大多数国家的法规以及应用这些法规所制定的标准，都是只规定最根本的要求，如环境、食品安全、人身安全等。制冷领域在国家、地区、国际性标准化方面，已经取得了令人瞩目的进展。局部的和地区性的标准在运用上比国际标准组织的标准广泛得多。在冷链方面，可以列举的标准有：冷间隔热、温控车辆、集装箱、制冷展示柜、速冻食品和冷却食品设备、温度记录仪等。然而，对标准而言，其核心是它的应用和内容的执行，这是一个完整的程序，按照这个程序，只有制造厂按质量标准生产设备，认证组织才会为其颁发合格证书。

二、发展中国家的食品冷链

1. 制冷技术

在发展中国家，制冷技术起着不可或缺的作用。制冷领域涉及的四个主要方面如下：

（1）减少收获后的损耗　全球在谷物总产量中，大约有50%用于人的消费，其余部分主要用于动物饲料、种子、非食品方面的加工以及损耗。如果根茎类农产品产量的25%、果蔬产量的50%、易腐食品的100%（肉、鱼、奶）需要制冷，这就表明农渔业总产量的31%需要制冷，以减少现已发生的可观损失。

据统计，因为没有运用制冷技术，全世界主要食品生产总量约30%损失掉了，造成了每年3亿t产品的损失。许多开发组织和发展中国家现行的政策是：扩大种植面积以增加生产量，甚至不惜破坏森林；开发新品种增加产量；运用灌溉、施肥和农药等方式保证产量等。然而，遗憾的是这些旨在提升产量的措施没有与减少收获后损失的措施并行实施。需要强调和重申的是，既然种植者花费了宝贵的时间进行灌溉、施肥、喷洒农药等生产操作，并消耗了相当的费用，就需要将他们已经生产出的食品精心保藏，绝不能接受“损失是不可避免的”这种概念，所以，避免损失与力所能及的开发应该同时进行。这些领域中，制冷技术都能起到举足轻重的作用。许多人觉得，应当把那些古老的食品储藏方法在发展中国家推广，如腌制、干制、地下储藏等。但这些技术改变了食品的原有质量，而且也无法证明这些技术对食品保质是有效的。一些专家认为，发展中国家的百姓同样有权享用那些在发达国家已经实验过并被证明是成功的食品储藏新技术，特别是制冷技术。

（2）食品安全与卫生已经改善　动物性食品是易腐的，尤其在气候炎热的国家，细菌繁殖极快，导致食品更易腐烂变质。制冷技术的采用，大幅度地抑制了微生物的滋长，从而既减少了食品的损失，又减少了源自食品的疾病数量。从全世界的范围而言，很难确定受食物类疾病影响的人群数量，也很难确定食物类疾病导致工作时间和医疗保健方面对社会造成的费用损失数额。众所周知，肠部疾病是许多发展中国家常见的疾病，其病因至少部分地直接与食品卫生不良有关。这些疾病经常导致病人身体十分虚弱而感染其他疾病，如结核病等。联合国粮农组织和世界卫生组织2005年提供的数据表明，世界上5岁以下儿童中痢疾患者有1.5亿人，其中70%的病因是食品卫生不良。因此，对食品采取制冷措施是很有必要的。

发展中国家的肉类消费量正在上升，因为肉类含有丰富的氨基酸，它对机体生长与生命维持起着重要作用，而植物性食品中不含有这些氨基酸。例如2005年中国动物性食品（肉、蛋、奶、水产品）消费已接近或达到70～80kg/(人·年)。为了不浪费这些营养价值很高的食品，采用制冷技术势在必行。

（3）推广行业内交流　由于取消了贸易壁垒，运输和信息交流取得了巨大的进步，众多市场正在开放，国际贸易正在飞速发展。鉴于发展中国家的公路和铁路条件往往较差，海上冷藏运输以及高附加值产品的空中运输，对于国际贸易是比较令人满意的。冷藏产品的国际贸易推动了高附加值易腐食品的出口，也方便了食品的进口。

出口方面，许多热带产品，包括菠萝、芒果、鳄梨、木瓜等水果和蔬菜大都产自发展中国家，这些产品在发达国家的市场上已经越来越普遍了，它们也成了发展中国家出口创收的资源。如果有适宜的后勤保障，畅通的商业渠道，相应的产品标准，这些产品会为种植者和他们的国家创造很高的经济效益。但是，热带产品极易腐烂，所以要求完美无瑕的冷链。还有一点很重要，这些出口产品所采用的生产与储藏技术，也可以用于当地非出口产品的开发利用。

冷藏食品的进口也有重要的经济意义。尽管各国政府都从安全的角度考虑，全力实现食品的自给自足，但是这种政策不是万能的，任何一个国家都不可能生产所有的各类食品。某些国家出口那些种植成本不高（气候和土壤原因）的食品往往是赚钱的，同样，进口那些在本国种植成本高的食品也是有利可图的。食品的价格正在走低，因此更容易使进出口相互弥合，许多发展中国家也越来越多地开始进口冻鱼和肉类。

（4）改善城市的食品供应　城市人口已经大量增长，1950 年城市人口占总人口的比例为 17%，1990 年为 35%。联合国预计至 2020 年，城市人口的比例将高达 54%。这说明，1950 年的 2.95 亿城市居民，至 2020 年将多达 35.8 亿，增长 12 倍之多。

为了满足城市人口的营养需求，包括易腐食品在内的大批量食品要经历长距离运输，在途时间也明显延长。制冷则控制了由于周转、颠簸、温升和在途时间长所造成的损失。最好的办法是在产区就地冷藏，继而在无机械制冷的保温车内运输，以控制温度上升的速度并保证产品的质量。

2. 当今发展中国家的冷链状况

据统计，发展中国家制冷剂的消费量占全球总量的 12% ~15%。如果设定发展中国家和发达国家每立方米消耗的制冷剂量是相同的，那么照此计算，发展中国家的冷库容量应该是 3600 万 ~4500 万 m^3，平均每人约占有 8L。当然，这些数字并非十分精确，因为没有一个对所有国家的调查统计。

中国 2005 年的冷库容量为 700 多万立方米（人口为 13 亿），或者说每人占有冷藏容积 54L。摩洛哥有冷库 1.356 百万立方米，人口 2600 万，每人占有 52L。

冷藏链另一端的家用制冷也发展很快。2004 年全世界家用冰箱的 43% 是在发展中国家制造的，其中中国制造的占 19%。2005 年中国城镇每百户家庭拥有冰箱、冰柜 90 台，农村为 18 台。家用冰箱可以有效地减少食品在冷冻冷藏中的损失，因此家用冰箱的普及会为冷藏链的完善带来极大的好处。

第三节　中国食品冷链的发展现状及对策

新中国的冷链最早产生于 20 世纪 50 年代的肉食品外贸出口，并改装了一部分保温车辆。1982 年，中国颁布《食品卫生法》，从而推动了食品冷链的发展。中国的食品冷链不断发展，以一些食品加工行业的龙头企业为先导，已经不同程度地建立了以自身产品为核心的食品冷链体系，包括速冻食品行业、肉食品加工企业、冰淇淋和奶制品企业及大型快餐连锁企业，还有一些食品类外贸出口企业。

冷冻食品随着冷藏链的不断完善而发展，迅速发展的冷冻食品产业又促进了冷藏链的进步。冷藏链对食品的品质至关重要，世界著名低温物流公司纷纷看好中国的冷冻食品市场，趁中国加入世贸组织的有利时机抢滩中国，首先在上海、深圳等地登陆。

目前，我国在肉类、水果、蔬菜、水产品、奶类的年均增长率分别约为 11%、25.8%、12%、24% 和 7.8%，2003 年各类易腐食品的产量总和约为 7 亿 t；全国年易腐类食品消费量约为 2.4 亿 t。以肉类食品为例，该类食品生产情况与运输产量增长迅速，肉类产品结构发生了较大变化，在肉类总产量中猪肉所占的比例明显下降，牛羊肉和禽肉比例逐步增加。肉类产品调运呈下降趋势，仍主要以冻结状态进行运输；原有产销格局发生了深刻变化，长途调运量急剧下滑。

一、我国食品冷链行业的发展现状

（1）食品冷链行业概况　目前我国食品冷冻、冷藏行业主要分布在畜产品加工制造业、水产品加工制造业、果蔬加工业、速冻食品制造业、冷冻饮品生产制造业以及上述各类产品的流通领域。据不完全统计，到2003年底我国食品冷冻、冷藏行业的冷库总容量已突破700万t/次；2010年我国的肉类食品厂有2500多家、年产肉类6000万t，产量以每年5%左右的速度递增；在我国涉及食品冷冻、冷藏的企业估计近2000家；食品冷冻、冷藏业直接从业人员约有80万人；我国速冻食品的产量目前估计已接近850万t/年；冷饮业4000多家，其中具有一定规模的有194家，2005年冷冻饮品的产量已突破200万t，产量以每年7%左右的速度递增；乳品业1500多家，产量达800万t，每年以30%的速度增长；水产品产量为4400万t，每年以4%的速度递增。

1995年至2001年，食品工业总产值始终居我国国民经济各工业部门之首，其中，食品加工业在食品工业中所占的比重最大，达42%左右。2002年我国食品工业企业总值达到10612.8亿元，同比增长13%；实现销售收入10094.36亿元，同比增长16.37%，全年利税总额1762.28亿元。作为食品加工业的重要组成部分——食品冷冻、冷藏业的发展仅以冷藏容量的增长就可窥其一斑，1980年全国冷藏容量为250万t/次，到2003年底已突破700万t/次，冷库总容量增加了2.8倍。

我国是果蔬生产大国，每年的蔬菜产量约3亿t，水果产量超过6000万t，位居世界前列。但由于保鲜产业落后，储藏方式和消费方式原始，我国每年有8000万t的果蔬腐烂，总价值近800亿元人民币，高居世界榜首。我国蔬菜、水果等农副产品在采摘、运输、储存等物流环节上的损失率为25%~30%。

我国的食品冷藏车运输现状更是不容乐观。首先，冷鲜食品的装船、装车大多是在露天，而不是按照国际食品标准在冷库和保温场所操作，冷鲜食品运送过程中物流的费用占食品成本很大比例。其次，物流链各个环节信息阻塞，缺乏透明和畅通机制，环节脱钩造成食品在运输途中发生无谓滞留，货损风险增多。在我国的公路运输中，冷鲜食品的冷藏运输只占运输总量的20%，其中，能够按照发货人的要求保持恒温运输的只有95%；其余80%左右的水果、蔬菜、禽肉、水产品大多是用普通货车运输。由于公路冷藏运输效率低、食品损耗高，其物流成本约占食品成本的70%，而按照国际标准，食品物流成本最高不能超过食品总成本的50%。由于我国整体物流水平还很低，我国正处于从传统的物流服务向现代物流社会化转换过程的起步阶段，冷鲜食品流通服务在我国刚刚起步，能够提供综合性全程服务的物流企业所占比例很小。根据对中国物资储运协会内200多家物流服务企业调查结果分析，我国的第三方物流企业能提供的综合性全程服务还不足总体需求的5%，而专门针对冷鲜食品的物流服务更是微乎其微。

（2）投资主体和产品结构发生了巨大变化　多年前我国食品冷冻、冷藏行业的发展投资主体是国家财政，其投资项目与投资地区也是国家相关部门依据食品的紧缺状况，按照统一计划下达到相关省、市、自治区实施建设，而如今我国食品冷冻、冷藏行业新增项目的投资主体既有国家又有外资，还有个人私营经济成分，而且自20世纪90年代以后，越来越多的私营经济投入到食品冷冻、冷藏行业中来。

以前，我国食品冷冻、冷藏行业的产品主要是以冷冻白条肉、羊内、冷冻盘装鱼、虾等初级产品为主，供应国内市场。但是随着我国对外开放、外资引进、国民经济的持续发展，人民物质文化生活水平的不断提高，人们购买力不断提升，对食品的多样化、加工方便性有了更高的要求，许多食品冷冻、冷藏企业针对市场的需求，改变了原来的经营手段，将冷冻产品由大变小、由粗变精、由生变熟，加上整齐美观的外包装，大大提高了产品的附加值。

（3）冷藏技术与装备逐步同国际发展相接轨，冷冻、冷藏设施节能受到普遍重视　以前我国食品冷冻、冷藏行业的冷冻加工设备，都是以制冷压缩机、冷风机及蒸发排管和盐水制冰为主体，冷加工技术手段单一，劳动强度大，产品档次低，能耗高。自20世纪80年代中期以后，我国自行研制与开发的食品冷冻加工设备不断涌现，加上行业内不断引进国外先进的冷冻、冷藏设备，使我国食品冷冻、冷藏行业的技术装备逐渐跟上了国际潮流，有的几乎同国外产品同步更新换代。目前，各种制冰设备、速冻设备，超市中生鲜、冷冻食品展示设备，先进的自动化冷库存储设备，都已在我国食品冷冻、冷藏行业中被广泛应用。此外，深低温冻结与冷藏、差压预冷、真空预冷、气调储藏、减压储藏、真空冷冻干燥等食品加工技术，以及变频节能技术、无值守微电子数字测控技术、高货架密集堆存技术、无菌洁净生产技术都已在我国食品冷冻、冷藏企业中得到了应用，整个冷冻、冷藏技术的发展逐步同国际上的发展同步。

食品冷冻、冷藏企业是用电大户，其中用于食品冷冻、冷藏加工方面电能的消耗将占到整个企业用电量的68%。在保证冷冻产品质量的前提下，改善设备性能、降低加工能耗是冷冻、冷藏设备制造商以及食品冷冻、冷藏企业普遍关注的问题。

（4）冷藏食品安全保证体系的建立与健全受到政府及全社会的普遍关注　随着我国人民生活水平的提高，人们越来越关心自身的健康，食品安全得到了政府和全社会的普遍关注，同样，冷冻、冷藏食品也不例外。目前我国大中型食品冷冻、冷藏企业，绝大多数通过了ISO 9000系列质量管理体系认证工作，出口冷冻食品及速冻食品的企业，还逐步建立了GMP（Good Manufacturing Practice）和HACCP（Hazard Analysis and Critical Control Point）体系，有的取得了相关的认证，不少企业还将这种食品安全保证体系延伸到企业冷冻、冷藏食品生产原料采集地中，从而实现了冷冻、冷藏食品生产链全过程安全质量控制。2003年1月，我国明确提出要建立统一、权威的农产品质量标准体系和检验检测体系，全面实施“无公害食品行动计划”。2006年11月起，全国开始实施“农产品质量安全法”。

二、中国冷冻、冷藏食品冷链存在的问题

（1）冷藏链国内外发展比较　我国目前冷藏链各个环节的发展与世界发展较快国家相比都有较大的差距，其具体表现见表1-1。

表1-1　国内外冷藏链发展比较

内容	国外先进国家状况	国内状况	原因分析
预冷保鲜率	美国和欧洲：80%~100%	30%左右	我国没有有效的冷藏链技术和冷藏链管理支撑
冷藏能力	世界总量为8000万t	800万t	我国重视肉类冷库建设，忽视果蔬冷库建设；重视城市经营性冷库建设，忽视产地加工性冷库建设；重视大中型冷库建设，忽视批发零售冷库建设

（续）

内容	国外先进国家状况	国内状况	原因分析
冷藏运输能力	美国：冷藏车16万辆，保温车6万辆；日本：冷藏保温车12万辆，近年来年产量为2万辆左右	冷藏列车8000辆，冷藏汽车3.5万多辆，冷藏汽车的年产量约为4000辆	我国的冷藏车生产投入不足，技术含量不高
冷藏链管理	欧美发达国家已基本建立起了适合各冷藏品特点的高效冷藏链	冷藏品流通环节冗长复杂，整个供应链交易没有信用可言	冷藏技术应用不普遍，我国还没有建立起真正意义上的冷藏链管理体系

（2）完整独立的食品冷链体系尚未形成　从整体冷链体系而言，中国的食品冷链还未形成体系，无论是从中国经济发展的消费内需来看，还是与发达国家相比，差距都十分明显。目前大约90%的肉类、80%的水产品、大量的牛奶和豆制品基本上还是在没有冷链保证的情况下运销。冷冻食品产销冷链情况稍好，但由于部分产品流入集贸市场拆零散卖，冷链存在中断现象。因此可以得出这样的结论，冷链发展的滞后在相当程度上影响着食品产业的发展。

1）从供应链管理的角度看，目前鲜活农产品供应链各环节间缺乏沟通或联合，有关法律法规不健全，规划、管理十分困难，对产品的标准化和规格化认识不足、管理不力，整个市场显得较为混乱。

2）从鲜活农产品保鲜供应链技术的角度来看，由于供应链中冷藏保鲜链的不完善，缺乏适宜的技术设备与手段，基础设施薄弱，使得冷冻、冷藏食品工业的发展受到极大的制约；农民备受"丰产不丰收，增产不增收"之苦，就是因为没有发展农产品储运加工业。

3）流通过程的各种损耗非常巨大，水果、蔬菜采后的损失高达35%，肉类及水产品也达10%～15%，全国每年鲜活农产品采后的各种损耗之和达千亿元之巨，而这种食品资源的巨大损耗是非增产技术所能弥补的。

（3）食品冷链的市场化程度很低，第三方介入很少　中国易腐食品除了外贸出口的部分以外，大部分在国内流通的易腐食品的物流配送业务是由生产商和经销商完成的，食品冷链的第三方物流发展十分滞后，服务网络和信息系统不够健全，大大影响了食品物流的在途质量、准确性和及时性，同时食品冷链的成本和商品损耗很高。

（4）食品冷链的硬件设施建设欠账太多　中国冷链设施装备状况如下：

1）汽车冷藏车辆。2010年，中国保温车辆约有3万辆，而美国拥有20多万辆，日本拥有12万辆左右。中国冷藏保温汽车占货运汽车的比例仅为0.3%左右，美国为0.8%～1%，英国为2.5%～2.8%，德国为2%～3%。欧洲各国汽车冷藏运量所占比例为60%～80%；中国汽车冷藏运输所占比例约为20%。

2）铁路冷藏车辆。2010年，在全国总运行的33.8万辆列车中，冷藏车只有6970辆，占2%，而且大多是陈旧的机械式速冻车皮，规范的保温式的保鲜冷藏车稍缺乏，冷藏运量仅占易腐货物运量的25%，不到铁路货运总量的1%。

3）食品冷藏运输率。食品冷藏运输率是指易腐食品采用冷藏运输所占的比例。欧、美、日等国均达到80%～90%，前苏联和东欧国家约为50%。目前我国每年需调运的易腐食品约4000万t，食品冷藏运输率约10%左右。

目前，我国易腐食品装车大多在露天而不是在冷库和保温场所操作，80%～90%的水果、蔬菜、禽肉、水产品都是用普通货车运输，有时候，棉被成了最好的保温材料。

4）冷库容量。2010 年中国的冷库总容量超过 7000 万 m^3，很多冷库只限于肉类、鱼类和速冻米面制品的冷冻储藏，而当生产淡季和原料资源不足时，冷库往往处于闲置耗能状态。

据了解，自 20 世纪 80 年代以来，我国也曾投资数亿元人民币先后修建了 100 多座气调储藏库，并从国外引进了一批较先进的具有一定规模的农产品加工生产线，主要用于农副产品加工储藏。但由于不适应我国国情，引进的机械设备利用率不高，绝大多数企业规模小、水平低，加工产品质量不稳定，加工废弃物未得到综合利用，企业成本高、效益差。

（5）新型保鲜技术需进一步加强研究　传统的果蔬保鲜技术已不能满足人们对果蔬的需求。化学杀菌剂一直是控制果蔬发生病害的主要处理方法，然而，基于环境与健康等因素的考虑，它在果蔬保鲜上的应用越来越受到质疑。

辐射储藏对果蔬安全性的影响有待进一步的研究，如是否会致毒、致癌、致畸及致突变，果蔬的照射生理病害与营养问题尚在研究阶段。未来果蔬采后生物学研究方向是从细胞与分子上阐明果蔬成熟与衰败的机理，从而指导新的有效的采后储藏保鲜技术的研究开发。

肉类食品的长期保鲜方法以冷冻为主，冷藏链是保证其质量的基础。但由于储运过程中冷藏链的不完善以及操作不当等原因，冻结食品的汁液流失和营养损失相当严重，外观也很难看。抽样调查表明，上海市 95% 的市民不欢迎冷气肉（冻结肉）而喜欢购买热气肉（鲜肉），全国的情况也大抵如此。

近年来我国蔬菜产业已取得很大发展，但从总体上看供大于求的态势已经显露，产品质量及单位面积产量不高；同时，由于缺少足够的配套储运保鲜设施，我国果品储藏保鲜量不足总产量的 20%，蔬菜储藏保鲜量不足总产量的 10%，而发达国家一般均为 50% 以上。其存在的问题主要表现为：①采收时缺乏可靠的成熟度指标；②储运时粗劣的生产处理引起机械损伤；③储藏时不适当的温度、湿度控制；④不适当的病害控制；⑤缺少等级标准等。

（6）由于缺乏相关的温度立法及食品卫生法规执行不力，导致食物中毒事件不断　2005 年，卫生部共收到全国食物中毒事件报告 256 起，中毒 9021 人，死亡 235 人，涉及 100 人以上的食物中毒事件 18 起。为预防食物中毒，冰箱冷藏室温度应保持在 10℃以下，从冰箱里取出来放置 2h 以上的熟肉以及禽类腌制品不要再食用；冰冻的肉类与禽类，在烹调前应彻底化冻，再充分均匀加热煮透；化冻的禽肉及鱼类不宜再次冷冻，鱼、肉等罐头食品保存期不要超过 1 年。

（7）国外的“技术性贸易壁垒”和“绿色壁垒”对我国农产品的出口造成严重制约　从上述情况来看，中国目前的冷链设施和冷链物流装备不足，原有设施设备陈旧，发展和分布不均衡，无法为易腐食品流通系统地提供低温保障。由此产生两个直接后果：一是易腐食品特别是初级农产品的大量损耗，由于运输过程中损耗高，整个物流费用占易腐食品成本的 70%，而按照国际标准，易腐食品物流成本最高不超过其总成本的 50%，二是食品安全方面存在巨大隐患。所有这些问题，既会导致我国的鲜活农产品在国际市场上竞争力不足，也不利于农业与食品工业的可持续发展。

三、中国食品冷链发展对策

发展食品冷链物流主要是建立食品冷藏供应链，使易腐、生鲜食品从产地收购、加工、储藏、运输、销售，直到消费的各个环节都处于适当的低温环境之中，以保证食品的质量、减少食品的损耗、防止食品的变质和污染。我国目前正致力于冷链的建设。

过去几年，在城市尤其是大城市，大力开发了小包装、冷鲜食品生产，并配套发展储藏、运输、销售不中断的"冷链化"物流，坚持向社会开放、市场化经营、增加配送功能的指导原则，通过加速冷库的技术改造、经营管理和全方位服务工作，通过提高冷库利用率和扩大社会服务方面，运输和销售环节上大力倡导冷藏集装箱运输和按规定温度展示销售产品的新形式（见图 1-3），我国的食品冷链物流尤其是公路冷链物流已有十分突出的进步。

图 1-3 冷藏汽车和冷藏食品

1. 加强中国食品冷链的整体规划研究，建立政府、行业组织和相关企业联动机制

目前我国众多的食品冷冻、冷藏企业还没有一个强而有力的行业联合组织，无法形成合力来共同抵御市场的风波，因此当务之急就是由大企业牵头尽快组织起来，搭建起企业同政府间的桥梁。我国食品工业是近几年遭受国外技术壁垒最为严重的行业，因此这就需要我们组织起来根据市场和产品的特点，寻找打破技术壁垒措施限制的对策，在市场贸易方面能起到对内提高产品质量，对外防御技术壁垒的作用。

一个国家的食品冷链保障体系的建设，单靠任何一方都是难以有效推进的，它需要政府、行业组织和企业通力合作。我国应该结合国情，借鉴发达国家经验，完善技术管理手段和监管措施；政府应当制定食品冷链发展的政策和鼓励措施，加强行业规划的方向性引导；行业组织应发挥沟通协调作用，制定并落实行业整体规划和行业规范；相关企业应根据市场规则具体运作，合力推动中国食品冷链的逐步发展。

2. 要注意适当培育食品冷冻、冷藏业的产业集群

所谓产业集群是指与某种产业相同、相近与相关的企业聚集在某地，进而吸引一些相关服务机构进驻该地，从而形成了一个有效的互为依存的经济群体。例如食品冷冻、冷藏业，可以和包装、彩印、物流等企业聚集在一起，形成产业集群，利用集群优势参与市场竞争，从而降低产品成本，提高整个集群的市场竞争力，创造一定的地域品牌效应。

3. 推动建立多种模式的食品冷链体系建设

目前国际上比较成功的食品冷链有两种模式：一是以企业为主体的食品冷链体系，这种模式在美国、日本和西欧比较普遍；二是保证大量食品的一般质量、降低在途损耗的价格与品质模式，这种模式一般为发展中国家采用。根据中国食品冷链物流的发展现状，应该推进多种冷链模式的发展，一方面依靠农业龙头企业和大型食品企业，发展以核心企业为轴心的食品冷链体系，串联供应链上下游，逐步形成覆盖分类食品产业的冷链保障体系；另一方面

在建设农产品绿色大通道的基础上，建设连接农产品主产区和消费地的食品冷链物流主干网络，提高大批量食品物流的安全保障水平。

4. 需特别关心速冻食品的质量

资料表明，目前我国城市居民中有73%的人食用方便面，而食用速冻食品的仅有54%，据了解人们普遍反映速冻食品口感和味道欠佳；市场上某些速冻食品的价格偏高，也影响了速冻食品的销售；此外在一些中小型城市销售的速冻食品，大部分是在冷库中慢冻出来的，这也使产品的质量大打折扣，客观上也损害了速冻食品的品牌。这些都说明了速冻食品行业中缺少权威产品行业标准来规定相关的速冻食品的生产与加工，因此要抓好产品质量，树立品牌意识，并制定冷藏品统一的质量标准，规范冷藏链各个环节的作业制度和作业标准。

（1）制定冷藏品统一的质量标准　目前我国的冷冻食品生产既无统一的质量标准，又无对储藏、运输、销售的规范要求，使厂家无法可依、消费者无法放心。有些产品虽已有章可循，但限于经济、技术条件，使质量标准无法全面实施，整个冷藏链行业的发展因而受到很大阻碍。因此，有关部门应逐步健全有利于冷藏链健康发展的标准体系和标准监督实施体系，加强行业的宏观管理和调控。除了在冷藏链各环节都必须建立和实施合适的质量保证和质量管理体系外，还需要注重对冷藏链的全程质量管理，特别是环节间的接口可靠性管理，不断完善和改进冷藏链的建设。

（2）规范冷藏链各个环节的作业制度和作业标准　我国冷藏链长期缺乏统一的作业管理和规范的作业标准，直接导致了我国冷藏链效率低下，浪费惊人。因此，有关部门和协会应尽快制定冷藏链作业标准和制度，规范冷藏链各个环节的管理（包括从包装物到销售环节的明确操作标准）。例如使用统一的标准冷藏集装箱，在冷藏链各环节都严格遵循“3C原则”——冷却（Chilling）、清洁（Clean）、小心（Care）以及“3T原则”——冷藏链中贮藏和流通的时间（Time）、温度（Temperature）、产品耐藏性（Tolerance）等。

5. 切实加强我国食品冷冻、冷藏行业原始创新能力是当务之急

目前在国外食品冷冻、冷藏行业已公布的技术和设备，在我国都能找到它们的足迹，但是许多新技术、新设备大部分是从国外引进或移植过来的，战略技术、核心技术是引进不来的，只能下决心走自己的路。为了提高我国食品冷冻、冷藏行业的原始创新能力，不能只是注重单项技术创新，更要重视各项创新的集成。

冷藏设备、冷藏运输工具的更新，建立现代化生产、加工、储运、解冻、销售等设备是保证冷藏链运营的条件之一。目前，我国的冷藏能力明显不足，冷藏设备也较为陈旧，因此，要积极发展、建设与冷藏链相适应的冷藏库，研制生产或引进质优价廉的速冻装置、冷藏保温车、冷藏集装箱、冷藏柜、解冻装置等各类冷藏链硬件设备。一方面，需对我国现有大容量设计的冷藏库进行改装、改建，引导冷藏库由原来的大批量、少品种、多存量、存期长，向小批量、多品种、少存量、多流通的冷藏形式转化，以灵活的方式适应多品种、全方位的发展趋势；另一方面通过多渠道、多办法迅速扩大冷藏运输能力，鼓励企业自备冷藏车，提倡外贸、商业、农业等有关部门自制或进口冷藏车，还可成立冷藏车公司，开展租赁业务等。汇集各路资金，集中多方力量，通过共同努力，建立完整的冷藏链供应体系。

6. 充分利用我国已建成的完善的公路网络

发达的公路网为快捷的汽车冷藏食品运输提供了条件，公路运输易腐食品的优势较为明显，其特点有：方便、快捷、灵活、门到门、风险小、货源组织容易。

（1）目前易腐食品运输向小批量、多品种方向发展，鲜活食品供销关系与供销方式都发生了变化　在市场经济条件下，经销商直接从农户或市场上采购，又直接销售给消费者或另一个经销商，同时，对运输的要求也有了提高。鲜活食品经销商为抢占市场，宁愿出高价雇用汽车或搭乘飞机运鲜货。人们也不再满足于吃得上，还要求吃得好、吃得新鲜、吃得放心。因此，“速度快、质量好”成为冷藏食品运输首选的要求，飞机、汽车运输成了冷藏食品运输的首选交通工具。

（2）冷加工食品运量少　由于目前我国食品加工业比较落后，速冻与冷却的水果、蔬菜运量很小。随着居民生活水平的提高、消费观念的影响，城市居民更喜欢吃鲜肉、活鱼，而城市郊区的规模猪场和鱼塘发展很快，基本上可以满足城市居民对肉、鱼的需求，因此一些地区的许多肉联厂相继倒闭或转产，铁路长途运输冻肉、冻鱼的运量越来越少。易腐食品运输品类主要是未经加工的水果蔬菜以及部分冻鱼冻肉等，水果蔬菜占铁路易腐食品运输总量的80%左右。

（3）外贸运量的变化　前苏联解体前，我国向前苏联出口的冻肉、柑橘、苹果数量很大，每年大约为100万t，这些出口易腐食品均使用机冷车运输。前苏联解体后，这部分运量骤减，对铁路的冷藏运输影响很大。如2004年重点食品（粮、油、乳制品等）进口大幅增长；肉类进口下降、出口增长。

（4）运量结构与运输流向的变化　随着温室栽培技术的进步与推广，北方地区寒冷季节的蔬菜自给能力增长较快，因而外购产品的结构发生了明显的变化，从而使铁路“南菜（果）北运”的运量减少。

传统上是蔬菜外购地区的甘肃等地，近年来在农业生产、技术上投入较大，蔬菜生产发展较快，已经逐步成为“西菜东运”的重要基地。这些变化导致运输流向发生了一定的改变。

食品冷链公路运输的特点有：产区扩大，产运量增加；品种多样化、优质化，食品流向分散化；运输小批量化，经销个体化；注重运输质量和时效性；鲜货运输比例较大，季节性强，运输控温要求高；运距增长，进、出口量扩大；运输市场主体改变，各种运输方式竞争加剧，如易腐食品铁路运量显著下降。

7. 优化冷藏供应链结构，充分利用社会化物流资源，在冷藏食品物流市场上充分开展第三方物流业务

运输易腐货物不同于普通货物，想要有效运作冷藏物流，达到最佳保存货物的目的，必须要建立一套完整的冷藏物流链，严格控制温度和包装，在转移和放置易腐货物时，不应暴露在空气中，也不应在温度转变的环境中进行。这些都需要构造精良的冷藏运输装备和专业的运输管理机制，才能有效完成货物的保鲜质量和运输的经济效益。

（1）优化冷藏链结构，加速冷藏企业的优胜劣汰，向集团化、连锁化、协作化方向发展　目前我国冷藏企业仍然是小、多、散的冗余局面，缩短供应链或简化其中一些中间环节将大大提高冷藏链的运行效率。因此，我们应该利用市场经济原则，加速冷藏企业的优胜劣汰，通过兼并等方式重组冷藏链资源，形成集团化优势，并积极向连锁化经营转变，优化冷藏链供应结构。同时，冷藏链各企业还要树立现代企业营销创新的新思维，结成广泛的营销同盟，形成以发展为导向的协作经济群体；还要从国际物流的战略高度，实现企业经营的大调整，组建将生产、交易、代理、运输、融资、结算、服务、管理、监督融为一体的冷藏链物流中心，使冷藏行业进入大规模、高水平、深层次的快速发展，走标准化管理、规范化服务的现代化营销之路，为中国冷藏链行业在全球化物流环境下的竞争奠定坚实的基础。

（2）积极引进第三方物流，筹建社会化低温配送中心　从冷藏物流行业的发展趋势、市场的需求导向以及行业长期发展来看，专业的第三方冷藏物流企业是未来参与冷藏物流市场竞争的主体。作为一个技术密集型和资金密集型行业，冷藏物流的专业化、高难度以及基础设施的高投入，导致进入的门槛很高，一般物流企业很难切入，以至于市场上还没有出现足以引领行业发展的企业领袖，这为有实力的第三方物流企业进入该市场创造了有利条件。

冷藏物流是物流业务中基础设施、技术含量和操作要求都很高的高端物流。如果生产商自营冷藏物流，高投入的基础设施和设备、网络及庞大的人力成本只服务于自身项目，并不是生产商的明智选择，越来越多的生产商愿意选择能提供完整冷藏链的第三方物流来外包自身冷藏物流业务，这种市场需求必将催生第三方冷藏物流企业的快速发展。

要大力在冷藏链中引进第三方冷藏物流，其中一个重要的组成部分就是组建冷藏链低温配送中心。目前国内低温配送中心的建设还处在起步阶段，大量的低温生产企业（冷藏库）直接面向超市及销售网点进行低温配送业务，从社会意义上讲真正的低温配送中心还没有形成，这就需要加紧建设社会化的低温配送中心，避免低水平冷库的重复建设。

8. 采纳有效的开展冷藏物流业务的组织模式

冷藏物流与普通第三方物流一样，只有专业化和集约化才可能创造更高的价值，获取利润。综合物流企业若要在冷藏物流业务上有所发展，必须采取有效的组织模式。

（1）在物流企业内，成立独立的冷藏物流运作部门，统筹管理全系统冷藏物流业务，实行垂直一体化管理模式　如采取和生产企业建立战略联盟甚至合资合作等形式，充分发挥其现有冷藏车、冷库等资源，向客户提供全方位的冷藏物流服务。在业务逐渐成熟时，可成立独立的专业第三方冷藏物流企业。该模式的优势主要是能较好实施统一、专业的冷藏供应链全程服务，实施有针对性的营销策略；其缺点主要是前期投入大、前期收益不明显，还要打破现有的管理和运作模式，对各方面要求较高。

（2）在消费集中地区，开展冷藏食品区域内配送　鉴于冷藏物流市场区域性和时效性的特点，可以考虑在一些较发达城市，面向连锁超市、大卖场等企业，以已经运作的普通物流项目为基础，实施专业冷藏物流区域内配送业务。该模式优势主要是具有一定的运作经验，满足现实市场需求，操作和技术要求相对简单，不打乱现有操作和管理模式，切入市场容易；其缺点主要是各自为政，难以形成统一品牌和规模效益。

（3）与生产商结盟，按行业开展冷藏运输服务　与各类生产商结成联盟，按行业提供冷藏运输环节的冷藏链分割功能服务，如冷藏食品运输、冷饮运输以及冷藏乳品运输等。现在从事冷藏运输的多数企业都是采用此种方式。该模式优势是易于进入，客户容易锁定，能充分利用现有车辆资源，可以获得明显短期收益等；但缺点很明显，无法提高操作和组织水平，无法形成企业品牌，基础设施建设和业务开展受制于生产商，对企业长期发展不利。

当前物流企业开展冷藏物流业务时，可以综合以上三种方式，从而有效避免每种模式的缺点，有效发挥各自的优势。

9. 建立食品冷链的物流质量信息系统

从食品冷链现代化和食品安全出发，研究冷链物流质量体系模型、建模方法与技术，建立冷链物流质量管理的理论框架，攻克质量需求提取的相关技术，把质量管理的领域拓展到产品整个生命周期。依据冷链物流质量管理理论，制造企业及其合作伙伴可以协同地获取质量需求、质量管理需求，以更有效的方式快速地响应需求，支持企业通过实现产品创新、管理创新、服务创新来提高客户的满意度，从而保持并扩大企业产品的市场份额，提高企业的综合竞争力。并能通过食品冷链的物流信息系统为冷链有关方面提供准确的市场动态和信息沟通，同时也为食品安全核查提供可溯源性信息支持，对于问题食品可以追查到底。

积极推进信息技术在冷藏链中的应用。对于冷藏链这种物流成本高昂、周转速度较快、质量控制难度较大的特殊供应链，更应积极推进信息技术的应用，充分运用电子商务平台整合各类资源信息，提高冷藏链的运营效率，并利用EDI/GPS/GIS等先进信息技术保障冷藏链的物流质量和响应速度。

同时，我国的冷藏物流信息网络还需进一步与国际信息系统接轨，拓宽信息渠道，加强信息建设，准确、及时地掌握全球冷藏物流信息的高速反馈，以便适应全球化的冷藏链竞争。

10. 加强对冷藏链的基础研究，加速冷藏链专业人才的培养与培训

（1）加强对冷藏链的基础研究，提升冷藏链管理的总体水平　美、日等国早在20世纪五六十年代就对食品冷藏链进行了系统的理论研究，而我国对冷藏链的基础研究比较落后，这直接影响我国冷藏链管理的总体水平。因此，冷藏链的各有关企业应与相关高校进行充分合作，以“产、学、研”一体化的方式进行冷藏链的综合研究，广泛进行现代物流理念如何运用于冷藏链的有关研究开发和应用研究，力争形成多形式、多层次的冷藏链管理体系，有效地保障我国冷藏链企业在全球竞争中立于不败之地。

（2）加速冷藏链专业人才的培养与培训，促进冷藏链的良好运行　目前，冷藏链行业高素质人才比重偏低，既缺乏熟悉现代冷藏链技术的基层操作人才，又缺乏理解现代物流理念的高层物流管理人才，这样就大大限制了冷藏行业的快速发展。人才培养要面向21世纪，深化职业技术教育教学开发，培养高素质劳动者和专门人才，建立富有生命力的人才培养与激励机制，造就高层次的管理型、经营型、技术型综合人才。今后要特别重视培养既懂冷藏技术又懂国际物流和经营管理的综合型人才，以适应全球物流环境下冷藏链市场竞争的需要。

四、我国液化天然气和石油气的储存与运输

我国能源部门对节能和能源利用给予了极大的重视。在充分利用现有电力、石油和煤炭能源的同时，正在开发利用其他形式的能源，如天然气、石油气就是可利用的重要能源。因为这些气体的体积较大，为了储存和运输的方便，以及开展各国间的天然气和石油气的贸易和运输，则必须对这些可燃性气体进行液化，缩小体积，然后进行运输。为此本书阐述了液化气体的储运技术及其设备。

第二章 冷藏运输中的制冷基础知识

第一节 冷藏运输中的制冷技术

机械制冷主要有蒸发制冷、气体膨胀制冷和半导体制冷。气体膨胀制冷主要应用于飞机空调和气体的低温液化；半导体制冷多用于潜艇、医疗器械和小型空调；只有蒸发制冷应用最为普遍。蒸发制冷是利用液体蒸发汽化时吸收汽化热的原理来制冷的，具体又可分为蒸气压缩式制冷、吸收式制冷和蒸气喷射式制冷三种。

1. 蒸气压缩式制冷

蒸气压缩式制冷是选择沸点很低的液体，例如在标准大气压下沸点为 -40.8℃的氟利昂22 作为制冷剂。液体制冷剂经膨胀阀 5 节流（见图 2-1）进入冷库 1 内的蒸发盘管 2 中，制冷剂就会在较低的压力下吸热汽化，从冷库中吸取热量，使库温降低，从而实现制冷。

为了使蒸发盘管 2 中的压力不致因制冷剂的不断流入、汽化而升高，就需用制冷压缩机 3 将制冷剂及时抽出，以维持蒸发器中稳定的低压，同时将气态制冷剂压缩到高温高压送入冷凝器，使气态制冷剂造成对外放热的条件。这样，就可在冷凝器中对制冷剂气体进行冷却冷凝，以使其重新液化，然后再经膨胀阀节流送入蒸发盘管中再次汽化吸热，以实现连续不断地制冷。

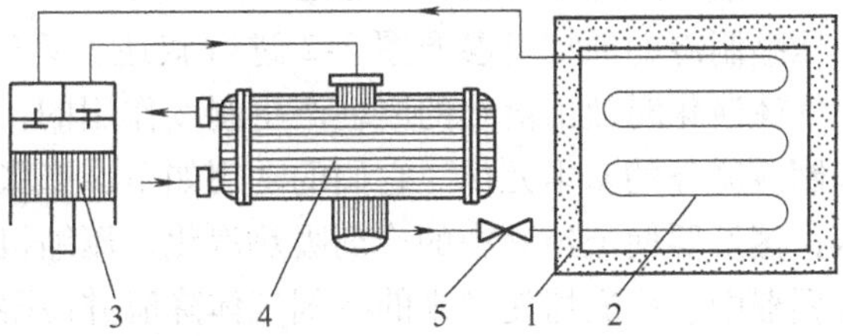

图 2-1 蒸气压缩式制冷装置的原理图

1—冷库 2—蒸发盘管 3—制冷压缩机 4—冷凝器 5—膨胀阀

由上可见，蒸发器、制冷压缩机、冷凝器和膨胀阀是使制冷剂汽化吸热和重新液化所不可缺少的设备，因此这四个设备就成为蒸气压缩式制冷装置的基本组成部分。

蒸气压缩式制冷是现今应用最广泛的一种机械制冷方式。

2. 吸收式制冷

吸收式制冷与压缩式制冷的差别在于将蒸发器产生的低压制冷剂蒸气变为高压蒸气不是用压缩机来完成的，而是利用能强烈吸收制冷剂的液体（吸收剂）将蒸发器中产生的制冷剂蒸气吸收成为溶液，再用液泵将其压送到高压的发生器中，然后再加热使之放出高压制冷剂蒸气（其余吸收剂溶液经节流减压后再重新去吸收制冷剂）。而冷凝器、膨胀阀、蒸发器的工作与压缩制冷相同。吸收制冷必须采用制冷剂和吸收剂组成的工质对进行工作。

目前，可应用于吸收式制冷的工质对已有数十种，但获得广泛应用的只有氨-水溶液（氨为制冷剂，水为吸收剂）和溴化锂-水溶液（水为制冷剂，溴化锂为吸收剂）两种。前者可用于低温系统，后者适用于空气调节系统。

吸收式制冷装置的主要优点是：可直接利用废热或低参数的热源制冷而不需使用压缩

机，运行时没有噪声和振动；用水作制冷剂时，完全没有毒害和污染，也没有爆炸危险。其主要缺点是：制冷系数比压缩式制冷低，冷却水消耗量大；此外，溴化锂-水溶液对设备密封性要求较高，且不能获得0℃以下的低温，而且溴化锂-水溶液在大气中对钢材具有强烈的腐蚀作用。因此，吸收式制冷机的使用寿命较蒸气压缩式制冷机短。

3. 蒸气喷射式制冷

蒸气喷射式制冷也是利用液体蒸发制冷。它用水作制冷剂。只要让水在高真空下汽化吸热，即可获得0℃以上的低温。由于其多采用蒸气喷射器来作为抽真空的设备，故称“蒸气喷射制冷”。

与蒸气压缩制冷相比较，蒸气喷射式制冷的主要优点是：设备结构简单、占地面积较少、制造及管理容易；用水作制冷剂，对人体无害，且又很易取得，同时汽化热也大。它的缺点是：要在高真空下工作，只能取得0℃以上的低温；而且工作时蒸气消耗量很大，经济性较差。因此，蒸气喷射式制冷只适用于空气调节系统和其他需要0℃以上的低温水的生产工艺中，对有废气、废热可利用的场合较为适宜。

第二节 压缩制冷的工作原理和工况

一、蒸气压缩制冷的工作原理

压缩制冷的原理可参照图2-2进行叙述。蒸气压缩制冷就是利用液体蒸发时吸收汽化热，气体液化时放出潜热的原理产生制冷作用的，膨胀阀、蒸发器、压缩机、冷凝器是组成压缩制冷循环的基本元件。它们的功用如下：膨胀阀控制冷剂的流量，并使流过的冷剂节流降压；蒸发器使流经其中的冷剂吸热汽化；压缩机抽吸蒸发器中产生的冷剂气体并将其压送到冷凝器中；冷凝器使送来的冷剂气体降温并冷凝。

在压缩制冷循环中，从膨胀阀至压缩机进口为系统的低压部分；从压缩机出口到膨胀阀前为系统的高压部分。在循环中，冷剂在蒸发器中所吸收的热量加上压缩机压缩冷剂气体所耗功转换成的热量，都经冷凝器传给冷却水。

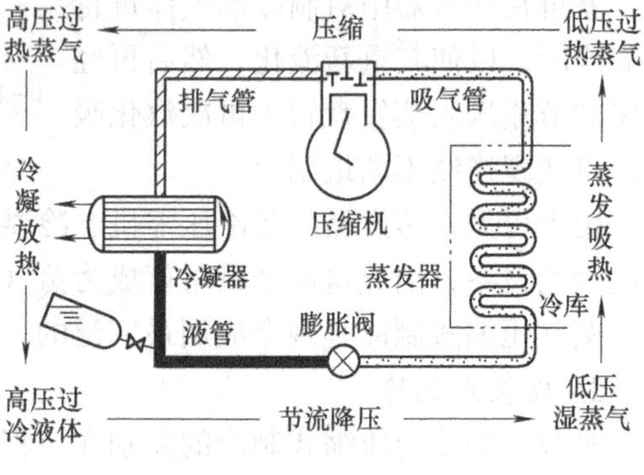

图2-2 压缩制冷的基本循环

吸气管（从蒸发器到压缩机）的流动阻力不太大（氟利昂系统一般相当于使饱和温度下降不超过1℃，氨系统不超过0.5℃），近似地认为蒸发器中的蒸发压力等于压缩机的吸入压力，其值可从压缩机吸入压力表读取。冷剂的蒸发温度为蒸发压力所对应的饱和温度。压缩机进口的冷剂温度与蒸发温度之差即为吸气过热度。蒸发压力的大小主要取决于蒸发器在单位时间内的产气量和压缩机单位时间吸气量的动态平衡。如果库温较低，蒸发器传热不良或进入蒸发器的冷剂液体太少，则蒸发量小，蒸发压力就低；反之，如果蒸发器产气量大，则蒸发压力就高。此外，压缩机流量的变化也会影响蒸发压力。有的压缩机可以通过调节流量（例如增减工作缸数）来调节蒸发压力。膨胀阀流量通常调到冷剂流量正好能满足蒸发器的需要，使蒸发器出口的过热度为3～6℃为宜。改变膨胀阀开度虽然能影响蒸发压力，但不顾蒸发器的换热能力而将膨胀阀开得过大，压缩机可能吸入液体而产生液击；膨胀阀开得太小，蒸发器出口过热度太大，不仅使蒸发器的吸热能力不能充分发挥，还会使压缩机排气温度过高。

冷凝器中的冷凝压力近似地等于压缩机的排出压力。它所对应的饱和温度为冷凝温度，比压缩机的排气温度低得多，冷凝压力的大小主要取决于压缩机的排气量和冷凝器单位时间内的冷凝量的动态平衡。冷库温度较高时，压缩机质量流量大（因为蒸发压力高，吸气的比体积小），冷凝压力就越高；另外，冷却水温度高或冷凝器换热能力差，冷凝速度降低，则冷凝压力便增高。当然，这时冷凝温度也随之增加，冷剂与冷却水的温差加大，冷凝速度又增加，故冷凝压力提高到一定的程度便可自行稳定。此外，如果冷凝器中聚集了不能凝结的空气，冷凝压力也会增高。调节冷凝压力的办法主要是调节冷却水的流量。

二、压缩制冷循环在压焓图上的表示及简单计算

1. 理论饱和循环

为研究蒸气压缩制冷装置的工作，就需对其制冷循环有一个全面的认识，利用各种热力线图研究循环，可使问题清晰、定量地得到解析。在制冷循环的分析和计算中，常借助于工质的压焓图和温熵图，其中压焓图的应用更为广泛。

图 2-3b 所示为某制冷剂的压焓图（简图），它的纵坐标是压力 p（kPa），横坐标是焓 h（kJ/kg）。焓是表面单位质量工质本身所含能量多少的状态参数，它包括工质压能（取决于压力和比热容）和内能（分子的动能和分子间的位能，分别取决于工质的温度和比体积）。

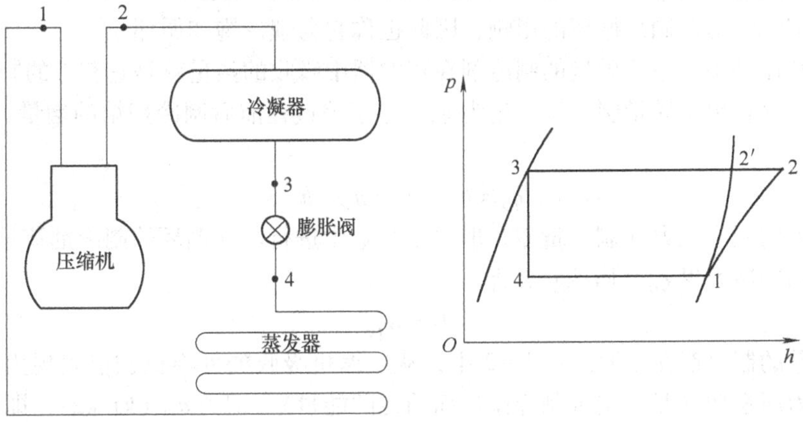

图 2-3　蒸气压缩制冷装置示意图及制冷剂的压焓图

若已知压缩机工作时的吸气压力 p_1、吸气温度 t_1、排气压力 p_2，并作以下假设：

1）制冷剂离开蒸发器进入压缩机的状态是刚刚完全蒸发的干饱和状态。

2）气体在压缩机中经历的整个过程是绝热（等熵）过程。

3）制冷剂离开冷凝器进入膨胀阀是刚刚完全凝结的饱和液体状态。

4）制冷剂流过冷凝器和蒸发器及连接管路没有任何压力损失。

在以下这些假定情况下，制冷剂在装置中经历的热力循环在压焓图上，由如下四个过程组成：

绝热压缩过程 1—2：由压力为 p_1 的干饱和状态沿等熵线压缩（包括压缩机的吸入、压缩、排出）到压力为 p_2 的过热状态，终点 2 为 p_2 等压线与 1 点等熵线的交点。

等压冷却冷凝过程 2—3：制冷剂过热蒸气在 p_2 压力下，在冷凝器中向冷却介质放出显热冷却到饱和状态，然后放出潜热冷凝为饱和液体，过程中的点 3 为 p_2 等压线与液体饱和线的交点。

节流过程 3—4：处于饱和状态 3 的液体通过膨胀阀节流，压力降为 p_1，由于节流过程前后焓值不变，因此终点状态 4 为通过点 3 的等焓线与 p_1 等压线的交点。节流过程中，随着压力逐渐下降，液体变成超饱和状态，部分液体闪发汽化，从制冷剂自身吸收汽化热，使其温度降低到低压下的饱和温度，因此节流过程终点状态是低压 p_1 的饱和气液混合物。

等压蒸发过程 4—1：处于状态 4 的气液混合物进入蒸发器，在 p_1 等压下从制冷对象吸热蒸发，直至全部蒸发成干饱和状态 1。

上述四个过程构成的循环 1—2—3—4—1，其冷凝和蒸发过程终点都是饱和状态，故称为简单饱和循环。进行等压蒸发的压力 p_1 称为蒸发压力，进行等压冷凝的压力 p_2 称为冷凝压力。因为蒸发和冷凝都是在饱和状态下进行的，所以蒸发过程 4—1 和冷凝过程 2—3（显热冷却阶段 2—2′除外）又是等温过程，其温度分别为压力 p_1 下的饱和温度 t_e 和压力 p_2 下的饱和温度 t_c，t_e 称为蒸发温度，t_c 称为冷凝温度。显然简单饱和循环的全部路线，只要两个参数 t_e 和 t_c（p_1 和 p_2）就可以完全确定。

简单饱和循环是在前述四个假设情况下进行的，和实际制冷装置中制冷剂经历的热力循环并不相符，但这个循环和它的各项性能（各过程转移的能量）可以提供一个比较基础，以分析各种实际情形对制冷循环的影响，因此也称它为理论饱和循环。

简单饱和循环中，单位质量的制冷剂在蒸发器中吸收的热量就是它实现的制冷效益，称为制冷效果，又称单位质量制冷量，记为 q_0，等于该过程前后制冷剂焓的增量，单位是 kJ/kg，即

$$q_0 = h_1 - h_4 = h_1 - h_3 \tag{2-1}$$

制冷装置的制冷能力（制冷量 Q）取决于装置中进行制冷循环的制冷剂流量 G（kg/s）和制冷循环的制冷效果 q_0（kJ/kg），即

$$Q = Gq_0 \tag{2-2}$$

单位质量的制冷剂在压缩过程 1—2 中，从压缩机吸收的外界机械能表现为压送前后焓的增量，称为压送功（是为实现制冷循环而消耗的能量），记为 q_1（kJ/kg），即

$$q_1 = h_2 - h_1 \tag{2-3}$$

式（2-3）说明制冷装置耗能性能的参数是消耗功率。压缩机制冷装置中常常以驱动压缩机的轴功率作为装置能耗的参数，若不计其他辅助设备的能耗，则理论压缩功率

$$P_T = Gq_1 \tag{2-4}$$

压缩机轴功率并不简单地等于输气量 G 和循环压送功 q_1 之积，还必须计压缩机效率，则压缩机轴功率

$$P = P_T/\eta \tag{2-5}$$

单位质量制冷剂在冷凝器中放出的热量为过程 2—3 前后的焓差，称为冷凝热，记为 q_2（kJ/kg），则

$$q_2 = h_2 - h_3 \tag{2-6}$$

显然冷凝热 q_2 等于制冷效果 q_0 和压送功 q_1 之和。

q_0、q_1、q_2 是制冷循环和过程转移能量的数量，是说明一个循环性能的基本参数。单位质量制冷剂通过这一循环，在消耗 q_1 的条件下，实现从低温 t_e 向高温 t_c 转移热量 q_0 的制冷作用。

比较制冷循环的制冷效果 q_0 和压送功 q_1，可以引出一个说明循环经济性能的参数，称为循环的制冷系数，记为 ε，它表示单位耗功产生的制冷效果，即

$$\varepsilon = q_0/q_1 \tag{2-7}$$

如果将 q_0、q_1、q_2 除以吸气状态 1 的制冷剂气体比体积 v_1（m^3/kg），它们分别表示吸气状态下单位体积制冷剂的制冷效果、压送功和冷凝热，分别称为容积制冷效果 q_v、容积压送功 q_{1v}和容积冷凝热 q_{2v}，即

$$q_v = q_0/v_1 \tag{2-8}$$

$$q_{1v} = q_1/v_1 \tag{2-9}$$

$$q_{2v} = q_2/v_1 \tag{2-10}$$

由于应用最广泛的是容积式制冷压缩机，其容积吸气量理论上是一定的且易于计算，所以使用单位容积为衡量基础的性能参数更为方便，则体积输气量 V（m^3/s）下的制冷量 Q、轴功率 P、制冷系数可分别表示为

$$Q = Vq_v \tag{2-11}$$

$$P = Vq_{1v} \tag{2-12}$$

$$\varepsilon = Q/P \tag{2-13}$$

2. 实际制冷循环

实际制冷装置中制冷剂进行的热力循环并不是上述的简单饱和循环，其间差别主要有如下几个方面：

1）实际制冷循环的压缩过程不是从干饱和状态而是从过热状态开始的。一方面，制冷剂在离开蒸发器出口时已经有一定的过热度；另一方面，制冷剂流过吸气管路到达压缩机吸气口前，还不可避免地会从环境吸热，提高过热度。压缩机吸气口处气体的过热度称为吸气过热度，有时可高达几十摄氏度。由于吸气是过热状态，实际压缩过程线在 p-h 图上移向右侧。

2）实际循环的节流过程不是从饱和液体状开始的，液体全部凝结后又被进一步冷却才进入节流装置（膨胀阀），因此膨胀阀前液体温度低于冷凝温度，其差值称为过冷度。因此实际制冷循环节流过程始点在 p-h 图中沿等压线左移。

3）实际应用的任何一种压缩机，吸入、压缩和排出气体的全部过程都不可能绝热地进行，气体和压缩机不可避免地要发生热量交换，因此，实际循环的压缩过程不是等熵过程而是一个复杂的多变过程。另外，由于吸、排气通道的阻力和阀的节流，压缩始、终点的压力将分别低于蒸发压力 p_1 和高于冷凝压力 p_2。由于这些和其他一些因素，压缩过程并不是如等熵线 1—2 所示的变化过程，但由于影响实际压缩过程的因素比较复杂，很难描绘出实际气体状态变化的过程线，所以研究实际制冷循环时，仍把等熵线段 1—2 假定为实际压缩过程，把绝热压送功 q_1 看做是循环的理论耗功，而实际压送功则采取考虑实际因素，对 q_2 进行修正的办法计算。

4）实际制冷装置中，制冷剂流过冷凝器、蒸发器及其他连接管路，必将因流阻损失而

引起压力降，所以实际循环的冷凝过程和蒸发过程都不是等压过程，但由于不同装置中设备的不同，这种压力降千差万别，实践中又尽量将它限制在较小程度，所以研究实际循环时，通常忽略这种压力降，仍把实际循环的冷凝过程和蒸发过程看成是等压过程。但在研究实际制冷装置的工作时，必须充分注意这种压力降的影响。

综上所述，实际制冷循环在 p-h 图上的形状如图 2-4 所示。

要绘出实际制冷循环的 p-h 图，光有蒸发温度 t_e（或压力 p_1）和冷凝温度 t_c（或压力 p_2）两个参数是不够的，还需要知道吸气温度 t_1 才能确定状态 1 的位置（p_1，t_1）；需要知道膨胀阀前液体的温度 t_3，才能确定状态 3 的位置（p_2，t_3）；知道了蒸发温度 t_e、吸气温度 t_1、冷凝温度 t_c、膨胀阀前液体温度 t_3 四个参数，就可以确定实际制冷循环，即可以完全确定制冷装置实际运行的工况，所以上述决定制冷循环的四个状态参数，也是制冷装置运行的工况参数。

一部制冷装置在不同工况下运行，其中进行着不同的制冷循环，各性能参数也不尽相同。因此不明确一组能确定制冷循环工况的参数，就无法说明制冷装置的性能，不规定相同的工况参数，也不能对不同制冷装置进行性能比较。因此各国都规定了用于说明制冷装置性能的标准工况参数，我国根据制冷装置应用场合的不同，规定了两组工况参数作为标定制冷装置性能的基础，一种称为标准工况，一种称为空调工况，其参数值列于表 2-1。

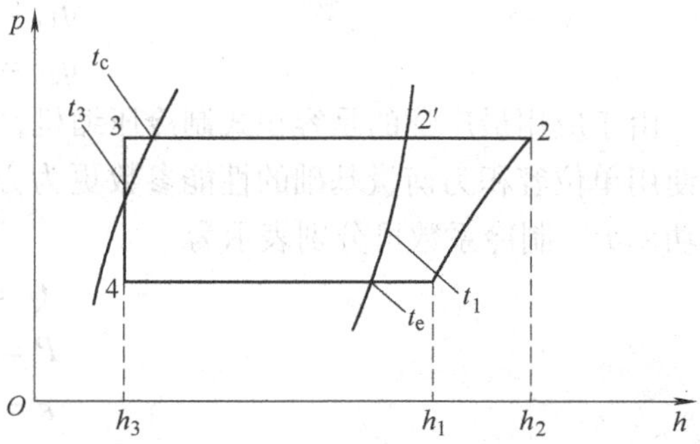

图 2-4　实际制冷循环的 p-h 图

表 2-1　活塞式制冷压缩机的标准工况和空调工况

工况	制冷剂	冷凝温度/℃	蒸发温度/℃	过冷温度/℃	吸入温度/℃
标准工况	R 717	30	−15	25	−10
	R 22	30	−15	25	15
	R 12	30	−15	25	15
	R 502	30	−15	25	15
空调工况	R 717	40	5	15	10
	R 22	40	5	15	15
	R 12	40	5	15	15

三、压缩制冷的工况及其影响

压缩制冷装置的工况主要是指循环的冷凝温度（冷凝压力）、蒸发温度（蒸发压力），也包括过冷度和吸气过热度，上述工况条件不是人们可以随意决定的，它们主要取决于外界条件，并随外界条件的变化而变化。显然，不仅不同装置可在不同工况下工作，就是同一装置，工况也常常发生变化。因此应该知道这些工况条件变化时，制冷循环及其性能将发生怎样的变化，对制冷循环和装置的性能会有怎样的影响。

1. 其他条件不变，冷凝温度变化的影响

前已述及，当海水温度或冷凝器的换热效果变差以及冷凝器中含有不凝性气体时，冷凝压力（冷凝温度）会发生变化，假定其他条件不变，冷凝温度提高，则装置的制冷量减小，压缩机轴功率增加，制冷系数也会降低，下面用图 2-5 说明。当冷凝温度由 t_c 提高到 t_c'时，由于膨胀阀压差增加，冷剂流过阀后闪发成气的比例增加，于是单位制冷量由 $q_0=h_1-h_4$ 降为 $q_0'=h_1'-h_4'$，同时压缩机输气量 G 也因压差增加而减小，由式（2-2）可知，制冷量 Q 减小，同时单位压送功由 $q_1=h_2-h_1$ 增加到 $q_1'=h_2'-h_1'$（其影响超过制冷剂流量的减小），由式（2-4）可知，压缩机轴功率 P 增加，由式（2-7）可知，制冷系数也减小。

由此可见，一般来说，保持较低的冷凝压力，对提高制冷量和运行经济性是有益的，但如果冷凝压力过低，会使膨胀阀流量不足，也会影响制冷效果。

2. 其他条件不变，蒸发温度变化的影响

用于不同场合的制冷装置（用于低温库、高温库或空调）要求的蒸发压力和蒸发温度是不同的，为此设计时应选用换热能力合适的蒸发器和与之匹配的压缩机、冷凝器和膨胀阀。对于既定的制冷装置，蒸发温度（蒸发压力）将随蒸发器热负荷或压缩机流量的变化而变化，即蒸发压力越低，装置制冷量和制冷系数就越小。下面用图 2-6 说明，当蒸发温度由 t_e 降为 t'_e时，吸气比容 $v_1'>v_1$，单位制冷量由 $q_0=h_1-h_4$ 变为 $q_0'=h_1'-h_4'$，而单位压送功由 $q_1=h_2-h_1$增加到 $q_1'=h_2'-h_1'$，循环制冷系数由 $\varepsilon=q_0/q_1$ 明显下降为 $\varepsilon'=q_0'/q_1'$。

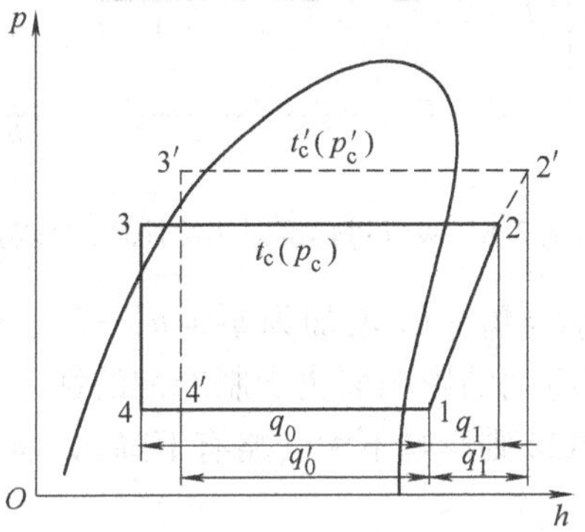

图 2-5　冷凝温度对制冷循环的影响

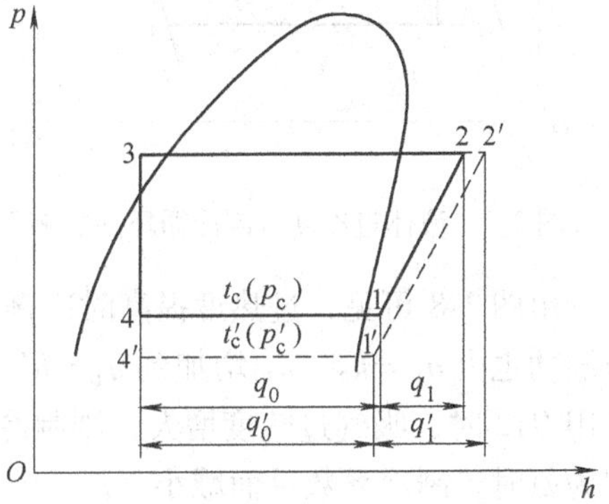

图 2-6　蒸发温度对制冷循环的影响

虽然循环的单位制冷量降低很小，但由于吸气比体积大幅增大使压缩机质量输气量 G 减少很多，所以装置制冷能力 $Q=Gq_0$ 大大降低。至于 $p_e(t_e)$ 降低对压缩机轴功率的影响，因为一方面单位压缩功 q_1 增加，另一方面制冷剂循环流量 G 又因 v_1增加而减小，由式（2-5）可知，不能简单判断。理论分析表明，当 $p_e(t_e)$ 从接近 $p_c(t_c)$ 值开始降低时，P 值是增大的；当压力比 p_c/p_e 达到某既定值（R12 为 2.905，R22 为 2.93，R717 为 3.11）时 P 达到最大值；当 $p_e(t_e)$ 进一步降低时，P 值开始降低。

可见，当压缩机理论体积流量相同和技术状况正常时，蒸发压力较高的制冷装置制冷量大，经济性也好。但如果压缩机流量由于某种原因减少，导致蒸发压力（蒸发温度）上升，则压缩机质量输气量减小，装置制冷能力也会降低。

3. 其他条件不变，过冷度的影响

图2-7所示为液体过冷度对制冷循环的影响。由图2-7可知，其他条件不变，循环的过冷度增加，过冷温度由 t_3 降到 t'_3，单位制冷量由 $q_0 = h_1 - h_4$ 增加到 $q'_0 = h_1 - h'_4$，装置制冷量由此而增加；由于压缩机轴功率不变，装置制冷系数提高。实际装置靠增加冷凝器换热面积来提高过冷度，所能达到的过冷度很有限，一般为3～5℃，于是冷凝器到膨胀阀这段液管压降不宜超过40～70kPa，否则过冷度可能会消失而提前汽化，使制冷量降低。为了提高过冷度和防止在膨胀阀前闪发，常设气液换热器使从冷凝器出来的冷剂液体与从蒸发器出来的冷剂蒸气换热以实现过冷。

4. 其他条件不变，吸气过热度的影响

如果压缩机的吸气过热是冷剂在蒸发器内完成的，则称为有益过热，它可以提高装置的制冷量和制冷系数。如果压缩机的吸气过热是在冷剂离开蒸发器后，在吸气管中吸取的外界热量而造成的，则冷剂单位制冷量并未提高，装置的制冷量和制冷系数会下降，这种情况称为有害过热。吸气过热度对制冷循环的影响如图2-8所示。

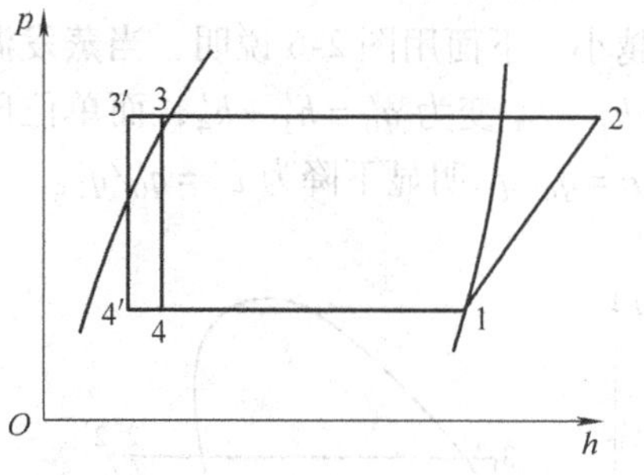

图2-7 液体过冷度对制冷循环的影响

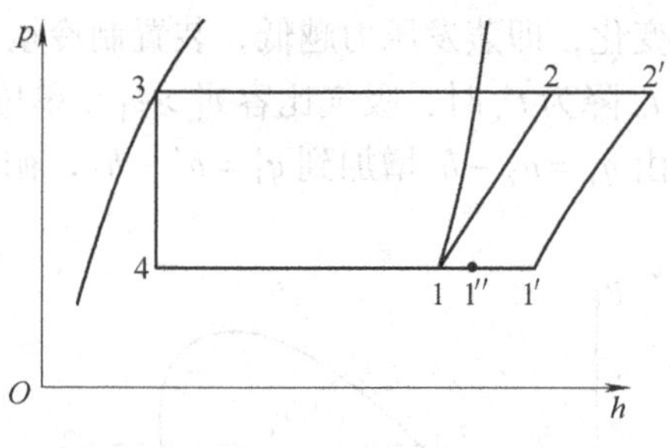

图2-8 吸气过热度对制冷循环的影响

由图2-8可见，过热度提高时冷剂单位制冷量由 $q_0 = h_1 - h_4$ 增加到 $q'_0 = h'_1 - h_4$，单位压缩功也由 $q_1 = h_2 - h_1$ 增加到 $q'_1 = h'_2 - h'_1$，它们对制冷剂的影响取决于制冷剂的性质。当采用R12时，吸气过热度增大，则制冷系数提高，对R22则影响不大（略有下降），而制冷剂为氨时，制冷系数反而减小。

吸气过热度增加时虽然单位制冷量 q_0 增加，但吸气比体积 v_1 加大，使质量流量 G 减小，对装置制冷量 Q 的影响要看二者哪个影响大。实验表明，过热度每提高1℃，R12、R22和氨的质量流量 G 减少0.4%，而 q_0 则分别增加0.5%、0.4%和0.2%，所以R12的制冷量 Q 提高，氨的制冷量 Q 减小，而对R22则影响不大。

上述冷剂吸气过热度提高时，单位压缩功 q_1 的增加不如质量流量 G 减少快，故轴功率 P 是减少的。

吸气过热度的大小主要根据对制冷系数的影响来确定；其次，有适当过热度可以防止压缩机吸入液态冷剂发生液击，也能减少有害过热，但吸气过热度太高又会使排气温度和润滑油温度过高。氨制冷装置蒸发器出口的冷剂应尽可能是干饱和蒸气，压缩机吸气过热度不宜超过5～8℃。氟利昂制冷装置蒸发器出口过热度一般控制在3～6℃。过热段的换热能力很差，为了有效利用蒸发面积，蒸发器出口过热度不宜过大。因此R12和R22装置都采用气液换热器来提高过冷度和减小有害过热，但压缩机吸气温度不超过15℃。

第三节　制冷剂、载冷剂和冷冻机油

一、制冷剂

制冷剂是在制冷机内完成热力循环的工质。可作为制冷剂的物质很多，但是要得到满意和高效率的制冷循环，同时符合安全、经济的要求，又不破坏生态环境，就必须对制冷剂进行选择。选作制冷剂的物质必须具有较好的热力性质和比较满意的物理化学性质。但是各项性能的好坏都是相对的。选用时只能根据使用场合、制冷温度要求、制冷量的大小及制冷机的形式等综合加以考虑。

1. 制冷剂的种类和编号

现今所使用的制冷剂主要有无机化合物、饱和烃的卤化物、碳氢化合物、共沸制冷剂和非共沸制冷剂。

（1）无机化合物　无机化合物制冷剂如氨、水等。无机类制冷剂的统一编号为 R7××（R 是英文“制冷剂”一词的首字母），编号的后两位数表示该无机化合物的相对分子质量。例如，氨编号为 R717，二氧化碳和水的编号分别为 R744 和 R718。

（2）饱和烃的卤化物　饱和烃的卤化物制冷剂的商品名统称氟利昂。它们的统一编号是 R 后带两个或三个数字；依次为碳原子数 $m-1$、氢原子数 $n+1$ 和氟原子数 x；异构物加 a、b…。例如，二氟一氯甲烷 $CHClF_2$：$m=1$，$n=1$，$x=2$，即写为 R22。

氟利昂制冷剂大多是无毒的，没有气味。在实际应用的温度范围内不燃烧，没有爆炸危险，而且热稳定性好。氟利昂的相对分子质量大，等熵指数小，凝固点低，含水时会腐蚀镁及镁合金、铁等金属。氟利昂制冷剂的单位容积制冷量小，密度大，节流损失大，导热系数小，遇火焰时会分解出有毒气体，易漏泄而不易被察觉，CFC 表示不含氢的氯氟烃；HCFC 表示含氢的氯氟烃；HFC 表示含氢而无氯的氟化烃。其中，含氯的氟利昂在高空会分解出 Cl 离子，对大气臭氧层有破坏作用，使到达地面的太阳光紫外线失去臭氧层的屏蔽作用而大大加强，对人类健康和农作物、海洋浮游生物的生长不利，并可能引起气候异常。对臭氧层破坏作用的强弱用臭氧消耗潜能值（ODP）表示。此外，氟利昂气体会产生“温室效应”，其影响大小用全球变暖潜能值（Global Warming Potential，GWP）表示。其中 CFC 在大气中不易分解，寿命相当长，对臭氧层的破坏作用和温室效应都很强，经国际协议决定已于 1996 年起禁用，发展国家可推迟 10 年，而 HCFC 使用量将于 2016 年冻结在 2015 年的水平，然后于 2040 年完全禁用，工业化国家则将于 2020 年禁用。

（3）碳氢化合物（烃类）　目前用作制冷剂的碳氢化合物有烷烃类（命名法与氟利昂相同），如甲烷 CH_4（R50）、乙烷 C_2H_6（R170）；烯烃类（R 后加 1，其余与烷烃相同），如乙烯 C_2H_4（R1150）、丙烯 C_3H_6（R1270）等。这类制冷剂的特点是凝固点低，临界温度低，相对分子质量小，与水不发生作用且难溶于水，对金属无腐蚀作用，价格低廉。烃类对大气臭氧层无破坏作用，但易燃，与空气混合后有爆炸危险。

（4）共沸制冷剂　共沸制冷剂用 R5××表示。这类制冷剂是由两种或两种以上特定的制冷剂按一定的比例混合而成的，在汽化或液化过程中，其蒸气成分与溶液成分始终保持相同；在既定压力下，发生相变时对应的温度保持不变。由于在一定压力下，共沸混合制冷剂标准沸点比组成它的各种纯制冷剂的标准沸点都低，因此，在相同的工作温度条件下，采用共沸混合制冷剂的制冷压缩机也就具有压力比小、压缩终温度低、单位容积制冷量大等优点。

共沸混合制冷剂有R500（R152a/R12）、R502（R22/R115）等，现多因含CFC而停用。

（5）非共沸制冷剂　非共沸制冷剂用R4××表示。非共沸制冷剂是由不同制冷剂按一定比例混合而成的，但其不存在共沸点，在定压下蒸发或凝结时，气相与液相的组成成分不断变化，温度也随之不断变化。由于相变过程不等温，所以更适于在变温热源的场合应用，以缩小传热温差，减小不可逆损失。它还可以降低制冷压缩循环压缩比，使单级压缩制冷循环获得更低的蒸发温度。

综上所述，制冷装置的尺寸、质量和运行经济性是选择制冷剂的重要依据。常用的几种中温制冷剂的主要性质见表2-2，常用制冷剂的饱和温度与饱和压力见表2-3。

表2-2　常用的几种中温制冷剂的主要性质

制冷剂		R22	R12	R134a	R717
分子式		$CHClF_2$	CCl_2F_2	CH_2FCF_3	NH_3
相对分子质量		68.48	120.0	102.0	17.03
标准大气压沸点/℃		−40.8	−29.8	−26.5	−33.4
临界温度/℃		96	112	100.6	132.4
临界压力/MPa		4.963	4.12	3.94	1.32
液体密度/(kg/m³)(25℃)		1193.5	1309	1206	602.7
液体比热容/[kJ/(kg·K)](25℃)		1.25	0.971	1.189	4.35
蒸气比定压热容/[kJ/(kg·K)](25℃)		0.731	0.615	0.791	3.19
标准沸点汽化热/(kJ/kg)		233.7	165.3	219.8	1368
凝固点/℃		−160	−155	−101.0	−77.7
饱和压力	−15℃	0.299	0.182	0.164	0.236
	+30℃	1.201	0.743	0.771	1.167
比体积/(m³/kg)(−15℃)		0.078	0.093	0.120	0.508
表面张力/(N/m)(24℃)		0.079	0.009	0.010	0.024
导热系数/[W/(m²·K)](25℃)	饱和蒸气	0.0115	0.0097	0.0083	0.026
	饱和液体	0.09	0.068	0.118	0.485
动力粘度/Pa·s(20℃)	饱和蒸气	0.128×10^{-4}	0.1352×10^{-4}	1.1192×10^{-4}	0.1044×10^{-4}
	饱和液体	2.4×10^{-4}	1.98×10^{-4}	2.25×10^{-4}	1.52×10^{-4}
毒性等级(由大至小依次为1至6级)		5a	6	6	2
空气中燃爆性		不燃爆	—	—	—
忌用材料		天然橡胶、镁及镁合金	同R22	铜、天然橡胶、丁腈及氟化橡胶	含水腐蚀铜及铜合金(磷青铜除外)、及镀锌、搪锡表面
臭氧消耗潜能值(ODP)		0.05	1.0	0	0
全球变暖潜能值(GWP)		0.36	3	0.26	—

表2-3　常用制冷剂的饱和温度与饱和压力对照表

摄氏温度/℃	绝对压力/MPa			
	R717	R12	R22	R134a
−40	0.0718(0.732)	0.0643(0.6561)	0.106(1.076)	0.052
−35	0.0932(0.950)	0.0808(0.8238)	0.1319(1.3545)	0.066
−30	0.1195(1.219)	0.1005(1.0245)	0.1647(1.679)	0.085
−25	0.1561(1.546)	0.1237(1.2616)	0.2019(2.059)	0.107
−20	0.1902(1.94)	0.1509(1.5396)	0.2461(2.51)	0.133
−15	0.2099(2.41)	0.1826(1.8622)	0.2971(3.03)	0.164
−10	0.2909(2.966)	0.2190(2.234)	0.3560(3.630)	0.201

（续）

摄氏温度/℃	绝对压力/MPa			
	R717	R12	R22	R134a
-5	0.3549(3.619)	0.2609(2.660)	0.4231(4.315)	0.343
0	0.4294(4.379)	0.3086(3.1465)	0.500(5.10)	0.293
+5	0.5157(5.259)	0.3264(3.696)	0.5884(6.00)	0.350
+10	0.615(6.271)	0.423(4.3135)	0.6854(60990)	0.415
+15	0.7283(7.427)	0.491(5.007)	0.7948(8.150)	0.489
+20	0.8576(8.475)	0.5666(5.778)	0.9169(9.35)	0.572
+25	1.006(10.255)	0.6527(6.656)	1.053(10.74)	0.666
+30	1.166(11.89)	0.7698(7.580)	1.2023(12.26)	0.771
+35	1.352(13.785)	0.8100(8.626)	1.368(13.950)	0.887
+40	1.554(15.850)	0.9581(9.770)	1.548(15.790)	1.017

2. 常用制冷剂及其性质

（1）R12　二氟二氯甲烷，分子式为 CCl_2F_2，正常蒸发温度为 -29.8℃，其性质如下：

1）无毒，不燃烧、不爆炸，在恶劣的工作条件下性质也稳定不变，但其与明火接触或温度达 400℃以上，能分解出对人体有害的氟化氢、氯化氢和光气（$COCl_2$）。光气在空气中的体积分数值超过 1%时，人停留时间超过 22min 就会严重中毒。此外 R12 在空气中的体积分数超过 30%时，人长时间停留会因缺氧而窒息。

2）溶水性差，且溶水能力随温度降低而降低。30℃时能溶水 115mg/kg，-30℃时仅能溶 3.6mg/kg。游离水在温度低于 0℃时会结冰，极易在膨胀阀中引起冰塞。从不发生显著腐蚀的要求出发，R12 的含水安全限度是 25mg/kg。对 R12 来说，限制含水量主要考虑的是防止冰塞。由于 R12 气态时溶水性大于液态，所以当 R12 含水量过多时，分次放掉部分蒸汽，可使剩下液体的含水量减少，这称为自干性。

3）气、液态在使用温度范围均易与润滑油相互溶解。冷剂溶入润滑油会使油粘度降低，凝固点略有降低，还会加速润滑油老化，产生有腐蚀的酸性物质。因此氟利昂压缩机应选择粘度较高的润滑油；此外应防止起动时出现奔油现象。

4）含水时易腐蚀镁或镁的质量分数大于 2% 的合金，含水多时也会腐蚀铁。R12 对天然橡胶有腐蚀作用，可使其变软，发胀，甚至糜烂，故不能用天然橡胶作密封材料。采用 R12 的装置可使用氯丁橡胶或丁腈橡胶等合成橡胶作密封材料。R12 对某些树脂性塑料起作用，因此装置中电绝缘材料也不能随便用。

5）渗漏性很强，且无色无味，不易察觉。可用卤素检漏灯查漏。

6）电绝缘性好，常用于封闭式压缩机。

7）密度较大，粘度也较大，在管路中流阻较大，因此管路直径相对要取大些。此外，R12 的放热系数也较低，换热面积相对要求较大。

（2）R22　二氟一氯甲烷，分子式为 $CHClF_2$，正常蒸发温度为 -40.8℃。R22 的理化性质与 R12 大致相似，其差别主要有以下几点：

1）溶水性比 R12 强。水在液态 R22 中的溶解度在 30℃时为 1470mg/kg，-30℃时为 180mg/kg，而不发生显著腐蚀的限度是 60～80mg/kg。R22 制冷系统进水过多时仍会产生冰塞，从而防止含水过多也可防止腐蚀：R22 蒸气的溶水性不如液体，故不能用放蒸汽法来除水。

2）R22 与润滑油的相互溶解和温度有很大关系，冷剂在压缩机冷凝温度下能与润滑油相互溶解，而在蒸发器温度下不能与润滑油完全溶解而分层，润滑油流过压缩机比 R12 要困难得多，因此设计蒸发器吸气管路应予以考虑。

3）电绝缘性不如 R12，但渗透性比 R12 强（放热系数比 R12 大 25% ~30%），故对装置的气密性要求更高，需要时可用卤素检漏灯或电子检漏仪检漏。

4）在闭式压缩机中，R22 装置的电动机绝缘需用丙烯腈树脂，适用的合成橡胶有丁基橡胶和氯丁橡胶。

（3）R717　其正常蒸发温度为 -33.3℃，氨的理化性质与前两种冷剂有很大差别。

1）有毒，并有强烈的刺激性气味。它在空气中的体积分数为 0.5% ~0.6% 时，人停留超过半小时就会有危险；体积分数达 11% ~14% 时可点燃；达 16% ~25% 时可引起爆炸。水果、蔬菜长期接触氨会因氧化而品味变坏。

2）能与水大量溶解，在装置中不会引起冰塞。

3）微溶于油，对压缩机的润滑油无稀释作用，被压缩机排气带入系统中的润滑油难以返回压缩机。因此，氨制冷装置的冷凝器、储液器、蒸发器等下部都设有放油设备（氨液的密度小于滑润油），但换热面上仍有油膜，会影响传热效果。

4）含水的氨会腐蚀锌、铜及铜合金（磷青铜除外）。

5）氨水呈碱性，可使酚酞试纸变红，可用此法进行查漏。

6）放热系数比 R12 和 R22 大，故换热量相同时装置的结构尺寸小；粘度、密度也小，流动阻力较小，管道中的流速可较高，利于减小管径。

（4）R134a　四氟乙烷，分子式为 CH_2FCF_3，正常蒸发温度为 -26.2℃。R134a 是由美国杜邦公司研制出的一种新型制冷剂，主要热力性质与 R12 相似，它是 R12 较为理想的替代品。

R134a 不含氯原子，其臭氧消耗潜能值（ODP）为零，全球变暖潜能值（GWP）为 0.26，比 R12（GWP 为 3）小得多。

R134a 的等熵指数为 1.11，在相同工作参数下压缩机排气终温与 R12 相近，所以压缩机气缸无需用冷却水。

R134a 宜采用不吸附 R134a 的合成泡沸石作为干燥剂。

R134a 对普通橡胶有更强的易膨胀湿润特性，所以密封材料宜采用氢化丁腈橡胶、氯化橡胶。R134a 本身无润滑性，因此对润滑油的润滑性有更高的要求。R134a 与以前常用的润滑油不相溶，如果使用普通冷冻机油润滑则会造成回油困难以及压缩机功耗增加等问题。目前适用于 R134a 系统的润滑油较多，如 PAG（Polyalkylene Glycol）和 POE（Polyol Ester）等脂类润滑油，性能较好。但此类润滑油会吸湿，所以运输及保管中应注意防潮。R134a 与脂类润滑油的混合物仅对锌有轻微的化学反应。

R134a 不含 Cl 元素，不能用卤素灯检漏。

用 R134a 替代 R12 所引起的能耗增加及其他技术问题，目前已基本得到了解决，但研究工作还在继续进行。

二、载冷剂

载冷剂是在间接制冷系统中用以传递冷量的中间介质。优良的载冷剂应满足下列条件：①比热容大；②导热系数大；③粘度低；④凝固点与使用温度范围相适应；⑤腐蚀性小；⑥无毒、不燃烧、不爆炸；⑦化学稳定性好；⑧价格低廉。

载冷剂的种类很多，下面简单介绍一些常用的载冷剂及其主要性质。

1. 水

水是一种理想的载冷剂，它具有比热容大、密度小、对设备和管道腐蚀性小、不燃烧、不爆炸、无毒、化学稳定性好、价廉易得等优点。因此，在大型空调制冷系统中，广泛采用水作载冷剂。但是，由于它的凝固点高，在使用上受到很大限制。

2. 盐水溶液

盐水溶液一般为氯化钠（NaCl）、氯化钙（$CaCl_2$）或氯化镁（$MgCl_2$）水溶液。这类载冷剂是最普遍采用的载冷剂，适用于中、低温制冷系统。

盐水的性质和凝固点取决于盐水的浓度。图 2-9 表示了盐水的凝固点与盐水浓度的关系。当盐水浓度为ξ_1（$\xi_1 < \xi_E$）时，冷却到低于0℃的 *B* 点开始形成冰晶，于是溶液中的水以冰的形式析出，而使剩余溶液的浓度升高，故把 *ABE* 线称为析冰线。随着温度进一步降低，冰的析出量增多，冰与载冷剂溶液呈现雪融状。当温度达到t_C（*C* 点）时，就变成状态点C_2的冰和状态点C_1的溶液（浓度为ξ_{C_1}）的混合物。其中冰与载冷剂溶液的质量之比等于x_2：x_1。温度继续下降到t_E（*D* 点）时，全部溶液都冻结成固体，冰和盐共晶体的质量比为m_2：m_1，这时的温度称为该盐水的共晶点，ξ_E称为该盐水的共晶浓度。氯化钠盐水的共晶点是 -21.2℃，共晶浓度是 22.4%（即 100kg 盐水中含有 22.4 kg 的 NaCl）；氯化钙盐水的共晶点是 -55℃，共晶浓度是 29.9%（100kg 盐水中含有 29.9kg 的 $CaCl_2$）。

如果盐水溶液初始浓度为ξ_2（$\xi_2 > \xi_E$），则温度降至t_G（*G* 点）时并不是析冰，而是析盐，使剩余的溶液浓度降低，故 *GE* 线称为析盐线。由此可见，盐水的凝固点取决于盐水的浓度。浓度增加，则凝固点下降，当浓度增大到共晶浓度时，凝固点也就下降到了最低点，即共晶点（t_E）；若浓度再增大，则凝固点反而升高。同时可以看出，曲线将图分为四个区：溶液区、冰-盐水溶液区、盐-盐水液溶区和固态区。

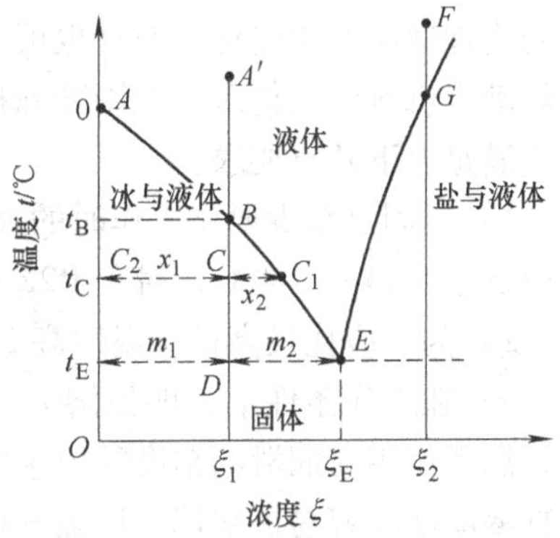

图 2-9　盐水的凝固点与盐水浓度的关系

用盐水作载冷剂时应注意以下三个问题：

1）要合理地选择盐水的浓度。盐水浓度增高，将使盐水的密度加大，而盐水的比热容减小，所以在制冷量既定时所需的盐水流量将增多，会使盐水输送泵的功耗增大，因此，不应选择过高的盐水浓度。目前一般选择盐水的浓度为使其凝固点比制冷装置的蒸发温度低 5～8℃。鉴于此，氯化钠（NaCl）溶液只适用于蒸发温度高于 -16℃的制冷系统中。氯化钙（$CaCl_2$）溶液可使用在蒸发温度不低于 -50℃的制冷系统中。

2）注意盐水溶液对设备、管道的腐蚀问题。金属的腐蚀随盐水中含氧量的增加而加快。为此，最好采用闭式盐水系统，使之减少与空气的接触。另外，为了减轻腐蚀作用，盐水中还需加入一定量的缓蚀剂。加入缓蚀剂后，必须使盐水呈碱性（pH = 7～8.5）。通常 1m^3 氯化钠水溶液中应加 3.2kg 重铬酸钠（$Na_2Cr_2O_7$）和 0.89kg 氢氧化钠（NaOH）；1m^3 氯化钙水溶液中应加 1.6kg 重铬酸钠和 0.45kg 氢氧化钠。在添加上述药剂时，要注意其毒性。

3）盐水载冷剂在使用过程中，会因吸收空气中的水分而使其浓度降低，尤其是开式盐水系统中更是如此。为了防止由于盐水的浓度降低而引起凝固点升高，必须定期用比重计测定盐水的密度。若浓度降低时，应补充盐量，以保持盐水适当的浓度。

3. 乙二醇（$CH_2OH\ CH_2OH$）水溶液

乙二醇水溶液是无色、无味、不燃、无电解性的载冷剂。当考虑到设备和管道维修的困难时，它可代替对金属腐蚀性很强的盐水。其在使用中也应注意因乙二醇挥发导致浓度降低。乙二醇水溶液的凝固点见表2-4。

表2-4 乙二醇水溶液的凝固点

浓度(容积百分比)(%)	15	20	25	30	35	40	45	50
起始凝固温度/℃	-5.2	-8.7	-12	-15.9	-20	-24.7	-30	-35

三、冷冻机油

制冷压缩机的润滑油是特殊的冷冻机油。其作用主要是保证压缩机长期安全运转，制冷机润滑油主要用以润滑压缩机运动件摩擦面，减小零件磨损，提高压缩机的机械效率、可靠性和耐久性，同时兼起冷却清洗和气密等作用，并可兼作压缩机卸载-能量调节装置的液压动力油。精炼的冷冻机油为无色透明或略呈蛋黄色，装在瓶中摇动时，会产生较多的白色泡沫，但消失较快，油不挂瓶。

制冷压缩机运行时，总有一部分润滑油被带入系统与制冷剂一起循环，这不仅会使润滑油的物理性质发生变化，而且也可能发生化学反应。因此制冷压缩机润滑油的选择要比其他一般动力机械严格得多。选用冷冻机油时必须根据装置的工作条件和所用冷剂的性质选择，并应满足以下几点要求：

1）凝固点至少要比工作时的最低蒸发温度低2.5℃。通常对于R12压缩机的滑油凝固点应低于-40~-30℃，对于R22压缩机，润滑油的凝固点应低于-55℃。

2）闪点应比最高排气温度高25~30℃，国产冷冻机油闪点（开口）为160~190℃。

3）在工作条件下，即使溶入冷剂也能保持适当的粘度。船用制冷压缩机轴承负荷不高，润滑作用对润滑油粘度的要求容易满足，主要考虑密封作用的要求。粘度过低，活塞环与缸壁间油膜容易被吹掉，使漏气增加。氟利昂易溶于油，所以压缩机润滑油粘度应大些，即粘度要适中。

4）冷冻机油的含水量应很小，当润滑油中含有水分时不但会加剧润滑油的化学变质和对金属产生腐蚀作用，而且还会造成制冷系统冰塞。国外规定每千克润滑油的含水量应不超过30mg。有水的润滑油加热到100℃时会听到气泡的爆裂声。冷冻机油必须密封存放，否则空气中的水蒸气可能混入润滑油而使润滑油的含水量增加。

5）全封闭式压缩机要求5~10年内不更换滑油，故对油的化学稳定性和抗氧化性要求较高。

6）全封闭式和半封闭式压缩机要求润滑油的电绝缘性要高。

制冷压缩机一般均按说明书推荐用固定牌号的冷冻机油，如需更换，则应选性能指标相近的牌号，不允许混用，否则可能加速润滑油老化。更换不同牌号的润滑油时，应把旧油放尽，并将整个润滑油系统清洗干净，再加入新油。氟利昂制冷装置因润滑油能溶于冷剂中，旧油无法全部换尽，故换用新牌号作短期运行后，应及时检查滑油质量，并重新更换一、二次。

国产和国外冷冻机油的牌号与性能分别见表2-5、表2-6。

表 2-5　国内冷冻机油技术要求（GB/T 16630—1996）

项目	质量指标																								试验方法
品种	L-DRA/A					L-DRA/B									L-DRB/A					L-DRB/B					
质量等级	一等品					一等品									优等品					优等品					
ISO 粘度等级（按 GB/T 3141）	15	22	32	46	68	15	22	32	46	68	100	150	220	320	15	22	32	46	68	15	22	32	46	68	—
运动粘度/(mm^2/s) 40℃	13.5~16.5	19.8~24.2	28.8~35.2	41.4~50.6	61.2~74.8	13.5~16.5	19.8~24.2	28.8~35.2	41.4~50.6	61.2~74.8	13.5~16.5	19.8~24.2	28.8~35.2	41.4~50.6	61.2~74.8	19.8~24.2	28.8~35.2	41.4~50.6	61.2~74.8	13.5~16.5	19.8~24.2	28.8~35.2	41.4~50.6	61.2~74.8	GB/T 265
运动粘度/(mm^2/s) 100℃	—					报告									①					①					
粘度指数	—					—									报告					报告					GB/T 2541
密度(20℃)/(g/cm^3)	—					—									①					①					GB/T 1884 GB/T 1885
折射率(η_D^{20})	—					—									①					①					SH/T 0205
苯胺点/℃	—					—									①					①					GB/T 262
相对分子质量	—					—									①					①					SH/T 0169
闪点(开口)/℃(不低于)	150	150	160	160	170	150	150	160	160	170	170	210	225	225	150	160	165	170	175	150	160	165	170	175	GB/T 3536
燃点/℃(不低于)	—					—									162	172	177	182	187	162	172	177	182	187	GB/T 3536
倾点②/℃(不高于)	-35	-35	-30	-30	-25	-35	-35	-30	-30	-25	-20	-10	-10	-10	-42	-42	-39	-33	-27	-45	-45	-42	-39	-36	GB/T 3535
U 形管流动性2) /℃(不高于)															—					—					GB/T 12578
水分	无					—									—					—					GB/T 260
微量水分/(mg/kg)(不大于)	—					50									35					35					GB/T 11133
介电强度/kV(不小于)	—					25									25					25					GB/T 507
ISO 粘度等级（按 GB/T 3141）	15	22	32	46	68	15	22	32	46	68	100	150	220	320	15	22	32	46	68	15	22	32	46	68	—
中和值/(mgKOH/g)(不大于)	0.08					0.03									0.03					0.03					GB/T 7304 或 GB/T 4945
硫含量(%)(不大于)	—					0.3									0.3					0.1					SH/T 0172
残碳(%)(不大于)	0.10					0.05									0.03					0.03					GB/T 268
灰分(%)(不大于)	0.01					0.005									0.003					0.003					GB/T 508
颜色/号(不大于)	1	1	1.5	2.0	2.5	1	1	1	1.5	2.0	2.5	3.0	3.5	4.0	0.5	1.0	1.0	1.5	2.0	0.5	1.0	1.0	1.5	20	GB/T 6540

（续）

项目	质量指标																								试验方法
品种	L-DRA/A					L-DRA/B									L-DRB/A					L-DRB/B					试验方法
质量等级	一等品					一等品									优等品					优等品					
皂化值/(mgKOH/g)	—					报告									报告					报告					GB/T 8021
腐蚀试验(铜片,100℃,3h)级(不大于)	1b					1b									1b					1a					GB/T 5096
絮凝点②,℃(不高于)	—					-45	-40	-40	-35	-35	-25	-20	-20	-20	-47	-47	-45	-40	-35	-60	-60	-60	-50	-45	GB/T 12557
R12 不溶物含量(-30℃)②(%)(不大于)	—					0.05						0.10			—					—					SH/T 0603
化学稳定性③(250℃)/h(不小于)	—					96(粘度等级≥150 的用 175℃)									96					96					SH/T 0104
泡沫性(泡沫倾向/泡沫稳定性,24℃)/(mL/mL)	—					报告									报告					报告					GB/T 12579
机械杂质	无					无									无					无					GB/T 511
综合磨损值/N	—					—									报告					报告					GB/T 3142
ISO 粘度等级(按 GB/T 3141)	15	22	32	46	68	15	22	32	46	68	100	150	220	320	15	22	32	46	68	15	22	32	46	68	—
热稳定性(100℃,168h,铜棒、钢棒、铝棒)	—					—									④					④					SH/T 0209
氧化安定性(140℃,14h);氧化油酸值/(mgKOH/g)(不大于) 氧化油沉淀/(%)(不大于)	0.2 0.02					— 0.05 0.005									— —					— —					SH/T 0196
压缩机台试验⑤	—					—									通过					通过					GB/T 9098

① 为保证每批 L-DRB/A 和 L-DRB/B 冷冻机油的质量与通过压缩机台架试验的油样一致，对于 100℃运动粘度、密度、折射率、苯胺点和相对分子质量等指标范围应由供需双方商定，并另订协议。

② 对于 L-DRA/A 和 L-DRA/B 油，倾点和 U 形管流动性指标可任选一项控制出厂，当按 U 形管流动性指标控制时应报告倾点数据。对于 L-DRA/B 油，絮凝点和 R12 不溶物含量可任选一项控制出厂，当按 R12 不溶物含量指标控制时应报告絮凝点数据。

③ 经供需双方商定，也可采用其他化学稳定性测定法，如美国供热制冷与空调工程师协会（ASHRAE）标准方法 ANSI/ASHRAE97—1983《用于冷冻系统材料化学稳定性的密封管试验法》，指标水平由供需双方另订。

④ 经热稳定性测定后的油样，应测定 40℃运动粘度、颜色、中和值和残炭，并报告数据，供需双方也可商定另一合适的时间和温度测定条件和指标控制范围。清洗金属棒的溶剂由氰化钾水溶液改为苯乙醇溶剂。

⑤ 压缩机台试验（包括寿命试验、结焦试验和与各种材料相容性试验等）为本产品定型时和用油者首次选用本产品时必做的项目。本项目为保证项目，一般由压缩机厂进行和认可。压缩机台试验认可后，冷冻机油的供需双方应参照本标准中技术要求和根据压缩本身质量档次对冷冻机柚的质量要求另订一个协议指标。当生产冷冻油的原料和配方有变动，或转厂生产时应重做台架试验。如果供油者提供的每批产品，其红外线谱与通过压缩机台架试验的油样谱图相一致，又符合本标准所规定的理化指标或供需双方另订的协议指标时，可以不再进行压缩机台架试验。红外线谱图可采用 ASTM E1421—1991《用于傅里叶变换红外光谱仪的实用测定法—O 级》方法

测定。

表 2-6 国外冷冻机油（性能）

机油公司	机油名称	ISO级别	相对密度(15.5℃)	运动粘度 40℃ mm²/s	运动粘度 100℃ mm²/s	粘度指数	闪点/℃	倾点/℃	浊点/℃	苯胺点/℃	中和值/(mg KOH/g)	说明
BP	ENERGOL LPT 46	46	0.896	45	6.0	63	167	−36	−45		0.05	适合于用 R12 制冷剂的冷冻机
	ENERGOL LPT 68	68	0.902	68	7.4	57	173	−33	−42		0.05	
	ENERGOL LPT-F 32	32	0.917	29	4.3	16	160	−42	< −50		0.05	适合于用 R22 制冷剂的冷冻机
	ENERGOL LPT-F 46	—	0.925	54	5.8	28	174	−39	< −50		0.05	
	ENERGOL LPS-PO 220	220	0.846	210	25.0							合成油，用于小型螺杆式冷藏压缩机和要求高粘度润滑油的其他冷藏压缩机
	ENERGOL LPS 46	46	0.864	45.5	5.52							合成油，用于蒸发温度特别低的现代往复和螺杆式冷藏压缩机
	ENERGOL LPS 68	68	0.866	67.3	6.75							
ESSO	ZERICE S 68	68	0.865	63.6	6.5		186	−33	< −60			均为合成油
	ZERICE S 100	100	0.868	98.0	8.1		196	−33	< −60			
MOBIL	GARGOYLE ARCTIC OIL LIGHT	15	0.8893	13.2	2.9	70	146	−40	−29	78.3	0.05	合成油，适用于各种制冷剂的冷冻压缩机，其蒸发温度可达 −62℃
	GARGOYLE ARCTIC OIL C	—	0.9042	38	5.5	55	168	−37	−23	91.1	0.1	
	GARGOYLE ARCTIC OIL C HEAVY	46	0.9071	45.2	6.2	65	182	−29	−23	93.3	0.1	
	GARGOYLE ARCTIC OIL EXTRA HEAVY	68	0.8961	64.2	7.1	65	191	−23	−23	95	0.1	
	GARGOYLE ARCTIC OIL 155	32	0.9159	32.0	4.5	17	165	−40	−51	77.2	0.01	
	GARGOYLE ARCTIC OIL 300—10		0.9060	56.8	6.2	23	190	−30	−45	77.2	0.01	
	GARGOYLE ARCTIC SHC 266	68	0.834	62.0	10.1	148	217	−53.9				
SHELL	CLAVUS OIL 32	36	0.886	32.0	4.80	45	171	−42				适用于中等蒸发温度和热负荷的冷冻机
	CLAVUS OIL 46	46	0.889	46.0	5.80	45	196	−36				
	CLAVUS OIL 68	68	0.894	68.0	7.20	45	213	−33				
	S. D. REFRIGERATOR OIL		0.879	38.9			185	−43				部分合成油，适用于特低蒸发温度及以 R22、501 及 $13B_1$ 为制冷剂的冷冻机

第四节 制冷压缩机

压缩制冷装置的主要组成部分是制冷压缩机。它是利用外界机械能使吸热蒸发的制冷剂气体提高压力，以便向冷却介质放热的机械，有压缩制冷装置“主机”之称。压缩机的工作能力也决定着装置的制冷能力，因此对压缩机的工作必须给予充分的重视。

制冷压缩机按其工作原理大致可分为活塞式制冷压缩机、回转式制冷压缩机以及离心式制冷压缩机。由于活塞式制冷压缩机效率较高，制造、管理和维修的经验都比较成熟，并且普遍采用高速多缸，还可实现多工质通用，所以活塞式制冷压缩机占据较大优势。

回转式制冷压缩机没有往复运动部件和吸排气阀，转速较高，除螺杆式应用于中等以上制冷量场合外，其他形式多用于小制冷量或低压力比的场合。离心式制冷压缩机转速高，主要用于大型空调制冷装置。

本节主要对活塞式、螺杆式、滚动转子式、漩涡式等几种压缩机作适当介绍。

一、活塞式制冷压缩机

1. 活塞式制冷压缩机的典型结构

活塞式制冷压缩机型号繁多，但结构大同小异，下面主要以我国生产的8FS10型制冷压缩机为例，说明制冷压缩机结构上的主要特点。图2-10所示为8FS10型制冷压缩机，它有8个缸径为100 mm的气缸，每两缸成一列，共四列呈扇形布置，各排气缸中心线夹角为45°，采用工质为氟利昂。

该机机体由高强度铸铁整体浇铸而成，上部为气缸体2，下部为曲轴箱15，中间被隔板分隔，在隔板最低处开有回油均压孔30。8个气缸套8装于缸体的镗孔内，气缸套的外围为共用的吸气腔3，并经吸气接管1与吸入截止阀连通。缸体与缸盖（缸盖内不设冷却水道）之间为共用排气腔6，并经排气接管10与排气截止阀连通。吸、排气接管之间装有安全阀11。活塞27采用铝合金制造，其上装有三道密封环和一道刮油环。曲轴19为双拐曲轴，曲柄夹角为180°，球墨铸铁锻造，由电动机经弹性连轴节直接带动。连杆22由可锻铸铁制成，断面为工字形，大端采用锡基合金薄壁瓦，小端采用磷青铜衬套，8个连杆大端分两组装于两曲柄上。前、后主轴承均为钢套，内浇巴氏合金，并在其中开有油孔和油槽，曲轴伸出曲轴箱处设有轴封装置，轴封13为摩擦环式，防止曲轴箱的冷剂和润滑油外漏，并防止空气漏入曲轴箱；另一端则直接带动一个小型润滑油泵。下面就该机的主要特点作详细介绍。

（1）气流通道　气缸盖5下面的排气腔6与气缸套8周围的吸气腔3之间，以及吸气腔与下面曲轴箱15之间，由气缸体2的二层隔板分开，隔板上各镗有8个缸孔，孔中装有气缸套8。缸套组件用螺栓固定在气缸体的上层隔板上，缸套上部的凸缘和上隔板间设有垫片，以防止吸、排气腔间漏气。该垫片厚度影响气缸余隙，不能随意变动。余隙高度一般为0.5～1.5mm，并应符合说明书的规定。压缩机越大，连杆轴承间隙也越大，工作时上止点的实际位置与压铅时的差别也大，因此由压铅测定的余隙高度也应大些。

下隔板9上开有回油均压孔30，使吸气腔与曲轴箱相通，其作用是：①使经活塞环漏入曲轴箱的制冷剂能经吸气腔抽走；②使吸气从系统中带回的润滑油流回曲轴箱；③必要时能用压缩机本身抽空曲轴箱，回收其中的制冷剂或抽除其中的空气。

（2）双阀座截止阀　吸气管和排气管上分别装有吸气截止阀和排气截止阀，有的制冷

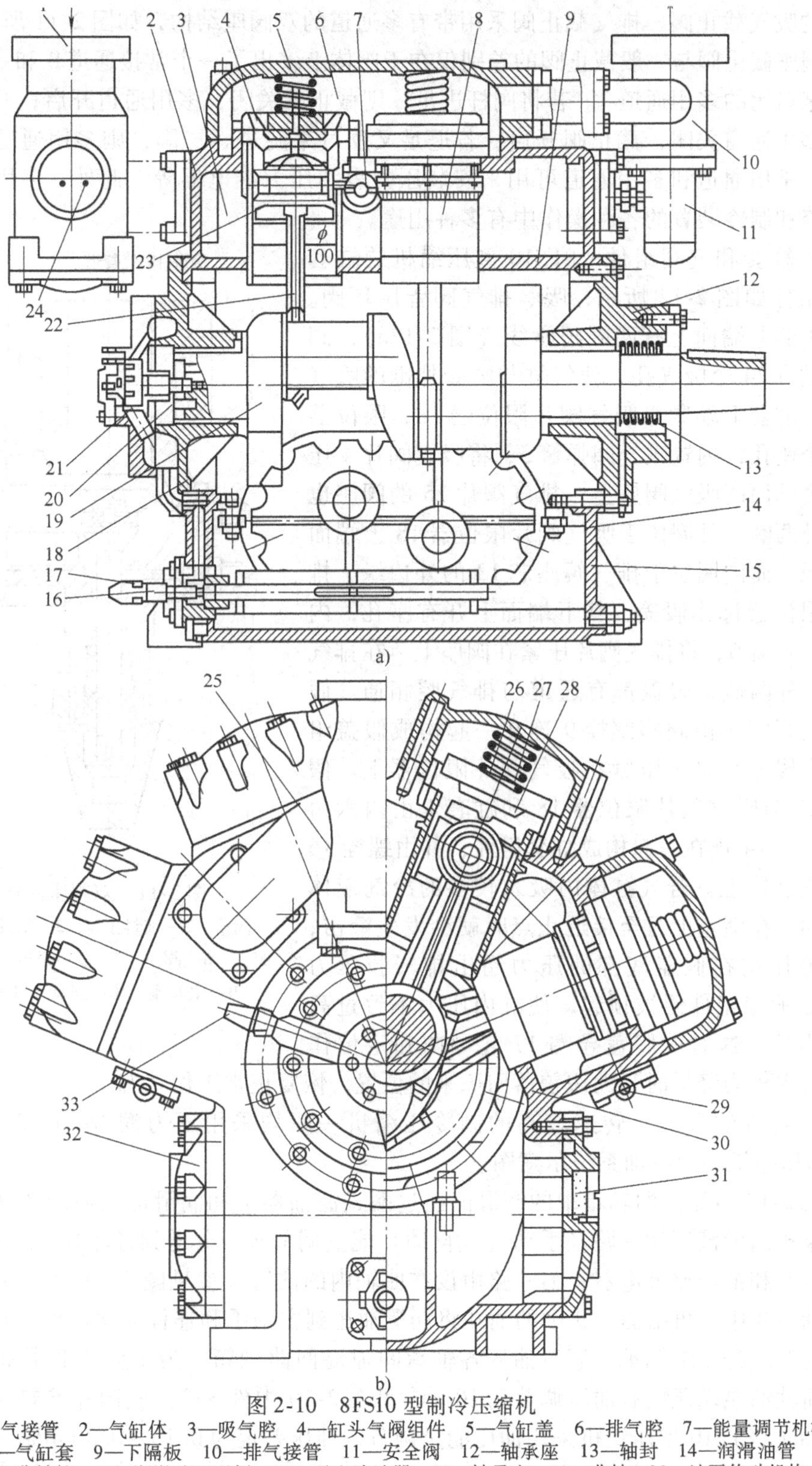

图 2-10　8FS10 型制冷压缩机

1—吸气接管　2—气缸体　3—吸气腔　4—缸头气阀组件　5—气缸盖　6—排气腔　7—能量调节机构　8—气缸套　9—下隔板　10—排气接管　11—安全阀　12—轴承座　13—轴封　14—润滑油管　15—曲轴箱　16—润滑油三通阀　17—吸入滤油器　18—轴承座　19—曲轴　20—油泵传动机构　21—油泵　22—连杆　23—活塞销　24—吸气滤网　25—吸气集管　26—假盖弹簧　27—活塞　28—假盖　29—卸载油缸　30—回油均压孔　31—视油镜　32—曲轴箱侧盖　33—油压调节阀

压缩机的吸气截止阀、排气截止阀采用带有多通道的双阀座结构，如图2-11所示。

双阀座截止阀与一般截止阀的差别仅在于阀体上多出了一个常接通道8和一个可借同一阀盘来启闭的多用通道7。若将阀杆进足，则截止阀关闭，多用通道开启；若将阀杆退足，则多用通道关闭，截止阀开启；若退足又反过来旋进一二圈，则多用通道和截止阀都开启。常用通道和多用通道可用来安装压力表和压力继电器等。此外，多用通道在压缩机检修和制冷装置的各种操作中有多种用途。

(3) 缸套和气阀组件 8FS10型压缩机的缸套和气阀组件如图2-12所示，吸、排气阀皆用环阀。在缸套1的上端面上有两圈阀座线（图2-12a），阀座线间钻有24个吸气孔，使气缸与缸套外围的吸气腔相通。缸套上端紧靠吸气阀片限位器18，限位器上有6个座孔，内置吸气阀弹簧5，将吸气阀片4压紧在缸套端面的吸气阀座上。排气阀片15的阀座也分内、外两圈，外圈位于吸气阀片限位器18上端面的内边缘，而内圈位于排气阀座芯13的外边缘。排气阀的限位器称作假盖，其下端面上开有座孔，内置排气阀弹簧6，将排气阀片压紧在阀座上。在排气环阀内、外两侧，假盖都有通道与排气腔相通。假盖与排气阀座芯由阀座螺栓9连在一起构成假盖组件，并由假盖弹簧7压紧在吸气阀片限位器上。假盖导圈17与吸气阀片限位器18和缸套1由内六角圆柱头螺钉14连在一起构成缸套组件，并由螺栓16固定在气缸体上。若气缸体内吸入较多的冷剂液体或润滑油，在活塞上行至接近止点时就会发生液击，这时只要作用在假盖底部的压力超出排气腔压力0.3MPa，假盖组件便被顶起，使缸内压力不致过高而损坏零件。这时的假盖导圈17起导向和定位作用，在缸内压力降低时帮助假盖落回原来的位置，恢复正常工作状态。

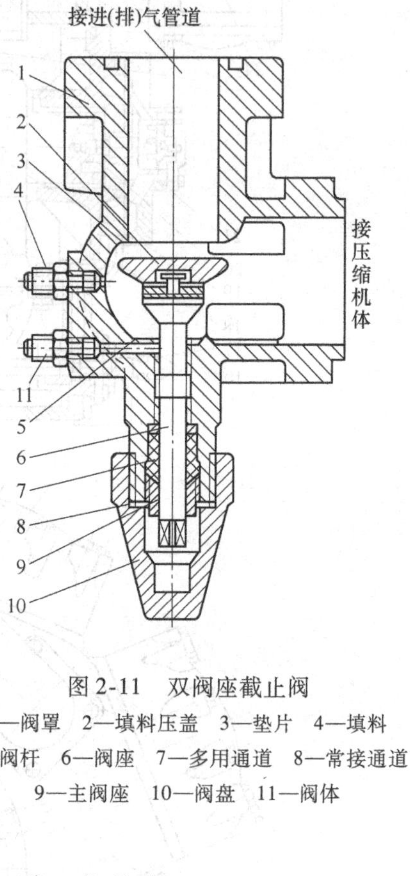

图2-11 双阀座截止阀

1—阀罩 2—填料压盖 3—垫片 4—填料 5—阀杆 6—阀座 7—多用通道 8—常接通道 9—主阀座 10—阀盘 11—阀体

(4) 润滑油系统 转速较高的制冷压缩机一般均采用压力润滑。图2-13所示为8FS10型压缩机的润滑油系统示意图。

由图2-13可见，曲轴箱中的润滑油经过网式滤油器1和润滑油三通阀2被油泵3吸入。油泵排出的液压油一路经手动（或自动）能量调节阀4分送到各卸载油缸6，同时通入油压表5和油压差继电器；另一路由设在曲轴内的油管（参见图2-10中件14）送到机械轴封油腔8中，再由曲轴9中的油孔将润滑油送到主轴承和连杆大端轴承，并经连杆上的油孔送至连杆小端轴承。润滑油从各轴承间隙溢回曲轴箱。为了调节润滑油的工作压力，在曲轴油泵端还设有油压调节阀10（参见图2-10中件33）。我国标准规定油压差应大于98kPa。8FS10型压缩机采用油压能量调节，油压差定为0.15~0.30MPa。

润滑油三通阀2（参见图2-10中件16）的手柄置于“工作”位置，则使曲轴箱与油泵吸口接通；置于“放油”位置则使曲轴箱与通机外的接管相通；置于“加油”位置则

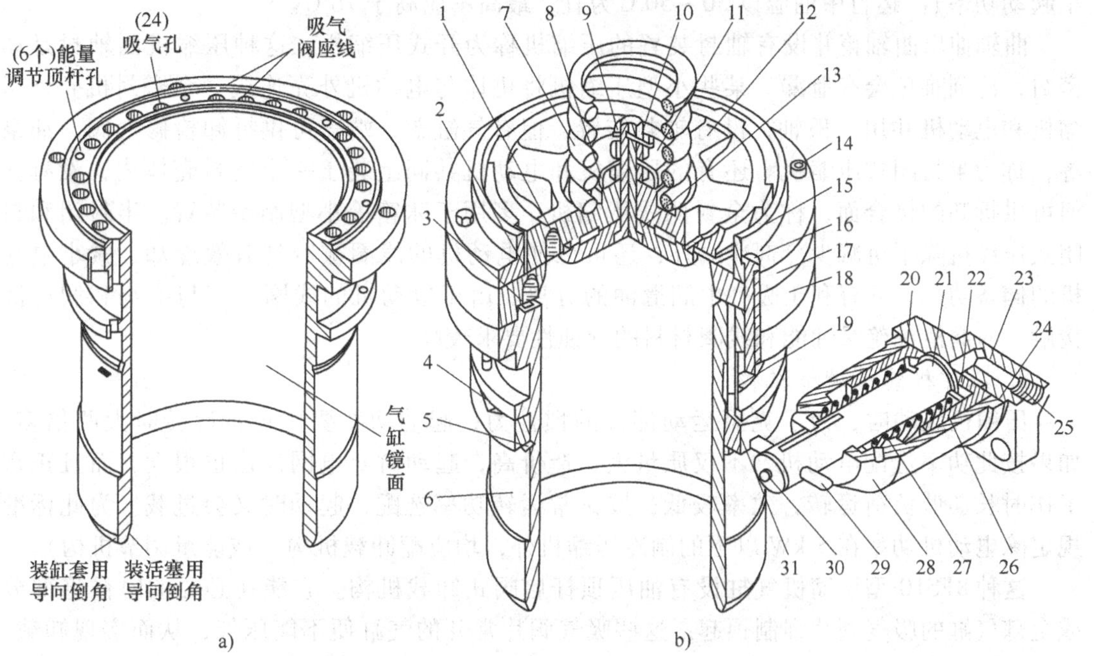

图 2-12　8FS10 型压缩机的缸套和气阀组件

a）缸套　b）气阀组件

1—缸套　2—卡环　3—转环　4—吸气阀片　5—吸气阀弹簧　6—排气阀弹簧　7—假盖弹簧　8、24—垫片　9—阀座螺栓　10—开口销　11—铁皮套圈　12—假盖（排气阀片限位器）　13—排气阀座芯　14—内六角圆柱头螺钉　15—排气阀片　16—螺栓（与机体固定）　17—假盖导圈　18—吸气阀片限位器　19—顶杆弹簧　20—挡圈　21—卸载活塞杆　22—调整垫片　23—卸载油缸盖　25—油管接孔　26—卸载活塞　27—弹簧　28—卸载油缸　29—横销　30—制动螺钉　31—启阀顶杆

使外接管与油泵吸口相通。

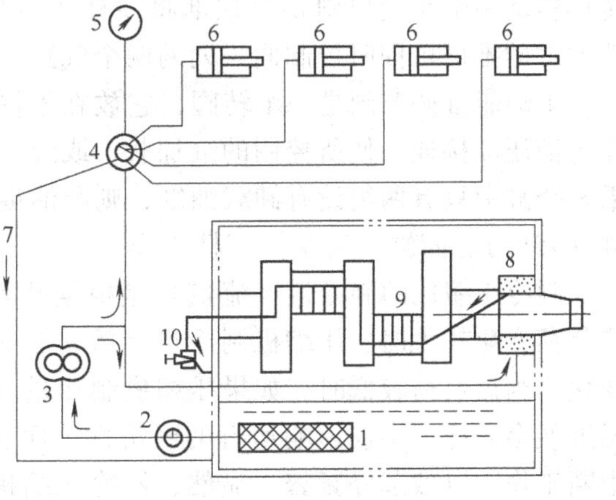

图 2-13　8FS10 型压缩机的润滑油系统示意图

1—网式滤油器　2—润滑油三通阀　3—油泵　4—手动能量调节阀　5—油压表　6—卸载油缸　7—回油管　8—轴封油腔　9—曲轴　10—油压调节阀

氟利昂易溶于曲轴箱的润滑油中，压力高，油温低，溶解量就大。压缩机起动时曲轴箱内的压力会迅速下降，氟利昂就会从油中溢出，如果气量较多则产生大量泡沫，俗称“奔油”，这会使油泵建立不起油压，严重时会因大量润滑油进入气缸而产生液击。因此，压缩机停机时间较长时应先关吸气阀，将曲轴箱内压力抽低，停车后关闭排气阀，减小氟利昂进入曲轴箱的可能，可避免下次起动时“奔油”。一旦起动时发生“奔油”现象，可关闭吸入阀作多次瞬间起动，以使油中氟利昂逸出。氟利昂压缩机曲轴箱中应设电加热器，以使在环境温度较低时于起动前将油预热至30℃左右，以防“奔油”（也可减

小起动功率)。运行中油温以30~50℃为宜，最高不应高于76℃。

曲轴伸出曲轴箱并设有轴封装置的压缩机称为开式压缩机。这种压缩机因轴封是动密封，冷剂难免会有泄漏。某些小型压缩机将机体与电动机外壳连成一个密封机壳，压缩机和电动机共用一根轴，没有轴封装置，但有气缸盖、端盖可供拆卸检修气阀、油泵等，称为半封闭式压缩机。还有的压缩机和电动机共同组装于一个密封壳体内，没有任何可供拆卸的接合面，称为全封闭式压缩机，多用于冰箱等小型制冷装置。半封闭和封闭式压缩机除了可减少冷剂泄漏外，还可以使电动机的线圈被冷剂有效冷却，减小电动机的储备功率，并有利于吸气中润滑油的分离。由于电动机的线圈一直与冷剂和润滑油接触，对润滑油绝缘性能和线圈材料的耐蚀性要求较高。

2. 压缩机能量调节机构

压缩机起动时，为了克服运动部件的惯性力，起动功率要比正常运转时大两倍多。如果按此功率选配电动机，不仅质量大、造价高，起动时对电网冲击也很大，而且正常工作时长期低负荷运转，效率较低；按正常运转功率选配，起动时又会过载。为此标准规定除电动机功率在5 kW以下的制冷压缩机外，均应配卸载机构（或能量调节机构）。

这种8FS10型压缩机气缸设有油压顶杆启阀式卸载机构。它能在必要的时候将部分或全部气缸的吸气阀片强制顶起。这些吸气阀片常开的气缸便不能压气，从而实现卸载。卸载机构的结构如图2-14所示，也可参见图2-12。在气缸套中部的凸缘下面套有转环6，6根顶杆9穿过缸套中部和上部凸缘的小孔，将吸气阀片16顶起。缸套上凸缘下端的顶杆弹簧10通过顶杆上的横销将顶杆下端压在转环6上。气缸体上设有卸载油缸1，当压缩机润滑油泵的液压油从配油接管11被引入油缸时，卸载活塞2克服弹簧张力被压到油缸的底部，推杆4前端的传动杆5（它卡在转环6的凹槽中）使转环转动一个角度。于是顶杆9的下端便向下落到转环斜切口的底部，顶杆上端缩入吸气阀座线以下，不再妨碍吸气阀片的正常启闭，使该缸投入工作。当压缩机刚起动而油压尚未建立起来，或工作中配油接管11与液压油隔断而与曲轴箱接通泄压时，卸载活塞2在弹簧3的作用下外移，转环转动一个角度以斜切口顶部将顶杆9顶起，则强开吸气阀片，使该缸卸载。每个卸载油缸的推杆可同时控制同一列的两个气缸。

手动能量调节阀是一个转阀，它放在不同角度能使各卸载油缸的配油接管11或经b孔与液压油接通而使所控制的缸加载，或经a孔与曲轴箱连通而使其所控制的缸卸载。如果8个缸中只有两组设有卸载油缸，则配油接管11只有两根，能实现八缸（100%）、六缸（75%）、四缸（50%）三档工作。

制冷压缩机的制冷量（流量）是根据装置设计时所确定的最大热负荷来选配的。当热负荷变化较大时，压缩机制冷量（流量）最好能相应变化，否则吸入压力便可能大幅变化。当热负荷较低时，如果压缩机制冷量（流量）不能相应减小，则吸入压力和蒸发温度便会太低，不仅影响运行的经济性，而且还可能使压缩机的低压继电器断电，被迫中断工作，以致起停频繁。显然，制冷压缩机的能量调节机构可采用吸入压力作感受信号。它测取方便，反应迅速。当吸入压力升高时，表示热负荷大于制冷量，要求相应增大压缩机的流量；反之，则需要减小压缩机的流量。

吸气回流法是在每一对曲拐互成180°的相邻气缸间开旁通孔，其开度由卸载阀控制，则活塞上行缸的部分排气便会进入活塞在下行的邻缸，可在一定范围内实现无级能量调

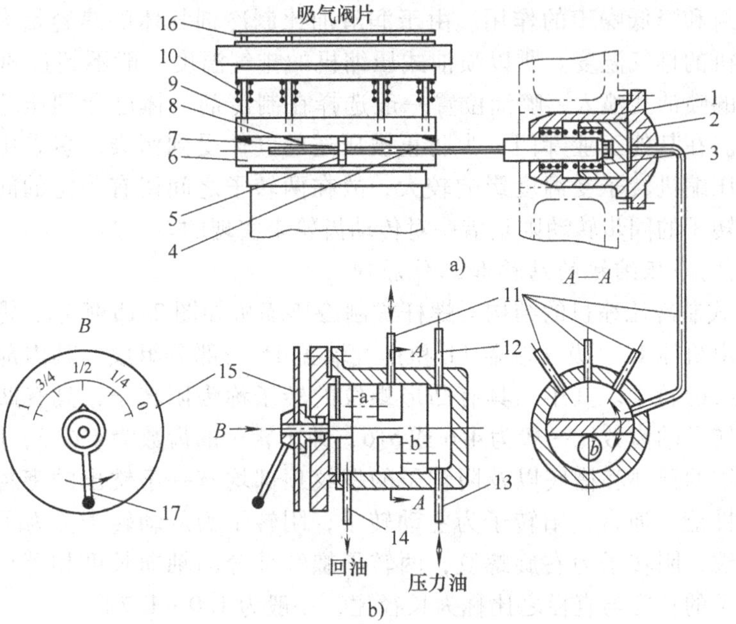

图 2-14　油压顶杆启阀式卸载机构和手动能量调节阀

1—卸载油缸　2—卸载活塞　3—弹簧　4—推杆　5—传动杆　6—转环　7—缺口　8—斜切口　9—顶杆　10—顶杆弹簧　11—配油接管　12—压力表接管　13—供油接管　14—回油接管　15—刻度盘　16—吸气阀片　17—能量调节手柄

节。除吸气回流法外，常用的能量调节方法有以下几种：

（1）排气回流法　这种调节法在吸、排气管间设有旁通回流管，必要时使管上的回流调节阀开启并保持适当的开度，使部分排气回流，降低压缩机有效流量。这种方法很不经济，仅适用于不能设能量调节机构的小型压缩机。为了不使压缩机吸气和排气温度过高，可将回气引至蒸发器进口或中部。

（2）变速调节法　这种方法利用改变压缩机转速来改变其流量，经济性很好，但目前交流变速电动机价格较高，使用尚不普遍。

（3）进气节流法　进气节流法通过改变吸气阀的开度来改变吸气阀的阻力，从而使吸气比体积改变，压缩机的实际流量改变。显然，这种方法是不经济的，但简便易行，可作为辅助调节手段。

（4）间歇运行法　这种方法在库温降到设定的下限时，使压缩机停转，而当库温上升到规定温度的上限时，再使压缩机起动。压缩机的起停可通过低压继电器自动控制。此方法简便易行，适用于小型制冷压缩机。

二、螺杆式制冷压缩机

近年来螺杆式制冷压缩机发展很快，机器品种增多，机组系统不断更新，制冷量也向更小和更大的范围伸展，效率、噪声等指标已接近或达到活塞式制冷压缩机的水平。故在中等制冷量范围内，它已发展成为制冷机的主要机型之一。

螺杆式制冷压缩机一般采用喷油式压力润滑，即在压缩机工作过程中，通过油泵将油喷射至两螺杆的工作部位及需润滑的部位，除对运动部件起到良好的润滑作用外，还起到冷却、密封和降低噪声的作用。由于润滑油比制冷剂气体的热容量大得多，喷油后即可降低压缩机的排气温度。所以喷油式压缩机的排气温度一般不超过80℃。润滑油通过卸载滑阀上的喷油孔喷入，喷油位置一般选择在制冷剂气体已受到压缩的部分，以保证其冷却效果。在其他工业部门，为防止被压送的气体受到污染，多采用不喷油螺杆式压缩机，这种压缩机转子受温度影响较大，故在两转子之间留有一定的间隙，以避免互相摩擦，而两转子的同步转动则是借一对传动齿轮来实现的。

1. 螺杆式制冷压缩机的结构和工作原理

(1) 螺杆式制冷压缩机的结构　螺杆式制冷压缩机如图2-15所示，螺杆式制冷压缩机的密封机壳由机体13、吸气端盖11和排气端盖15三部分组成，其内部装有两根相互啮合的带有螺纹的转子。其中，具有凸形螺纹的转子称为阳转子，具有凹形槽的转子称为阴转子。两转子的齿数比一般为4:6或5:6，即阳转子的齿数为4或5，阴转子为6。在阳转子凸形螺纹的顶部和槽底以及阴转子的螺纹顶部均有一条铣出的密封带，用以改善啮合处的密封性能。通常，阳转子为主动转子，阴转子为从动转子。为了相互啮合，阳转子为左旋螺纹，阴转子为右旋螺纹，两转子螺纹部分的轴向长度相等，并均小于一个螺旋导程。转子的长度与直径之比称为长径比，一般为1.0~1.7。

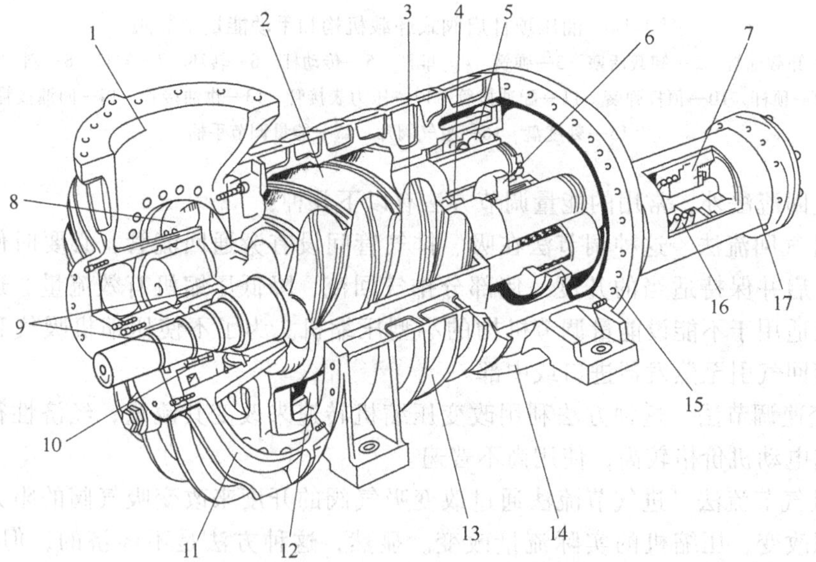

图2-15　螺杆式制冷压缩机

1—吸气口　2—阴转子　3—阳转子　4—排气端滑动轴承　5—推力球轴承　6—平衡活塞　7—油压活塞　8—轴向吸气口　9—吸气端滑动轴承　10—轴封　11—吸气端盖　12—能量调节滑阀　13—机体　14—排气口　15—排气端盖　16—卸载弹簧　17—能量调节油缸

转子的端面齿形有对称圆弧齿形和各种不对称齿形，如图2-16所示。不对称齿形效率高，并可在低转速时保持良好的性能，但加工较复杂。

在转子的下方设有能量调节滑阀12。滑阀可由能量调节油缸17中的油压活塞7来拉动。而喷油螺杆式压缩机的“喷油”就是通过滑阀上的喷油孔向上喷射至两转子的啮合部位，如图2-16所示。

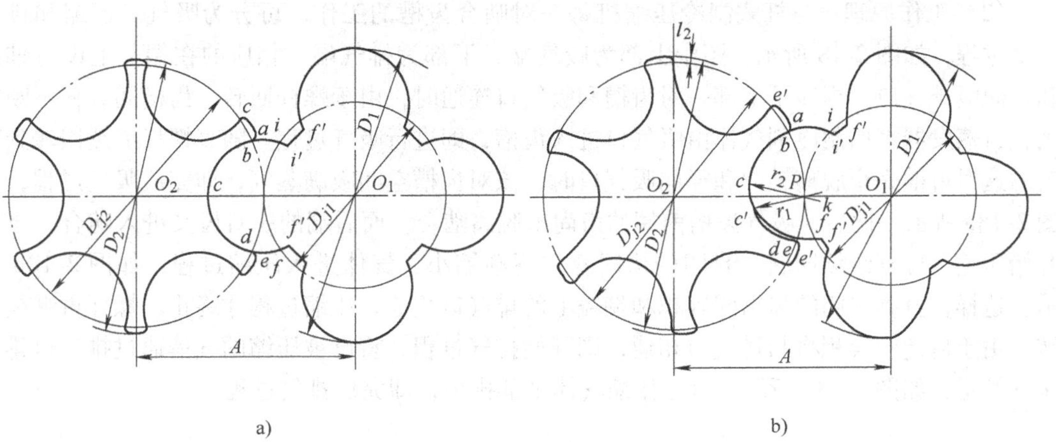

图 2-16　转子的端面齿形

a）对称圆弧齿形　b）双边不对称齿形

在机体中段的前、后端开有吸、排气口，吸、排气口分轴向和径向两部分。三角形的径向吸气口和径向排气口分别开在机体中段气缸内壁的前上方和后下方，如图 2-17 中的气缸内壁展开图所示。因为机体中段的后下方装有能量调节滑阀，所以径向排气口开在能量调节滑阀上。这样，当滑阀前后移动时，径向排气口就会随之前后移动。轴向吸气口 8（参见图 2-15）开在机体中段吸气端的端面上，约占整个齿高环形端面周长的四分之三。轴向排气口开在排气端的端面上，仅占整个齿高环形端面的一小部分。

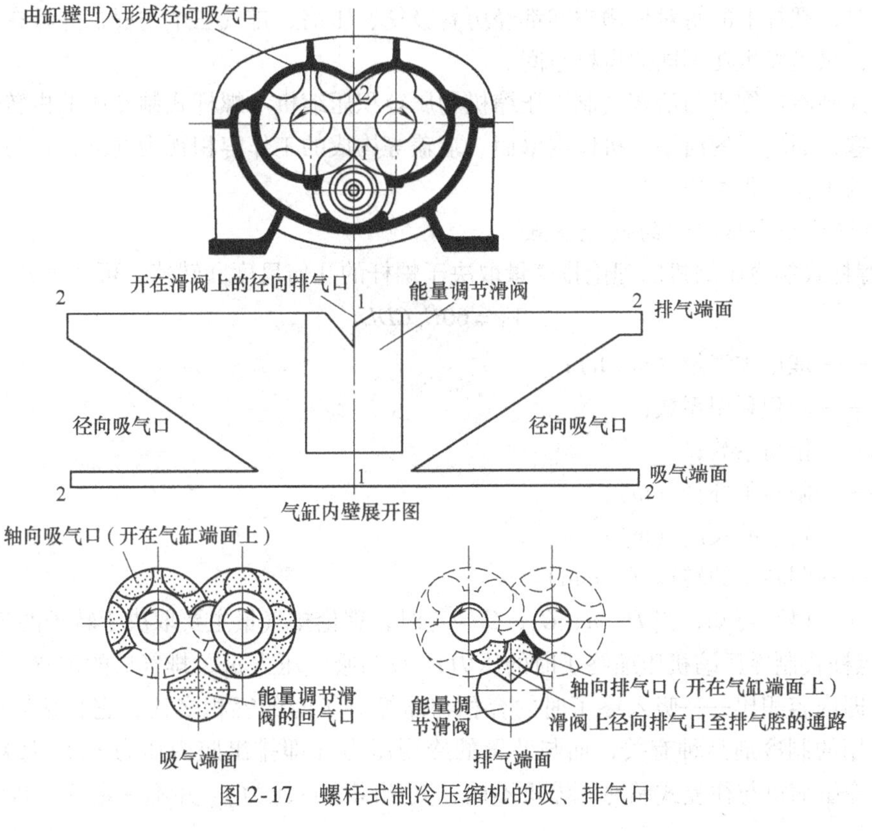

图 2-17　螺杆式制冷压缩机的吸、排气口

（2）工作原理　螺杆式制冷压缩机每一对啮合齿槽的工作，可分为吸气、压缩和排气三个过程，如图 2-18 所示。图中上部为吸气端，下部为排气端。相应的在端盖上设有轴向和径向吸排气口。当转子上部一对齿槽和吸气口连通时，由于螺杆回转，齿槽间容积不断扩大，自蒸发器来的制冷剂气体由吸气口进入齿槽，即进行吸气过程。随着螺杆继续回转到吸气的这对齿槽完全脱离轴向和径向吸气口时，该对齿槽空间吸满蒸气，即完成吸气过程，如图 2-18a 所示。此后，吸气齿槽前端的齿尚未脱离啮合，而后端的一对齿又进入啮合，于是开始压缩。螺杆继续回转，封闭的槽间容积逐渐缩小，气体进入压缩过程，如图 2-18b 所示。这样，直到封闭的齿槽间容积和端盖上的排气口相通，压缩过程才终止。螺杆再继续回转，由于齿槽间容积将与排气口相通，则开始排气过程，将已被压缩的气体通过排气口排入排气管道，如图 2-18c 所示，直至压缩气体全部排出，即完成排气过程。

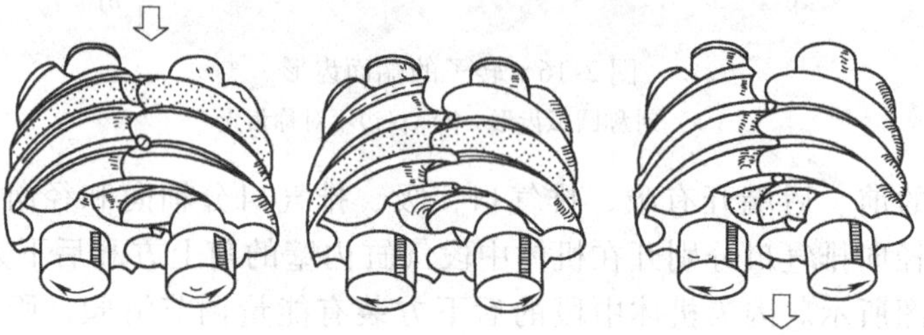

a)　　b)　　c)

图 2-18　螺杆式制冷压缩机工作原理图

a）吸入　b）压缩　c）排气

工作时，螺杆上的每对齿槽空间都经历着吸气、压缩、排气三个过程，并且在同一时刻同时存在，只是发生在不同的齿槽空间。

螺杆式制冷压缩机与活塞式制冷压缩机均属容积压缩机。螺杆式制冷压缩机转子上的齿相当于活塞，而转子的齿槽、机体内壁面、端盖等构成的工作容积视为气缸，这与活塞式制冷压缩机的工作过程类似。

2. 螺杆式制冷压缩机的性能特点

1）螺杆式制冷压缩机的理论排气量取决于螺杆的几何尺度和转速，可用下式表达：

$$V_T = 60 C_n CDLn \qquad (2\text{-}14)$$

式中　V_T——理论排气量（m^3/h）；

C_n——面积利用系数；

C——扭角系数；

D——阳转子外径（m）；

L——转子的长度（m）；

n——阳转子的转速（r/min）。

由式（2-14）可知，当 D、n、C_n、C 一定时，理论排气量主要取决于转子的长度 L。

2）螺杆式制冷压缩机压缩终了时的压力 p_2 仅与吸气压力 p_1、排气口的位置、转子的几何形状（即内容积比——吸入终了时的容积与压缩终了时的容积之比，它直接影响内压力比）和采用的制冷剂品种有关，而与装置的冷凝压力（即排出腔内压力 p_d）无关。因此，螺杆式制冷压缩机与往复式制冷压缩机不同，其压缩终点压力 p_2 并不一定等于排气腔的压

力 p_d。

若 p_2 低于 p_d，则在排气过程开始时，排气腔内的气体就会立即经排气口倒流到转子的螺旋槽中，并压缩其中的气体，使压力 p_2 升高到 p_d，因而压缩机就要多消耗一部分排出功；若 p_2 高于 p_d，则因为在排气时，气体压力仍将下降为 p_d，所以就会浪费一部分压缩功。由此可见，只有在外压力比（冷凝压力与蒸发压力之比）接近内压力比时，压缩机的工作才最经济。因此，如果能知道压缩机在部分负荷时外压力比的变化情况，或者为适应某种工况，可以通过修改压缩机径向和轴向排气口大小的方法去改变内容积比，使之与外压力比的变化相适应。

我国规定内容积比为 2.6、3.6、5 三种，相应制作三种排气口大小不同的滑阀，用更换滑阀来满足空调、一般冷藏和低温冷藏三种工况的需要。目前也有内容积比可无级调节的螺杆式制冷压缩机。

3）输气系数随压力比的增加而减小。这是因为在螺杆式制冷压缩机中，输气系数主要取决于泄漏损失，而泄漏的多少又主要取决于压力比。

4）螺杆式制冷压缩机是回转式机械，运动机构没有往复惯性，而且不需设置吸、排气阀，所以可采用较高的转速（1500～3000r/min），从而具有体积小、重量小、金属材料消耗较少的优点。

5）螺杆式制冷压缩机没有余隙容积，因而在压力比较大时输气系数就要比往复式制冷压缩机大得多。所以，螺杆式制冷压缩机即使在低蒸发温度和高压力比的情况下工作时，也能具有良好的性能。

6）喷油式螺杆压缩机因喷入大量润滑油，故排气温度可以降低，因而在压力比较大时也可采用单级压缩。

综上所述，螺杆式制冷压缩机与活塞式制冷压缩机相比，具有结构简单、体积小、输气系数高、排气温度低、单级压力比大、对吸入湿蒸气不敏感、排气脉动小、易损件少、检修周期长、能量可无级调节等优点。但油路系统和辅助设备较复杂、耗油量大、噪声较大、转子加工精度要求高、价格高。

3. 螺杆式制冷压缩机的能量调节

螺杆式制冷压缩机可采用下列方法进行能量调节：①间断运行；②吸气节流；③变速调节；④排气回流；⑤吸气回流等。与活塞式制冷压缩机一样，吸气回流是比较常用的方法。

能量调节滑阀装在两个转子啮合部位的下方，该滑阀可沿轴向移动，如图 2-19 所示。来自压缩机润滑系统的液压油作用在油压活塞 4 上，用以带动能量调节滑阀 3。当活塞右侧进油、左侧回油时，滑阀就会向左移动，打开回气口 5，使部分气体回流，于是压缩机的压缩点后移（左移），有效流量减小。当油缸的进、出油路都被关闭时，油压活塞即被锁住，这时，滑阀停在某一位置，压缩机就在某一对应的排气量下工作。

由此可见，滑阀向排气端移动的距离越大，未经压缩就流回吸气腔的气体越多，排出的气体就越少，而螺杆式制冷压缩机的能量也得以实现无级调节。由于调节滑阀向左移动后，压缩点也将左移，从而使压缩功相应减少。所以，利用能量调节滑阀就可实现卸载起动。

因为机体在回气前的长度一般为转子全长的 20% 左右，所以当滑阀由全负荷位置后移而将回气口打开时，就相当于转子工作长度缩短了 20%，理论排气量也就由 100% 突然下降到 80%。此后，随着滑阀继续后移，排气量就按比例连续下降。当调节滑阀后移超过一定

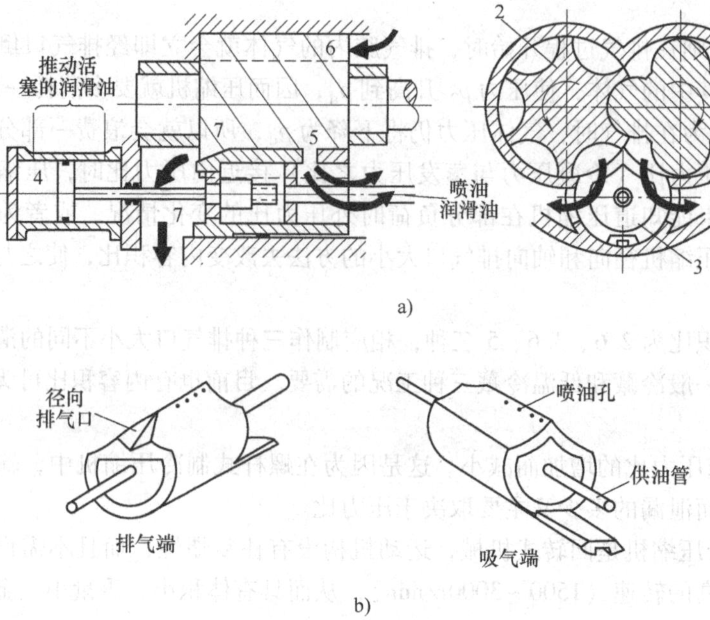

图 2-19 螺杆式制冷压缩机的能量调节机构

1—阳转子 2—阴转子 3—能量调节滑阀 4—油压活塞 5—回气口 6—吸气口 7—排气口

程度时，排气腔中的高压气体就会经轴向排气口、工作容积和回气口倒流至吸气腔中。为了防止这种倒流，螺杆式制冷压缩机通常都不进行全卸载，而只允许将最低流量调节至10%左右，并在移动滑阀的油缸上装设限位开关，以防滑阀过度后移。

4. 轴向力及其平衡

螺杆式制冷压缩机工作时，作用在转子上的气体压力所产生的轴向力由以下两部分组成：

1）由作用在转子两端上的吸、排压力差所产生的轴向力，其方向指向吸气端。

2）因转子螺旋两侧气体压力不同而产生的轴向力。在对称齿型中，这部分轴向力在转子上可互相抵消；在非对称齿型中，这部分轴向力的方向在阳转子上指向吸气端，而在阴转子上则指向排气端。

上述轴向力的总和，在阳转子上较大，在阴转子上较小。为了平衡轴向力，防止转子轴向窜动，就需根据轴向力的大小，采取相应的措施。通常，在阳转子上装有平衡活塞，以作为轴向力的主要承受装置，同时另设推力滚动轴承以作为辅助止推装置；而阴转子则可以只装设推力滚动轴承。

目前，新型螺杆式制冷压缩机采用多组全滚动轴承来承受全部径向力和轴向力，省去平衡活塞，结构上得到简化，并可使螺杆转子保持较小的间隙，使泄漏减少，同时提高了可靠性。有的可在不供油的情况下工作4～8h，而它的使用寿命在10万h以上。

5. 喷油式螺杆压缩机实例

图2-20所示为WRVD204/1.1型船用喷油式螺杆压缩机的结构。该压缩机的齿型为对称型。转子两端由白金滑动轴承支承。两转子齿数比为4:6，两根转子的轴向力由各自的油压平衡活塞和推力滚动轴承来承受。平衡活塞左侧的油压比排气压力高147kPa左右，其右

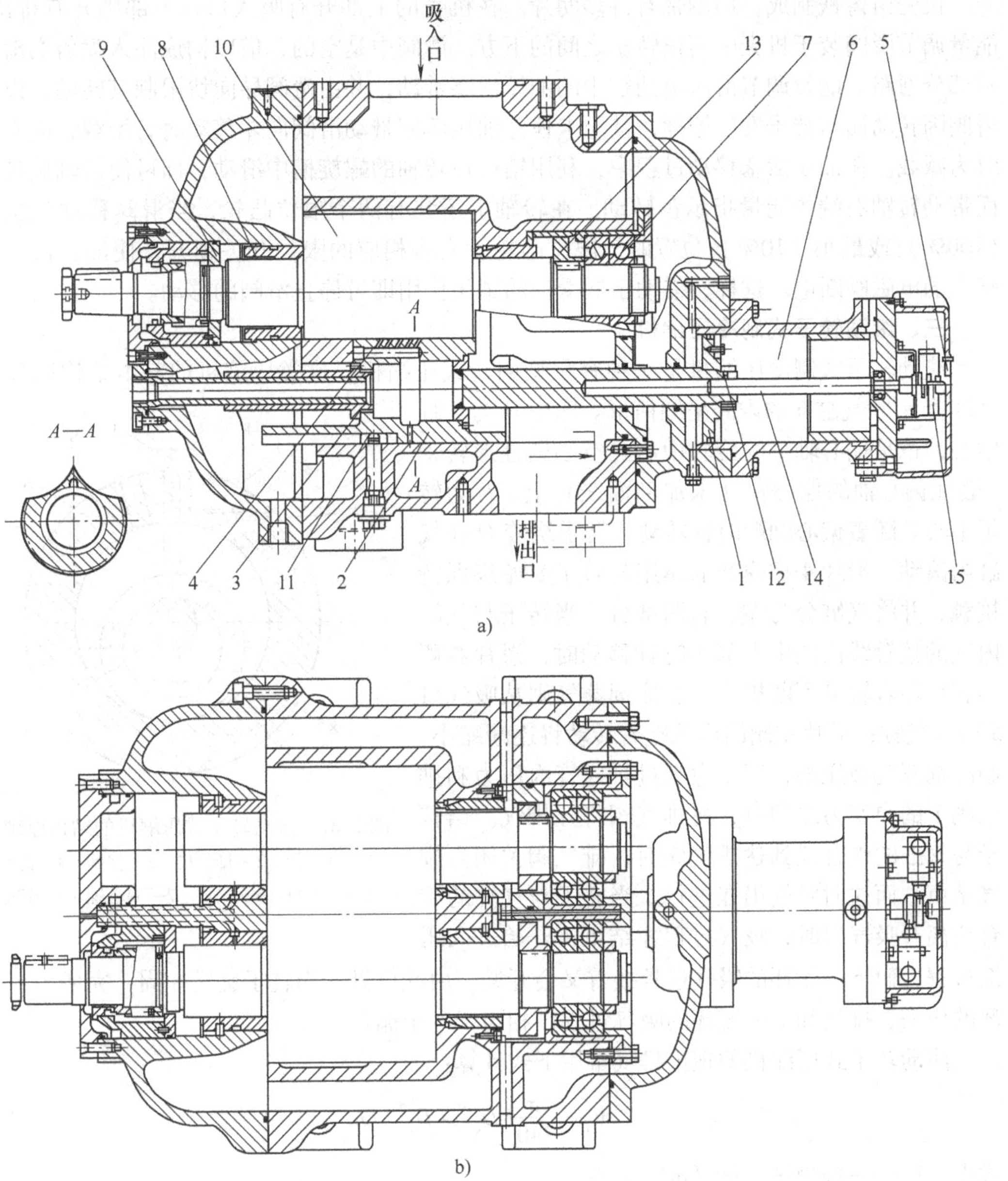

图 2-20　WRVD204/1.1 型船用喷油式螺杆压缩机的结构

1—油压活塞　2—能量调节滑阀　3—滑油套管　4—喷油孔　5—能量指示盘　6—油缸　7—推力轴承　8—滑动轴承　9—轴承　10—转子　11—滑阀导向块　12—销钉　13—平衡活塞　14—铣有螺旋槽的轴　15—限位开关

侧即为吸气压力。由于阳转子上所受的轴向力较大，所以阳转子上平衡活塞的直径较大。主动轴伸出端装有机械式轴封，在转子与机壳间留有微小的间隙工作时不会发生摩擦，但因这种间隙以及转子之间的间隙都会导致内部气体泄漏。因此，在转子的啮合部位就需要喷射润滑油，以形成油膜，从而保证充分的润滑和密封，同时冷却被压缩的气体降低排气温度，减小机壳和转子的变形。润滑油是经过润滑油套管和滑阀上的喷油孔喷入转子啮合部位的。

机壳由铸铁制成，周围带有许多肋片。在机壳的上部开有吸入口，下部则开有排出口。能量调节滑阀装于机壳中两根转子之间的下方。滑阀中是空的，借以构成注入喷射润滑油的一部分通路。能量调节滑阀由油缸中的油压活塞带动，并由滑阀导向块限制其转动，以避免滑阀因转动而与转子发生摩擦，甚至卡住。油压活塞带动滑阀向左移动时为增载，向右移动时为减载。在油压活塞移动过程中，利用销钉在转轴的螺旋槽中滑动，即可使转轴旋转，从而带动转轴右端的能量指示盘转动。在转轴上还装有两个限位凸轮，当滑阀移动到全负荷（100%）或最小（10%）位置时，限位凸轮就会将相应的限位开关顶开，使油缸进、出油路上的电磁阀断电。这样，借助于润滑油的锁闭作用即可停止滑阀的移动。

三、滚动转子式制冷压缩机

滚动转子式制冷压缩机是一种容积型回转式压缩机。这类压缩机的基本结构原理如图2-21所示。气缸6的内腔呈圆筒形。图中O为气缸中心，也是偏心轴7的旋转中心。空心圆柱形转子8套在偏心轴的偏心轮（未加剖面线）上。P为转子中心。随着偏心轴顺时针转动，转子绕着O在气缸内滚动。滑片4靠弹簧的作用与转子8始终保持接触，并将气缸分为左、右两部分。当转子与气缸内壁的接触线由图中上部顺时针移动时，滑片右侧的容积随着转动不断扩大，制冷剂蒸气则从吸气口5进入气缸；滑片左侧的容积随着转动将逐渐缩小，制冷剂蒸气被压缩，当压力超过排气管内压力和排气阀1的弹簧力之和时，将排气阀打开排气。当转子与气缸的啮合线到达排气阀时，排气阀关闭，排气结束，而这时吸气仍在进行。当转子与气缸的啮合线离开吸气口时，吸气过程才结束，开始进入压缩过程，而下一循环的吸气过程接着又会开始。由此可见，当转子旋转一周，完成了上一循环的压缩、排气和下一循环的吸气过程，相当于一个循环。

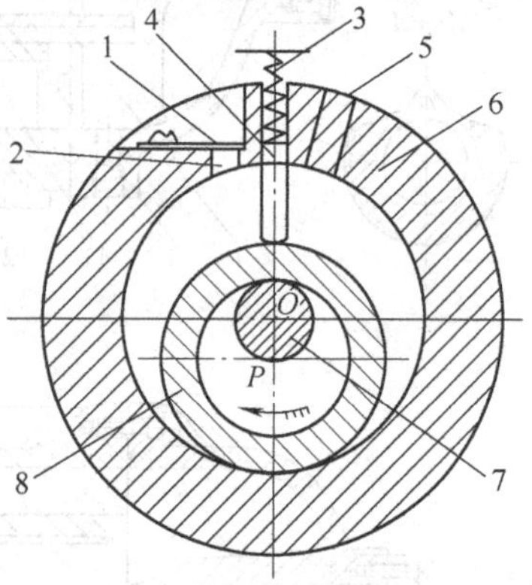

图2-21 滚动转子式压缩机的结构原理图
1—排气阀 2—排气口 3—弹簧 4—滑片
5—吸气口 6—气缸 7—偏心轴 8—转子

滚动转子式压缩机的理论排气量用下式计算：

$$V_{\mathrm{T}}=\frac{\pi}{240}(D_{\mathrm{c}}^{2}-D_{\mathrm{r}}^{2})Ln \tag{2-15}$$

式中 V_{T}——理论排气量（m^3/s）；

D_{c}、D_{r}——气缸和转子的直径（m）；

L——转子的长度（m）；

n——转子的转速（r/min）。

实际排气量为

$$V_{\mathrm{S}}=V_{\mathrm{T}}\lambda \tag{2-16}$$

式中λ又为滚动转子式压缩机的输气系数，主要包含下述三项损失：

（1）余隙损失 由于排气口与滑片间有一定距离，所以压缩后的蒸气不能被完全排净，即存在一定余隙。余隙中的残留物主要是润滑油，故余隙内的气体膨胀引起的排气量损失较小。另外，在吸气口与滑片之间也有一定距离，因此，这一小部分的蒸气不被压缩。

(2) 预热损失 低压蒸气在吸气时与温度较高的气缸、转子壁面接触而被预热，比体积增大，使得实际吸人蒸气的质量减少。由于单位容积蒸气与热表面的接触面积比往复式大，因此预热引起的排气量损失较大，约占全部排气量损失的一半左右。

(3) 泄漏损失 在滚动转子式制冷压缩机中，滑片与转子间的接触线、转子与气缸的啮合线、转子两端与气缸盖之间都可能产生泄漏。这种制冷压缩机总的密封线长度比活塞式制冷压缩机要长，所以泄漏引起的损失也较大。

影响上述三种流量损失的因素很多，有压缩机的结构、转速、润滑油量、压力比、机器的磨损程度等。对于既定的压缩机，输气系数主要与压力比有关。在同样压力比的情况下，滚动转子式制冷压缩机的输气系数比往复式制冷压缩机高，可达0.7~0.9。这是因为滚动转子式制冷压缩机的余隙损失和吸气口的节流损失（无吸气阀）都比较小。

近年来，由于制造工艺水平的提高，小型全封闭滚动转子式制冷压缩机的性能有较大的提高，而且其重量小、体积小、零件少、振动小和噪声低。因此，小型全封闭滚动转子式制冷压缩机越来越多地被应用在小型房间空调器和电冰箱中。

四、涡旋式制冷压缩机

涡旋式制冷压缩机是20世纪80年代才发展起来的一种效率高、体积小、质量小、噪声低、结构简单且运转平稳的新型压缩机。涡旋式制冷压缩机属回转容积式压缩机，它与往复式压缩机相比，在同等制冷量条件下体积减少约40%，质量减小15%。

涡旋式制冷压缩机的基本结构如图2-22和图2-23所示。它主是由涡旋定子9、涡旋转子8、曲轴1、壳体2、4、10及防自转机构组成。固定在排气口盖11上的涡旋定子外围开有吸气孔，在其端板的中心部分开有排气孔，涡旋转子被曲轴的偏心轮带动进行平面运动。

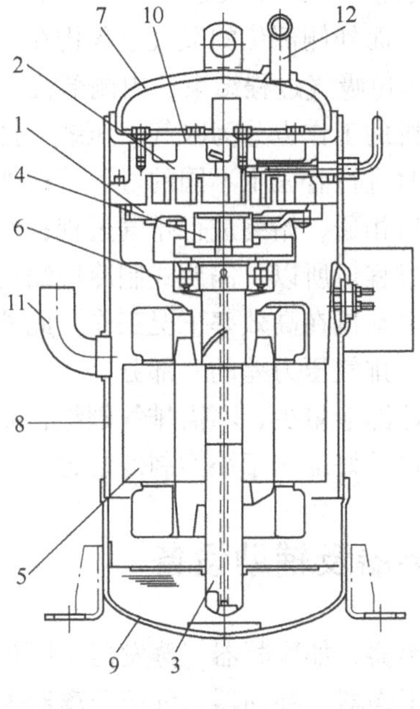

图2-22 涡旋式制冷压缩机的结构

1—曲轴 2—下壳体 3—电动机 4—壳体 5—吸气管 6—电动机罩 7—偏心轮 8—涡旋转子 9—涡旋定子 10—上壳体 11—排气口盖 12—排气管

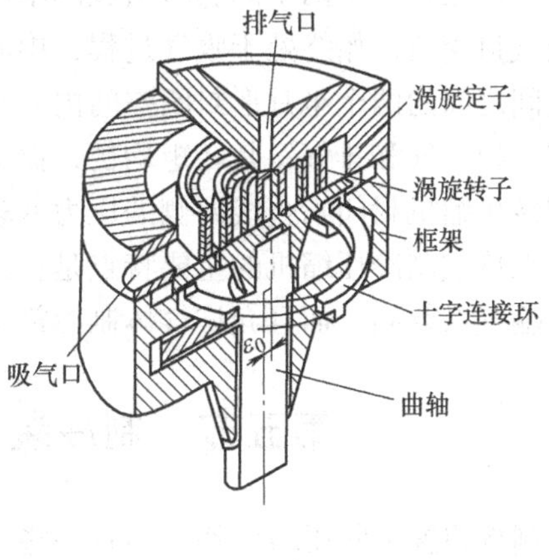

图2-23 涡旋式制冷压缩机结构简图

涡旋转子在限制本身自转的情况下，其中心绕涡旋定子的中心作轨迹为圆的运动，其回转半径为ε。为防止涡旋转子自转，设有防自转的十字连接环，该环上部和下部的突肋分别嵌在涡旋转子和下面框架的键槽内。

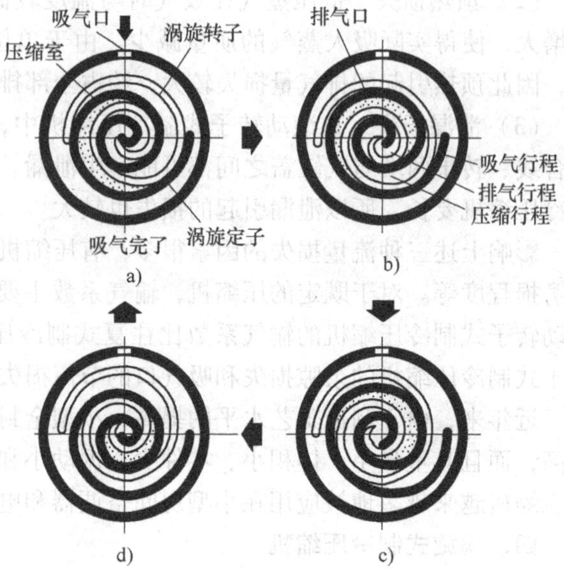

图 2-24　涡旋式制冷压缩机的工作原理

涡旋式制冷压缩机的工作原理如图 2-24 所示。涡卷面基本相似的涡旋转子和涡旋定子相互组装成相位差为 180°，且各自中心相距ε，以形成压缩空间。在图 2-24a 所示位置时，转子的涡卷中心位于定子的涡卷中心右侧，涡卷密封啮合线则在左、右两侧，将涡卷的外圈部分封闭，此时恰好完成吸气过程，并靠涡卷及端板形成上、下两段密封空间。随后开始对气体的压缩行程。当涡旋转子顺时针公转 90°时，如图 2-24b 所示，其涡卷的密封啮合线也顺时针移动 90°，使处于上、下位置的两个密封空间内的气体制冷剂被压缩。同时，涡卷外侧又在进行吸气过程，而内侧则在进行排气过程。当涡旋转子继续顺时针方向公转至 180°，如图 2-24c 所示，涡卷的外、中、内三个部分分别继续进行吸气、压缩和排气过程。涡旋转子继续顺时针方向公转 90°，如图 2-24d 所示，涡卷内侧部位的排气过程结束；中间部位的两个封闭空间的气体压缩过程结束，即进入进气过程，而外侧部位的吸气过程仍在进行。涡旋转子再转动，则又回到图 2-24a 所示的位置，外侧部位吸气过程结束，内侧部位仍在进行排气过程，如此反复。从图中可以看出，涡旋式压缩机的工作也分为吸气、压缩、排气三个过程。但是，它由两个涡卷所组成的不同空间几乎同时进行着三个不同的过程，即外侧空间与吸气口相通，始终处于吸气过程；中心部位与排气口相通，始终进行排气过程；而上述两个空间之间的两个半月形封闭空间内一直在进行压缩过程。所以，涡旋式制冷压缩机基本上是连续地进气和排气，其转矩均衡，振动小并有利于电动机在高效率工况工作。此外，涡旋式制冷压缩机封闭啮合线两侧的压力差较小，仅为进、排气压力差的一部分。

涡旋式制冷压缩机的主要特点是：结构简单，气体漏泄量少，不需排气阀组，故工作可靠，输气系数高，而且允许气体制冷剂中少量带液，可较好地用于小型制冷装置。

第五节　制冷装置中的换热器及辅助设备

制冷装置中除压缩机外，还有一些不可缺少的换热器，如冷凝器、蒸发器、回热器、中间冷却器；各种辅助设备，如分油器、储液器、过滤干燥器、补油器、气液分离器等。通过管路把这些主要设备、辅助设备、换热器连接成一个完整而密封的制冷系统。

制冷装置的换热器均为表面式换热器，即两种不同温度、不同介质及流量的换热流体，通过换热器壁面进行热交换，热流体把热量传递给冷流体，完成换热过程。制冷换热器的结构型式有壳管式、蛇形盘管式、套管式、光管式、肋片管式、螺旋管板式及板翅式等多种。制冷装置主要热换器为冷凝器、蒸发器和回热器等。换热介质主要是制冷介质（氟利昂、氨）、冷却介质（水、空气）和被冷却介质（空气、水或盐水）。图 2-25 所示为典型制冷系统的换热器、辅助设备及管路布置图。

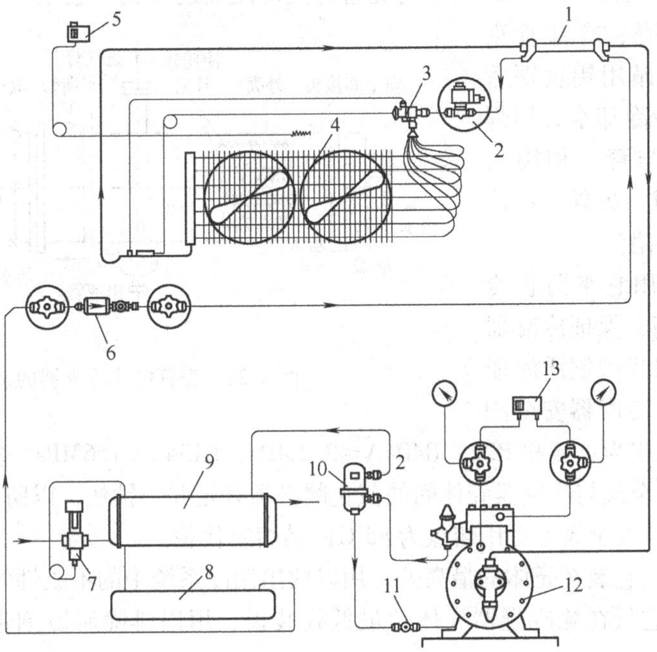

图 2-25 典型制冷系统的换热器、辅助设备及管路布置图

1—回热器 2—供液电磁阀 3—热力膨胀阀 4—冷风机 5—温度控制器 6—过滤干燥器 7—冷凝压力调节阀（调风量或水量） 8—储液器 9—冷凝器（水冷或风冷） 10—分油器 11—示油镜 12—制冷压缩机 13—高、低压控制器

一、制冷换热器

1. 冷凝器

制冷装置中，冷凝器的功用是将压缩机排出的高温、高压和过热的气态制冷剂，凝结成为液态，以供系统循环使用。根据冷却方式的不同，冷凝器有壳管式、套管式、风冷式、喷淋式和蒸发式等多种。船用的冷凝器几乎都采用卧式壳管式冷凝器，这是由于这种冷凝器制造简便、结构紧凑、造价低廉、清洗方便，且能耐受较高的压力。车用冷凝器均为风冷式。

冷凝器的工作能力常用热负荷 Q_c 来表示。所谓冷凝器热负荷，就是指气态制冷剂每小时在冷凝器中放出的热量。它可用下式表示：

$$Q_c = G_m(h_2 - h_3)$$

式中 G_m——每小时的制冷剂循环量（kg/h）；

h_2——进入冷凝器的制冷剂过热蒸气的比焓（kJ/kg）；

h_3——自冷凝器流出的制冷剂过冷液体的比焓（kJ/kg）。

由于在工况稳定时，制冷剂从冷库中吸取的热量（即制冷装置的制冷量）及其在压缩机中因受到压缩而得到的热量，都将全部在冷凝器中放出，所以冷凝器的热负荷也可用下式计算：

$$Q_c = Q_e + P_i$$

式中 Q_e——装置的制冷量（kW）；

P_i——压缩机的指示功率（kW）。

（1）壳管式冷凝器　图2-26所示为壳管卧式冷凝器的结构。它主要由用锅炉钢板卷制而成的圆筒形外壳、冷却管束（氨用钢管，氟利昂用铝黄铜管或铜镍合金管，各冷却水管用焊接或扩接的方法与管板相接），以及端盖等所组成。另外，在冷凝器上还设有下列附件：

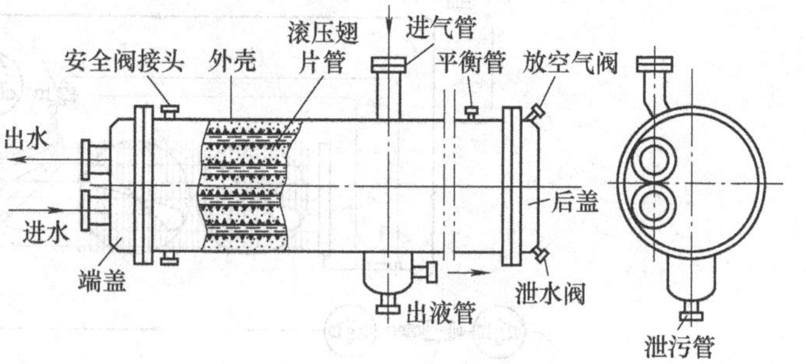

图2-26　壳管卧式冷凝器的结构

1）安全阀。用它来防止冷凝器内的压力过高，保证冷凝器的工作安全。按照我国钢质海船建造规范的规定，冷凝器安全阀的开启压力调定值应为：氨和R22、R404A≤2.2MPa，R134a≤1.6MPa。安全阀调定后应予锁住并加铅封。安全阀与冷凝器壳体间的截止阀必须开足并予锁住，以防误关。当冷凝器的容量小于100L时，安全阀也可用熔点为85℃的易熔塞代替。

2）放空气阀。它装在壳体的最高处，用以放出制冷系统中的不凝性气体。

3）泄油阀。它只在氨冷凝器壳体的最低处装设，用以排除制冷剂带入冷凝器的冷冻机油。

4）水室放气旋塞。旋塞装在两端水室的最高处，用以放出空气，防止在水室中形成气塞，阻碍冷却水的正常流动。

5）泄水阀。装在两端水室的最低处，用于在检修或冬季停用冷凝器时将存水放尽。

6）液位计。仅在冷凝器装于底部用作储液器时壳体的下半部装液位计，用以观察制冷剂的液位。

冷凝器工作时，冷却水通过管系并由冷却水泵供入端部水室。由于水室隔板的分隔，冷却水将多次地反复流过，每次仅流过部分冷却管。这样，在冷却水流量一定的情况下，就可增加冷却管中水的流速，从而提高传热系数。但是，冷却管中水流速度的增加，虽可使传热系数增大，但流动阻力也随之增加；同时，如果是海水冷却，则海水对管子的腐蚀也将随流速的增大而加剧。因此，不同材料管子的允许流速范围也就不同，一般推荐1.8～2.4m/s，对铝黄铜管通常不超过1.8m/s。

制冷剂蒸气从壳体的顶部进入冷凝器。为将蒸气布散在整个冷却管上，以使各冷却管负荷比较均匀，在制冷剂蒸气的进口处常设置挡气板。这样，蒸气在从上向下地流过各冷却管间的过程中，由于其不断地向管内的冷却水放热，就被冷凝为液态制冷剂，并在流出冷凝器时具有3～5℃的过冷度。

氟利昂冷凝器的冷却水管大都用铝黄铜或铜镍合金等材料来制作。由于氟利昂对管壁的传热系数远比管壁对水的传热系数小，所以现代冷凝器常在管外附加肋片，以改善其传热性能。为了使冷却管排列紧凑，目前多采用在轧管上直接轧出肋片的低肋管。图2-27所示即为使用钢管的壳管卧式冷凝器。船用冷凝器的外形多为细而长的，即壳体的长径比大多在 4 以上，常为 6 ~ 9，个别甚至达到 10 以上。这样的结构型式不仅可减少冷却管在垂直方向的排数，从而使冷凝器的传热系数增大，同时还可使冷却水的流程次数减少，流阻损失降低。

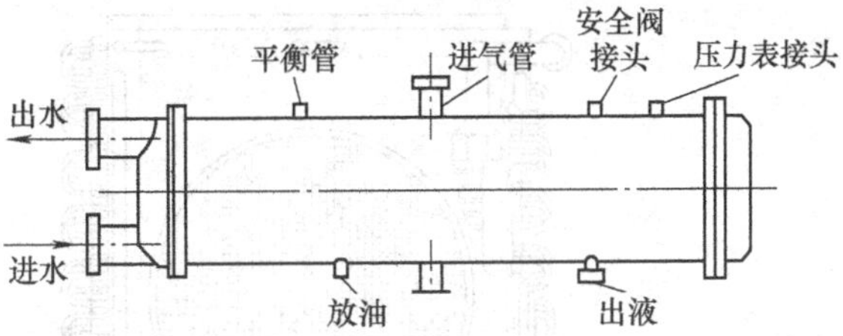

图 2-27　壳管卧式冷凝器

氨用壳管卧式冷凝器的冷却水管一般采用小直径（ϕ25 ~ ϕ432mm）的无缝钢管，并具有较小的管子间距。由于氨在凝结时对冷却管壁的传热系数与水侧的传热系数基本相同，即约为氟利昂的 4 ~ 5 倍，因而无需在冷却管上加肋片以强化传热。

（2）套管式冷凝器　套管式冷凝器是利用两种不同直径的无缝钢管，或钢、铜管套在一起而构成的换热器。一般制冷剂蒸气从上部进入内、外管之间的环形空间内，从上向下流动；而冷却水则由下部进水口供入，并在内管中从下向上流动。制冷剂蒸气被冷凝成为液体后，从下部排出。

这种冷凝器构造简单、布置方便、热换面积大而尺寸较小，而且由于实现逆流换热，所以传热效率较高。它的缺点是金属消耗量较多，由于套管细长，工作时易被冷却水中的杂物堵塞，而且当纵向管数较多时，由于下部的管中充有较多的液体，传热面不能被充分利用。因此，这种冷凝器只适用于小型制冷机，如商用冷库制冷系统等，其结构如图 2-28 所示。套管式冷凝器在海上冷藏集装箱中，常作为辅助冷凝器使用。

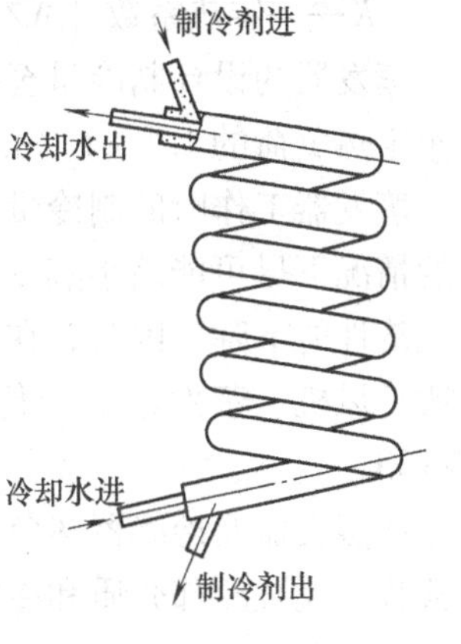

图 2-28　套管式水冷冷凝器

（3）空气冷却式冷凝器　空气冷却式冷凝器又称风冷式冷凝器。它的制冷剂在管内、空气在管外，通过管壁进行换热，使制冷剂冷凝。由于空气对管壁的传热系数远小于水对管壁的传热系数，所以风冷式冷凝器换热效率较低，而且换热器面积大，体积也大。风冷式冷凝器按其气流流动方式不同，分为自然对流式和强迫对流式两种。自然对流式冷凝器是靠温差而引起的空气自然流动起冷却作用的，其冷凝管可布置在钢板上或焊在钢丝网上；这种冷凝器适用于小型制冷机，如电冰箱等。强迫对流式冷凝器的结构如图 2-29 所示。这种冷凝器采用分组并列的盘管，由左右两侧板固定。制冷剂蒸气在管内冷凝，空气在管外横向流过。为使结构紧凑，这种冷凝器一般制成长方形。由于强迫对流式冷凝器空气侧的传热系数较小，为强化传热，多采用肋片管，一般采用厚度为 0.2 ~ 0.6mm 的铜片或铝片制成套片，套装在基管上，片距长为 3 ~ 5mm。用于小型制冷剂的风冷式冷凝器多与压缩机装在一起，冷凝风扇直接装在压缩机电动机轴头上。风冷式冷凝器具有使用方便、结构简单、质量小等优点，缺点是换热效果较差。

2. 蒸发器

蒸发器的功用是将被冷却介质的热量传递给制冷剂。在蒸发器中，液态制冷剂在低压、低温下蒸发吸热，而被冷却物质或载冷剂（空气或水）则放出热量，温度降低。

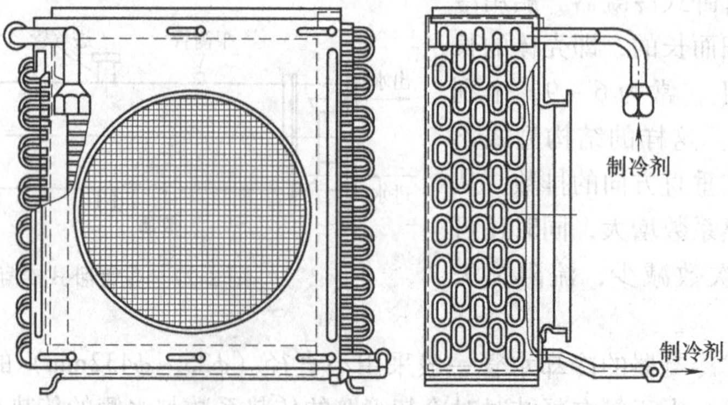

图 2-29　强迫对流式冷凝器的结构

蒸发器按其结构特点分为壳管式、盘管式和表面式等；根据被冷却介质的不同，还可分为空气冷却式和水冷却式等。在冷藏运输制冷系统中采用的均为表面式空气冷却蒸发器。

蒸发器的吸热能力称为蒸发器的制冷量 Q_e。蒸发器吸热能力的大小取决于它的传热系数、传热面积、传热温差，并可用下式计算

$$Q_e = KA\Delta t$$

式中　A——传热面积（m^2）；

Δt——传热温差（℃）；

K——传热系数［$W/(m^2 \cdot K)$］。

蒸发器的设计制冷量至少应稍大于冷库的额定热负荷。通常蒸发器的设计制冷量约为冷库额定热负荷的 1.1～1.2 倍。

蒸发器工作时的制冷量大致与传热温差成正比。为了能增大传热温差，以便在制冷量一定的情况下尽可能缩小蒸发器的尺寸，就需降低蒸发温度。然而，蒸发温度的降低会导致装置经济性的下降。因此，在设计和运行中，要求蒸发器的传热温差处在一个合适的范围内。一般冷风机、蒸发盘管的传热温差为 5～10℃；冷却液体的蒸发器：氨为 5℃，氟利昂为 6～10℃。

在蒸发器及冷凝器热负荷计算中，通常近似地把制冷剂的冷凝温度 t_c 和蒸发温度 t_e 视作常数，仅被冷却介质和冷却介质的温度在降低和升高，而且通常采用对数平均温差作为传热温差，即

$$\Delta t_m = \frac{(\Delta t' - \Delta t'')}{\ln \dfrac{\Delta t''}{\Delta t''}} = \frac{(\Delta t' - \Delta t'')}{2.3\lg \dfrac{\Delta t'}{\Delta t''}}$$

式中　$\Delta t'$、$\Delta t''$——换热过程冷、热流体（顺流或逆流）开始和终了的实际温差（℃）。

工程计算中，当 $\Delta t'/\Delta t'' \leqslant 2 \sim 1.7$ 时，可用算术平均温差 Δt_n 替代 Δt_m。

（1）盘管式蒸发器　盘管式蒸发器又称冷却盘（排）管。蒸发盘管直接与空气进行自然对流换热，目前在船舶伙食冷库及陆用冷库中广泛采用。有些冷库为了提高对流换热效果，增加库内空气对流，使冷库温度更加均匀，在冷库内安装循环风扇或直接采用吊挂式冷风机。

常用的蒸发盘管为光管，但在冷藏运输制冷中采用肋片管较多。氨制冷装置采用钢管绕

制肋片，氟利昂制冷装置采用铜管绕制肋片或套片。蒸发盘管根据冷库具体情况，其安装形式有顶盘管及壁盘管两类。船舶冷库多采用水平壁盘管。为使盘管内的冷冻机油能顺利返回压缩机，一般制冷剂从盘管上部进液、下部回气，如图2-30所示。为了提高空气对流换热，通常蒸发盘管与壁面（或顶面）应保留100mm左右的距离，且使盘管与地板面保留300mm的高度。

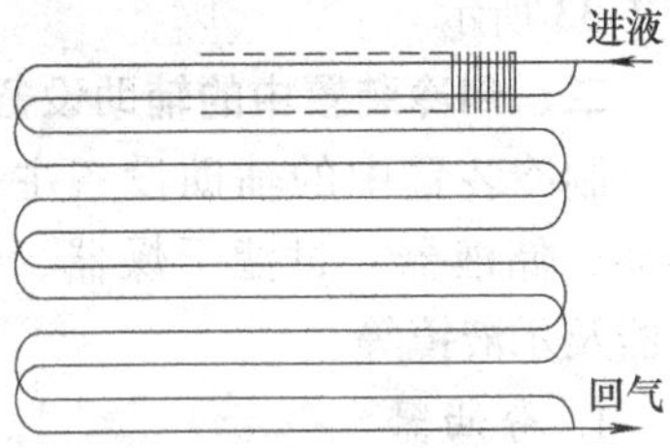

图2-30　双通路盘管式蒸发器的结构

（2）表面式蒸发器　表面式蒸发器又称为直接式空气冷却器，在冷藏车运输吹风冷却中采用。它由数排肋片管组成，大多采用铜管肋片。根据肋片管加工方法的不同，表面式蒸发器分为绕片式、套片式、镶片式、滚压轧片式等多种。

图2-31所示为具有肋片管的表面式蒸发器（空气冷却器）的结构示意图。带有肋片的空气冷却器多采用外径为10～22mm的钢、铜管及0.2～0.4mm厚的钢、铝、铜带制造。其管子的排列为叉排。

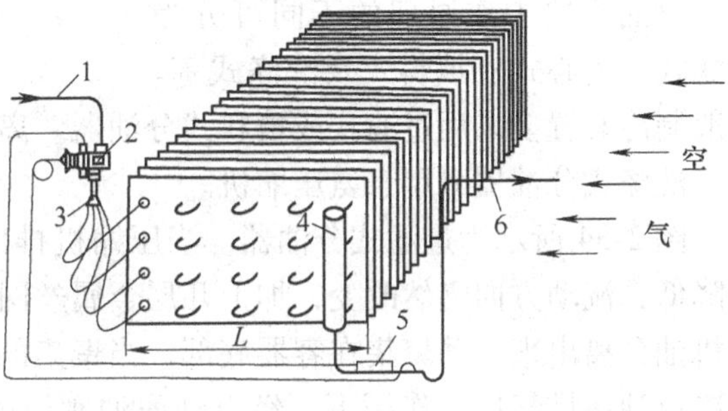

图2-31　具有肋片管的表面式蒸发器（空气冷却器）的结构示意图
1—进液管　2—膨胀阀　3—分配器
4—回气集管　5—感温包　6—回气管

表面式蒸发器的工作过程是：液体制冷剂进入蒸发管，在管内吸热汽化，空气在管外冷却。它在液体进口处设有制冷剂分配器，以便将制冷剂均匀地分配到各排肋片管去。表面式蒸发器相对于盘管式和壳管式蒸发器，其结构紧凑、管理方便，冷藏舱室或库房容积利用效率高，冷藏舱降温速度快，温度分布均匀。

3. 回热器和中间冷却器

（1）回热器　回热器是氟利昂制冷循环过程的气、液热交换设备。通过回热器，可提高制冷机的制冷系数。通过回热，制冷剂液体得到过冷，可避免在节流之前汽化（闪气）而影响对蒸发器的正常供液；通过回热，制冷剂蒸气得到过热，能够有效地防止压缩机“液击”。

图2-32所示为制冷装置用的直套管式回热器的结构。一般气体在内管流动，液体在内、外管之间反向流动。对于小型制冷装置，为了简化结构，可把供液管与蒸发器管并在一起，使气、液通过管壁进行回热。

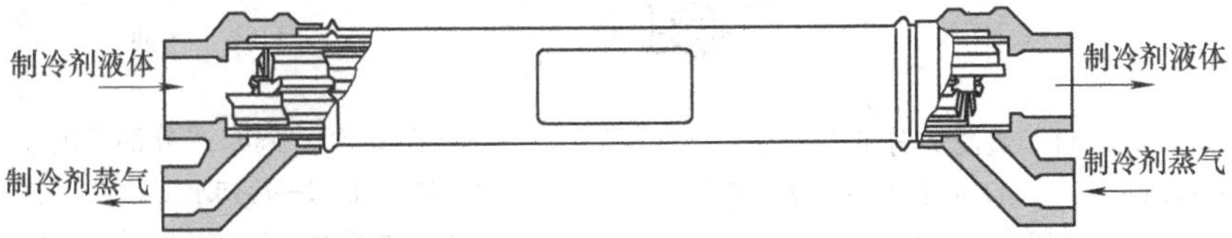

图2-32　直套管式回热器的结构

（2）中间冷却器　在两级压缩制冷系统中，中间冷却器用以使高压液体制冷剂过冷，同时冷却低压级压缩机的排气，以提高制冷循环的经济性。中间冷却器的结构、工作原理如

图 2-33 所示。

二、制冷装置中的辅助设备

制冷装置中的辅助设备主要有分油器、储液器、过滤干燥器、气液分离器及示液镜等。

1. 分油器

分油器装在压缩机与冷凝器之间，其作用是将压缩机排出的制冷剂中的冷冻机油分离出来，同时，把分离的油送回压缩机。

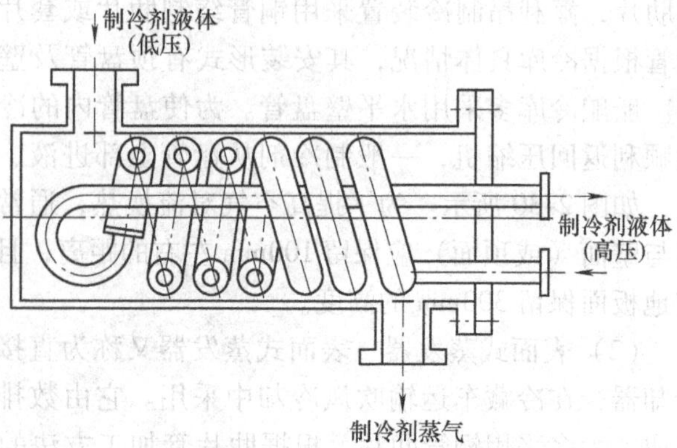

图 2-33 中间冷却器的结构、工作原理

分油器按工作原理的不同可分为过滤式、离心式、填料式及洗涤式等。一般制冷装置多采用过滤式或填料式分油器。离心式分油器多用于螺杆式压缩机或大型压缩机。洗涤式分油器只用于氨压缩机。

图 2-34 所示为过滤式分油器。当压缩机排出的高压制冷剂蒸气进入分油器后，气体流速降低，流动方向突然改变，加上几层金属丝网的过滤作用，从而将混入气体制冷剂中的冷冻机油分离出来，并聚集在容器底部。当聚集的油量使浮球浮起一定高度后，浮球阀打开，冷冻机油在排气压力作用下，经自动回油阀流入压缩机曲轴箱。等到油量减少至一定位置时，浮球阀自动关闭，回油暂停。

图 2-35 所示为离心式分油器的工作原理。其制冷剂蒸气以切线方向进入分油器后，沿导向叶片呈螺旋状流动，在离心力的作用下密度较大的油滴被抛至容器内壁而与制冷剂蒸气分离。分离出来的油经浮球阀或手动回油阀回流到压缩机内，而制冷剂则排至冷凝器。离心式分油器一般适用于大型制冷装置。

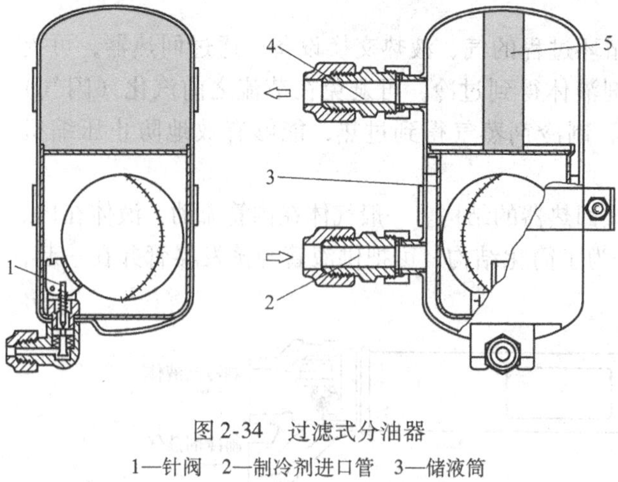

图 2-34 过滤式分油器

1—针阀 2—制冷剂进口管 3—储液筒 4—制冷剂出口管 5—滤油网

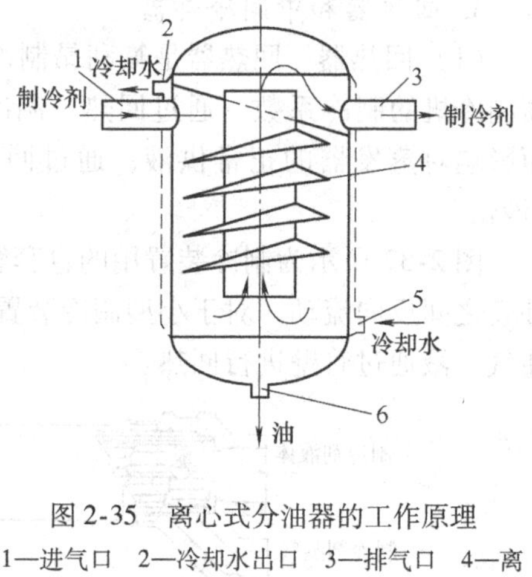

图 2-35 离心式分油器的工作原理

1—进气口 2—冷却水出口 3—排气口 4—离心螺旋件 5—冷却水进口 6—放油口

2. 储液器

储液器是用于贮存制冷剂液体的容器，通常安装在冷凝器下面，用以适应制冷工况变动

时，制冷剂循环量的变化或泄漏后的补充。储液器的结构多为图2-36所示的卧式筒体结构。储液器除设液体进、出口外，还有液位指示器、压力表放空气阀、放油阀、安全阀和压力平衡管接头。储液器的容量一般应能容纳制冷系统的全部充液量。一般充液量为筒体容积的50%，最多不超过80%。对小型制冷装置可不专设储液器，而以冷凝器下部储液容积代替。此外，为了保证发生事故（如火灾）时的安全，储液器上还装有制冷剂紧急泄放阀。

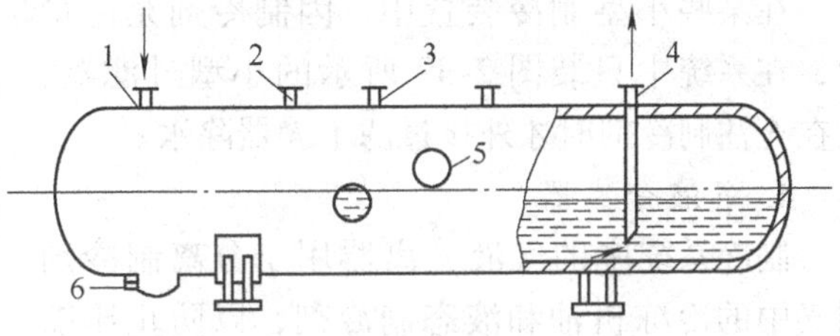

图2-36　储液器的结构

1、4—液体制冷剂进、出口　2—平衡管　3—安全阀接头　5—示液镜　6—放油、排污口

3. 过滤干燥器

过滤干燥器属于制冷系统的净化设备，其作用是清除系统中的水分和污物，防止系统产生冰塞或堵塞。压缩机吸入端的过滤器还能去除系统的机械杂质，减少气缸的机械磨损。

图2-37所示为氟利昂制冷装置常用的过滤干燥器的结构。它以铜管或无缝钢管作为筒体，筒体出液端设有2~3层100~200目的铜丝网，两端有端盖，用螺纹与壳体联接，再用锡焊或钎焊封固，端盖外端又焊有管接头，以便与系统管路连接。在过滤网及筒体中间装有干燥剂——硅胶或分子筛等。过滤干燥器都装在膨胀阀前的液体管路中。

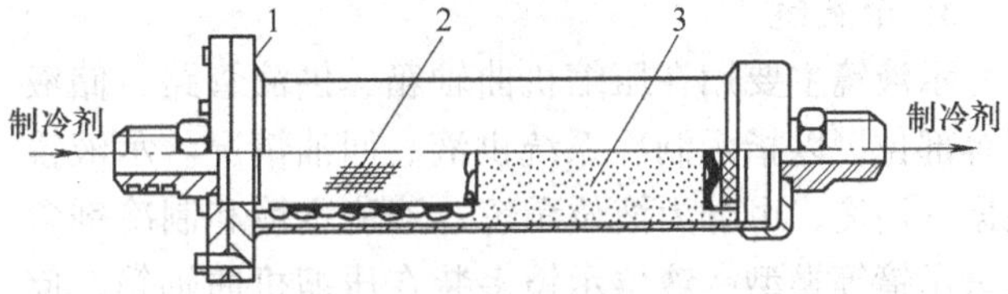

图2-37　氟利昂制冷装置常用的过滤干燥器的结构

1—法兰　2—滤网　3—干燥剂

在大型制冷装置中，通常选用组装式过滤干燥器，其结构如图2-38所示。该过滤干燥器拆解方便，干燥剂填充量大，我国远洋船上广泛采用此种过滤干燥器。当过滤干燥器使用时间较长时，应将过滤网袋拆出清洗，并取出干燥剂进行再生或更换。

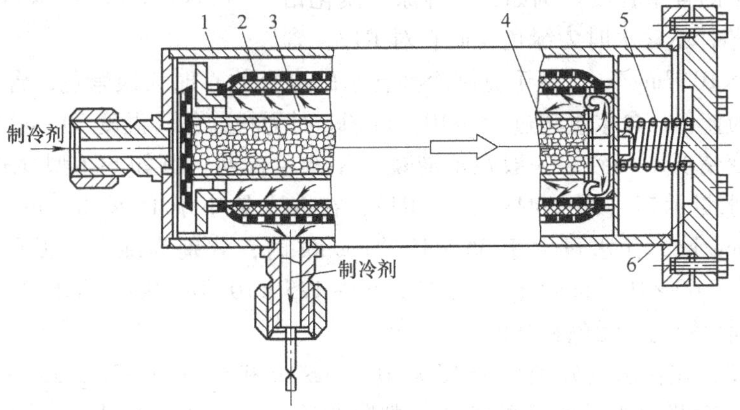

图2-38　组装式过滤干燥器的结构

1—壳体　2—滤网　3—内筒　4—干燥剂　5—压簧　6—封盖

在某些小型制冷装置中，因制冷剂充注量少，在系统中只装图 2-39 所示的小型过滤器，仅在充注制冷剂时才外接过滤干燥器除水。

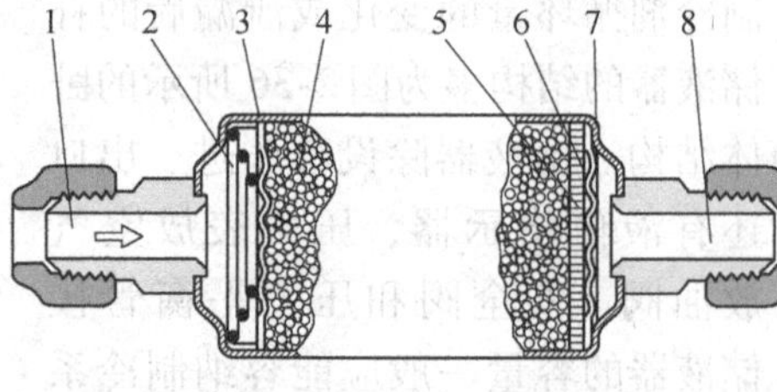

图 2-39　小型过滤器

1—制冷剂进口管　2—压紧弹簧　3—压盖　4—干燥剂　5—过滤网　6—后盖　7—外壳　8—制冷剂出口管

4. 气液分离器

制冷系统中的气液分离器用于分离制冷剂回气中的冷冻机油和液态制冷剂，以防止压缩机产生液击。气液分离器的工作原理是重力分离，即通过回气速度和方向的改变，实现气液分离。在大、中型制冷装置中压缩机器回气管路上装有气液分离器，用以分离制冷系统回气中的液体。因为从蒸发器出来的回气中可能存在部分尚未完全汽化的制冷剂或少量润滑油，在回气管加装气液分离器可防止压缩机“液击”。

图 2-40 所示为氟利昂制冷装置所采用的两种气液分离器的基本结构。其工作原理与分油器类似，是借助气液进入容器后速度方向的改变，使气、液分离。

5. 示液镜

示液镜主要用在压缩机曲轴箱、供液管路、储液器等部位，以指示制冷系统供液、回油情况。示液镜根据其用途，可分为液位示镜、液流示镜和制冷剂含水量示镜等类型。液位示镜多装在压缩机曲轴箱、储液器上，指示冷冻机油和制冷剂的液位。液流示镜常装在制冷供液管或分油器回油管路上，以指示制冷剂和回油流动情况。制冷剂含水量示镜（水量指示器）通常与液流示镜同样安装使用，但示镜中心装有一个能指示制冷剂含水量的纸质圆芯。在圆芯纸上涂有金属盐指示剂，遇到不同含水量的制冷剂时，它的水化物能显示不同的颜色。所以，使用中根据纸芯色变即可判断制冷剂中的含水程度。例如，一种涂有溴化钴（$CoBr_2$）的纸芯，不含水时为绿色；而它对 R12，含水量为 $15\sim45\times10^{-6}$mg/kg（每千克制冷剂含水的毫克数）时为淡紫色，含水量少于 15×10^{-6}mg/kg 时为蓝色，含水量超过 45×10^{-6}mg/kg 时为粉红色（温度 20～40℃时）。选用不同的纸芯其色变情况不一致，一般在示液镜上用颜色标明。例如 SGI 型（丹麦 Danfoss 公司）制冷剂含水量示镜（图 2-41a），对 R12，在含水量小于 15×10^{-6}mg/kg，含水量为 $15\sim35\times10^{-6}$mg/kg，含水量大于 35×10^{-6}mg/kg 时，分别为绿色、无色、黄色；而对 R22，含水量小于 60×10^{-6}mg/kg，含水量为 $60\sim125\times10^{-6}$mg/kg，含水量大于 125×10^{-6}mg/kg 时，分别为绿色、无色和黄色。

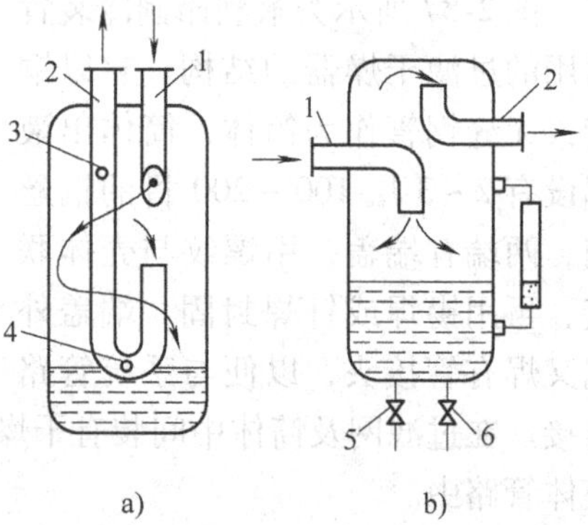

图 2-40　气液分离器的基本结构

a）制冷剂垂直进、出　b）制冷剂水平进、出

1、2—制冷剂进、出口管　3—压力平衡孔　4—微量回油孔　5—放油阀　6—排污阀

制冷剂 R22，在含水量分别低于 15×10^{-6}mg/kg 和 60×10^{-6}mg/kg 时，已低于其腐蚀允许值。通常对照含水量示镜的色变，判断制冷剂中含水量的多少。若发现含水量偏高，则应及时更换干燥剂或干燥器。各种示液镜在制冷系统中的安装位置如图 2-41b 所示。

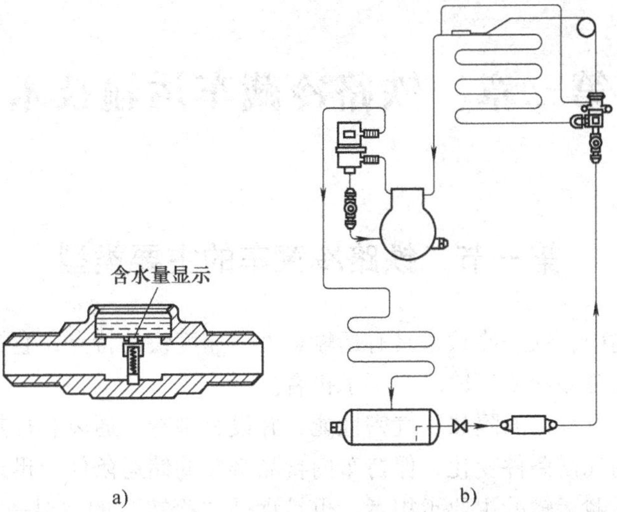

图 2-41　制冷剂含水量示镜及安装

a）含水量示镜　b）安装位置

第三章 铁路冷藏车运输技术

第一节 铁路冷藏车的主要类型

在食品冷藏运输中，铁路冷藏车具有运输量大、速度快的特点，它在食品冷藏运输中占有重要地位，是我国食品冷藏运输的主要承担者。

铁路冷藏车应具有良好的隔热、气密性能，并设有制冷、通风和加热装置，它能适应铁路沿线和各个地区的气候条件变化，保持车内食品必要的储运条件，迅速地完成食品运送任务。它是我国食品冷藏运输的主要承担者，也是食品“冷链”的主要一环。

铁路冷藏车的主要类型有加冰冷藏车、机械冷藏车、冷冻板式冷藏车、无冷源保温车、液氮或干冰冷藏车。

一、加冰冷藏车

加冰冷藏车是以冰或冰盐作为冷源，利用冰或冰盐混合物的溶解热使车内温度降低，冷藏车内获得0℃及0℃以下的低温。由于冰的融解温度为0℃，所以以纯冰作冷源的加冰保温车，只能运送储运温度在0℃以上的食品，如蔬菜、水果、鲜蛋之类。当采用冰盐混合物作冷源时，由于在冰上加盐，盐吸收水而形成水溶液，并与未融冰形成两相（冰、水混合物），因为盐水溶液的冰点低于0℃，则使两相混合物中的冰在低于0℃以下融解。试验证明，混合物的融解温度最低可降到 -21.2℃（加 NaCl 时）。所以，在冰内适当加盐后，将使加冰冷藏车内获得 -8 ~ -4℃或更低的温度，可以适应鱼、肉等的冷藏运输。

加冰冷藏车具有一般铁路棚车相似的车体结构，但设有车壁、车顶和地板隔热、防潮结构，装有气密性好的车门。我国典型加冰冷藏车有 B11、B8、B6b 型等。其车壁用厚170mm、车顶用厚196mm 的聚苯乙烯或聚氨酯泡沫塑料隔热防潮，地板采用玻璃棉及油毡复合结构隔热防潮，还设有较强的承载地板和镀锌钢板防水及离水格栅等设施，如图3-1 所示。

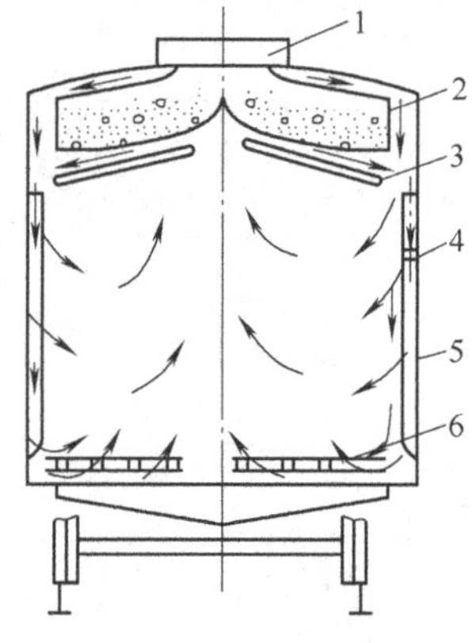

图3-1 加冰冷藏车的结构与制冷原理

1—加冰盖 2—冰箱 3—导流板 4—通风槽 5—车体 6—离水格栅

加冰冷藏车一般在车顶装有6 ~7 只马鞍形储冰箱，2 ~3 只为一组。为增加换热量，冰箱侧面、底面设有散热片。每组冰箱设有两个排水器，分左右布置，以不断清除融解后的水或盐水溶液，并保持冰箱内具有一定高度的盐水水位。加冰冷藏车内，在冰箱下面装有防水板，冷气靠自然对流在车内循环，使车内降温，并得到均匀的气流分布。

加冰冷藏车结构简单、造价低，冰和盐的冷源价廉易购，但车内温度波动较大，温度调节困难，使用局限性较大，而且行车沿途需要加冰、加盐影响列车速度，融化的冰盐水不断溢流排放，腐蚀钢轨、桥梁等，近年已被机械冷藏车等逐步替代。

二、机械冷藏车

机械冷藏车是以机械式制冷装置为冷源的冷藏车，它是目前铁路冷藏运输的主要工具之一。

机械冷藏车具有制冷温度低、温度调节范围大、车内温度分布均匀、运送速度快的特点。另外，机械冷藏车适用性强，更实现了制冷、加温、通风换气以及融霜的自动化。同时，它设有运输过程的自动检测、记录及安全报警。但与加冰冷藏车相比，其车辆造价高、维修复杂、使用技术要求高。

我国铁路冷藏运输中采用的机械冷藏车有两大类：一类是采用氨制冷剂、使用盐水的间接制冷（如B16、B17型）；另一类是采用R22为制冷剂的直接式制冷（如B18、B20、B22）。

机械冷藏车在我国是以车组的形式使用（有时也可作单节车使用）的。机械冷藏车运输易腐食品时的工况要求是：对没有预冷的果蔬能从25～30℃冷却到4～6℃；在0～6℃的温度下运送冷却货物；在－12～－6℃温度下运送冻结货物；在－12℃以下运送深度冷冻货物；在11～13℃，运送香蕉等货物。典型的B18、B20、B22机械冷藏车车内温度可调范围为－18～12℃、－24～14℃（外温为－45～40℃）。

1. 间接盘管冷却机械冷藏车

我国铁路早期使用的机械冷藏车是间接盘管冷却的机械冷藏车，即B16型（23节车厢为一组）和B17型（12节车厢为一组），均采用双级氨制冷压缩机，冷藏车内采用盐水盘管冷却循环系统，盐水为氯化钙溶液，在车组中有发电车和制冷机车。

B16型冷藏车采用的是四缸单、双级可以切换的氨压缩机，双级运转时，在转速为460r/min时，每台制冷量为70kW（$t_e=-20℃$，$t_c=50℃$）。其冷却盘管内的盐水由盐水泵输送。每车四组冷却盘管对称布置在车顶两侧。该类冷藏车冬季可使用6kW电炉对车内加热。此外，为加强车内空气对流和通风换气，每辆车装有两台小风机。

2. 直接吹风冷却机械冷藏车

我国铁路采用的有国产B19型5节车组的机械冷藏车；从德国进口的9～10节车组的B18、B20及B22型机械冷藏车。B18、B19型车组基本相同，均采用R12作为制冷剂，直接吹风冷却。货物车的制冷机组为成套组装式，分别安装在每辆车的两端上部，冷风机部分插入货物间，向车内吹送冷风。机组车外部分有外罩，外罩侧面有冷凝风机和进、排风百叶窗式通风格栅，端面还设有吸入新鲜空气用的小百叶窗，如图3-2所示。

冷藏车内设有镀锌钢板车顶风道，镀锌的地板离心格子和镀锌钢板制成的通风隔墙构成冷风循环系统。

典型的机械冷藏车，每车选用单机双级R12（或R22）制冷压缩机两台，每台制冷量为9.3kW（$t_e=-15℃$，$t_c=50℃$）。为了给车内加温，装有两组7.5kW的电加热器。制冷机的工作是自动控制的，它按照预定的温度参数有三种工况：制冷、融霜和加温。

（1）制冷　机械冷藏（保温）车制冷系统如图3-3所示。压缩机23通过起动调节器19和蒸发器的回气单向阀18，从蒸发器1中吸入制冷剂气体。在三个低压缸内，从吸入压力压缩至中间压力；然后在一个高压缸内从中间压力压缩至冷凝压力。排出的高压、高温制冷剂蒸气，通过油分离器27，又经冷凝器单向阀15进入冷凝器14。制冷剂由两台冷凝器通风

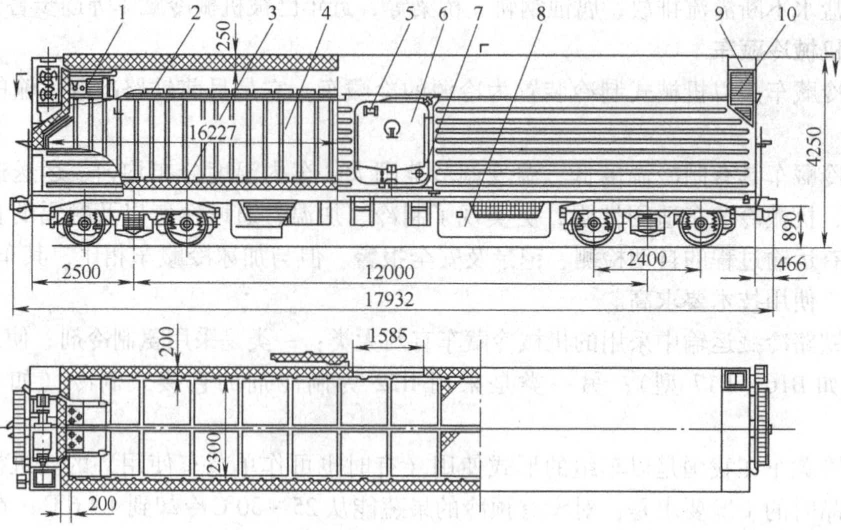

图 3-2　直接吹风冷却式机械冷藏车的结构

1—制冷机组　2—车顶通风道　3—地板离心格子　4—通风隔墙　5—车门排风通风器
6—车门　7—温度计　8—柴油发电机组　9—制冷机组外壳　10—冷凝器通风格栅

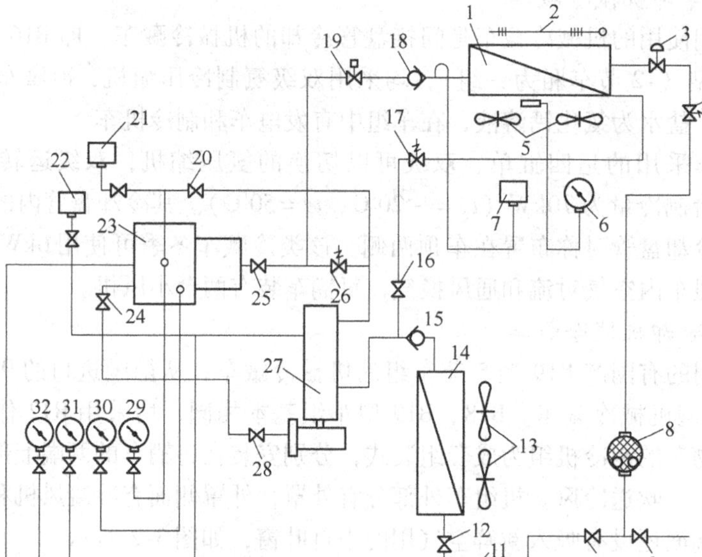

图 3-3　机械冷藏（保温）车制冷系统

1—蒸发器　2—电加热器　3—热力膨胀阀　4—供液电磁阀　5—蒸发器通风机　6—温度指示器
7—融霜压力开关　8—过滤干燥器　9—加制冷剂阀　10—供液阀　11—储液器　12—截止阀
13—冷凝器通风机　14—冷凝器　15—冷凝器单向阀　16—融霜手动截止阀　17—融霜电磁阀
18—回气单向阀　19—起动调节器　20—压缩机排气阀　21—压差开关
22—压缩机高压压力开关　23—压缩机　24—压缩机回油阀
25—压缩机吸气阀　26—旁通电磁阀　27—油分离器　28—排油阀
29—油压表　30、31、32—压缩机中压、低压、高压压力表机13通风冷却、冷凝。液体制冷剂经截止阀12进入储液器11，再流至供液阀10、过滤干燥器8、供液电磁阀4进入热力膨胀阀3。经节流的低压制冷剂又经液体分配器（未标注）进入蒸发器1中。在蒸发器中，制冷剂汽化，从两台蒸发器通风机5吹送的空气中吸热。冷却后的空气直接进入车辆货间，而汽化后的制冷剂气体再被压缩机吸入并重复循环。

（2）融霜　制冷系统采用热气融霜方法。蒸发器结霜过厚，将导致蒸发温度和蒸发压力下降。此时，融霜压力开关7动作，打开融霜电磁阀17，关闭蒸发器通风机5和冷凝器通风机13。

这样，压缩机排出的一部分热蒸气即通过融霜电磁阀17和融霜管路进入蒸发器，于是蒸发器表面的霜层即被融化。由蒸发器出来的制冷剂沿回气管路，经过起动调节器19和蒸发器回气单向阀18进入压缩机23。融霜时间由时间控制器给定，融霜60min后，时间控制器动作，关闭融霜电磁阀17，制冷系统又恢复正常工作。

（3）加温　在冷藏车货间必须加热时，制冷设备不工作，只要接通蒸发器1前的电加热器2，加热后的空气即被蒸发器通风机5送入货间。

冷藏车货间的温度可以从柴油发电机车内遥测，也可以用携带式测温计通过每辆车的开关箱上的测温插头进行测量。此外，每辆车的车门上装有膨胀式指针温度计指示温度。遥测温度计的测温元件由一个测温敏感元件和保护罩组成，精度1.5级，敏感元件装在货间侧墙壁面上，通过21个位置的转换开关进行－20～20℃的温度遥测。

我国铁路上使用的近年进口的B20型直接吹风冷却机械冷藏车的基本条件、制冷设备和控制系统，与上述铁路冷藏车相近，只是压缩机的具体结构、融霜的时间控制和润滑方式等有一定的区别，在此不再赘述。

三、冷冻板式冷藏车

冷冻板式冷藏车是在一辆隔热车体内安装冷冻板，冷冻板内充注一定量的低温共晶溶液为冷源，保证车内食品冷藏储存条件。当共晶溶液充冷冻结后，即储存冷量，并在不断融化的过程中吸收热量，实现制冷。冷冻板式冷藏车的冷冻板装在车顶或车墙壁。充冷时可以地面充冷，也可以自带制冷机充冷。低温共晶溶液可以在冷冻板内反复冻结、融化循环使用。

冷冻板式冷藏车制造成本低、运行费用小，目前我国铁路部门正对其进行开发研究。

四、无冷源保温车

无冷源保温车具有良好的隔热、气密性能，能保证在一定时间内食品的运送条件。

无冷源保温车一般在短距离运输时使用。短距离运输的易腐货物占易腐货物发货量的30%。在热工性能较高的无冷源保温车中运输经过预冷的食品，这样花费比较便宜，因为在地面生产的1kW·h电力的价格要比移动的动力装置生产的低90%以上。

有大量的易腐货物的温度变化允许保存到10℃和更高，并且在个别季节不需要接通制冷装置。蔬菜、水果和肉罐头、果汁的保存温度为0～20℃。冬季，温度为－18～－6℃的冷冻货物（奶油、人造黄油、动物脂肪）应在关闭制冷设备（无冷源保温车）的车组中运送。冬季和过渡季节，在无冷源保温车工况可以运输怕结冻的货物（罐头、葡萄酒、啤酒、矿泉水）以及温度降低不受限制的货物（动物油、脂肪熏制腊肠、熏肉）。

无冷源保温车与其他保温车相比较，车体隔热性能良好时可以不设制冷—动力设备，可以节约燃料消耗；由于降低自重，可以使车辆的载重提高；货物间的有效容积也可增加；取消了途中的技术保养，可使车辆周转的直达速度提高；发车和终了作业的停留时间得到压缩，平均每日行走里程增加。

五、液氮或干冰冷藏车

液氮或干冰冷藏车内设有液氮或干冰喷洒设备，将液氮或干冰喷洒在食品表面，以冷却食品，保证运输条件。液氮冷藏车是在具有隔热车体的冷藏车上，装设液氮储罐，将罐中的液氮通过喷淋装置喷射出来，突变到常温常压状态，并汽化吸热，造成对周围环境的降温。N_2 在标准大气压下 -196℃液化，因此在液氮汽化时便产生 -196℃的汽化温度，并吸收 199.2kJ/kg 的汽化热而实现制冷。液氮制冷过程吸收的汽化热和温度升高吸收的热量之和，即为液氮的制冷量，其值为385.2～418.7kJ/kg。液氮冷藏车兼有制冷和气调的作用，能较好地保持易腐食品的品质，在国外已有较大的发展，我国也已开始研制。

上述几种冷藏车中，使用最为广泛的是机械冷藏车和加冰冷藏车；冷冻板式冷藏车仍在试用阶段；液氮或干冰冷藏车和无冷源保温车我国刚开始研究。

第二节　我国铁路冷藏运输概况及发展对策

一、我国铁路冷藏运输的发展历程

1952 年，上海铁路总局建立了我国第一个铁路冷藏车运输段，由于当时冷藏车很少，旧式冰冷冷藏车不足百辆，只能用一般运货棚车等代运易腐食品货物，因而造成严重货损。1952 年，我国建立了铁路冷藏车生产厂，并批量生产 B5 型车顶式加冰冷藏车。1953 年，生产了车端式加冰冷藏车及 B3 型加冰冷藏车。1956 年，铁道部新设计了 B11 型车顶冰箱式冰冷冷藏车，新车在结构技术上进行了较大的改进，能在外温为35℃的环境下，维持车内 -7℃的低温，可满足一般冻结货物的运输要求。1958 年，从德国进口了200 辆车顶式冰冷冷藏车，有效地保证了上海、北京等大城市易腐食品的运输与供应。1959 年，我国开发研制出了 JB5 型冷藏车，其制冷剂为 R12，该型冷藏车在外温为40℃的条件下，可维持车内 -12～14℃的温度，并能自动控制温度，能适应各种冷却或冻结食品的冷藏运输。JB5 型冷藏车的研制成功，证明了我国有了自己设计制造机械式冷藏车的能力。1969—1970 年，因内地对香港食品贸易量的不断扩大，建立了10 辆车一组 B18 型铁路机械冷藏车（以 R12 为制冷剂，直接吹风冷却的冷藏车）200 辆。当前，我国已淘汰了 B18 型冷藏车，而以 B21 型、B22 及 B23 型的新车替代，新型车的动力性能、车辆结构及承载能力和制冷机效率更能适合我国食品冷链及食品冷藏运输工艺要求，并且新型铁路冷藏车使用环保型制冷剂，自动控制、运行显示、故障预报及安全报警等系统已日臻完善。

据不完全统计，我国现有铁路冷藏车约8000 辆，其中50%左右为机械式冷藏车。为适应目前商品经济的发展，铁路冷藏车中以多辆车组成的车组已被单节或 3～4 节为一组的小型车组取代。单节车和 3～4 节为一组的冷藏列车更能适应当今食品冷藏运输的要求。

近年，由于我国公路汽车冷藏运输的发展，相当一部分高档水产品、水果及新品种蔬菜的运输已被更加灵活的冷藏汽车取代。而以计划经济模式为基础的铁路冷藏运输实际运输总量，在我国的食品冷藏货运输比例已有所下降，但铁路冷藏运输依然是我国食品冷链中的“主角”。

二、我国铁路冷藏运输概况

当前，石油价格的上涨影响到货车货物运输的成本，食品工业对进行长途运输的机械冷藏车的依赖性可望增加。我国铁路运输中，易腐货物的冷藏运输率不足40%，即使处在冷藏运输中，其温度与卫生条件均与标准有较大差距，易腐货物在铁路运输中的腐损率高达15%～20%，每年因此而造成的直接损失达数十亿元。此外，我国易腐食品的铁路运输卫生情况堪忧。冷藏车的清洗作业简单，不能满足卫生要求；目前铁路运输规章对运输中的卫生要求也非常笼统，没有可操作性，因而导致食品受到严重污染，存在很大的安全隐患。如按国际标准，其运输的易腐食品很难满足要求。

在我国铁路冷藏运输中，缺乏应用其他保鲜措施的经验和技术要求、技术指导，几乎所有的易腐货物都是按承运时的状态进行运输，因此货物的腐烂、干耗等质量下降问题一直得不到控制，既造成了巨大的经济损失和食品资源的浪费，也严重影响了铁路冷藏运输的声誉和市场竞争力，导致近年来我国铁路易腐货物运量严重下滑。

我国现有的冷藏运输工具中，加冰冷藏车是主型车，其技术性能已很难保证货物的运输质量。尽管机械冷藏车的性能较好，但由于规章中对温度的要求相对过低（运输温度定得过高），以及乘务人员操作不当或责任心不强，运输质量很难得到保证。目前经由铁路进出口的易腐货物主要由机械冷藏车运输。

三、我国铁路冷藏运输发展对策

1. 大力发展符合市场需求的冷藏运输工具

严格来说，目前我国铁路的冷藏运输工具中仅有部分机械冷藏车的技术性能可以满足外贸运输的要求。但加入世界贸易组织后，面临的不仅是国内市场的竞争，更面临外贸运输市场的竞争，现有的冷藏运输工具显然难以胜任，因此必须发展符合市场需求的、可以参与国际竞争的、满足不同货物要求的冷藏运输工具。运输工具应向多元化、专用化方向发展。重点发展满足国际贸易运输要求的冷藏集装箱和性能良好的机械（单节）冷藏车，满足国内大部分水果蔬菜运输的隔热车，满足国内冻结货物运输的冷冻板式冷藏车及机械冷藏车等，尽快提高冷藏运输率。同时要尽快禁止使用棚、敞车运输易腐货物。

就冷藏集装箱而言，不必专门制造，因为国内现有的生产能力已经过剩，技术上也达到了国际水平，只需提供配套设施（如站场及起吊设施、途中充电及维修设施、运输平车等）和建立相应的管理机制（如运价率、回送办法等）。只有适应了冷藏集装箱的运输需求，铁路冷藏运输才能在冷藏集装箱的国际联运中发挥自己独特的优势。

2. 采用先进的冷藏保鲜运输技术

除通常的冷冻、冷藏以外，用于易腐食品保鲜的技术越来越多，如气调、减压、保鲜剂、电离子与臭氧、辐照等，而且新的保鲜方法还在不断出现。但一方面这些方法在铁路冷藏运输中未能得到应用，另一方面有些方法的技术经济特征使得其在铁路冷藏运输中不可行，我国在这方面的试验研究基本上是空白。

此外，新的易腐食品层出不穷，对运输条件与保鲜运输提出了新的要求。因此非常需要进行试验研究，寻求技术上先进、经济上可行、可操作性强的铁路保鲜技术，使我国铁路易腐货物的运输质量能与国际运输物流公司相抗衡。

3. 加快冷藏运输管理体制改革的步伐

国际竞争除了产品方面的“硬竞争”外，更重要的是管理方面的“软竞争”。软竞争主要体现在用人机制、创新机制、经营机制等一系列的管理体制上。

现行的冷藏运输管理体制一直是制约冷藏运输发展的根本原因，必须成立专门的冷藏运输公司，使冷藏运输向专业化的物流公司发展，同时，建立起科学的内部经济核算及收入分配机制。

4. 尽快建立健全与国际接轨的法律法规

为了适应公平、公正、公开的市场环境，必须围绕市场，根据国际贸易的规则建立和完善相关法规，特别要清理和修订不符合世界贸易组织规则的政策法规，以规避风险、保障铁路冷藏运输乃至整个铁路运输业的健康发展。例如，《铁路鲜活货物运输规则》中对易腐货物承运温度、承运质量的要求，对运输温度、使用车种和卫生条件的规定，对未列品名运输条件的约定等，均需修改。凡是有国际标准的（如 ISO 9000 族标准，易腐货物运输的 ATP 协议），要参照其进行修订和执行；如果正在制定某些国际标准，则应积极参与和实施。

5. 加快信息化建设的步伐

开发鲜活易腐货物的信息服务网站，提供各地区产、供、销的最新信息，提供铁路运输的运力资源配置情况，提供铁路冷藏运输的政策、技术、价格的咨询，提供货物运输过程的全程跟踪查询，充分宣传铁路运输产品的优势，扩大铁路运输的正面影响。在铁路企业内部或冷藏运输公司内部实现运输的信息化管理，建立专职的冷藏运输调度管理信息系统，实行按车号的冷藏车实时跟踪，同时在加冰所及机保段内实现与全国铁路运输管理信息系统（TMIS）的连接，真正实现冷藏运输全过程的跟踪管理。

第三节　发达国家铁路冷藏车技术

一、发达国家铁路冷藏车的发展及技术规格

发达国家有完善的铁路冷藏车的标准体系，本书主要介绍美国铁路机械冷藏车的整体情况，如图 3-4 所示。

1. 分类

美国铁路协会对机械冷藏车进行了如下分类：

“RB”——有或没有通风装置；有或没有便携式轻型加热装置的无冰冷藏车。在两侧、端部、地板及车顶设置隔热层的 50ft（英尺，1ft = 0.3048m）的冷藏车应满足 73.3 W/(h · ℃) 的最大 UA 系数（传热系数与面积的乘积）要求；60ft 的冷藏车应满足 87.9 W/(h · ℃) 的最大 UA 系数要求。该要求对 1984 年 3 月 1 日以后订购的车辆有效。

“RBL”——结构类似于 RB 型车辆，但需要加装可调装载装置。为了符合 RBL 设计规范，安装内侧梁的新造或改造的或重新分类的车辆，在 1966 年 1 月以后，要在车辆每侧的车墙上安装 4 根侧梁，而且每根侧梁应从车门口处延伸，离车端部有 1219.2mm（4ft）长的距离。

“RC”——类似于 RB 型车辆的冷藏车，采用冷源控制冷冻货物。

“RP”——配备或不配备通风装置的机械冷藏车，车上提供耐热或耐冷保护装置。该装置由电源供电，不采用车轴发电机供电。

“RPB”——类似于 RP 型车的机械冷藏车，但该车的设计主要用于运输土豆或同类货物，车内配备斜板和运输带以及机械化装卸设备。

“RPL”——类似于 RP 型车辆的机械冷藏车，但车上没有可调装货装置。

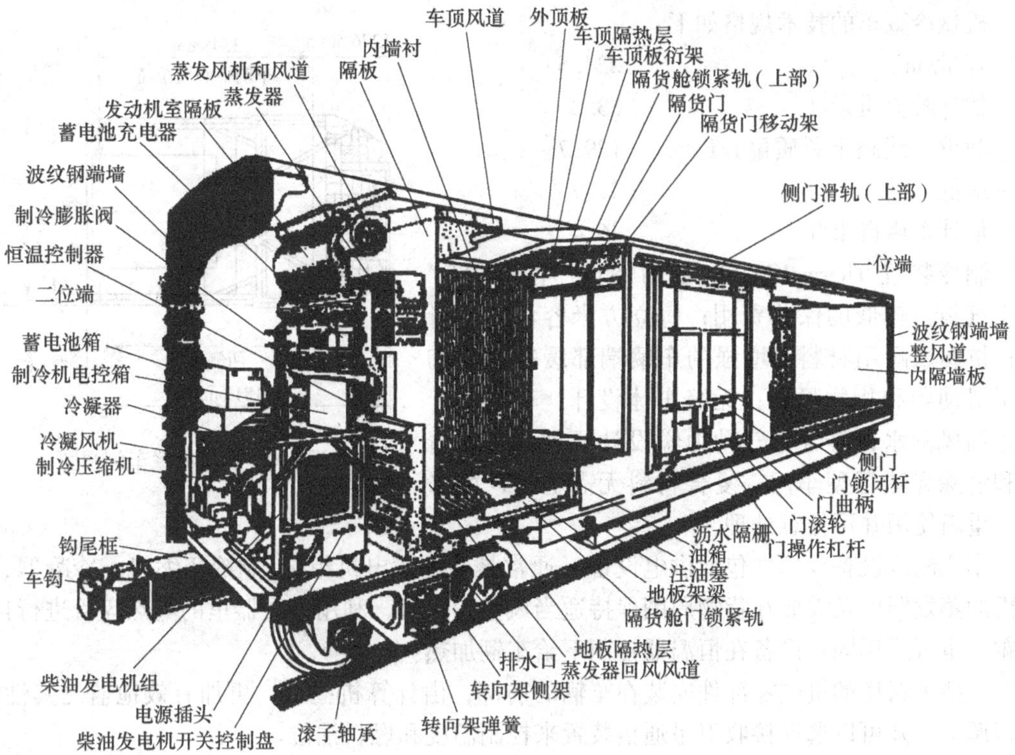

图 3-4　美国铁路机械冷藏车的结构

2. 机械冷藏车

美国铁路运营及维修部的机械部门制定了机械冷藏车设计规范，新型冷藏车的最小隔热要求可用 UA 系数来表示（传热率）。同样，它也规定了 1984 年 3 月 1 日以后制造的新车必须满足 50ft 冷藏车 73.3W/(h·℃) 的最大 UA 系数要求；60ft 冷藏车 87.9W/(h·℃) 的最大 UA 系数要求。旧车的最小隔热要求继续用 in（1in = 0.0254m）来表示，例如，侧面为 3in（76.2mm）；地板和车顶为 3.5in（88.9mm），如图 3-5 和图 3-6 所示。

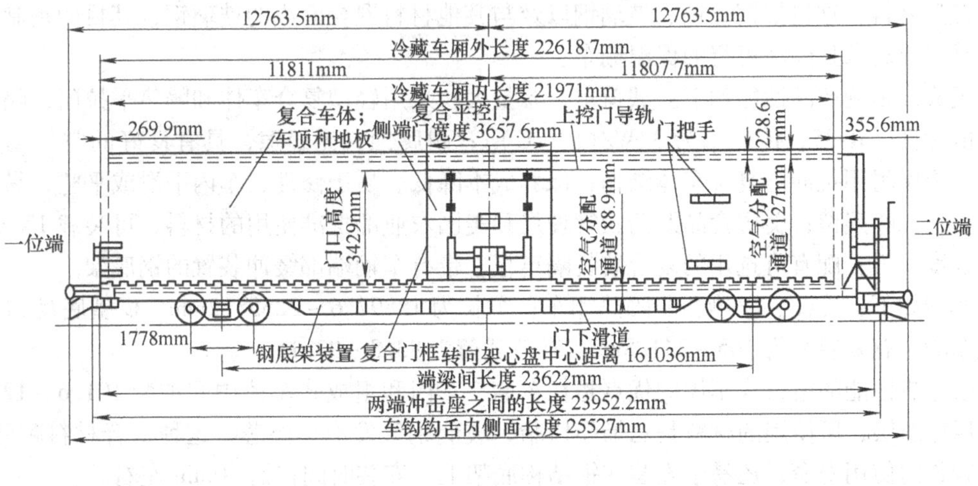

图 3-5　机械冷藏车正视图

机械冷藏车的技术规格如下：

容量/m^3	224.5
估计载货质量/t	83.3
载重（线路上总质量）/t	129.7
最低载重/t	27.2
估计车辆自重/t	46.4

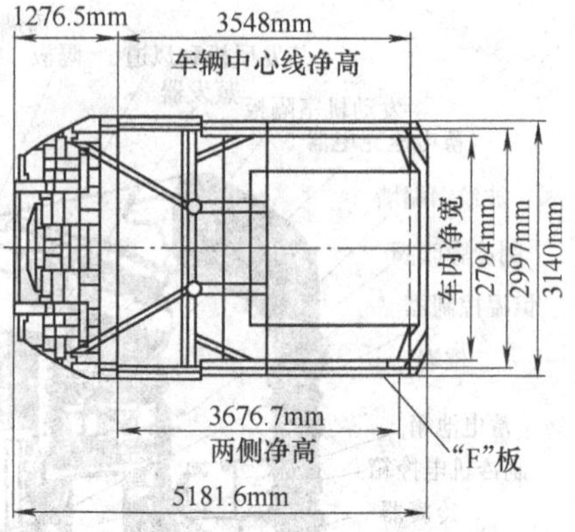

图 3-6 机械冷藏车侧视图

制冷装置 ThermoKingSB-Ⅲ的特点：符合“F”型空气板；较低的保养费用；每立方米容量的质量小；抗腐蚀耐用材料；增强的车辆端部缓冲装置淘汰了滑动梁和货物隔板；无缝车体设计；车体设计防止漏风漏水；符合空气动力学设计原理；易于清洗和清除异味轻型车门；复合材料无需上漆，可修理、重新使用并可任意处理。

车辆制冷设备零部件包括供电设备（通常是柴油发电机组）、制冷压缩机、冷凝器、带风机的蒸发器以及需要在货物周围保持适当风量的风机，利用蒸发器里的电热盘管进行自动除霜，也可采用同一设备在恒温器控制下给车辆加热。

一些更新型的机械零部件安装在车辆的前部，由计算机控制，更加有效地监测其性能，自行调节，并可以选择接收卫星通信装置来控制温度和燃料油位。

混合隔热技术的进步也能够使机械冷藏车在返程中运输易腐货物，虽然温度控制设备已被关闭，但装载的货物仍然受到改进的隔热层的保护，免受温度过高或过低的影响。

3. 组成式车辆

传统美国冷藏棚车的有效载荷为59t，有效容积为120.4m^3，组成式车辆能装载83.5～93t的货物，其容积为165～224.5m^3。其经济利益在于，使用2.6辆控制温度的组成式棚车（底盘是74ft），就能代替5辆目前使用的钢结构车辆。

开发由复合材料制成的车辆的目的是提高效率和经济效益。由于车辆自重降低了，货物的质量就可增加，这样每辆车可以运输更多的货物。需要进行研究的是找到一种可使用的合适的轻型材料，这包括钢、铝、玻璃钢以及与其他材料混合而成的玻璃钢，其目的是制造出能满足客户需求且经济可行的保温棚车。

组成式车辆产品性能如下：载荷重，容量大；采用轻型复合车体和隔热平拉门；隔热材料性能优良［R-35，传热率为34W/(h·℃)］；耐腐蚀、无缝隙，具有良好的空气动力学车体；采用耐用抗冲击复合车体结构；保养成本降低、易于修理；车内平滑或平整，易于清洗，防止异味残留；美国食品及药物管理局和美国农业部批准使用的材料；可装载13.8MPa的高强度地板；配有可选用的复合装货隔离板；带有车辆端部缓冲装置的钢底架。

车型如下：冷藏、隔热和非隔热棚车；车长为18897.6～22555.2mm，C型底盘和F型底盘车辆；有效容积为165～241.8m^3；有效载荷为83.3～93.1t。

改进热性能的组成式车体的优点是在车墙、车门和组成式车体中间加装101.6～127mm的层压保温层，所使用的材料是乙烯酯树脂、玻璃钢等发泡保温芯。这种复合材料耐腐蚀，具有较长的使用寿命，还易于安装在钢结构底架上，安装时间仅需70min左右。

组成式车辆就像装在车轮上的高科技冰箱，当组成式货车样车把啤酒从位于美国西部的酿酒厂运输到东南部物流中心时，白天的平均温度为26.7℃，啤酒在0℃时进行包装，尽管深秋初冬季节气候温暖，但经过6.5天的运输，啤酒卸下车时的温度仍保持在1.7℃。

组成式棚车的保温效果很理想，尤其是温控的组成式棚车，它具有容积大、费用低、性能优良、质量高等特点。

温控隔热组成式冷藏车技术规格见表3-1。

表3-1 温控隔热组成式冷藏车技术规格

名称	技术规格			
车辆尺寸/mm	18897.6	20726.4	22555.2	22555.2
车内容积/m^3	165	181.3	196.3	224.4
侧高容积/m^3	159	173.9	189.2	217.2
车内长度/mm	18465.8	20294.6	21971	21971
车内宽度/mm	2794	2794	2794	2794
(车体)外宽/mm	2997.2	2997.2	2997.2	2997.2
最大宽度/mm	3194.1	3140.1	3140.1	3140.1
车辆中心线处内高/mm	3219.5	3219.5	3219.5	3676.7
最大高度/mm	4724.4	4724.4	4724.4	5181.6
车辆长度/mm	22021.8	23850.6	25527	25527
转向架中心距/mm	14630.4	15849.6	16103.6	16103.6
(车体)外长/mm	19113.5	20942.3	22618.7	22618.7
估计空车质量/t	38.1	40.8	45.4	46.4
估计最大载重/t	91.6	88.9	84.3	88.3
总质量/t	129.7	139.7	129.7	139.7
门孔尺寸(高×宽)/mm×mm	2980.3×3657.6	2870.2×3657.6	2870.2×3657.6	3429×3657.6
限界级	C	C	C	F
地板负载率/t	27.2	27.2	27.2	27.2

4. 深冷车辆

图3-7所示为深冷棚车。该棚车无活动部件，通过设计取消了机械冷藏车所需的预先脱钩、线上检测、使用柴油燃料和需要维护等使用条件。

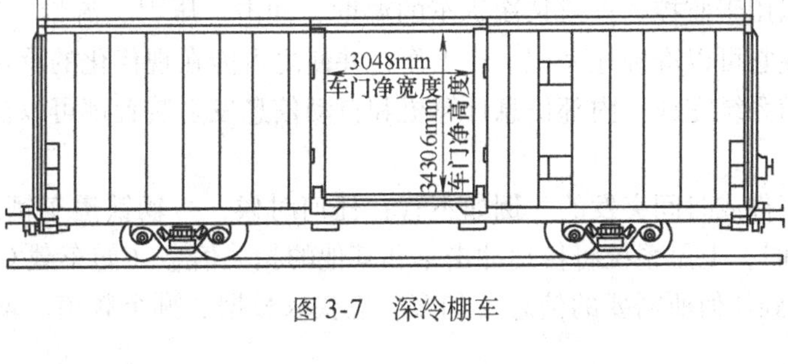

图3-7 深冷棚车

深冷棚车的技术规格见表3-2。

表3-2 深冷棚车的技术规格

名　称	技术规格	名　称	技术规格
车内长/mm	20624.8	空车质量/t	42.9
车内宽/mm	2743.2	隔热材料(聚氨基甲酸乙酯)	127
车内高/mm	3430.6	车墙(波纹状玻璃钢)	蓝色
车门口宽度/mm	3048	挤压成型地板	铝
车门口高度/mm	3430.6	门口踏板(铝)/mm	3.18
容积/m^3	194.1	估计载荷极限/t	76.2

注：成品车的估计尺寸取决于隔热层的结构细节、内衬、天花板储料仓、地板和所有深冷设备。

深冷车辆在制冷剂使用方面，尽管考虑了多种制冷剂和气体，但低温CO_2是最好的制冷剂。AFFI工作小组认为，装载冷冻食品并配有低温CO_2的隔热棚车，在美国全国铁路系统提供的冷藏运输中，具有最好的技术和经济效果。

当压力为1.79～2.07MPa时，CO_2保持液态形式。当低温液体CO_2用于地面环境时，其中55%～60%均以CO_2散发气体消散，其他部分保持着“雪”的固体状态，然而，液态CO_2的冷却能力有大部分是来自固体形态的“雪”，CO_2“雪”基本上能保持在-78.3℃，高于该温度将散发为CO_2气体。

AFFI工作组继续规划和设计带有车载CO_2温控棱镜的深冷铁路样车结构。虽然CO_2铁道车辆似乎技术含量较高，但实际上车的壳体还是棚车，车内的设计却是独一无二的。尽管它没有重要的可调式机械零部件，但也正因如此，它不需要检测程序。

目前深冷车辆的“雪”位于车辆的上面，液态CO_2全部流经车辆端墙的管道，并集中到天花板的下面与储藏板之间。当车辆装满货物时，CO_2气体在正常工况下均匀地散逸，当外温平均为21.1℃时，车上装载的货物低于-17.8℃，可连续运输12～15天，并且可以使货物保持在-17.8℃。

深冷铁道车辆的优点是每辆车装载的货物要比长50ft的机械冷藏车多许多，在运输中不需要机械供电，由于该车没有机械和活动部件，所以保养费用低廉。在运输中，机械冷藏集装箱需要机械供电，而把CO_2集装箱搬运到船上非常容易。改进的隔热货舱能使装载货物保持0℃以下达28天。

CO_2铁道车辆已经开发15年以上，CO_2在铁路运输实践中被视为最好的制冷剂。CO_2铁道车辆的经济效果主要取决于车辆的载重。

二、卫星通信技术遥控监测冷藏车的运用

现在卫星可以用于监控列车或长途货车的温度、冲击、压力、流量、等级和精确定位。先进的技术突破使它可以准确地完成上述工作，并使之可能在现代化的承包工程中，借助于地面卫星站和通信系统完成。内部信息计算机和自动信息发射装置都可以在遥远的地方进行报道。

通信可以是事件或时间突发的，例如不管在任何时候，一辆铁道车辆的冲击率在X、Y或Z轴超过1.5g时，卫星系统将传递冲击率和其他的相关信息（如车载GPS报道方位、时间），还可以收集到任何所需要的信息（如多久应获取数据、哪个频道、增益多大，是使用

平均值、峰值还是最后数据等)。卫星站在任何时候都可以实行自动化管理，当某地发生问题时，报警装置可自动启动报警系统。

卫星系统可以扫描选定的输入信号，核查报警工况并记录数据（峰值、平均值或最后记录的数据)，以便于今后计算机检索。每个位置都拥有自己独特的参数，配置可以改变，可以保存运行文档以备将来使用，保存数据用于编写报告。

冲击检测传感器可以直接连接到遥控监测系统，同时监测3个车轴的冲击和振动。用户控制全部触发参数（如加速度 g 的水平、触发窗口和频率范围等)。例如，在铁道车辆应用中，主要由连挂和列车力所引起的 X 轴触发参数与主要由钢轨异常所引起的 Z 轴触发参数可以设为不同值。冲击传感器和测量温度、湿度、门关闭等的传感器可以一起使用。

任何型号的装置均可安装在单一数据网络里，所需要的信息都可以传递，这些遥测装置可以在复杂多变的气候和恶劣的环境中运行。这些卫星装置可用于运行的铁道车辆、长途运输货车、管道泵平台、微波中继塔及许多其他领域。这些装置在没有交流电源的情况下可安装电池或利用太阳能运行。

监测系统安装在铁道车辆上，每套系统都备有车载太阳能动力装置、卫星接口和监测装置。传感器监测三个坐标轴的冲击并能分别在每个坐标轴超限时报警。当振动发生时，该系统可同时捕捉每个传感器的最大测量结果，包括精确位置（内部的GPS定位系统)、时间和日期，该数据立即传送到卫星接口，在几分钟内把振动的幅度及精确的位置传送出去，而且可以准确地把重大事故记录在案。

遥控监测装置对卫星电话通信接口具有双向能力。以工作站为基础的PC机的Windows系统的图形界面可以捕捉到报警数据并在图上显示。为了便于自动监测和数据分析，可以打印出感兴趣区域的图像。

第四节 铁路冷藏车用典型制冷机组及冷藏车

一、B22型铁路冷藏（保温）车

图3-8所示为我国近年从德国进口的B22型铁路冷藏（保温）车制冷系统。该车由5节车厢组成（4节货物车、1节乘务发电车)。货物车长19.938m，载重46t，每个车组总载重184t。车体隔热材料为聚氨基甲酸酯和聚苯乙烯，传热系数为0.3W/(m^2·K)。货物车在外界温度为-45~36℃时，能按使用要求在-24~14℃范围内任意调整车内温度。制冷主机为R12单机双级半封闭型压缩机，其气缸直径、活塞行程分别为70mm和60mm，在转速为1450r/min时，制冷量为15.119kW（t_e = -15℃，t_c = 40℃)。每辆货物车安装两套制冷加热机组，机组主要有压缩冷凝机组、蒸发器、风机机组及电气设备几部分。制冷加热机组为整体式，便于吊装。

压缩冷凝机组包括压缩机、自动关闭阀、风冷式冷凝器、冷凝风机、储液器及部分辅助仪表和控制器件；蒸发器及风机机组有蒸发器、风机、电加热器、热力膨胀阀等。制冷系统采用无中冷单机双级压缩的制冷循环，在冷凝器进风温度为36℃时，蒸发器送风温度为-20℃，仍能保证有效制冷量不低于4.7kW。在运输冷却和冻结货物时，其蒸发温度为-30~-5℃。

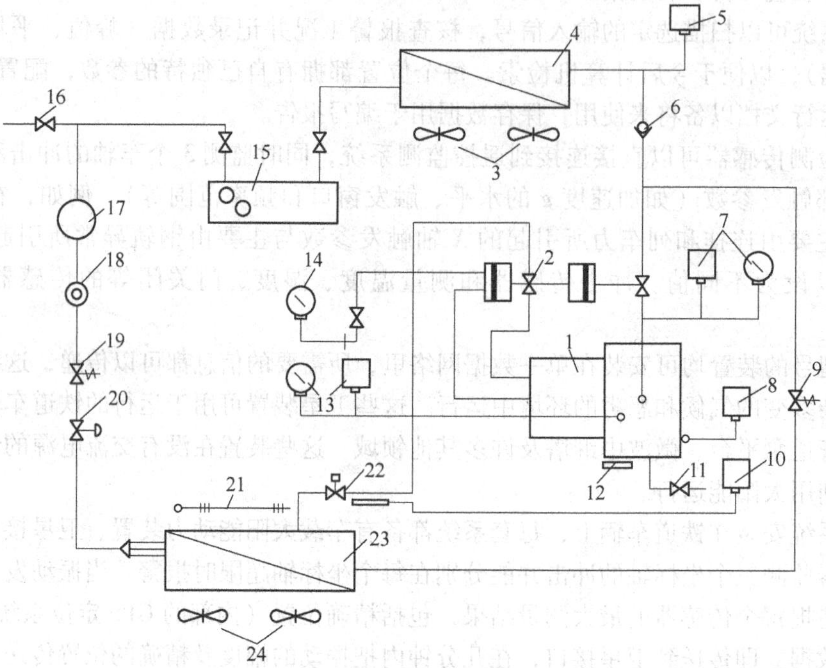

图 3-8 B22 型铁路冷藏（保温）车制冷系统

1—压缩机 2—自动关闭阀 3—冷凝器风机 4—冷凝器 5—冷凝器风机压力控制器 6—单向阀 7—高压表、高压控制器 8—油温控制器 9—融霜电磁阀 10—融霜温度控制器 11—压缩机补油阀 12—曲轴箱油加热器 13—低压表、低压控制器 14—油压表 15—储液器 16—充注制冷剂阀 17—过滤干燥器 18—湿度（含水）指示器 19—供液电磁阀 20—热力膨胀阀 21—电加热器 22—回气压力调节阀 23—蒸发器 24—蒸发器风机

制冷机起动时，先起动蒸发器风机 24，并打开供液电磁阀 19，经延时 3min 后，由时间控制器接通压缩机 1，压缩机开始起动，润滑油压尚未建立，通过自动关闭阀 2 切断压缩机 1 与系统的联系，压缩机排气端经自动关闭阀与吸气端接通，实现了压缩机卸载起动。

油压上升到给定值后，自动关闭阀 2 工作，使压缩机 1 的排气腔与系统相通，压缩机投入系统工作。由蒸发器 23 吸入的 R12（或 R22）制冷剂蒸气，先在三个低压缸内压缩至中间压力，然后进入一个高压缸内压缩到冷凝压力，继而排入冷凝器 4，冷凝后的制冷剂液体进入储液器 15，然后再经过滤干燥器 17、制冷剂湿度（含水）指示器 18、供液电磁阀 19 进入热力膨胀阀（外平衡式）20。节流后的低压制冷剂经制冷剂分配器均匀地进入蒸发器 23，并吸热汽化。与此同时，使经过蒸发器风机 24 强迫流过蒸发器的空气冷却降温，冷风进入货物间。自蒸发器 23 出来的低压、低温制冷剂蒸气，则经回气压力调节阀 22 返回压缩机 1。回气压力调节阀 22 的作用是把压缩机的吸入压力调到表压为 0.093MPa 左右，以控制压缩机的流量，防止电动机超载。

该制冷装置在外温低于 -20℃时，为防止压缩机起动失油，通过油温控制器 8 接通曲轴箱油加热器 12。待油温升到 -15℃时，才可以起动压缩机。压缩机设有高压控制器 7 和低压控制器 13，当高压超过 1.7MPa 时，高压控制器 7 动作，使压缩机停止运转，待压力降到

1.5MPa 时，压缩机自动重新起动。制冷系统冷凝器风机 3 的起、停，由冷凝器风机压力控制器 5 控制。在冷凝器压力达到 1.1MPa 时，风机起动；压力低于 0.7MPa 时，风机停止工作。

制冷系统采用热气融霜，在融霜回路中设有融霜电磁阀 9，在蒸发器连续工作 8h 后，融霜定时控制器（未标注）打开融霜电磁阀 9，设备即转入融霜工况运行。此时，系统供液电磁阀 19 关闭，蒸发器风机 24 和冷凝器风机 3 停止。自压缩机来的高温制冷剂蒸气通过自动关闭阀 2、融霜电磁阀 9 及融霜管路进入蒸发器 23。融霜后的制冷剂沿回气管，经回气压力调节阀 22 和自动关闭阀 2，再被压缩机吸入。融霜 60min 后，定时开关动作，融霜结束。在融霜时间内，蒸发器出口温度超过 14℃时融霜温度控制器 10 动作，使融霜提前结束。

为实现在寒冷（0℃以下气温）线路上运送冷却货物，则在蒸发器风机 24 前设置电加热器 21，必要时开启电加热器，通过蒸发器风机 24 把热空气送入货间。

该制冷系统与一般常规制冷系统不同之处有：采用单机双级无中冷铝合金机体的压缩机，其结构紧凑，自重小；压缩机排出端装有自动关闭阀 2，以实现压缩机的卸载起动；在高压排出管至冷凝器之间设有单向阀 6，避免停机后高压管和冷凝器中的制冷剂液体和冷冻润滑油向压缩机回流；在压缩机回气管路中设有回气压力调节器 22，对压缩机起动时的吸气压力和流量进行控制，实现压缩机的过载保护；在制冷系统压力控制方面，除设有压缩机高压、低压控制器外，又设有冷凝器风机压力控制器 5，用以实现对冷凝器工作压力下限的控制；系统中设有压缩机油温控制器 8，作为压缩机冬季起动保护。当油温低于给定值（-20℃）时，断开压缩机电源，接通曲轴箱油加热器 12；在油温升高到给定值（-15℃）后，才能起动压缩机（同时关闭电热器）。

图 3-9 所示为自动关闭阀的结构及工作原理。它主要由压缩机吸气端吸气阀活塞 10、排气端排气阀活塞 6 及油压控制活塞 14 等组成。吸气阀和排气阀活塞是靠压缩机的润滑油压通过油压控制活塞 14 来开启的。油压不足时，由于关闭阀主弹簧 8 的作用而关闭，压缩机吸、排气端旁通。自动关闭阀不但可以实现压缩机的起动卸载，而且可以保证压缩机运行中的润滑油油压。在任何情况下，如果油压过低，自动关闭阀使压缩机吸、排气端旁通；而在压缩机停车后，则自动切断压缩机吸、排气端的通路。

自动关闭阀有以下三种作用：

（1）压缩机停车位置　排气阀活塞 6 和吸气阀活塞 10 在关闭阀主弹簧 8 的作用下把左、右两个进、出口关闭，压缩机吸气管 26、排气管 24 与制冷系统隔开，旁通阀 23 开启，使压缩机吸气管 26、排气管 24 旁通。

（2）压缩机起动阶段　起动开始时油压尚未建立（或油压过低），油压控制活塞 14 右面的油压还不足以克服关闭阀主弹簧 8 的弹力而向左移动，自动关闭阀的旁通阀 23 启开，压缩机吸气管 26、排气管 24 由旁通管旁通，即实现卸载起动。

（3）压缩机运转阶段　油压达到要求后，油压控制活塞 14 克服关闭阀主弹簧 8 的弹力向左移动，推杆 12 把吸气阀活塞 10 顶开，压缩机吸气管 26 与外部吸气管 11 接通。同时，由于吸气阀活塞左移，通过关闭阀辅助弹簧 19 及控制销 21 将压力平衡喷嘴 3 封住，使控制室 20 与排气的高压端断开。此时，排气阀活塞 6 在左面排气压力作用下右移，排气阀开启并关闭旁通阀 23，而控制室的存留气体通过溢流通道 18 排向压缩机吸气端，制冷系统即进入正常循环，压缩机在正常油压下带负载运行。另外，在运行过程中，如果油压下降而达不

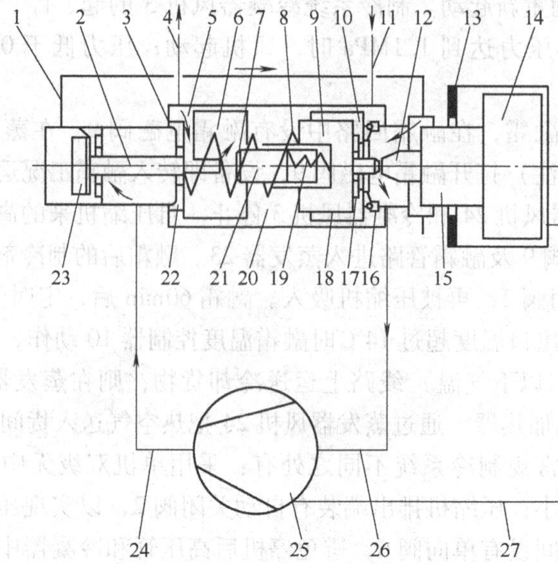

图 3-9 自动关闭阀的结构及工作原理

1—旁通管 2—阀杆 3—压力平衡喷嘴 4—外部排气管 5—排气管道 6—排气阀活塞 7—密封垫圈 8—关闭阀主弹簧 9—控制活塞 10—吸气阀活塞 11—外部吸气管 12—推杆 13—密封垫 14—油压控制活塞 15—阻流活塞 16—吸气阀阀座 17—控制阀阀座 18—溢流通道 19—关闭阀辅助弹簧 20—控制室 21—控制销 22—排气阀阀座 23—旁通阀 24—压缩机排气管 25—压缩机 26—压缩机吸气管 27—压力油管

到要求油压时，自动关闭阀自动关闭压缩机与系统的联系，使吸、排气端旁通，压缩机即处于卸载工况下空载运行。如果油压过低，压缩机即在油压控制器的作用下自动停车。

二、我国研制的 160 ~ 200km/h 特种机械冷藏车

1. 160 ~ 200km/h 特种机械冷藏车简介

（1）用途及特点　本车适用于要求温度为 -24 ~ 14℃的鲜活易腐货物的快速运输。运行速度为 160 ~ 200km/h，可实现冷藏货物的快捷到达。

（2）主要技术参数　主要技术参数见表 3-3。

表 3-3　160 ~ 200km/h 特种机械冷藏车主要技术参数

名　称		技术参数
自重/t		42
整备质量/t		43
载重/t		21
轴重/t		16.5
构造速度/(km/h)		160
平直道紧急制动距离/m		≤1400
转向架型号		W-160
通过最小曲线半径/m	车辆连挂运行	145
	单车调行	100

（续）

名　　称		技术参数
平稳性指标（新造车）		≤2.75
车辆长度/mm		22065
车辆高度/mm		46425
车辆定距/mm		15000
底架（长×宽）/mm×mm		21000×2874
冷藏间达到和保持的温度（环境温度36℃时）/℃		-24
使用环境温度/℃		-40~40
车钩中心线高度/mm		880^{+10}_{-5}
有效容积/m^3		95
冷藏间车体传热系数/[W/(m^2·K)]		95
冷藏间车体气密性（静止状态，50Pa超压）/(m^3/h)		≤0.27
辅助柴油发电机组参数		≤40
电压		AC400V230V，50Hz
功率/kW		28
制冷加温机组参数经制冷量（环境温度36℃）	蒸发器进风温度3℃时	21
	蒸发器进风温度-10℃时	10
机组加热能力/kW		8
蒸发器循环风量/(m^3/h)		≥6000

（3）车辆结构

1）车体。车体为全钢焊接、无中梁整体承载结构。可分为冷藏间、机器间和操作间三部分，在车体两端外端墙设有橡胶风挡及通过台渡板。其平面布置图如图3-10所示。

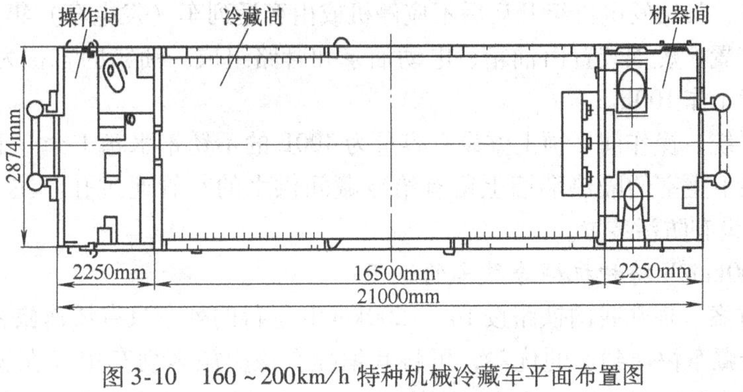

图3-10　160~200km/h特种机械冷藏车平面布置图

2）冷藏间。冷藏间采用整体发泡和现车灌缝技术，将地板、侧墙、隔墙等部件紧密地组合成聚氨酯芯材结构，以降低K值和提高气密性指标。冷藏间门为整体发泡嵌入式移动门，其门孔的净空尺寸适合机械化作业。冷藏间地板上设有可翻转的高强度铝合金离水格子，便于通风和清扫。顶部设有顶棚式风道，以保证物品通风和温度的均匀性。冷藏间内还设有380V/220V电源插座和供水口。隔热端墙设有隔墙门，便于操作人员通过。在二位端隔墙上部设有蒸发机组。

3）机器间。机器间设在车辆的二位端，内有2台冷凝机组，两侧分别设有侧门和冷凝机组进排风百叶窗，端墙设有活动翻椅。

4）操作间。操作间设在车辆一位端，内设卫生室、给水设施、分体空调、车辆电气控制箱、活动翻椅、紧急制动阀和制动手轮等设施。车体两侧设有上下车的侧门和车窗。

5）转向架。采用SW-160型转向架，构造速度为160～200km/h。该转向架采用空气弹簧，旁承支重，单元式盘形制动加踏面清扫装置，轴重为16.5t，转向架自重约为7t，并装有轴温报警装置。

6）车钩缓冲装置。采用客车小间隙自动车钩和G1型缓冲器。

7）制动装置。制动装置采用F8阀加电控制动机，双管供风，所有管路和连接件均采用不锈钢材质。装有SABWAB-COSWKPAS20C型防滑器和U5A型空重车调整阀。车体下部两侧装有缓解指示器。紧急制动阀和总风表设在操作间内，手动制动装置设在一位端。

8）制冷加温系统。制冷加温系统主要由2台压缩冷凝机组和1台蒸发机组组成。压缩冷凝机组安装在机器间内，蒸发机组安装在二位端隔墙（冷藏间一侧）上部，通过管道连接组成。蒸发机组与冷藏间的车顶风道组成空气循环系统。机组为电动机驱动，机组的控制系统设在操作间的车辆电气控制箱内。机组具有制冷、加温、通风、融霜等工况，并具有状态显示、故障报警等功能。

9）电气装置。基本要求为车辆两端设有动力电缆连接座、通信电缆连接座和电控制动电缆连接座，一位端设尾灯电源插座。车体底部设有各类通过电缆的车下电缆管。该车可由列车集中供电，也可由车下柴油发电机组供电。车下设有DC48V直流电源箱。电气控制操作间设有车辆电气控制箱，可实现电子防滑控制、制冷加温机组控制、柴油发电机组控制、轴温报警、电源车下箱充电、交流电源转换等功能。照明为操作间和机器间采用铁道部统型的荧光灯照明灯具。冷藏间内设有5个60W的舱顶灯。

10）柴油发电装置。车辆底部吊装1台28kW风冷柴油发电机组给车辆供电。在环境温度低于-10℃时，柴油发电机组开启后不应停机或由客运列车（发电车）集中供电。

11）燃油装置。燃油装置由油箱、电动油泵和管路组成。油箱的容积为730L，可供柴油发电机组连续工作100h。

12）给水系统。操作间平顶上方设有容量为400L的不锈钢水箱1个。卫生室内设水位表和洗脸盆，在卫生室的隔热端墙上留有给冷藏间供水的软管通过孔。注水口设在车体1位、2位角，并设有防污装置。

2. 160～200km/h特种机械冷藏车的运用

（1）第一方案　现在我国铁路按160～200km/h运行的列车只有快速旅客列车，为充分发挥特种机械冷藏车快捷到达的优势，可将其编挂在该类旅客列车中（在美国已有将特种快速货车编挂在客列尾部，进行快速运输的情况）。该特种机械冷藏车已通过铁道部技术审查及各种动力学、热工试验，性能良好，符合与客车连挂的技术条件和规范。为便于运用管理，该车在原有技术储备的基础上开发“飞鱼制冷机组”，维护简单。

（2）第二方案　加快开行“冷藏快运”专列的进度，如同铁道部目前开行的“行包快运”一样。其运行速度可大大超过目前行包运行100～120km/h的速度，经济效益明显。

可以预期，160～200km/h的特种机械冷藏车，不论编挂于高速客运列车还是冷藏快运专列，其运价与航空、公路运输比较都将具有明显的优势，特别是承运高附加值的货物（如鲜花、海鲜、高档药品等）效果更佳。

三、LFT98 型铁路冷藏车专用制冷机组（“蓝鲸Ⅱ”）

该机组为 R22 制冷剂的蒸气压缩式制冷机，可在外界温度为 ±45℃ 的条件下，对货物车车内进行制冷、加热、通风及融霜。机组可以用于铁路机械冷藏车组，或客货混编铁路机械冷藏车组，也可用于提速铁路机械冷藏车等场合，并根据不同场合实现集中控制或远程控制。

1. 制冷机组的基本技术参数

制冷量：9.8kW（$t_e=-20℃$，$t_c=36℃$），21.0kW（$t_e=3℃$，$t_c=36℃$）。

加热量：12kW。

循环风量：9000m^3/h，出口风压 80Pa。

机组最大功率：23kW。

压缩机型号：3DB3-0750（Copeland-VSA 公司）。

制冷剂与冷冻润滑油：R22 制冷剂，N46 冷冻润滑油。

另外，机组使用条件为：环境温度 ±45℃；允许车体倾斜纵向 3°，横向 6°，电源为（380～390V）±5%，50Hz；安装方式为浅插入车体式。

2. 制冷机组的结构

机组为单元式双系统，可以双系统同时运行或单系统独立运行，以保证不同条件下的使用。冷凝器端面进风，两侧出风，并冷却制冷压缩机。冷风机采用上送风下回风，出风口与车顶内部送风管风口对接；冷风机较大的全压可保证车内温度均匀和结霜期内的较大冷量。机组自带融霜排水装置，接水盘内设有电加热器，以保证水路畅通。聚氨酯发泡的玻璃钢保温壳将机组高、低温两侧隔开，以减少车内冷量的损失。机组加热器为不锈钢电热管，并进行防潮、绝缘处理。机组采用微型计算机控制，具有检温、数字记录、故障指示、监测及记录功能。制冷机组具有预检和自检功能，方便故障“诊断”和使用；机组方便上车安装和拆卸，具有良好的维修性和运行稳定可靠性。

3. 制冷机组的工作原理

LFT98 型铁路冷藏车制冷系统如图 3-11 所示。制冷机起动运行前，蒸发器风机 13 运转，电加热器 15 开始工作，延时 6min（可调），在环境温度低于 -15℃时，延时自动加倍后，压缩机 1 开始运行，电加热器 15 停止工作，同时打开供液电磁阀 11，由蒸发器 14 吸入制冷剂蒸气，压缩到冷凝压力后，排入风冷冷凝器 6，冷凝器风机 5 工作。然后制冷剂液体经储液器 7、干燥过滤器 9、示液镜 10、供液电磁阀 11 和热力膨胀阀 12 向蒸发器 14 供液。此时，蒸发器风机 13 工作，将冷风送入货物间。制冷剂回气自蒸发器 14 出来，经回气压力调节阀 21 返回压缩机，以此完成制冷循环，实现冷藏车制冷。

制冷系统采用热气融霜。当压缩机工作时间达到融霜间隔时间，或空气压差开关动作时，微型计算机发出融霜指令，关闭供液电磁阀 11，开启融霜电磁阀 17，承水盘 16 内电加热器 15 开始加热，从高压侧来的高温、高压制冷剂蒸气进入蒸发器融霜，此时落入承水盘 16 的冰霜被加热融化后沿排水管流到车外。当蒸发器回气管温度达到 15℃时，融霜电磁阀 17 关闭，供液电磁阀 11 开启，再延时 2min 后，承水盘 16 上的电加热器 15 停止加热，融霜过程结束。

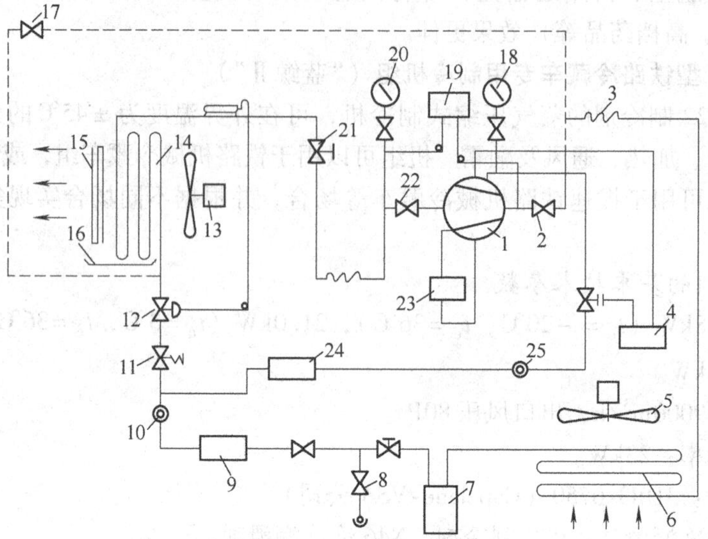

图 3-11 LFT98 型铁路冷藏车制冷系统

1—压缩机 2—压缩机排气阀 3—软管 4—喷液控制装置 5—冷凝器风机
6—冷凝器 7—储液器 8—补制冷剂阀 9—干燥过滤器 10、25—示液镜
11—供液电磁阀 12—热力膨胀阀 13—蒸发器风机 14—蒸发器 15—电加热器
16—承水盘 17—融霜电磁阀 18、20—压缩机高、低压表 19—高、低压控制器（KP15）
21—回气压力调节阀 22—压缩机吸气阀 23—油压控制开关 24—喷液过滤器

当冷藏车在低温地区运行或所载货物需要保温时，压缩机不工作，微型计算机发出加热指令，或手动发出加热指令，机组进入加热运行，电加热器 15 工作，蒸发器风机 13 将热空气送入货间。

该制冷系统采用 Copeland-VSA 公司的 3DB3-0750 型活塞式三缸半封闭式制冷压缩机，转速为 1450r/min，制冷剂为 R22，功率为 5.6kW。压缩机电动机采用内置式热保护，即当电动机温度过高时，自动切断压缩机主电源；温度降低后，自动接通主电源，制冷压缩机起动运行。当压缩机排气温度过高时，喷液冷却装置自动向吸气腔喷液，以降低排气温度，保证压缩机的正常运行。压缩机采用油压自动控制系统，保证压缩机运行安全。制冷机组由配电柜集中控制，可以实现自动、手动操作。该铁路冷藏车用机组由铁道部石家庄车辆工厂生产，已被用于我国新型铁路冷藏车，并取得了良好的效果。

四、B10BT 型单节式铁路冷藏车

图 3-12 所示为选用 LFT98NR 型制冷/制热机组的 B10BT 型单节式机械冷藏车的结构。该车主要技术参数：自重 41.1t，载重 43.5t，装货容积为 $100m^3$，装货面积为 $43.6m^2$，货间车体综合传热系数 $K \leqslant 0.27W/(m^2 \cdot K)$，运行外界环境温度为 $-40 \sim 40℃$，货间可保持温度为 $-24 \sim 14℃$。辅助柴油发电机组功率为 5kW。冷藏车适应列车最高运行速度为 120km/h，符合 GB 146.1—1983《标准轨距铁路机车车辆限界》。另外，该车辆定距 16000mm，车钩中心线高 880mm ± 10mm，车底架的长 × 宽为 21000mm × 2874mm，车顶外板距轨面高约 4640mm，货间侧墙、地板、车顶和隔热端墙厚度分别为 138.5mm、140mm、202.5mm 和 184.5mm。制冷机组制冷量为 9.8kW（外温 $t_w = 36℃$，蒸发器回风温度 $-20℃$

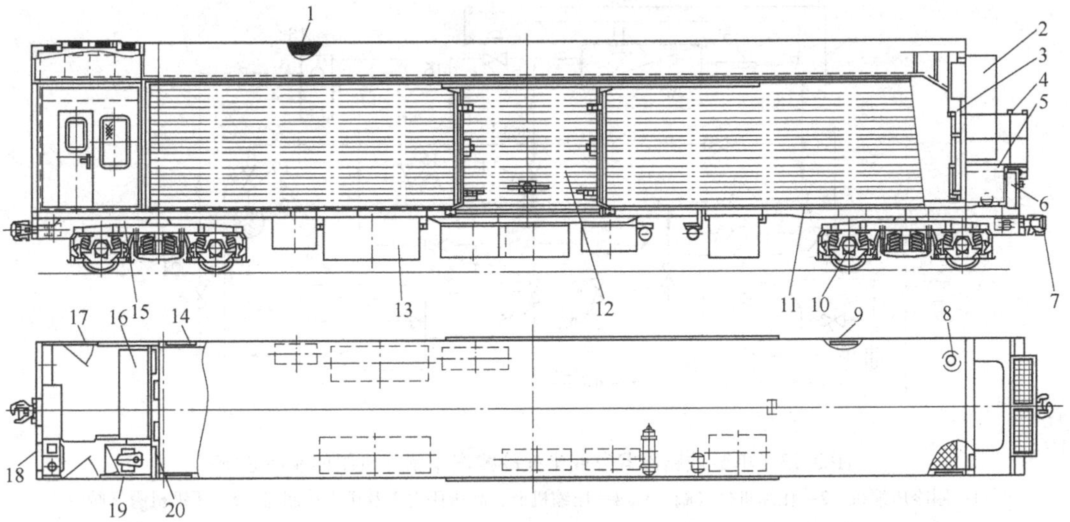

图 3-12　B10BT 型铁路单节式机械冷藏车的结构

1—车顶　2—制冷机组　3—回风道　4—工作台及扶梯　5—燃油装置　6—机械间　7—车钩缓冲装置　8—排水阀　9、14—侧墙　10—转向架　11—车底架　12—货物间车门　13—辅助柴油发电机组　15—标记　16—押运室　17—车门　18—端墙钢结构　19—车窗　20—隔热端墙

时）或 21kW（外温 t_w = 36℃，回风温度 3℃时）。该铁路单节冷藏车选用 Z26G 型客货车转向架、13 号下作用车钩、ST 型缓冲器，通过最小曲线半径为 145m。

五、Carrier（开利）铁路冷藏车和公路冷藏半挂车用制冷机组

近年铁路冷藏车趋于 1 ~ 2 辆组式，而公路冷藏运输的发展趋于半挂车车组的运用。"Carrier" 冷冻空调公司设计了专用于公路的半挂车，也适用铁路单辆冷藏专用的整体独立式制冷机组，并已装车使用。该机组具有制冷和加热功能，一般机组装在半挂车前部或铁路冷藏车一位端的车端部，由柴油发动机直接驱动，可保持车内货物温度在 -30 ~ -25℃。

该机组使用时，其蒸发器与挂车车体，或铁路冷藏车一位端所开的矩形孔配合牢固安装，蒸发器部分在车内，冷凝器在车外侧。冷凝器部分包括发动机-压缩机驱动部件、冷凝器、冷凝器风机、散热器盘管、控制板、制冷控制器、管路、电气线路、融霜空气开关及各种相应部件等。蒸发器部分包括蒸发器、蒸发器风机、热力膨胀阀、融霜开关及温度控制等器件。车内加热是通过热气直接从制冷压缩机进入蒸发器盘管的循环完成。系统中有 6 个电磁阀控制制冷剂的循环，使制冷或加热系统工作。

系统的融霜一般是通过微压差开关，或蒸发器前后压差来控制的，也可由融霜定时器来完成。

机组的温度控制器是微型计算机静态控制器。当温度设置在所要求的温度范围时，机组将自动工作，并保持温度在小范围内波动。控制系统自动选择高速或低速制冷/加热，以保证车室内的合适温度。机组选用的制冷压缩机可以实现能量调节，以保证车室内的货物储运温度，并减少压缩机的功率和发动机燃油的消耗。为制冷机组选配的发动机，应该是能自动起动/停止运行，功能齐全，且运行稳定、可靠的高效、节油的柴油发动机。

单节铁路冷藏车或半挂冷藏汽车制冷机组的制冷系统如图 3-13 所示，其主要部件仍然是活塞式制冷压缩机、风冷冷凝器、外平衡式热力膨胀阀及直接式蒸发器等。

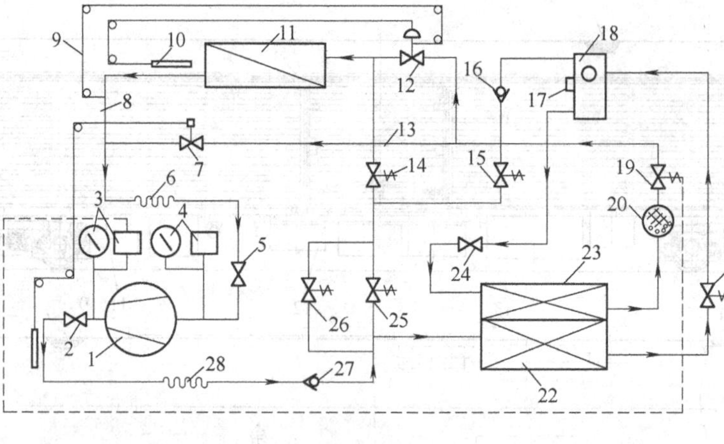

图3-13 单节铁路冷藏车或半挂冷藏汽车制冷机组的制冷系统

1—制冷压缩机 2—压缩机排气阀 3、4—压缩机低、高压压力表及压力控制器 5—压缩机吸气阀 6、28—防振波纹管 7—喷液阀 8—回气管 9—外平衡管 10—温包 11—风冷式蒸发器 12—热力膨胀阀 13—喷液管 14—融霜电磁阀 15—旁通电磁阀 16、27—单向阀 17—易熔塞 18—储液器 19—供液电磁阀 20—过滤干燥器 21、25、26—电磁阀 22—冷凝器 23—过冷器 24—截止阀

制冷系统工作流程如下：

1）制冷工况运行。制冷压缩机1起动运行，气体经压缩机排气阀2、防振波纹管28、单向阀27进入冷凝器22。制冷剂经过冷凝压力控制电磁阀21，流入储液器18，并经截止阀24进入过冷器23过冷，又经过滤干燥器20、供液电磁阀19和热力膨胀阀12节流，供给风冷式蒸发器11。制冷剂吸热汽化后，再经防振波纹管6、压缩机吸气阀5返回制冷压缩机1完成制冷循环。系统中的压力控制电磁阀同时受高压控制器4控制，在一定压力时开启。较大容量的储液器18，可以保证在低环境温度下工作和加热或融霜的需要，储液器配有易熔塞17，在异常高温时，易熔塞17熔化，放出制冷剂。系统中的过冷器可以实现制冷剂的过冷。

2）加热与融霜工况运行。压缩机正常运行时，排出高温、高压过热蒸汽，又称压缩热。它可以作为热源使用于加热循环。当控制器发出加热信号时，电磁阀14、15开启，冷凝压力控制电磁阀21关闭，压缩机排出的高温、高压蒸气直接进入蒸发器。此时供液电磁阀19关闭，切断热力膨胀阀12的供液。系统中旁通电磁阀15的作用是当外界环境温度过低时开启，以提高储液器18内的压力。

制冷系统是在风冷条件下进行低温制冷，通常压缩机排气压力较高，排气温度也较高。为此，在系统中设有喷液阀7，它在压缩机排气温度过高的情况下，向吸入管喷液，以降低压缩机的排气温度。另外，当环境温度过低（－17.8℃）时，排气压力经旁通电磁阀15和融霜电磁阀14、单向阀16旁通至储液器18，以提高储液器的供液压力，保证蒸发器供液。

该制冷装置选用的压缩机，设有受电磁阀操纵的热气旁通卸载机构或吸气切断式卸载机构。

第五节 国产的铁路冷藏集装箱运输车组

由于我国铁路冷藏集装箱运输起步比较晚，且受到供电方式及各类设备维修等问题的困扰，冷藏集装箱运输在我国的发展比较缓慢。武昌车辆厂结合当前铁路运输的发展趋势，研制了一种新型机械冷藏集装箱运输车组。

1. 铁路冷藏集装箱运输车组的组成

机械冷藏集装箱运输车组由1辆发电乘务车和2辆平车组成，如图3-14所示，由发电乘务车向平车集中供电。发电乘务车上配有柴油发电机组及供乘务人员使用的生活设施。平车上设有固定冷藏集装箱的3套转锁装置（2套为中间活动转锁，1套为端头固定转锁），可装运3种标准集装箱。平车上还装有4个电气转接箱，供发电乘务车与平车、平车与冷藏集装箱的电气连接。

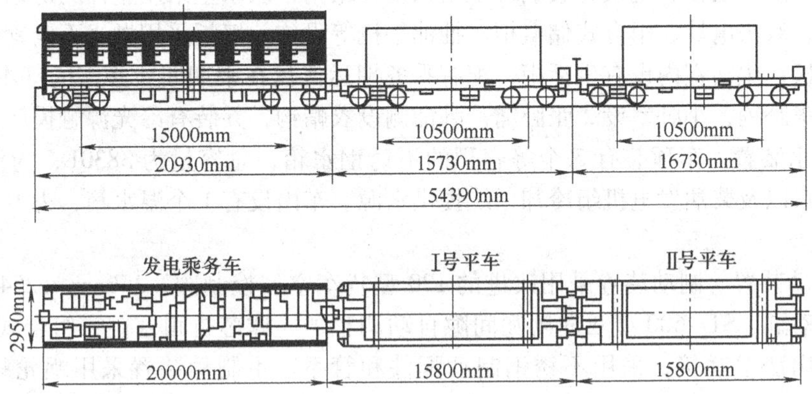

图3-14 车组总图

2. 主要结构

（1）发电乘务车 其主要技术参数见表3-4。

表3-4 发电乘务车的主要技术参数

名 称	技术参数	名 称	技术参数
车辆长度/mm	20930	商业运行速度/(km/h)	120
车辆宽度/mm	2950	通过最小曲线半径/m	145
车辆高度/mm	4420	制动倍率	8.6
车辆定距/mm	15000	自重/t	51
轨距/mm	1435	整备质量/t	60
使用的环境温度/℃	-40~45	轨距铁路机车车辆限界	符合GB 146.1—1983

（2）车体 发电乘务车车体为全钢焊接结构，隔热层采用自熄性聚苯乙烯硬质泡沫塑料。车体分设备端和生活端两大部分，分别布置有机器间、配电室、燃油锅炉室、卫生室、炊事室、生活室、4人卧室、双人卧室、走道等。全车设18个客车标准铝合金下开式车窗；车体两侧中部设有侧门，两端中部设有端门。

（3）机器间 机器间内设有2台75kW的柴油发电机组、1台20kW的柴油发电机组和3个主燃油箱（总容量449L），并配有电动齿轮油泵和手摇油泵等。机器间地板为碳素结构钢板及带棱耐油橡胶地板布，内墙板、内顶板为多孔防锈铝板，其内层的玻璃棉板起吸声作用。

（4）配电室　配电室内设有主控制柜和生活配电柜。通过主控制柜可实现对主、辅柴油发电机组的控制、显示和报警以及对连挂运输的冷藏集装箱的供电、制冷机组的控制和箱内温度、湿度等参数的检测等。生活配电柜上设有充电器、逆变器等设备，可实现对车下安装的生活蓄电池的充电，并为全车照明、风扇、燃油炉等设备提供电源。

（5）燃油锅炉室　铁路冷藏集装箱运输车采用温水采暖系统，装有1台70-51B型燃油锅炉及1台500kW的逆变电源。

（6）卫生室、炊事室、生活室、卧室　卫生室内设有不锈钢洗面柜、不锈钢便池、高级淋浴头等，四周墙板及地板为玻璃纤维增强塑料结构；炊事室采用整体厨房结构，设有不锈钢洗池柜、双头电灶、组合式储藏柜、抽油烟机等设施，墙板采用抛光不锈钢板，地板为防锈花纹铝板；生活室内设有生活柜，配有乘务押运人员在乘期间所必需的基本生活设施；大卧室设4张卧铺，小卧室设2张卧铺，卧铺侧设衣帽钩，并装有冷光源触摸床前灯。

（7）给水装置　车顶装有5个等容积的不锈钢水箱，总容量为3830L，为温水采暖系统、生活用水以及柴油发电机组冷却系统提供水源。车内设有1个温水箱，为卫生室及炊事室提供热水。

（8）制动装置　制动装置采用改进的120型货车空气控制阀、356mm×254mm整体旋压密封式制动缸、ST_1-600型双向闸瓦间隙自动调整器、球芯折角塞门、组合式集尘器等。制动管间采用法兰联接，采用不锈钢制动配件和管系。手制动装置采用蜗轮蜗杆式手制动机。

（9）车钩缓冲装置和转向架　采用C级钢材质的下作用式13号车钩、13A型车钩钩尾框及MT-3型缓冲器。车钩提杆装有锁闭装置。

采用Z26G型双系弹簧有摇动台的转向架。该型转向架是提速机械冷藏车专用转向架，运行速度120km/h。该型转向架采用两系弹簧、油压减振器，具有良好的运行平稳性。

3. 平车

（1）平车主要技术参数　其主要技术参数见表3-5。

表3-5　平车的主要技术参数

名　称	技术参数	名　称		技术参数
车辆长度/mm	16730	通过最小曲线半径/m		145
车辆宽度/mm	2980	制动倍率		8.6
车辆高度/mm	2172	制动率	空车	0.44
车辆定距/mm	10500		重车	0.41
轨距/mm	1435	自重/t		30.5
地板面高/mm	1234	载重/t		≤53
商业运行速度/(km/h)	120	轨距铁路机车车辆限界		符合GB 146.1—1983

（2）车体　该车车体为全钢焊接结构，底架承载结构。底架由中梁、枕梁、侧梁、端梁、横梁、转锁安装梁、集装箱转锁装置等组成。在底架两端梁内侧安装有电气转接箱。地板采用厚10mm的耐厚钢，车体四角设有扶梯，该车设有空重车调整装置。

（3）中梁、侧梁、端梁　中梁由2根H型钢制成，H型钢规格为H506mm×201mm×

201mm×19mm，并用厚10mm的钢板、上心盘等将中梁组焊成一个整体；侧梁采用规格为H506mm×201mm×11mm×19mm的H型钢，并将侧梁制成鱼腹形，侧梁上设有绳栓；端梁由上盖板、下盖板、腹板组成，采用厚8mm的钢板焊接而成。

（4）枕梁、大横梁 枕梁、大横梁均由腹板、上盖板、下盖板等组焊成工字形，腹板、上盖板和下盖板的厚度分别为8mm、10mm和12mm。

（5）转锁装置、小横梁、转锁安装梁 该车共装有3套转锁装置（2套为中间活动转锁装置，1套为端头固定转锁装置）。在各大横梁之间设有小横梁，由120mm×53mm×515mm槽钢制成；转锁安装梁用于安装固定转锁或活动转锁。

（6）制动装置 空气制动装置与发电乘务车相同，手制动装置采用手轮链式制动机。

（7）车钩缓冲装置、转向架 车钩缓冲装置与发电乘务车相同。采用Z26G型双系弹簧有摇动台的转向架。

（8）电气装置与供电 平车上设有电气装置，车底设有电缆管，在车辆两端分别设有电气转接器。在冷藏集装箱运输中，平车与发电乘务车连挂，通过电气转接器接通发电乘务车提供的电源，为冷藏集装箱供电。

4. 试验及试运行情况

（1）静强度试验 该车组发电乘务车是在武昌车辆厂主型产品B23型发电乘务车的基础上改进而成的，车体钢结构未做大的改动，故该车组发电乘务车未进行静强度试验。试验按TB/T 1336—1996《铁道车辆强度设计及试验鉴定规范》的要求进行了垂直载荷试验、纵向载荷试验、扭转试验、顶车试验及承受叉车载荷试验等工况试验。试验结果表明，该车组的平车的强度和刚度均符合TB/T 1335—1996的规定。

（2）动力学试验 该试验按GB/T 5599—1985《铁道车辆动力学性能评定和试验鉴定规范》的要求对车体横向加速度、车体垂向加速度、轮轨横向作用力、轮轨垂向作用力、脱轨系数和轮重减载率等参数进行了测量。试验结果表明，该车组的运行稳定性、平稳性、动强度等各项指标均符合GB/T 5599—1985的规定。

第四章　公路冷藏车运输技术

第一节　公路冷藏车的主要类型

20世纪50年代后期，我国为满足肉类食品向前苏联出口的需要，采用苏制吉尔货车底盘，后来采用解放牌货车底盘改装成简易的保温车，用冰作为冷源进行保鲜。这些年来，我国冷藏运输业和冷藏保温汽车都有了很大的发展。随着我国经济的迅速发展和人民生活水平的不断提高，易腐食品的消费量、冷藏运输（特别是公路冷藏运输）的运量和货物周转量快速增长，冷藏保温汽车的保有量、年产销量以及产品品种和技术水平也提高较快，有了长足的进步。

公路冷藏汽车具有使用灵活、建造投资少、操作管理与调度方便的特点，它是食品冷链中重要的、不可缺少的运输工具之一。它既可以单独进行易腐食品的短途运输，也可以配合铁路冷藏车、水路冷藏船进行短途转运。

一、冷藏汽车的分类

冷藏汽车又称为冷藏保温汽车，它有冷藏汽车和保温汽车两大类。保温汽车是指具有隔热车厢，适用于食品短途保温运输的汽车。冷藏汽车是指具有隔热车厢，并设有制冷装置的汽车。冷藏汽车可以按以下方式分类：

1. 按制冷装置的制冷方式分类

有机械冷藏汽车、冷冻板冷藏汽车、液氮冷藏汽车、干冰冷藏汽车和冰冷冷藏汽车等。其中，机械冷藏汽车是冷藏汽车中的主型车。

2. 按厢体组成结构分类

目前，国内所生产的冷藏、保温汽车按厢体组成结构大体上可分为四种：整体式结构、分板块注入发泡结构、“三明治”结构和全封闭聚氨酯板块结构。

（1）整体式结构　整体式冷藏、保温车货厢按其填充隔热材料方式的不同可分为整体骨架式和整体隔热层式两种。整体骨架式货厢适于聚苯乙烯泡沫板块填充或聚氨酯泡沫喷涂工艺。采用聚苯乙烯板块填充，具有质轻、价廉、施工方便等特点，但板块与板块之间易形成间隙，保温性能较差。聚氨酯喷涂过程中易出现厚薄不均或孔洞现象。

整体隔热层式货厢采用聚氨酯发泡工艺，能够使货厢隔热层形成一个整体。在填充发泡材料时，由于人为及充气压力因素，易使注入的发泡材料不能完全填充，形成孔洞，出现内外蒙皮剥离现象。总之，由于整体式货厢具有金属骨架及其生产工艺决定了其特点为质量大、冷桥多和保温性能较差。

（2）分板块注入发泡结构　分板块式注入发泡结构与上述整体隔热式注入发泡结构相似，其发泡对象为板块，虽然泡沫填充密度相对较好，但骨架大多为金属骨架，内、外蒙皮多为铝合金板，仍存在冷桥多、保温性能差等缺陷。

（3）“三明治”结构　“三明治”结构即内、外蒙皮为玻璃钢板，中间夹层为泡沫板隔热材料，在玻璃钢板与泡沫板之间加入粘结剂，通过真空加压，使内、外玻璃钢板与泡沫板充分粘结、固化而形成一体。

玻璃钢的导热系数低，只有金属的0.1%～1%，是一种较好的绝热材料，而板块中无金属冷桥，减少了冷量散失，加上板块中有优良的隔热材料作保温层，可大大提高厢体的保温性能。玻璃钢板具有耐稀酸、稀碱和盐的能力，同时对微生物的侵蚀也具有抵抗能力。

“三明治”板块中没有骨架，但由于玻璃钢板中的增强材料——玻璃纤维的强度比高强度合金钢还要高两倍，与泡沫板隔热材料粘结、固化后，其压缩强度可达到450kPa，拉伸强度可达660kPa，剪切强度可达340kPa，因此其板块强度较高。

（4）全封闭聚氨酯板块结构　全封闭聚氨酯板块结构类似于“三明治”板块结构，内、外蒙皮为玻璃钢板，中间夹层为聚氨酯发泡隔热材料，在玻璃钢板与聚氨酯板块间填充有高强度聚氨酯粘结剂，通过真空加压，使内外蒙皮与隔热材料固化成为一体，同时四周用高强度胶将玻璃钢板与聚氨酯泡沫材料粘合在一起，形成一种封闭性板块。

3. 按专用设备的功能分类

根据《关于易腐货物的国际运输及其所使用的专用设备的国际协议》（简称ATP），冷藏汽车可作如下分类。

（1）按隔热车体总传热系数分　普通隔热型$0.4W/(m^2\cdot K)<K\leqslant 0.7W/(m^2\cdot K)$；强化隔热型$K\leqslant 0.4W/(m^2\cdot K)$。我国标准为A类$K\leqslant 0.4W/(m^2\cdot K)$；B类$0.4W/(m^2\cdot K)<K\leqslant 0.6W/(m^2\cdot K)$。

（2）机械冷藏汽车按外温（t_w）为30℃时，车内温度（t_n）可持续保持的温度范围分　A级$t_n=0\sim12$℃之间任意给定；B级$t_n=10\sim12$℃之间任意给定；C级$t_n=12\sim20$℃之间任意给定；D级t_n能达到≤2℃；E级t_n达到≤－10℃；F级t_n能达到≤－20℃。

（3）非机械式冷藏汽车按外温t_w为30℃时，车内温度t_n可持续保持的温度范围分　A级t_n能达到≤7℃；B级t_n能达到≤－10℃；C级t_n能达到≤－20℃。

（4）装有加热装置的冷藏汽车，按车内温度可升至12℃以上，维持某一温度12h，其允许的外界条件分　A级允许外界平均温度为－10℃；B级允许外界平均温度为－20℃。

二、对冷藏运输设备的要求

虽然冷藏运输设备的使用条件不尽相同，但一般来说，它们均应满足以下条件：

1）能产生并维持一定的低温环境，保持食品的品质。

2）隔热性好，尽量减少外界传入车内的热量。

3）可根据食品种类或环境变化调节车内温度。

4）制冷装置所占空间要尽可能地小。

5）制冷装置质量小、安装稳定、安全可靠、不易出故障。

6）运输成本低。

三、对冷藏汽车的使用要求

作为冷藏链的一个中间环节，冷藏汽车的任务是：当没有铁路时，长途运输冷冻食品，作为分配性交通工具作短途运输。

虽然冷藏汽车可采用不同的制冷方法，但设计时都应考虑如下因素：

1）车厢内应保持的温度及允许的偏差。

2）运输过程所需要的最长时间。

3）历时时间最长的环境温度。

4）运输的食品种类。

5）开门次数。

第二节　我国冷藏保温汽车的运输概况

一、我国冷藏保温汽车的现状

50多年来，我国冷藏保温汽车有了很大的发展，主要表现在以下方面：

1. 使用领域不断扩大，保有量不断增加

计划经济时期，我国采用冷藏保温汽车运输的易腐食品主要为：出口公司里用来运输供出口的肉类（包括猪肉和牛羊肉）和少量家禽、水产等冷冻食品；商业部门用来运输给国内大中城市居民配给的冷冻肉类、家禽和水产。这些运输季节性都很强，特别是供城市居民的，集中在每年元旦、春节和国庆节前。从运距结构分析，可分为长途运输、中途运输和短途运输。长途运输运距在500km左右或以上，包括从肉类产地到铁道、水路集运转由铁路水路运输，产地到大城市（如内蒙古、黑龙江一些牛羊肉产区到北京）或省间的调拨运输，某些大型中转冷库到水路、铁路集运点的调拨运输；短途运输的运距在100km以内，包括城市内的冷库到市郊或市内铁路、水路集运点的调拨运输和城市内冷库之间的调拨运输，更多的则是冷库到销售网点的运输运距为20～50km，甚至更短的分配性运输，仅有少量用于食品行业运输蛋、奶类制品，农牧渔业用于运输动、植物种苗，医药卫生系统用于运输疫苗、血浆等。

改革开放以后冷藏保温汽车的使用领域不断拓展，用户结构也有了很大变化。20世纪90年代以来，高速公路和高等级公路发展很快，公路运输快捷灵便，装卸环节少，使实行“门对门”运输的优越性进一步体现出来。

2. 生产企业迅速增加，生产能力和年产量增长较快

20世纪80年代初，我国生产冷藏保温汽车的厂家仅十来家，1990年列入《全国汽车民用改装车和摩托车生产企业和产品目录》的冷藏保温汽车生产厂有20多家，1996年增到56家，2002年专业或兼业生产冷藏保温汽车的厂家达到73家，遍布全国21省市自治区。

3. 产品品种发展迅速，技术水平不断提高

20世纪80年代初，我国冷藏保温汽车按底盘和制冷方式分类，总共只有20多个品种。所用底盘局限于解放牌和东风牌的5t中型车、北二汽的2t轻型车和济南黄河8t、罗曼10t重型车，当时保温汽车按不同的汽车底盘和车厢结构再进行分类也仅有十几种，冷藏汽车仅有七个品种。20世纪90年代，我国载货汽车的品种发展很快，一些冷藏保温汽车生产企业为拓展市场，在产品系列化上作了很大努力，按汽车吨位来说，可以分为0.5～0.6t的微型车，1～3t的轻型车，5～6t的中型车，8～10t的重型车以及采用中型货车和重型货车牵引的半挂汽车列车各种吨位；按底盘形式还可分为汽油发动机和柴油发动机（包括有无增压、中冷的）、一般轴距和加长轴距的各种形式。

冷藏车的制冷方式大多为机械制冷，轻型车多采用非独立式；中、重型车多采用独立式机组，也有冷板冷藏汽车。按厢内可控温度不同，分为冷冻式（厢内可控温度达到-18℃以下）和冷藏式（厢内可控温度大于0℃）。按底盘形式和制冷方式分，我国冷藏保温汽车

的品种已达到50种以上，再考虑底盘生产企业及结构形式则达到100种以上。我国主要冷藏保温汽车专业生产企业的产品品种数见表4-1。

表4-1　我国主要冷藏保温汽车专业生产企业的产品品种数

序号	企业名称	冷藏汽车	保温汽车	冷藏挂车	保温挂车	合计
1	济南中集考格尔特种汽车有限公司	34	29	2	1	66
2	镇江飞驰汽车集团有限责任公司（镇江冷藏汽车厂）	35		35		70
3	河南红宇机械厂	35		35		70
4	河南冰熊冷藏汽车有限公司	18		17	1	36
5	北京天云汽车改装厂	41		25		66
6	北京北铃专用汽车有限公司	19		10		29
7	河南须河车辆有限公司	4		9		13
8	吉林白山市浑江汽车改装有限责任公司	9		12		21
9	福建厦门万山汽车工业有限公司	8		8		16

我国以前不能生产冷藏车用制冷机组，后经引进技术并试制采用进口发动机和压缩机，配上国产冷凝器和蒸发器，组装成中型制冷机组。岳阳恒立冷气设备公司通过引进冷凝器和蒸发器的生产线，开发了轻型、中型、大型冷藏车用的各种制冷机组。上海冷气机厂与美国开利公司合资组建的上海开利运输冷气设备公司，引进开利制冷机技术生产了从轻型、中型到大型冷藏车用制冷机组。上海新江机器厂与澳大利亚国际制冷空调公司合资组建的上海万众空调国际有限公司，也曾生产轻型车用制冷机组。这些制冷机组生产企业，均以生产汽车空调为主，兼及生产冷藏车用制冷机组，其产品基本上满足冷藏汽车的使用要求，较以前完全依赖进口的局面来说，有了很大的进步。

冷藏保温汽车的测试技术有较大发展，20世纪80年代以前几乎是空白。20世纪80年代中期，贵州汽车改装厂和镇江冷藏汽车厂合作制定了行业标准，引入国际制冷学会的“BTP”测试标准，在20世纪90年代又经过修订，形成较适合我国国情的产品技术条件及试验方法标准。镇江冷藏汽车厂与上海理工大学合作，在20世纪80年代首先建成冷藏汽车试验室，可模拟气候条件测试K值和制冷机组的制冷量，以后济南考格尔、河南冰熊等公司也建立了本企业的测试设施，这些都为提高我国冷藏保温汽车技术水平发挥了很大的作用。

4. 通过引进技术，形成一批生产能力大，技术水平高的骨干企业

我国冷藏汽车行业抓住改革开放的历史机遇，通过引进国外先进技术和关键设备，与国外著名企业合资合作等方式，提高了自身的技术水平和生产能力，形成一批骨干企业。

20世纪80年代初，镇江冷藏汽车厂通过引进罗曼冷藏车技术，使产品技术水平处于国内领先水平，产品销售量和产量也迅速增长，在20世纪80年代中、后期成为我国冷藏保温汽车行业的“领头羊”。20世纪90年代，济南中集考格尔特种汽车公司、河南冰熊冷藏汽车公司通过引进技术和关键设备，成为我国冷藏保温汽车销量最大的两家企业。这些企业年生产能力达到1500～2000辆。

北京天云汽车改装厂引进德国史密斯厢板制造技术；河南红宇汽车改装厂引进意大利车生产技术关键设备；中日合资河南须河车辆公司引进日本分片组装车辆和整体聚氨酯注入发泡隔热层技术；中港意合资组建的九江福阳集装箱公司（江西制氧机厂与外商合资）引进高压灌注聚氨酯发泡的隔热层成型厢体技术，年生产能力达到500~1000辆。北京天云汽车改装厂、河南红宇汽车改装厂的年产量均达到500辆以上。

厦门万山汽车公司（福建长城工业公司系统）、武汉商业冷藏机械厂、贵州北极星特种汽车厂（原贵州汽车改装厂）等也是我国冷藏保温车的重要生产企业。

二、我国公路冷藏运输存在的问题及与发达国家的差距

我国公路冷藏运输和保温汽车行业取得了长足的进步，但仍然存在一定的问题，与发达国家相比仍然存在很大差距。

1. 我国冷藏保温汽车发展存在的问题

目前，我国冷藏保温汽车行业存在的问题主要是厂点过多、投资分散、重复建设、重复引进，与其他汽车和改装车行业一样，存在着一定程度的“散、乱、差”现象。

我国冷藏保温汽车的专业和兼业生产厂有70多家。很多中、小型兼业生产厂采用一般厢式车的制造工艺，隔热层则用聚氨酯或聚苯乙烯填充，外观质量和隔热性能均较差，产品档次低。我国引进国外先进技术和设备的专业冷藏汽车厂有七八家，投资总额达数亿元，年生产能力接近一万辆，然而由于受市场需求的制约，年产量仅3000~4000辆，造成生产能力放空。专用汽车是劳动密集和技术密集型产品，我国隔热厢体的技术水平也已接近国际先进水平，但由于制造成本仍较高，制约了整车的出口，因此冷藏汽车的出口量一直不高。

2. 我国冷藏保温汽车运输与发达国家之间的差距

我国冷藏保温汽车的保有量约3万辆，而美国超过20万辆，日本超过10万辆。我国按人口计算的冷藏保温汽车保有率只是美国和日本的1/30，按国土面积计算平均保有量则仅为美国的1/8 ~1/7、日本的1/80~1/70。我国的生产能力和年产量则仅为美国的1/10，不到日本的1/5。

据中国汽车工业年鉴统计，2003年我国共生产冷藏、保温、保鲜汽车4323辆，其中保温车2430辆，占56%；冷藏车1736辆，占40%；保鲜车157辆，占4%。其销售收入和工业总产值均达到6亿多元，工业增加值1亿元。我国冷藏保温汽车占货运汽车的比例仅为0.3%左右，而美国为0.8%~1%，英国为2.5%~2.8%，德国等发达国家均为2%~3%。我国冷藏运输率（即易腐货物采用冷藏运输所占的比例）为10%~20%，欧洲各国和美、日等国均达到80%~90%。我国冷藏运输所占的比例（即易腐货物采用冷藏保温汽车的运量与采用铁路冷藏运输的运量之比）约为20%，欧洲各国为60%~80%。

我国冷藏保温汽车的品种和技术水平有了很大的提高，有些技术指标已接近国际先进水平（如K值）。但与发达国家相比，品种还不能满足市场需求。一些引进技术和设备的企业，产品水平接近国际先进水平，但设计能力、装备制造能力、技术服务能力等仍有差距，在厢体密封性、耐久性方面也有一定差距。

3. 我国冷藏保温车的发展趋势

（1）市场需求发展趋势分析　我国是易腐食品的生产和消费大国，城市猪、羊、牛肉销量每年达3000多万吨，禽蛋、禽肉近2000万t，奶类、奶制品约600万t，水果、蔬菜产销量更大。近几年我国易腐食品每年增产约10%，这些易腐食品在发达国家采用冷藏运输

工具运输的（即冷藏运输率）达80%以上。随着易腐食品产销量的快速增长和冷藏运输的提高，我国冷藏食品的运量将迅速增长。从冷藏运输结构分析，目前公路冷藏运输的运量只占30%，铁路冷藏运输的运量占40%左右，而欧美国家公路冷藏运输的运量占60%～80%。随着我国高速公路和高等级公路的迅猛发展，公路冷藏运量所占比例也将很快提高。

我国易腐货物产销量的迅速增长，促使易腐食品冷藏运输率和公路冷藏运输所占比例的不断提高，冷藏保温汽车需求的增长速度比肉、禽、蛋、奶等增长更快，我国冷藏汽车技术性能的提高，使其成为具有一定出口潜力的专用汽车产品。

2005年，我国易腐货物公路运量为1767万t，占总运量的25%，冷藏保温汽车的保有量分别达到了3.8万辆和5.4万辆。

（2）产品结构和技术发展趋势分析 目前我国冷藏保温汽车按吨位构成看，以中型车居多。近几年轻型车保有量发展较快，随着公路建设的发展，重型车、半挂车将成为长途、调拨性公路冷藏运输的主要工具而得到快速发展；轻型冷藏保温汽车和微型保温车则作为短途分配性运输的主要工具而得到快速发展。

节能和注重环保将是冷藏保温汽车技术发展的主要方向。车厢隔热性能将越来越受到重视，整体注入发泡料和FRP板（或电化铝板）组成的“三明治”板拼装式厢体结构将成为隔热车厢的主要结构形式。冷藏汽车厢体总传热系数（K值）必须达到A级［$K \leqslant 0.4\mathrm{W/(m^2 \cdot ℃)}$］，并接近和达到国际水平［$K \leqslant 0.3\mathrm{W/(m^2 \cdot ℃)}$］。冷藏汽车的制冷方式仍将以机械制冷为主，这是因为机械制冷具有温控范围广、能加热和制冷、易实现厢内温度自动调控等优点。但从环保和节能角度考虑，机械制冷具有排放废气和噪声污染严重，能量利用系数较低等不足，因而新能源冷藏车的比例会有所增加，采用冷板机制冷方式没有运行噪声和废气排放的污染，又能综合利用地面电能，节能效果显著，将会在重型和半挂车上得到应用。以前我国没有理想的蓄冷剂，但上海已成功试制了-33℃的果冻状蓄冷剂，对系统腐蚀作用降到国外同类产品的水平，具有良好的使用前景。过去常用的R12、R502等制冷剂因其中含有氯原子对大气臭氧层有破坏作用在国际上已被禁用，R22在欧洲一些国家也已不用于新设备，新工质R134a、R404A、R407C等正在使用。液氮制冷具有结构简单、制冷降温快、维修方便，特别是没有噪声和废气污染的优点，也会在中、重型冷藏车中得到日益广泛的应用，而轻型车则主要采用非独立制冷方式。

随着市场经济的发展，货车底盘品种的增加和新冷源的采用，为了既能满足用户的不同需求，又能降低开发成本，我国冷藏保温汽车必然会进一步朝多品种、小批量和标准化、法规化的方面发展。

（3）生产企业结构发展趋势分析 随着市场经济的发展，市场竞争日趋激烈，部分专业化生产企业以其技术水平高、产品质量好、管理手段先进、销售服务到位而逐步显示其占领市场的优势。像河南冰熊、济南考格尔等公司成为我国冷藏保温汽车行业的佼佼者。在满足多品种、小批量的发展战略思路指导下，一些中小型制冷企业也生产冷藏保温汽车，对市场起到一定的的拾遗补缺作用，对行业的发展有一定的积极影响，总的来说，生产集中度将会不断提高，可以预见到，将会出现产销量占20%～30%的一些骨干企业。专业厢板厂和制冷机组生产企业的迅速发展，弥补了冷藏保温汽车厂的某些不足，避免了企业追求“小而全”，盲目铺摊子、重复上项目的现象，对治理“散、乱、差”的状况起到积极作用。

与其他专用车行业一样，我国冷藏保温汽车企业优胜劣汰是必然趋势，联合重组也会成为可能，只有起点高、市场反应能力强的企业才能在激烈的国内、外市场竞争中立于不败之地。

三、冷藏汽车厢体的主要结构形式及发展趋势

隔热厢体是冷藏汽车的主要组成部分，它的性能直接决定了冷藏汽车的专用性能。冷藏汽车厢体的结构通常有：①整体骨架式硬聚苯乙烯泡沫板填充结构；②整体骨架式聚氨酯现场发泡结构；③大板拼装式硬聚氨酯注入发泡结构；④用开放式“三明治”板组合的隔热厢体；⑤用全封闭聚氨酯板块粘接的隔热厢体。

其中，第一、二种结构是冷藏汽车厢体的第一代产品，是20世纪50~60年代设计的。目前我国冷藏车生产厂家大都采用此种结构。第三、四种结构是20世纪70年代发展起来的第二代产品，目前世界上工业发达国家均采用此种结构，“七五”规划期间我国少数厂家分别引进法国、美国、意大利技术和设备生产的冷藏厢体亦属此例。第五种结构是德国KOGEL公司在总结前四种结构的基础上，创造的一种全封闭式聚氨酯板块粘接结构，是第三代产品，它代表了冷藏汽车的发展方向。目前，冷藏汽车的发展趋势主要表现在以下几个方面：

1. 整体框架式厢体逐渐被分片拼装式结构所取代

整体框架式结构由于其厢体四周有金属框架，成了厢体外的热桥，因此这种结构的厢体一般保温性能较差。据计算，一个整体框架式结构厢体的骨架传热量占整个厢体传热量的20%~30%，如何解决骨架传热成了人们研究的重点。分片组装式厢体的出现很好地解决了厢体内外的热传导问题，具有良好的保温性能，能较好地满足人们对各种食品不同冷藏保鲜的需要。例如，运输冰淇淋的厢体，要求厢体内制冷温度能达到-25℃以下，而且要求厢体的总传热系数能达到0.2~0.25 W/(m^2·℃)的水平。要达到这样高的要求，整体框架式结构厢体几乎是不可能的。德国KOGEL公司用其专利技术制造的全塑冰淇淋厢体，在隔热层（硬聚氨酯板）厚度只有100mm的情况下，就能使厢体的总传热系数达到0.23W/(m^2·℃)，厢体内最低制冷温度达到-30℃，由此可见其保温性能之优越。

2. 制造厢体的金属材料逐渐被复合材料所取代

复合材料是20世纪初兴起的新型工程材料，由于它具有质量小、强度高、绝热性能好、电性能优良、耐腐蚀、抗磁、成形制造方便等优越性而被迅速广泛地应用到工业生产各部门。目前，冷藏汽车隔热厢体制造中应用最广的是玻璃纤维增强塑料，即GRP。用GRP制成的厢体具有强度高、质量小（一般可比金属厢体轻40%）、使用寿命长（一般金属厢体的使用寿命为5年，而用GRP制成的全塑厢体的使用寿命至少为20年）等优点。另外，用金属材料制成的厢体经过长时间的日晒雨淋，都会出现不同程度的锈蚀现象，由此可见GRP应用于冷藏厢体的制造能大大提高冷藏汽车的运输经济性。

厢体外壁玻璃钢采用空心层结构，该结构弥补了玻璃钢导热率高的缺点，可有效避免太阳暴晒引起的高温漏热，提高其保温性。

3. 内装铆钉连接方式和厢底板外侧采用平滑无横梁结构

这一方式彻底杜绝了由于外装铆钉带来的由外向里的漏水、漏气的可能。保温层进水、进气会严重降低热阻，是影响保温厢体使用寿命的主要因素。这项技术对提高厢体保温性能有着重要意义。

无横梁结构是针对保温厢式车的制造特点及保温要求，对以往有外装横梁结构方式的重

大改进。暗装式箱底结构与厢底保温材料在发泡时预装，发泡后将两者形成牢固的共同体。该结构与厢底工字钢合成一体，再由橡胶荷载传递条与汽车大梁做缓冲减振结合，保护厢体免受汽车大梁扭动产生的破坏力。此外，当从发动机出来的热风及轮胎摩擦产生的热风掠过厢底板时，若厢底板有若干外装横梁，则热气在此将形成涡流，会加大热交换面积及热交换时间，使其热量透过厢底板进入厢内，而光滑厢底板则可避免此种弊病。

4. 隔热层工艺由填充式向现场发泡和拼接胶粘式发展

填充式结构由于隔热层与骨架之间必然会有缝隙而影响厢体的隔热性能，一般填充式结构厢体内部空气传热量占整个厢体传热量的5%～10%。采用聚氨酯现场发泡工艺则能使隔热材料完全充满整个空腔，较好地解决了厢体内部空气传热的问题，使厢体的保温性能得到提高。不过，采用现场发泡工艺也存在发泡不均匀的问题，而且它的毒性对操作人员有较大危害，因此采用拼接胶粘式工艺成了最好的选择。拼接胶粘式工艺是用硬聚氨酯泡沫板拼接，在各拼接处用浸渍树脂的玻璃纤维粘接加强，经专用压力机压合，同时加热并抽真空成型。这样在厢板内不存在空气传热问题，这种操作方法对人体也无害。因此，它是隔热层工艺的发展方向。

5. 厢板的结构由“三明治”结构向全封闭的聚酯板块发展

“三明治”板虽然比整体骨架式结构厢体有较好的保温性能，但由于聚氨酯泡沫板本身的强度太低，在合装厢体时，仍需在其各连接部位用金属材料来加强；不仅如此，“三明治”板沿四周的开放式结构决定了它不能有效地保护聚氨酯的性能，经日晒雨淋会使聚氨酯板的闭孔率大大降低，从而影响整个厢体的强度和保温性能。一般“三明治”板制成的厢体总传热系数以每年10%的速度递增。用德国KOGEL公司“湿-湿”法工艺制作的全封闭的聚氨酯板同时弥补了上述两种结构的不足之处。这种全封闭的聚氨酯板在各聚氨酯泡沫板的拼接处以玻璃钢作为加强肋，并与内、外蒙皮玻璃钢连接成一个完全封闭的整体，这样使整个板的强度和刚度都比“三明治”板有很大提高，并能很好地保护聚氨酯板的各种性能，从而保证整个厢体的各种性能指标。

聚氨酯的粘接强度可达235.4kPa，粘接性能高于绝大部分现代工业用粘结剂，是永远不会开裂的。同时，聚氨酯在粘接的同时又进行着发泡过程，这一特性使被粘接材料凹凸不平的表面得以填充，扩大了粘接表面积，并渗透进被粘接材料的组织中去，使聚氨酯的综合粘接性能远优于普通粘结剂，对于玻璃钢壳丝网状内表面尤其适宜。而一般粘结剂不具备这一特性，很难在凹凸不平的粘接表面上获得满意的粘接效果。因此采用整体浇注无胶媒体生产工艺是当今世界保温厢体制造的前沿技术。

6. 厢板连接方式逐渐以胶粘式代替机械连接方式

机械连接方式中连接件与被连接件大都是金属材料，这样就增加了厢体的质量，降低了汽车的有效载荷。胶粘式不仅强度高、受力均匀，也减小了厢体的质量。德国KOGEL公司生产的全塑聚酯厢体合装时，只要在各板的连接部位涂以高强度的粘结剂即可，工艺简便而且强度十分可靠。以侧板与底板的连接为例，连接宽度为100mm，用高强度聚氨酯粘结剂粘接（剥离强度达$9N/m^2$），其每米长度上的粘接力可达9×10^5N。如果采用防锈铝铆钉连接，按每个直径为5mm的铆钉抗拉力为3000N、铆钉距为100mm计算，其每米长度上的结合力只有3×10^4 N，仅为胶粘式的连接强度的1/30。

7. 不锈钢内壁

国际卫生组织规定：运输食品车辆的车厢内壁必须为不锈钢材料制造。而在以前，冷藏车或保温车的车厢内壁普遍采用玻璃钢材料，其中的玻璃纤维、树脂类等含苯类物质均对人体有害，都可能对所运食品产生二次污染。同样，对于食品冷藏车的密封条也必须采用对人体无害的硅橡胶制造，严禁采用普通黑色橡胶制造。现在，冷藏车厢内壁及门密封条在国内大都已采用国际上公认的不锈钢、PVC、硅橡胶材料制造。

8. 门锁杆、门密封、门铰链的新技术应用

一种先进的曲管齿式门锁杆正在逐渐被国际上新型高档厢式车所采用，达到了延长厢门使用寿命与操作方便的完美结合。这种曲管齿式门锁杆改变了以往的设计原理，所采用的渐开线齿轮机构在开、关门过程中纯滚动运动，不发生锁杆变形，保护了门及门框不发生变形，且开、关门轻便。在门铰链设计上由早期的明装铰链改为暗装铰链，不但延长了车厢门的使用寿命，提高了防盗性，同时也更加美观。新型的暗藏式门密封采用符合食品卫生要求的硅橡胶材料制造，在形状上采用圆管式，不像普通片式（唇式）密封条那样容易被拉坏，同时，在安装形式上采用双圈暗装，可保护密封条。

国内冷藏汽车性能比较见表 4-2。

表 4-2 国内冷藏汽车性能比较（以 EQ140 5t 汽车底盘改装的冷藏车为例）

名称	第一代产品	第二代产品	第三代产品
底盘型号	EQ140	EQ140	EQ140
整车质量/kg	9300	9300	9300
有效载质量/kg	3760	4000	4560
自重利用系数	0.68	0.75	0.95
车厢容量/m^3	14	15	17
主厢结构形式	金属整体骨架	“三明治”板组装	聚酯板块粘结
工艺方法	聚氨酯现场发泡	干法制板	“湿-湿”制板法
隔热层平均厚度/mm	95	85	82
总传热系数/[W/(m^2·K)]	0.46	0.4	0.29
制冷机型号	Mistral1390G	Mistral1390G	Mistral1390G
厢体调控温度/℃	-10~0	-20~0	-30~0

第三节 常见冷藏汽车的结构及制冷原理

一、机械冷藏汽车

机械冷藏汽车车内装有蒸气压缩式制冷机组，采用直接吹风冷却，车内温度实现自动控制，很适合短、中、长途或特殊冷藏货物的运输。

图 4-1 所示为机械冷藏汽车基本结构及制冷系统。该冷藏汽车属于分装机组式，由汽车发动机通过传动带带动制冷压缩机，通过管路与车顶的冷凝器和车内的蒸发器及有关阀件组成制冷循环系统，向车内供冷。制冷机的工作和车厢内的温度由驾驶员直接通过控制盒操作。这种由发动机直接驱动的汽车制冷装置，适用于中、小型冷藏汽车，其结构比较简单，

使用灵活。由于分装式制冷机组管路长，接头多，在振动条件下容易松动，制冷剂泄漏的可能性大，设备故障较多，所以对于大、中型冷藏汽车，更适合采用机组式制冷装置。

图 4-2 所示为机械冷藏汽车整体机组式制冷系统工作原理。大中型机械冷藏汽车可采用半封闭或全封闭式制冷压缩机及风冷冷凝机组。制冷剂选用 R502 或 R500。冷藏车使用温度可以在较大范围内调节，而且可在驾驶室内进行全部操作控制，并得到温度记录，显示数据异常时，发出警报声光信号。为保证冷冻机的稳定工作，并不受停车、慢速等因素影响，大、中型冷藏汽车设有辅助发动机。制冷系统的操作一般为自动控制。新型冷藏汽车还设有热气融霜装置，并在融霜时自动关闭冷风机，防止因融霜造成车内温度回升。通用性冷藏汽车在外温为 35℃的条件下运送冻结食品时，可保持车内温度为 -18 ~ -15℃，最低达 -20℃；运送冷却食品时，保持车内温度为 0℃左右。

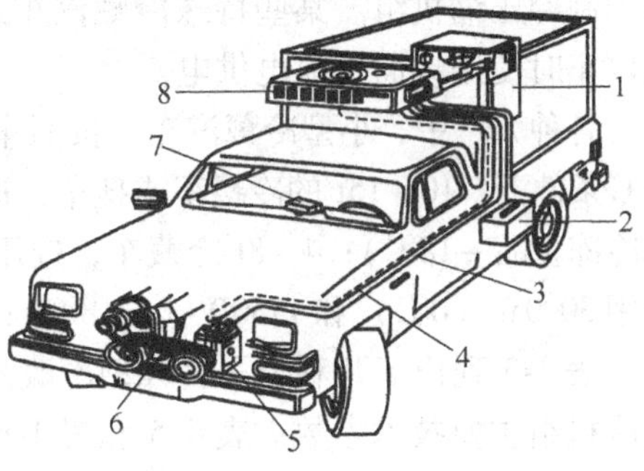

图 4-1　机械冷藏汽车基本结构及制冷系统
1—冷风机　2—蓄电池箱　3—制冷管路　4—电气线路　5—制冷压缩机　6—传动带　7—控制盒　8—风冷式冷凝器

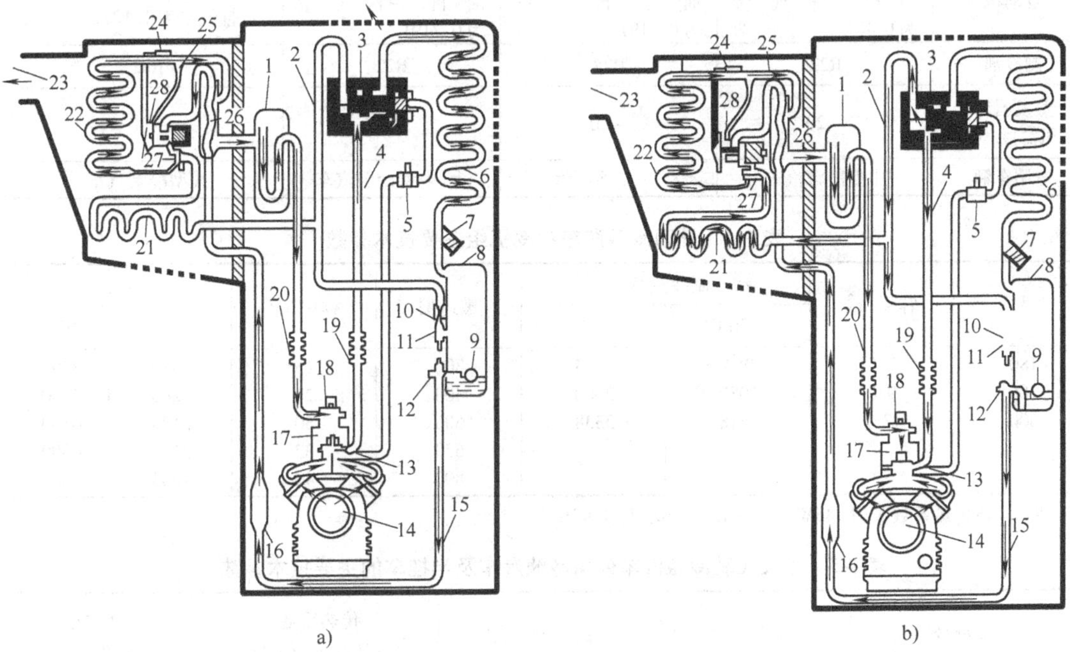

图 4-2　机械冷藏汽车整体机组式制冷系统工作原理
a）制冷工况　b）加热融霜工况
1—气液分离器　2—热气管路　3—二位三通换向阀　4—压缩机排气管　5—电磁阀　6—冷凝器　7—单向阀　8—储液器　9—液位计　10—旁通控制（单向）阀　11—旁通辅助阀　12—出液阀　13—压缩机排气阀　14—压缩机　15—供液管　16—过滤干燥剂　17—回气腔　18—压缩机吸气阀　19、20—压缩机吸、排气软管　21—融霜加热盘管　22—蒸发器　23—调风门　24—感温包　25—回气管　26—回热器　27—制冷剂分液器　28—外平衡式热力膨胀阀中、小型机械冷藏汽车的压缩机采用汽车发动机驱动，停车时用外接交流电 220V/50Hz 或 380V/50Hz 驱动。大型冷藏汽车的压缩机多采用独立的柴油机动力驱动，或备有机、电两用制冷压缩机组。某些特殊冷藏汽车或拖车采用独立柴油发电机组 380V/50Hz 供电，回场停车时使用地面交流电供电。

各种大、中、小型冷藏汽车，按照车内温度要求选用不同容量的制冷机组。通常在外温 35℃条件下，10～15t 的冷藏车或挂车，选用 8100～8600W（运送冷却食品 0℃）、4500W（运送冷冻食品 -18℃）；4～8t 冷藏车，选用 3500W（0℃）和 1750W（-18℃）；2～4t 冷藏车，选用 3000W（0℃）和 1750W（-18℃）；2t 以下的冷藏车，选用 1160W 以下的制冷机组。

表 4-3 列出了开利公司雪峰型冷藏汽车专用制冷机组基本参数。表 4-4 为开利冷藏汽车制冷机组主要技术参数。表 4-5 和表 4-6 给出了镇江飞驰冷藏汽车公司和国内部分冷藏汽车的主要技术参数。

表 4-3　开利公司雪峰型冷藏汽车专用制冷机组基本参数

型号	雪峰 522	雪峰 722	雪峰 822	雪峰 922/944
制冷压缩机	0K12，排气量为 0.2L，气缸数为 2	K12，排气量为 0.2L，气缸数为 2	05K24，排气量为 0.4L；气缸数为 2	05G，排气量为 0.6L，气缸数为 6
发动机	CT3-29 三涡旋柴油机，排气量为 0.48L	CT4-44 三涡旋柴油机，排气量为 0.719L	CT4-44 三涡旋柴油机，排气量为 0.719L	CT4-69TV 三涡旋柴油机，排气量为 1.123L
制冷剂	R22	R22	R22	R22
蒸发器出风温度/℃	-20	-20	-20	-20
适用车辆	中型冷藏汽车	大、中型冷藏汽车	大、中型冷藏汽车	大型冷藏汽车

表 4-4　开利冷藏汽车制冷机组主要技术参数

飞雪型	容积/m^3	制冷量/W		敏风型	容积/m^3	制冷量/W	
		-20℃	0℃			-20℃	0℃
180	7.5	954	2093	300	15	1570	3396
200	9.0	1080	2360	400	21	2268	5000
300	13.0	1518	3338	605	30	3105	6500
				650	32	3140	6500
				800	40	4245	8804

注：车体传热系数 $K=0.45W/(m^2 \cdot K)$、环境温度≤36℃。

表 4-5　镇江飞驰冷藏汽车公司冷藏汽车及半挂车的主要技术参数

产品型号	底盘型号	车内容积/m^3	传热系数/[$W/(m^2 \cdot K)$]	车内最低温度/℃
ZJL5111XC/BW	CA1110PK212	25.5/26	0.4	-18
ZJL5111XLC/BW	SFJ1010	2.2/2.5	0.4	-18
ZJL5112XLC/BW	SC1010	2.2/2.5	0.4	-18
ZJL5121XLC/BW	CA1020LF	5.8/6.2	0.4	-18
		整车		
ZJL5042XLC/BW	CA1040L2	10/10.5	0.4	-18

（续）

产品型号	底盘型号	车内容积/m^3	传热系数/[W/(m^2·K)]	车内最低温度/℃
整车				
ZJLIVECOXLC/BW	IVECO45.10	9.3/9.7	0.4	-18
ZJLVECOXLC/BW	IVECO49.10	11.9/12.4	0.4	-18
ZJL5091XLC/BM	EQ1092F	14.5/15	0.4	-18
ZJL5092XLC/BM	EQ1090F1	20/20.6	0.4	-18
ZJL5101XLC/BM	EQ1108G6D1	25.6/26	0.4	-18
ZJL5102XLC/BM	EQ1108G6D10	30.5	0.4	-18
ZJL5021XXY	BJ2020SAJ	血浆运输车	0.4	-18
半挂车				
ZJL9201XLC	THT9200、EQ3141G	60	0.4	-18
ZJ19201XLC	THT9200、斯太尔	60	0.4	-18
ZJL9201XBW	THT9200、EQ3141G	60	0.4	-18

表 4-6　国内部分冷藏汽车的主要技术参数

产品型号	底盘型号	装载质量/kg	车厢内容量/m^3	总传热系数/[W/(m^2·K)]	车内最低温度/℃	生产厂家
BXL5002XLC	EQ1061T	2450	16.38	≤0.4	-18	河南冰熊冷藏汽车厂
BXL5111XBW	CA1110PK212	4300	25.86	≤0.4	-20	
BXL5040XLC	BJ1041	1900	8.44	≤0.4	-18	
BXL5060XLC	NJ1061D	2800	13.1	≤0.4	-20	
BXL5040XLC	NHR55ELA-R	1250	4.85	≤0.4	-18	
BXL5040XLC	EQ1141G1	7500	32.23	≤0.4	-25	
BXL5190XLC	斯太尔 129N56	10500	35.86	≤0.4	-25	
BXL5090XLC	EQ1092	4700	20.94	≤0.4	-25	
BXL5110XLC	EQ1118G6D1	5640	28.53	≤0.4	-25	
BXL5050XLC	NKR55LLA-R	2250	11.85	≤0.4	-18	
BXL5041XLC	CA1040L	1400	8.48	≤0.4	-18	
BXL5010XLC	SC1010	500	2.59	≤0.4	-18	
BXL5020XLC	CA1020	800	7.6	≤0.4	-18	
FXC5091XLC	EQ1091E(二汽)	4500	15	<0.45	-18	无锡柴油机厂、常州市月宫冷藏设备有限公司
FXC5101XLC	CA10925(一汽)	4500	15	<0.45	-18	
FXC5101LCK2	CA1091K2(一汽)	4500	15	<0.45	-18	
ZJL 依维柯 LC	依维柯 LC	1500	8.8	≤0.4	-15~15	镇江冷藏汽车厂
ZJL5011XLC	JL1010 等	370	2.3	≤0.5	-20~12	
GG5020XLC	BJ1021C	500	5	≤0.5	-18~12	贵州专用汽车厂
GG5090XLC	EQ1090E	4000	15.8	≤0.47	-18~15	

二、机械式冷藏挂车

机械式冷藏挂车又称为冷藏拖车。它具有如同机械冷藏车的隔热厢体、制冷机组，并有较大承载能力的后轮和一定支承力的小前轮。冷藏挂车的制冷设备由车下电源供电，通常采用机组式制冷系统，并整体安装。国产冷藏挂车（半挂车）的主要技术参数见表4-5。

冷藏挂车使用灵活，往往一个动力牵引车可以为多台冷藏挂车服务，进行短途调运。图4-3所示为典型机械式冷藏挂车的结构和冷风吹送循环原理。

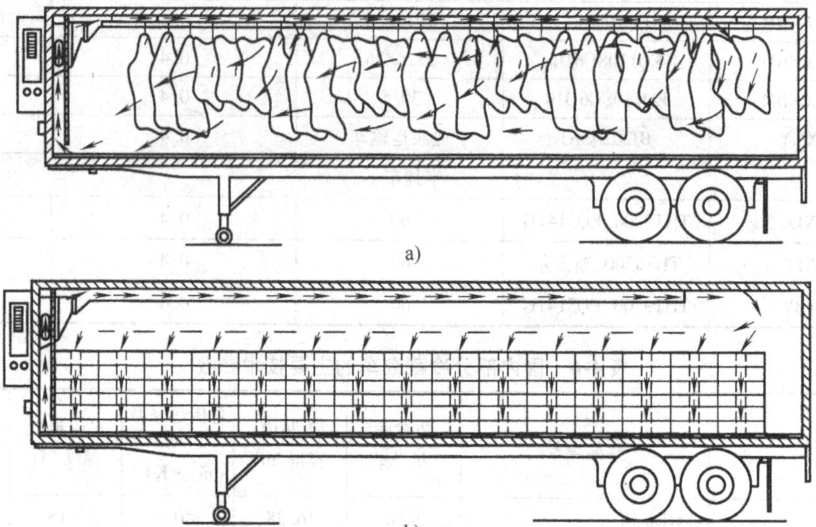

图4-3 典型机械式冷藏挂车的结构和冷风吹送循环原理

a）车内吊挂食品吹风冷却 b）车内箱装食品吹风冷却

近年来，我国机械式冷藏挂车的生产和应用已引起公路冷藏运输业的重视。美国开利冷冻（上海）公司已将性能良好的开利凤凰（Phoenix）制冷机组推向我国冷藏挂车市场，该机组被有关工厂和运输部门选用。该机组致力于保护环境，选用R22和R404A制冷剂，合理设计，充分利用车内空间，降低机组质量。机组具有新型控温技术，在车内温度高于-12℃时，货间温度波动不超过±1℃。具有独立柴油机驱动的制冷机组标准的自动“起停”操作，减少油耗，提高经济性。

开利凤凰系列产品可以在±45℃的环境温度下，自动制冷或制热，保持箱体内部-29～25℃间任意设定温度。该系列产品适合各种容积的冷藏半挂车。

开利公司凤凰系列制冷机组可以以单独机组控制多间冷藏半挂车或冷藏车的不同温度，使一辆冷藏车装载数种不同温度要求的货物，其典型结构布置及工作原理如图4-4所示。

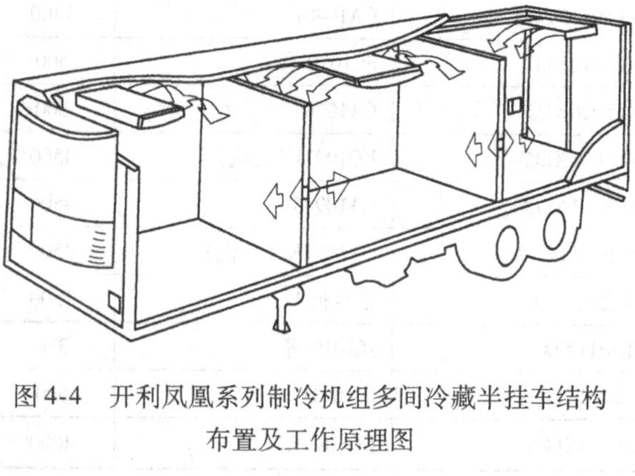

图4-4 开利凤凰系列制冷机组多间冷藏半挂车结构布置及工作原理图

三、冷冻板式冷藏汽车

冷冻板式冷藏汽车简称冷板冷藏汽车。它利用有一定蓄冷能力的冻结板进行制冷。冷冻板式冷藏汽车在国外一些短途公路运输中已有采用。我国自20世纪80年代已开始研究试制冷冻板式冷藏汽车，并得到应用。

冷藏汽车用的冷冻板有100~150mm厚的钢板壳体，壳体内充注有特殊的溶液——共晶液，并布置有制冷蒸发盘管。它利用制冷机与冻结板相连，且向冷冻板充冷，使板内的共晶液在一定温度下冻结。冷冻板依靠冻结的共晶液融解时向周围吸热的原理，对汽车货间起制冷降温作用，实现制冷。选用不同性质的共晶液体就会有不同的冻结温度，进而可以得到不同的汽车制冷温度。通常，冷冻板冷藏汽车使用的共晶液的冻结温度为-40~-25℃。采用冷冻板式的蓄冷器不仅用于冷藏汽车，同时可用于铁路冷藏车、冷藏集装箱、小型冷库或食品冷藏柜等。图4-5所示为冷冻板冷藏车结构示意图。

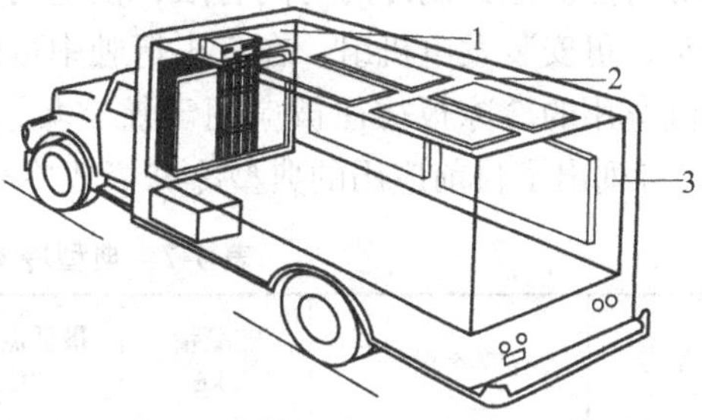

图4-5 冷冻板冷藏车结构示意图
1—前壁 2—厢顶 3—侧壁

图4-6所示为冷冻板式冷藏汽车用的冷冻板结构及充冷原理。冷冻板式冷藏汽车的冷冻板可按不同的技术要求进行设计。使用时，冷冻板分别装在冷藏车货间两侧或车顶，一般装2~4块。为降低冷冻板的自重，新型冷冻板式冷藏车的冷冻板板材已开始用合金铝材或强化塑料（如FRD）制造。

冷冻板式冷藏汽车在外温35℃、货间温度-20℃要求时，其蓄冷时间为8~12h。特殊要求的冷冻板冷藏汽车可蓄冷2~3d。冷冻板式冷藏汽车的保冷时间，除取决于冷冻板共晶液容量外，更取决于汽车车体的隔热性能。一种采用厚100mm的聚氨酯泡沫塑料作隔热的冷冻板式冷藏车，其车体传热系数约0.29W/(m^2·K)。

冷冻板式冷藏汽车的冷冻板大多布置在图4-7所示的车厢两侧或车顶，但也有的布置在车端，通过冷风机向车内送风。

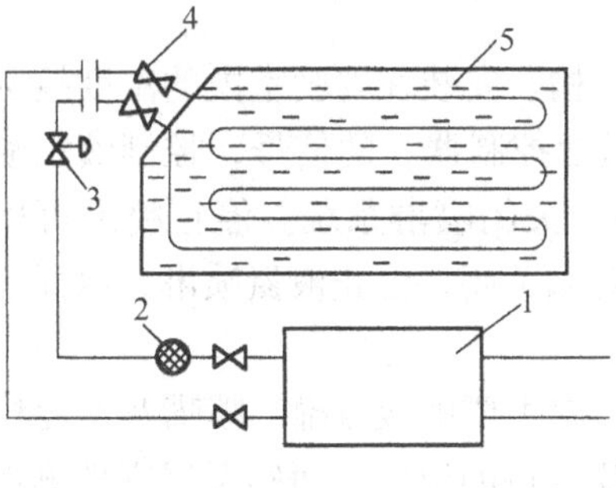

图4-6 冷冻板式冷藏汽车用的冷冻板结构及充冷原理
1—充冷机组 2—过滤干燥器 3—节流阀 4—回气阀 5—冷冻板及蒸发盘管

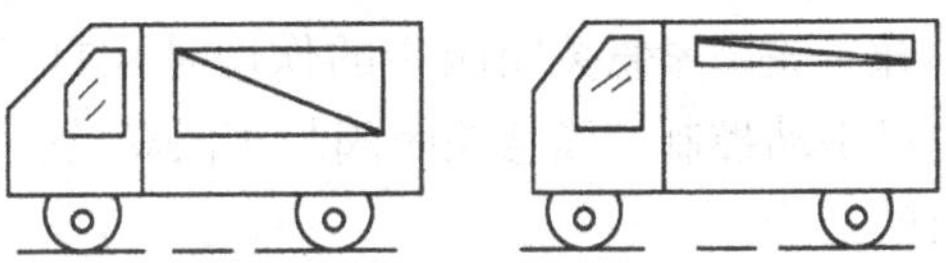

图4-7 冷冻板式冷藏汽车的冷冻板布置方式举例

应用中的冷冻板式冷藏车，进场停用后，使用外接制冷机组向冷冻板充冷。一般 8 ~ 12h 即可充冷结束，板内共晶液全部冻结，等待出车装货使用。小型冷板式冷藏车可直接取下冷冻板，送至车下充冷站充冷，使用时重新装上已冻结的冷冻板供使用。若暂时不出车，则已充冷的冷冻板可存放在低温库内备用。另一种自带冷冻机式冷冻板冷藏车，在进场停用时，可借地面电源起动制冷机完成自身充冷。

冷冻板式冷藏汽车具有车内温度稳定、制冷时无噪声、故障少、结构简单、投资费用较低等特点。但其制冷的时间有限，仅适用于中、短途公路运输。对长途运输用的冷冻板式冷藏车，可安装发电机组，在汽车行驶中可随时起动冷冻机使共晶液冻结，进行自动蓄冷。冷藏汽车用的冷冻板往往被应用于航空集装箱等运送珍贵水果、新鲜海珍等各类保鲜食品。表 4-7列出了目前应用的典型冷冻板式冷藏汽车的技术参数。

表 4-7 典型冷冻板式冷藏汽车的技术参数

型号	有效容积/m^3	贮藏量/kg	最低温度/℃	车厢传热系数/[W/(m^2·K)]	备注
152	4.5	5800	-20	≤0.3	开利公司生产冷板及机组工况：外气温度≤36℃；外气相对湿度≤90%
153	5.3	8820	-20	≤0.3	
203	6.4	8820	-20	≤0.3	
204	7.5	12000	-20	≤0.3	
205	8.4	14500	-20	≤0.3	
305	9.5	14500	-20	≤0.3	
306	10.0	18500	-20	≤0.3	
407	11.8	20000	-20	≤0.3	
408	13.6	23000	-20	≤0.3	
XLL	1.9 ~ 12.96	—	-34	≤0.3	中山市丰力冷藏设备公司

四、液氮冷藏汽车

液氮冷藏汽车主要由汽车底盘、隔热车厢和液氮制冷装置构成。液氮冷藏汽车与液氮制冷式冷藏火车一样，是利用液氮汽化吸热的原理，使液氮从 -196℃汽化并升温到 -20℃左右，吸收车厢内的热量，实现制冷并达到给定的低温。

图 4-8 所示为国外生产的一种液氮冷藏汽车的基本结构。安装在驾驶室内的温度控制器 3 用来调节车内温度。电控调节阀为低温电磁阀，接受温度控制器 3 的信号，控制液氮喷淋系统的开、关。紧急关闭阀 8 的作用是在打开车厢门时，关闭喷淋系统。停止喷淋可以自动，也可手动控制。紧急关闭阀与车门联动，开车门时此阀关闭，停止液氮喷淋，以保证装卸人员的安全。

图 4-9 所示为国内使用的液氮冷藏汽车的基本结构。它主要由液氮罐、喷嘴及温度控制器组成。冷藏汽车装好货物后，通过控制器设定车厢内要保持的温度，而感温器则把测得的实际温度传回温度控制器。当实际温度高于设定温度时，则自动打开液氮管道上的电磁阀，液氮从喷嘴喷出降温；当实际温度降到设定温度后，电磁阀自动关闭。液氮由喷嘴喷出后，立即吸热汽化，体积膨胀高达 650 倍，即使货堆密实，没有通风设施，氮气也能进入货堆内。冷的氮气下沉时，在车厢内形成自然对流，使温度更加均匀。为了防止液氮汽化时引起

车厢内压力过高，车厢上部装有安全排气阀，有的还装有安全排气门。

液氮制冷时，车厢内的空气被氮气置换。而氮气是一种惰性气体，长途运输果蔬类食品时，不但可减缓其呼吸作用，还可防止食品被氧化。

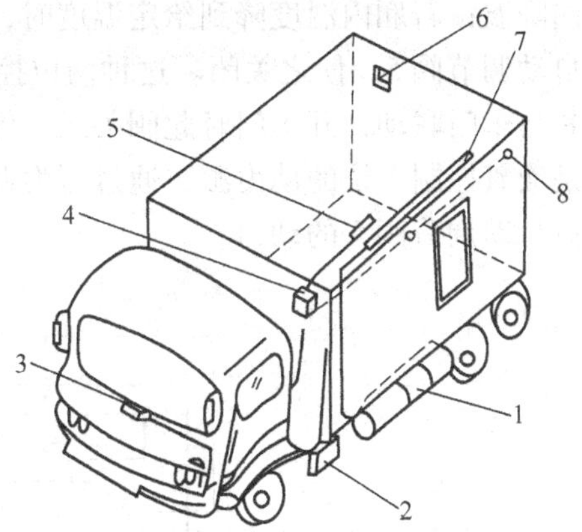

图 4-8　国外生产的一种液氮冷藏汽车的基本结构
1—液氮罐　2—气体控制箱　3—温度控制器　4—温度控制箱　5—温度传感元件　6—安全通气窗　7—液氮喷淋管　8—紧急关闭阀

液氮制冷式冷藏汽车的优点是：装置简单，初投资少；降温速度很快，可较好地保持食品的质量；无噪声；与机械制冷装置比较，质量大大减小。其缺点是：液氮成本较高；运输途中液氮补给困难，长途运输时必须装备大的液氮容器，减少了有效载货量。

采用液氮或干冰制冷时，制冷剂是一次性使用的（或称消耗性的）。常用的制冷剂有液氮、干冰等。

用干冰制冷时，先使空气与干冰换热，然后借助通风使冷却后的空气在车厢内循环，吸热升华后的二氧化碳由排气管排出车外。有的干冰冷藏汽车在车厢中装置四壁隔热的干冰容器。干冰容器中装有氟利昂盘管，车厢内装备氟利昂换热器。在车厢内吸热气化的氟利昂蒸气进入干冰容器中的盘管，被盘管外的干冰冷却重新凝结为氟利昂液体后，再进入车厢内的蒸发器，使车厢内保持规定的温度。

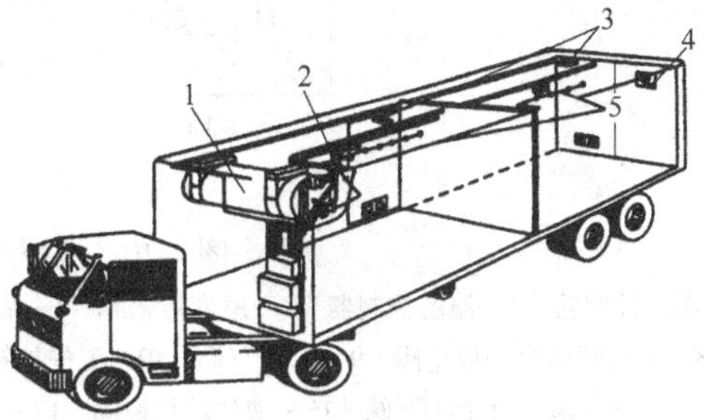

图 4-9　国内使用的液氮冷藏汽车的基本结构
1—液氮罐　2—液氮喷嘴　3—门开关　4—安全开关　5—安全通气窗

干冰制冷冷藏汽车的优点是：设备简单，投资费用低；故障率低，维修费用少；无噪声。其缺点是：车厢内温度不够均匀，冷却速度慢，时间长；干冰的成本高。

图 4-10 所示为液控式液氮制冷系统原理。液氮储罐为压力容器，可耐压 1.8MPa，外层为普通钢板，内层为不锈钢板，内、外层之间为真空，并有一定强度的隔热材料支撑。容器标准使用压力是 0.15 ~ 0.2MPa，安全阀的工作压力为 0.6MPa。

系统中的温度控制箱 1 由温度控制器和温度显示仪表组成。氮气控制箱 10 由液氮充灌装置、控制阀、各压力表、安全阀和液面计等组成。液氮喷淋装置由液氮喷淋管 4、供液氮自动调节阀 5、压力调节阀 11、蒸发器 7 和液氮喷淋自动停止阀 8 等组成。安全通气窗为靠磁力贴合在车厢外壁的单向开启窗。液氮汽化后体积将膨胀约 650 倍，因此货间压力会迅速上升，当压力超过规定值时，安全通气窗自动打开，排出车厢内过多的气体。

液氮制冷操作过程如下：调节温度控制器 2 到货物冷藏给定温度；当厢内温度高于给定温度时，温度传感元件的信号经温度控制器 2 传给供液氮自动调节阀 5，使之开启；液氮从容器内流出，经供液氮自动调节阀 5 流入液氮喷淋管 4，液氮即喷入车厢内并汽化吸热，使车厢内降温；若厢内温度降到给定温度时，温度传感器 3 发出信号，经温度控制器 2 传给供液氮自动调节阀 5，使之关闭。这种两位控制可维持车内一定的温度范围。液氮喷淋自动停止阀 8 与车门联动，开车门时此阀关闭，停止液氮喷淋，以保证装卸作业人员的安全。蒸发器 7 是液氮控制系统的动力源，通过压力调节阀 11 维持输出液氮的压力稳定，并作为开启供液氮自动调节阀 5 的动力。

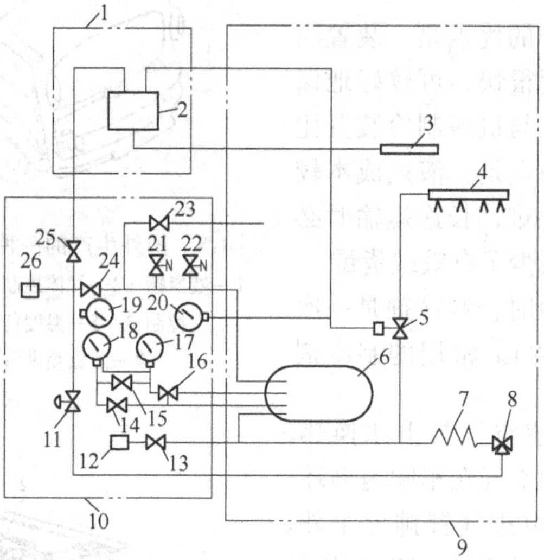

图 4-10　液控式液氮制冷系统原理

1—温度控制箱　2—温度控制器　3—温度传感器　4—液氮喷淋管　5—供液氮自动调节阀　6—液氮储罐　7—蒸发器　8—液氮喷淋自动停止阀　9—隔热车厢　10—氮气控制箱　11—压力调节阀　12—液氮补充口　13—液氮补充阀　14、16—液面计上、下阀　15—液位计均衡阀　17—压力表　18—液位计　19—控制压力表　20—操作压力表　21、22—安全阀　23、25—货间外气体排除阀　24—截止阀　26—货间外气体排出口

第四节　冷藏汽车制冷机组及压缩机新技术的应用

制冷机组的设计重点是可靠性、环保性与高温环境工作稳定性。目前，满足上述要求的机组均为进口。近几年，随着制造工艺的提高，一些新技术应用在国外最新型冷藏车的制冷机组装备上。

1. 制冷压缩机

采用车载型螺杆式压缩机，这种形式的压缩机零件数量是活塞式制冷压缩机的 1/10。由于零件少，产生故障的概率是活塞式制冷压缩机的 1/10，工作寿命远高出汽车使用寿命。这种制冷系统的主机安装在厢底大梁内侧，且与汽车大梁无联结，其整机安装重心低。在车载螺杆组上应用了多项新技术，主要是：

1）将中冷器引入移动式制冷设备。中冷器是螺杆式制冷机组独有的一种装置，可提高制冷效率 40%，减少机械能耗 15% 左右。它是利用螺杆机存在封闭容积的原理，在压缩机吸气端封闭后再进行一次中间吸气，产生的制冷效果可降低制冷供液的温度，从而提高制冷效率。同时，中冷器的小型高效化，也是该装置应用于车载机组的重要条件。

2）应用压力油幕技术彻底解决螺杆压缩机转子型线泄露三角形影响容积效率的问题。由于螺杆转子型线所固有的三维特征，使得泄露三角形无法避免。现在所采用的新技术类似于冷库门的空气幕，由高压的层状油幕隔离了泄露面两端的不同压力腔，该技术可提高压缩机容积效率约20%。

3）在压缩机的排气端应用动态平衡活塞排气阀，自动调节压缩机至最佳的压缩比。不同于固定使用的制冷机组，车载设备的运行环境随时存在着剧烈变化，如冷凝温度、装货温度、厢内温度、通风风量等。这些因素都影响着所需的恰当压缩比，因此动态地调整压缩机压缩比是车载设备必需的功能。

4）制冷系统的节流阀采用恒压膨胀阀。传统节流阀一般采用热力膨胀阀，其原理是通过感温包的反馈，不断调整供液量大小，使之适应制冷间内环境温度的变化。恒压膨胀阀在热膨胀阀的基础上，增加了在某一相对稳定温度段内的恒压控制，在压缩机转速随车速剧烈变化时还能使蒸发制冷温度保持稳定。

2. 在中大型冷藏车上安装取力装置

安装取力装置的目的是充分利用减速滑车中的巨大惯性带动超大功率制冷压缩机，实现短时间大功率，完成所需冷量而不增加汽车行驶能耗。

3. 在冷藏车上安装双套制冷机组

安装双套制冷机组首先大大提高了系统的可靠性，其次扩大了冷藏车制冷机组动力来源的适应性，也满足了不同工况下对制冷量需求的巨大差异。例如，在正常行驶中，起动大功率机组利用滑车制冷节油；在汽车修理、驾驶员休息时，起动电动小功率压缩机组制冷；在交通堵塞时，汽车发动机怠速带动大功率机组制冷；在无电源时或主车损坏时，利用道路故障拖车或其他车辆拖着制冷。

4. 厢内置6（8）台冷气风扇做冷气循环

以往的冷藏汽车均采用风扇进行单端制冷通风交换，即冷风由冷藏厢的最里端由1个风扇向厢后吹送。由于风程长（车厢内长）、风力小（单风扇），厢后门的冷藏货物不能获得足够的冷风，很容易造成“化货”，即厢后门货物的货温往往达不到货主的要求而造成损失。当厢内货物装载高度越高、车厢长度越长时，这种后门“化货”现象越严重，成为影响冷藏车运输质量的重要因素。针对上述情况，国际上出现了在大型车（车厢长8.6m以上）车厢中部布置8台冷风机做冷风循环的方式。由于是在车厢中部布扇，风程缩短了一半，风量较单台风扇增加了8倍，彻底有效地杜绝了普通冷藏车“前冷后热”的现象，明显提高了冷藏运输的质量，且厢内装货高度不受“装货线”限制，只受箱顶高限制，相对增加了箱内装货容积利用率，提高了运输经济效益。

第五节　液氮冷藏车的优化设计

一、冷藏车的设计计算

1. 冷藏车的容量计算

冷藏车的容量可按表4-8选取。

表 4-8 冷藏车的容量 （单位：t）

车型	整车总质量	冷藏车净载质量	车型	整车总质量	冷藏车净载质量
微型	1.8	0.5	中型	6~14	6.5
轻型	1.8~6	0.5~2	重型	14	7

2. 冷藏车冷负荷的计算

$$Q = Q_1 + Q_2 + Q_3 \tag{4-1}$$

式中 Q——冷藏车冷负荷（W）；

Q_1——维护结构传热量（W）；

Q_2——货物热量（W）；

Q_3——通风换气热量（W）。

维护结构传热量 Q_1 的计算：

$$Q_1 = AK(t_o - t_i)a \tag{4-2}$$

式中 A——维护结构传热面积（m^2）；

K——维护结构传热系数［$W/(m^2 \cdot K)$］；

t_o、t_i——维护结构外侧和内侧的计算温度（K）；

a——维护结构两侧温度差修正系数。

货物热量 Q_2 的计算：

$$Q_2 = Q_{2a} + Q_{2b} + Q_{2c} = \frac{1}{3.6}\left[\frac{G(h_1 - h_2)}{T} + GB\frac{(t_1 - t_2)C_b}{T}\right] + Gq \tag{4-3}$$

式中 Q_{2a}——食品热量（W）；

Q_{2b}——包装材料和运载工具热量（W）；

Q_{2c}——食品冷藏时的呼吸热量（W）（Q_{2c}仅在鲜水果、蔬菜冷藏时计算）；

G——冷藏车净载质量（kg）；

h_1、h_2——食品进入冷藏车初始温度和终止温度时的焓（kJ/kg）（采用时因未考虑具体品种和含水量应增加附加值10%）；

T——货物冷藏运输时间，取设计冷藏运输时间（h）；

B——货物包装材料或运载工具具体质量系数；

C_b——包装材料或运输工具的比热容［$kJ/(kg \cdot K)$］；

t_1、t_2——包装材料或运输工具进入冷藏车时和终止降温时的温度，一般为冷藏车的设计温度（K）；

q——食品在冷藏温度时的呼吸热量（W/kg）。

通风换气热量 Q_3 的计算：

$$Q_3 = \frac{1}{3.6}\left[\frac{(h_o - h_i)nV\rho_n}{T}\right] \tag{4-4}$$

式中 h_o——室外空气的含热量（kJ/kg）；

h_i——室内气体的含热量（kJ/kg）；

n——途中换气次数（按冷藏车中氧含量或冷藏车中气体的压力来确定换气次数）；

V——冷藏车内净体积（m^3）；

ρ_n——冷藏车内空气密度（kg/m^3）；

T——设计运输时间（h）。

此项热量在中途运输中所占的比例很小，计算时一般不予考虑，但在实际应用中用氮的富余量来补偿。

3. 液氮充储量的确定

液氮制冷过程首先是由 -196℃的液态氮变成 -196℃的气态氮，这一汽化过程要吸收汽化热 199. 2kJ/kg。然后 -196℃的气态氮在常温常压下温度回升，从环境中吸热，其比热容是 1. 04kJ/(kg·K)。因而单位质量的液氮的制冷量：

$$Q = 199.2 + 1.04(t + 196) \tag{4-5}$$

式中 t——冷藏车设计温度（℃）。

这样理论上所需要的液氮量：

$$M' = Q/q \tag{4-6}$$

实际液氮充储量：

$$M = M'n \tag{4-7}$$

式中 n——实际过程安全系数，取 2 ~2. 5。

二、液氮冷藏车的制冷装置

液氮冷藏车的制冷装置如图 4-11 所示，图中 1 表示温度控制系统，包括温度控制器和感温包等，通过温度调节器来控制供氮阀的启停；2 是车厢外的控制箱，通过压力表和液面计的数值来监控冷藏车厢内的气体压力情况和液氮压力罐中的液氮剩余量；3 是冷藏车的关键部分——冷藏车厢，在这里液氮完成了汽化吸热的过程，达到制冷目的。车厢中还装有安全保护联锁装置，以便在开启厢门的时候起到安全保护作用。

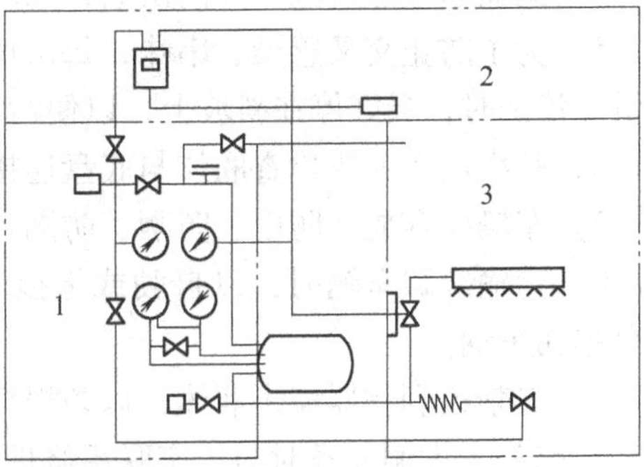

图 4-11 液氮冷藏车的制冷装置

第六节 冷藏车的管理

一、用冷藏车应注意的几个问题

1. 在装运货物前，要事先对货物和车厢内进行预冷

将温度较高的货物或在车厢内温度较高的情况下直接将货物放入车厢内，会增加车厢内温度降低到预定温度的难度，所以在装运货物前，务必对货物和车厢内进行预冷。

2. 装货时保持车厢内冷气循环流畅

为了保持车厢内温度均衡，必须充分注意货物的码放位置，不能将货物一直装至车厢顶部，也不能让货物堵住冷气的出口和入口。

3. 装卸货物要迅速

冷藏车车厢的门打开后，外部气流会进入厢体内，将导致厢体内温度升高，因此装卸货物要迅速，并应使冷冻机组停止工作。

4. 装运绿色蔬菜水果要特别小心

如果厢体内冷气循环不好，货物中央的温度会上升，则容易使绿色蔬菜、水果等物品的质量受到损害，因此要特别注意使冷气循环流畅均衡。此外，靠近冷气出口的物品很容易因冷气而冻伤，因此必须事先用被单等物品将货物遮挡起来。

5. 要始终保持厢体内清洁

如果货物中的盐分、脂肪及其他化学物质附在厢体内壁或门缝外，不仅不卫生，而且还会腐蚀厢体，缩短车厢的使用寿命，所以务必始终保持厢体内清洁。

6. 对系统坚持正确维护与保养

对车辆制冷系统，应认真按照说明书的要求给予正确的维护和保养。另外，车辆一般不宜挪作他用（如用于一般货物的运输）。

二、冷藏车运行时的注意事项

1）冷藏车的制冷系统是用来保持货厢内货物温度的，而不是冷却热货的。

2）制冷机组的操作与维护应严格按照制冷机组使用说明书执行。

3）由于厢体比较高大，整车重心有所提高，故在行驶时应注意稳定性，车辆拐弯时应减慢车速。

4）运输途中尽量减少开门次数，以减少冷量损失。

5）为了防止交叉感染、串味，每次用过后应冲洗车辆，消除异味，以保证产品的运输质量。清洗时，最好停在斜坡上，以便污水流出。

6）每次出车前要检查厢体与底盘连接情况，保证运输安全。

7）车辆应存放在防雨、防晒、防潮且具有消防设施的库房内，并定期进行保养。

8）运输冷藏车辆时，以自驶或拖拽方式上、下车船。必须吊装时，应使用专门吊具，以免损伤车辆。

9）严禁锐利物器撞击厢体，以防损坏厢板蒙皮。若不慎撞破，小洞可以用硅酮胶（玻璃胶）修补，大洞要及时与厂家联系修理。

三、冷藏保温车厢体常见的损伤及维修

1. 常见损伤

国内冷藏保温车厢体内外蒙皮大多是玻璃钢板，中间夹层（即保温层）基本上都是聚氨酯保温材料，因此国内冷藏保温车厢体常见的损伤有：厢体内外蒙皮划伤及裂纹；厢体保温层破损；厢体内、外蒙皮小面积剥离。

2. 修复措施

（1）厢体内、外蒙皮划伤及裂纹的修复　厢体外蒙皮划伤及裂纹直接影响厢体的外观，而对于厢体内蒙皮的深度划伤及裂纹，则有可能影响保温厢体的保温性能。其修复方法常采用“打磨喷漆处理法”，即先将划伤及裂纹打磨成毛面，然后将调拌好的原子灰均匀地涂抹在上面，待原子灰干透后修磨光平，最后喷漆处理。

（2）厢体保温层破损的修复　由于撞击或其他原因造成保温层破损，这是对冷藏保温车厢体最大的损伤，它极有可能使冷藏保温厢体丧失保温性能。其修复方法大多采用“切

块补偿法”，即将保温层破损部分以最小面积切掉，并制作同样大小的聚氨酯保温材料及玻璃钢板，用玻璃纤维毡将保温材料覆盖并涂上不饱和聚酯胶，贴上、内外玻璃钢板，放置在切割好的厢板孔洞处，用外力将其与整块厢板固定在一起，约 1 ~2h 待胶固化后，修磨喷漆处理。

（3）厢体内、外蒙皮小面积剥离的修复　厢体内、外蒙皮小面积剥离俗称“鼓泡”，是由于在厢板制作过程中，蒙皮与保温层之间有少量气体未能及时排出，致使蒙皮与保温层不能完全粘结。这种现象易造成整块蒙皮完全剥离，严重影响保温效果。其修复方法多采用“注胶法”，即在厢板剥离处中间位置钻一个 ϕ8mm 的小孔，用胶枪将不饱和聚酯胶注入其中，利用外力将其压紧，待胶完全固化后，修磨喷漆处理。

第五章　水路和航空冷藏运输技术

第一节　水路冷藏运输技术

一、水路冷藏运输

水路冷藏运输主要用于渔业，尤其是远洋渔业。远洋渔业的作业时间很长，有的长达半年以上，必须用冷藏船将捕捞物及时冷冻加工和冷藏。此外，由海路运输易腐食品也必须用冷藏船。船舶冷藏包括海上渔船、商业冷藏船、海上运输船的冷藏货舱和船舶伙食冷库，此外还包括有海洋工程船舶的制冷及液化天然气的储运槽船等。

1. 水路冷藏运输的分类

水路冷藏运输可分为三种：冷冻母船、冷冻渔船和冷冻运输船。冷冻母船是万吨以上的大型船，它配备冷却、冻结装置，可进行冷藏运输。冷冻渔船一般是指备有低温装置的远洋捕鱼船或船队中较大型的船。冷冻运输船包括集装箱船，它的隔热保温要求很严格，温度波动不超过±5℃。冷藏运输船又有四种基本类型。

（1）专业冷藏运输舱　主要用于城市之间或城市所属区域范围冷藏运输易腐食品。用于渔船船队，收集和储运渔获物的冷藏船及渔品加工母船也属于此类。

（2）商业冷藏舱　商业冷藏舱即一般货船设置的冷藏货舱。冷藏货舱主要用于运输冷藏货，但也可用于装运非冷藏货。

（3）冷藏集装箱运输船　这类船上设有专门的制冷装置与送、回风设备，为外置式冷藏集装箱供冷。

（4）特殊货物冷藏运输船　典型的货物冷藏运输船有液化天然气运输船、化学品或危险品运输船等。

2. 水路冷藏运输的特点

（1）保温绝热　具有隔热结构良好且气密的冷藏舱船体结构，必须通过隔热性能试验鉴定或满足平均传热系数不超过规定值的要求。其传热系数一般为$0.4\sim0.7W/(m^2\cdot K)$，具有足够的制冷量，且运行可靠的制冷装置与设备，以满足在各种条件下为货物的冷却或冷冻提供制冷量。

（2）结构灵活　水路冷藏运输船舶冷藏舱结构上应适应货物装卸及堆码要求，设有舱高$2.0\sim2.5m$的冷舱$2\sim3$层，并在保证气密或启、闭灵活的条件下，选择大舱口及舱口盖。

（3）自动控制　水路冷藏的制冷系统有良好的自动控制功能，保证制冷装置的正常工作，为冷藏货物提供一定的温度、湿度和通风换气条件。水路冷藏的制冷系统及其自动控制器、阀件技术等比陆用制冷系统要求更高，如性能稳定性、使用可靠性、运行安全性及工作抗振性和抗倾斜性等。

3. 水路冷藏运输用制冷装置

水路冷藏运输船上一般都装有制冷装置，船舱隔热保温。图5-1所示为船用制冷装置布局示意图。船上条件与陆用制冷设备的工作条件大不相同，因此船用制冷装置的设计、制造和安装，需要具备专门的实际经验。在设计过程中，一般应注意以下几个方面的问题：

1）船上的机房较狭小，所以制冷装置要尽可能紧凑，但又要为修理留足够的空间。考虑到生产的经济性和在船上安装的快速性问题，为了适应船上快速安装的要求，已越来越多地采用系列化组装部件，其中包括若干特殊结构。

2）设计船用制冷装置时，要注意船舶的摆动问题。在长时间横倾15°和纵倾达5°的情况下，制冷装置必须能保持工作正常。

3）与海水接触的部件（如冷凝器、泵及水管等）必须由耐海水腐蚀的材料制成。

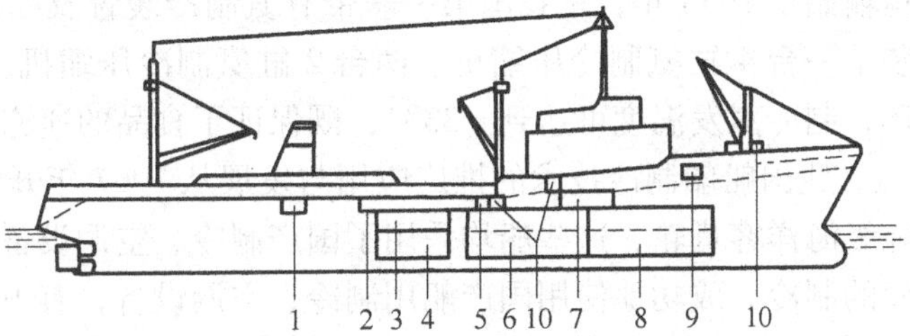

图5-1　船用制冷装置布局示意图

1—平板冻结装置　2—带式冻结装置　3—中心控制室　4—机房　5—大鱼冻结装置
6、8—货舱　7—空气冷却器室　9—厨房制冷装置　10—空调中心

4）船下水后，环境温度变化较大，对于高速行驶的冷藏船，水温可能每几个小时就发生较大变化，而冷凝温度也要相应地改变，船用制冷装置需按最高冷凝温度设计。

5）环境温度的变化会引起渗入冷却货舱内的热量的变化，因此必须控制制冷装置的负荷波动，所以，船用制冷装置上一般都装有自动能量调节器，以保持货舱温度恒定不变。

运输过程中，为了确保制冷装置连续工作，必须装备备用机器和机组。

船用制冷压缩机的结构形式与陆用的并无多大差别，但由于负荷波动强烈，压缩机必须具有良好的可调性能。因此，螺杆式制冷压缩机特别适于船上使用。

4. 水路冷藏制冷设备与陆用冷藏设备的区别

制冷设备应具有更高的使用安全可靠性，较高的耐压、抗湿、抗振性能及耐冲击性；具有一定的抗倾性能，在航行时能抗风浪及在一定的倾斜条件下能保证压缩机正常润滑、安全工作；船用制冷装置的用材应有较好的耐蚀性能；船用制冷装置的安装、连接应具有更高的气密性及运行可靠性；船用制冷装置选用的制冷剂应不燃、不爆、无毒，对人体无刺激，不影响健康；船用制冷装置应具有更好的适应性，安全控制、运行调节及监视、记录系统更加完备。船用制冷设备及备用机的主要要求应以我国“钢质海船入级与建造规范”、渔船应以我国“钢质海洋渔船建造规范”为依据，所有设备配套件均应经船舶检验部门检验并认可后才能装船。

5. 水路冷藏货舱

冷藏货舱按冷却方式分为两种，即直接冷却式和间接冷却式。直接冷却中，制冷剂在冷却盘管内并直接吸收冷藏舱内的热量，其热量的传递依靠舱内空气的对流作用。直接冷却按照空气的对流情况，分为直接盘管冷却和直接吹风冷却两种，前者舱内空气为自然对流，后者为强迫对流。强迫对流冷却的冷却效率高，舱内降温速度快，温、湿度分布均匀，易于实现自动融霜；但其能耗较大，运行费用高，货物干耗大，结构也较复杂。

间接冷却中，制冷剂在盐水冷却器内先冷却盐水——载冷剂，然后通过盐水循环泵把低温盐水送至冷藏舱内的冷却盘管，实现冷藏舱的降温。冷藏舱的降温是通过盐水吸热，相对制冷剂而言，它是间接获得热量。间接冷却根据其空气对流特点，分为间接吹风冷却和间接盘管冷却两种，其特点类同于直接吹风冷却和直接盘管冷却。

二、我国的水路冷藏运输的发展历程

20 世纪 30 年代后期氨制冷技术传入我国，沿海大城市如上海、广州等地建立了具有一定规模的制冰厂，为少数渔船生产出海携带的碎冰，以实现渔品保鲜。

我国船舶冷藏运输始于 1958 年，是我国第一艘带有氨制冷装置及冻结设备的海洋冷藏加工运输船。该船装了一台 4 缸氨制冷压缩机、两台 2 缸氨制冷压缩机（缸径 150mm）组成双级压缩制冷循环，制冷蒸发温度可达到 -33℃，既保证了食品的速冻，更保证了渔品冷藏（-18℃）的低温。我国船舶制冷技术的推广应用与发展从 1967 年开始，当时国内几家造船厂开始建造万吨级海洋客货轮，这些船均采用了国产制冷、空调设备，以保证船员舱室空调和船员伙食冷库的制冷。成功地使用国产船用制冷、空调设备，有力地促进了我国船用制冷技术的应用与发展，也为我国海上和内河冷藏运输奠定了技术基础。一般大型船舶伙食冷库，多采用 2F10 型和 4FV10 型制冷压缩机，空调多采用 6FW10 型和 8FS10 型压缩机。20 世纪 70 ~ 80 年代，船用制冷设备均采用 R12 或 R22 作为制冷剂。

我国海上国际间的冷藏运输是从 1967 年开始的。冷藏运输船按我国“钢质海船建造规范”设计，并符合国际船级社的技术要求。设计的冷藏货舱舱容为 2400m³，选用丹麦 SABROE 公司 SMC10-8S 型活塞式制冷压缩机 2 台；选用 R22 制冷剂，总制冷容量为 180kW（-28 ~ 40℃）；采用吹风式冷却；冷藏货舱温度可以自动调节与控制；具有较完善的安全监控系统和事故声光报警系统，能满足冷藏货舱 -20 ~ 8℃的使用温度要求。

我国内河和沿海冷藏运输量较小，仅在必要时载运 1 ~ 2 只小型机械制冷式冷藏集装箱。随着我国改革开放政策的放宽和实施，沿海省市地区渔业部门自建渔品冷藏库得到重视。一些中、小型渔业冷藏船开始建造，并投入运行。1987 年建造了总吨位 299t 的“海”号冷藏船。该船设有 130t 冷藏货舱，制冷系统使用以 R22 为制冷剂的活塞式压缩机，冷舱温度在 -18 ~ 8℃调节与控制，完成海上渔业和其他食品的冷冻、冷藏运输。1991 年建造了总吨位 775t 的沿海和近洋冷藏运输船，该船设有 500t 冷藏货舱，选用以 R22 作为制冷剂的两台活塞式制冷压缩机，总制冷容量为 54.5kW，冷冻货舱温度可达 -30℃。这些船舶的设计、建造与应用，提高了我国冷藏船的设计能力、制造水平，也促进了我国沿海和近洋冷藏运输的发展，进而为完善我国渔品冷链建设提供了条件。

20 世纪 80 年代迅速兴起的冷藏集装箱运输，严重地冲击了传统的船舶冷藏舱和专业冷藏船。

我国冷藏集装箱制造业的发展从 1995 年开始，生产 20ft 和 40ft 海运标准冷藏集装箱。目前 40ft（集装箱长、宽、高的外部尺寸分别是 40ft、8ft 和 9ft）的高箱已成为我国冷藏集装箱企业生产的主型箱。我国生产的各型冷藏集装箱用的制冷机组均为全封闭活塞式或涡旋式制冷压缩机，制冷剂多为 R134a 和 R404a。

近年来，我国冷藏集装箱建造业发展迅速，正逐步成为世界冷藏集装箱的生产大国，每年生产国际标准冷藏集装箱约4000只。然而应提及的是：至今我国仍然是仅有制造冷藏集装箱箱体及附属设备能力的冷藏集装箱生产厂，而冷藏集装箱核心——制冷机组及控制系统等，依然依靠从国外进口。

第二节　船舶冷藏运输制冷装置与系统

一、船舶冷藏运输中的制冷装置类型及制冷方式

1. *船舶冷藏运输制冷装置*

船舶冷藏包括海上渔船、商业冷藏船、海上运输船的冷藏货舱和船舶伙食冷库。另外，还有海洋工程船舶的制冷及液化天然气的储运槽船等。

渔业冷藏船通常与海上捕捞船组成船队，船上制冷装置为本船和船队其他船只的渔获物进行冷却、冷冻加工和储存。商业冷藏船作为食品冷藏链中的一个环节，完成各种水产品或其他冷藏食品的转运，保证运输期间食品必要的运送条件。运输船上的冷藏货舱，主要担负进、出口食品的储运。船舶伙食冷库为船员提供各类冷藏的食品，满足船舶航行期间船员生活的需要。此外，各类船舶制冷装置还为船员提供在船上生活所需的冷饮和冷食。

2. *船舶冷藏货舱及制冷方式*

我国海上冷藏运输任务主要由冷藏货船承担。为了适应运输的要求，提高船舶的通用性，海上冷藏运输大部分由设置冷藏货舱的一般杂货船完成，其吨位从几百吨到千吨以上。冷藏货轮既可用于装冷藏货，也可用于装载杂货。

冷藏船所采用的制冷装置有氨制冷装置和氟利昂制冷装置。专业冷藏船和渔船以氨制冷机为主，而一般冷藏船或冷藏货舱多采用氟利昂制冷机。制冷压缩机目前以活塞式为多。冷却方式有盘管冷却和吹风冷却两种。采用氟利昂作为制冷剂时，较多选用吹风冷却。冷藏船的供冷方式有干式直接供液、重力供液、氨泵供液及满液式直接供液等。

图5-2所示为船舶典型冷藏货舱的布置图。该船及冷藏货舱均符合我国“海船建造规范”及国际造船通用技术要求。

该船的冷藏货舱分A、B、C、D四层，划分成A、B和C/D三个冷藏分舱，总舱容积为2400m³，采用以R22作为制冷剂的活塞式压缩机，吹风冷却。

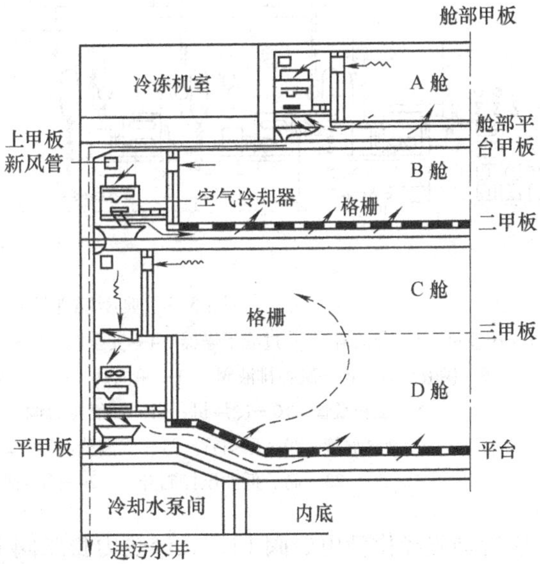

图5-2　船舶典型冷藏货舱的布置图

3. *船舶制冷装置及制冷系统*

（1）典型制冷系统　冷藏货舱的制冷装置选用SABROE SMC10-8S型活塞式压缩机3

台，每台制冷量为55.8kW（40℃/－28℃），选用壳管式冷凝器2台，卧式储液器2只。设肋片空气冷却器6台，附冷风机循环双速风机14台和新风换气风机3台。装置离心式冷却水泵3台。另外，还有臭氧发生器1台，CO_2 气体分析仪1台，R22制冷剂泄漏探测警报器1台。制冷装置的工作满足冷冻货物－20℃、冷却货物8℃的运载降温要求。运载冷却货物时，新鲜空气换气次数为2次/h。全舱冷风循环次数：水果类冷却货物80次/h，冻肉类冷冻货物40次/h。制冷装置的运行工况及制冷机运行台数、冷却水泵运行台数及冷风机换气风机转换，可以根据运载货物种类降温冷却、运载保温要求任意选择。

典型船舶冷藏货舱制冷系统如图5-3所示。压缩机1排出气体经分油器2和排气管进入冷凝器5，R22液化后送入储液器6，同时经过滤干燥器3至供液总管9，供液总管分3路，每路又分别向两组空气冷却器供液。

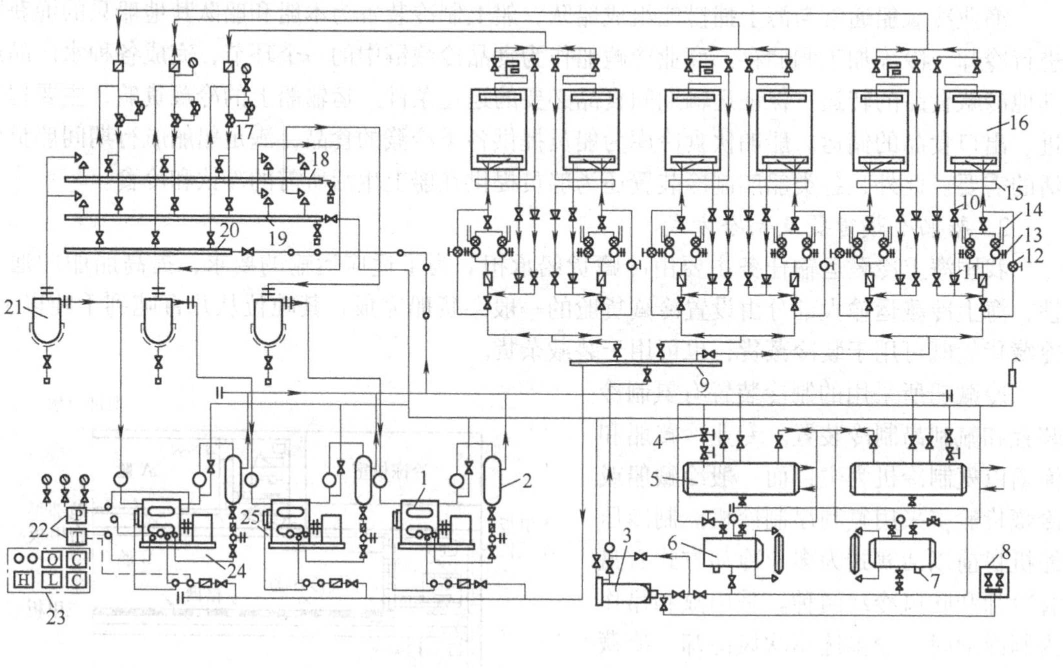

图5-3　典型船舶冷藏货舱制冷系统

1—压缩机　2—分油器　3—过滤干燥器　4—安全阀　5—冷凝器　6—储液器　7—排污阀　8—补充制冷剂阀　9—供液总管　10—融霜排液阀　11—单向阀　12—手动膨胀阀　13—供液电磁阀　14—热力膨胀阀　15—融霜盘管　16—冷风机　17—回气压力调节阀　18—回气总管　19—回气副管兼安全释放管　20—融霜管　21—气液分离器　22—压缩机排气压力及油温控制开关　23—高、低油压控制开关　24—压缩机补油管　25—压缩机回油管

制冷剂先经供液电磁阀13，又经热力膨胀阀14节流而送入蒸发器。汽化后的制冷剂经回气压力调节阀17进入回气总管18或回气副管19，最后经气液分离器21返回压缩机。系统中设有手动膨胀阀12。为了冷却压缩机润滑油，设有润滑油冷却器及相应的压缩机补油管24。本系统采用手动热气逆流式融霜。需融霜时，先关闭供液电磁阀、回气阀，并将热气引入融霜管20后，开启融霜阀，制冷剂即流入蒸发器。融霜后的R22液体经融霜排液阀10、单向阀11流入供液总管9，再向其他冷藏室供液。蒸发器融下的冰霜进入承霜盘，并

被另一路融霜盘管15的热气融为水，排至污水井。该路热气放热冷凝后，经单向阀11流入供液总管9。

（2）系统的自动控制　为了调节和控制各冷藏室温度，每个冷藏室设一套DPT60型温度比例调节器，和由一套电动导阀与主阀组成的调节阀组。自控系统以空气冷却器的出口温度为调节信号，输入（EPT90型）调节器，按输入信号与调节器给定值的偏差值发出动作信号起动电动导阀，自动地调节回气管路的主调节阀开度，改变空气冷却器的蒸发压力，达到对送风温度的自动控制。为了提高调节精度，该系统还与制冷压缩机的自动能量调节配合使用。系统中设有双电磁阀式的能量自动调节系统。两组压力控制器（8℃、-20℃）按压缩机吸气压力信号控制卸载能量调节电磁阀的启闭，能对压缩机进行50%、75%、100%三档自动调节。该系统能达到送风温度±1℃的精度。

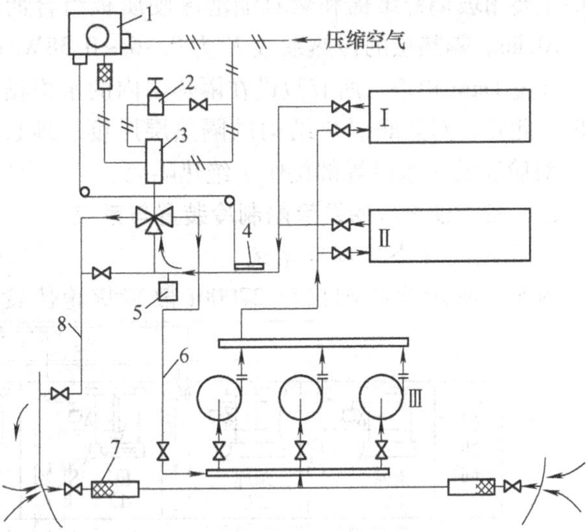

图5-4　船舶冷藏舱制冷装置冷却水温度自动控制系统
Ⅰ、Ⅱ—冷凝器　Ⅲ—海水泵
1—温度控制、指示器　2—调节阀　3—气动隔膜调节阀
4—温包及毛细管　5—流量开关　6—回流管
7—海水滤器　8—排水管

图5-4所示为船舶冷藏舱制冷装置冷却水温度自动控制系统。该系统采用气动隔膜调节阀自动调节冷却水温度，以稳定制冷系统的冷凝压力。它以冷凝器出口温度为信号，改变气动隔膜三通阀开度，调节冷却水回水量和排水量比例，稳定冷却水温度。

该冷藏装置设有较完善的监测、报警和安全系统。系统的功能包括：压缩机电动机过载报警与自动停车；压缩机排气超压、超温、润滑油低压、润滑油超温报警与自动停车；冷藏货舱低温报警；冷风循环风机、换气风机过载报警；R22泄漏报警及冷却水循环异常报警并自动停车。在出现上述故障时，该系统自制冷机室向船舱集中控制室发出声光报警信号，并自动打印记录。

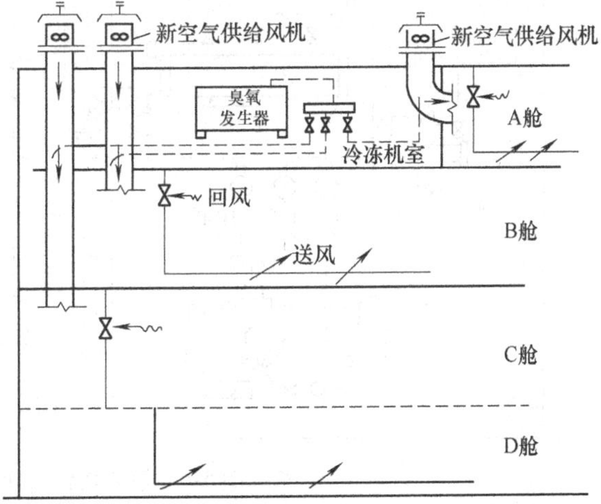

图5-5　船舶冷藏货舱臭氧供给系统

图5-5所示为船舶冷藏货舱臭氧供给系统。该系统设有两点式冷藏货舱及送风温度控制装置，可以数字显示和自动记录。测温点为每层舱三点，其测量精度达±0.2℃。各冷藏舱的臭氧供给

由一臭氧发生器通过新鲜空气进风管送入。

制冷系统的管系除部分泄放管采用纯铜管银焊焊接外，对 R22 低温管系以垫片、垫圈隔热，并保证气密要求。所有 R22 低温管系采用聚苯乙烯泡沫或聚氨酯成型管材料隔热，并以抗低温胶粘结于管壁，其外层涂以低温胶玻璃纤维带旋绕包扎作防水、加固。冷藏舱隔热层主要用玻璃纤维棉和聚氨酯泡沫硬质板组合而成，按不同情况分别取 125 ~ 170mm 和 50 ~ 70mm。隔热层的传热系数 K 为 0.26 ~ 0.38W/(m^2 · K)。隔热层外设 12 ~ 25mm 胶合板，外覆 1mm 铝板。所有敷设在隔热层内的水格栅均作防腐处理，对甲板边缘则作包热桥处理。此外，对船底隔热结构的隔热层厚度、地板强度作了加强设计，其允许负荷为 3t/m^2，对舱底的排水口等部位作了绝热隔离。

二、船舶伙食冷库及渔船制冷装置与系统

1. 船舶伙食冷库制冷系统

图 5-6 所示为我国出口 27000t 散装货轮伙食冷库制冷系统。该伙食冷库设有鱼库

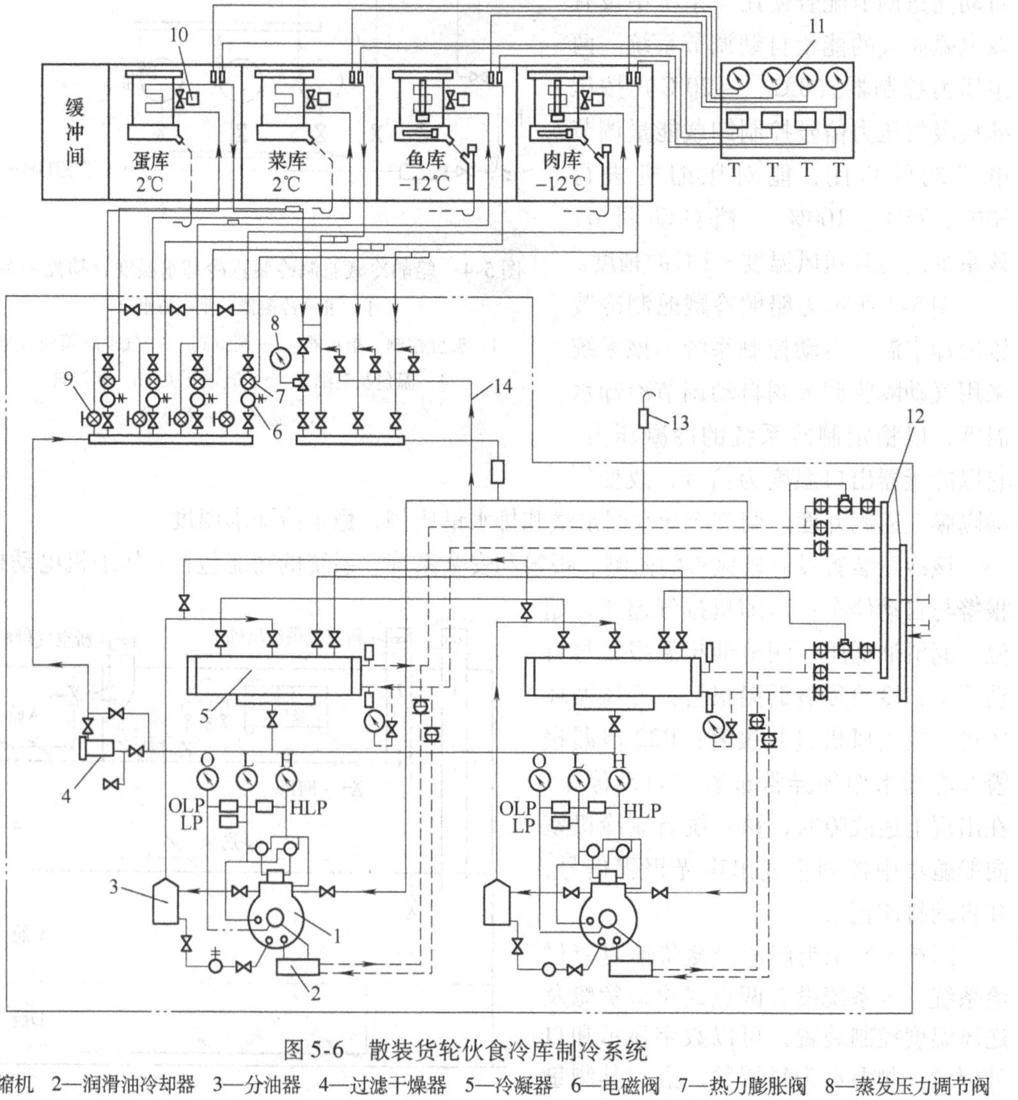

图 5-6　散装货轮伙食冷库制冷系统

1—压缩机　2—润滑油冷却器　3—分油器　4—过滤干燥器　5—冷凝器　6—电磁阀　7—热力膨胀阀　8—蒸发压力调节阀　9—手动节流阀　10—风机　11—冷库温度控制器和指示器　12—冷却水管路　13—紧急释放管路　14—融霜管路

(5.7m³)、肉库（20m³)、蔬菜库（20.7m³)、乳品蛋库（8.0m³）及缓冲间。其制冷采用2套日本浪冷公司（Namlreico，OTD）制造的组装式机组，选用R22为制冷剂。每台压缩机制冷量为9100W（-25℃/40℃）、电动机功率为7.5kW、转速为1150r/min，采用壳管式水冷冷凝器（A_c=3.93m²）。4间冷库中，鱼库、肉库维持库温-12℃，蔬菜、乳品蛋库维持库温2℃，均采用直接吹风冷却。整个系统在自动控制和安全保护下工作。

根据冷库热负荷的大小，两套机组可以同时运行，也可单一机组运行，向4间冷库同时供冷。两套机组可以交替使用，每套机组连续运行一般不超过20h。4间冷库均设有指针式温度计和温度控制器，以指示各库温度和启闭供液电磁阀。若4间冷库均达到库温要求，4只电磁阀均关闭，而使压缩机抽空，自动停车。任一冷库温度回升而供液电磁阀开启后，低压上升到给定值（0.08±0.002）MPa时，压缩机自动起动。压缩机超压后，高压控制器动作，使压缩机停车。产生异常高压时，安全阀打开，制冷剂被自动释放至舷外。

制冷系统采用CPP-15型蒸发压力调节阀，以稳定高温库的蒸发压力。系统采用热气逆流式定时融霜系统，由疏水器自动排水。为保证食品储存质量和冷库消毒杀菌，选用了GM_2型臭氧发生器，定时向冷库供给定量的臭氧。4间冷库均采用聚氨酯隔热材料，冷库内壁采用铝合金板（δ=2mm），以橡胶型不平性腻子密封，再施以压条固定，外表平滑美观、清洁耐用。

2. 海上渔船制冷系统

图5-7所示为我国198t拖网渔船制冷系统。该船为近海捕捞拖网渔船，设有150m³（约66t）鱼舱，舱温为±2℃，采用直接盘管冷却和碎冰冷却，用于渔品保鲜。设计的渔船

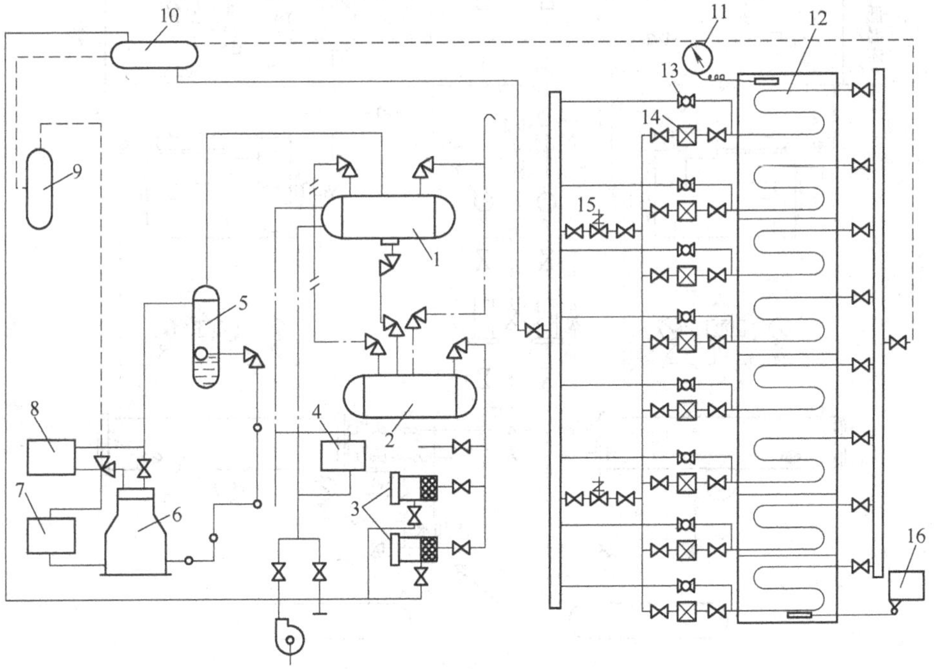

图5-7　198t拖网渔船制冷系统

1—冷凝器　2—储液器　3—过滤器　4—水压控制器　5—分油器　6—压缩机　7、8—高、低压油压控制器　9—气液分离器　10—回热器　11—舱温指示器　12—蒸发盘管　13—手动节流阀　14—热力膨胀阀　15—电磁阀　16—温度控制器

用于拖网作业，每船每天起网3次，每网产量20t，日产60t，平均每航次作业11天。

制冷装置采用双缸活塞式制冷压缩机，标准制冷工况为32500W（R134a），制冷机及辅助设备均装在主机舱内，采用集中控制和远距离温度测量。制冷装置在给定温度下可自动起动、运行、停车。另外，渔船出海时带冰28t，以备制冷装置发生故障时应急之用。

制冷系统由压缩机、分油器、冷凝器、储液器、过滤器、干燥器、供液电磁阀（FDF-13型2只）、膨胀阀（RF2型8只）、蒸发盘管（ϕ38mm×3mm无缝钢管）、气液分离器组成。压缩机配用22kW电动机，系统选用25m^{2}壳管式冷凝器1只，17m^{3}排量、15m扬程离心泵1台，0.3m^{3}卧式储液器1只，蒸发盘管分8组，每组管长100m。

装置的自动控制及安全保护有：KD155型高低压控制器；JC3.5型油压控制器；冷却水系统YT-1226型水压控制器，调定压力为0.15～0.25MPa；WT3-288型电接点压力式舱温控制器（-60～-20℃）两只，与FDF-13型电磁阀配合控制舱温。为保证制冷系统的工作，冷却水泵与压缩机之间采用联锁控制，即温度控制器开启供液电磁阀，同时接通水泵，只有在冷却水压力达到0.151MPa后，压缩机压力控制器才起动压缩机。在两个鱼舱均达到温度控制器给定值后，冷却水泵与压缩机才停车。

图5-8所示为海上作业工程船伙食冷库的制冷系统，其工作原理与图5-6所示制冷系统类同。

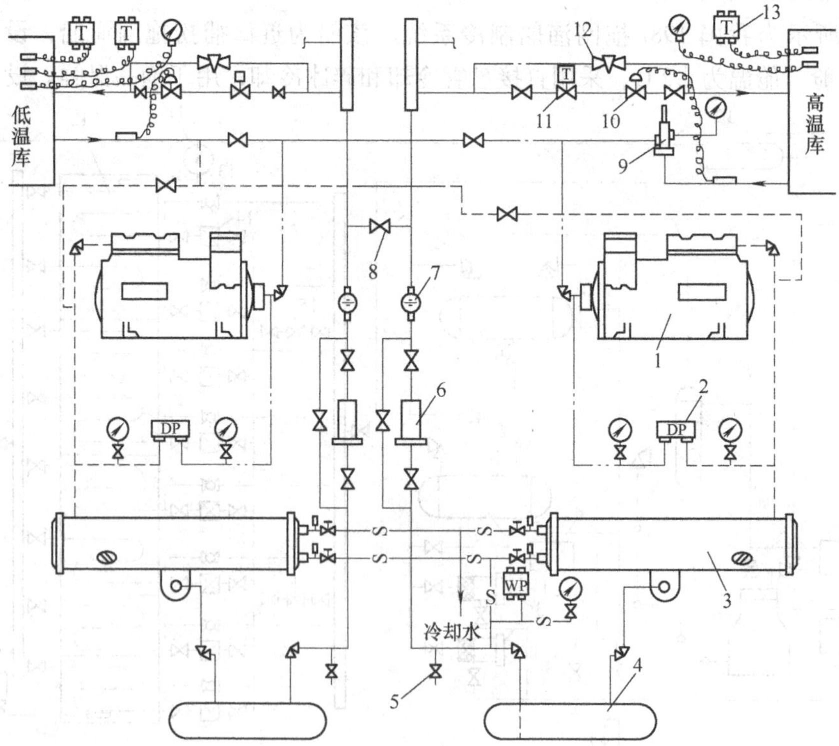

图5-8 海上作业工程船伙食冷库的制冷系统

1—压缩机 2—高、低压控制器 3—冷凝器 4—储液器 5—加制冷剂阀 6—过滤干燥器 7—视液镜 8—截止阀 9—蒸发压力调节阀 10—膨胀阀 11—电磁阀 12—手动节流阀 13—温度控制器

第三节　船舶冷藏集装箱

一、船舶冷藏集装箱及其监控系统简介

目前，在国际海上集装箱运输中采用最多的是 IAA（即 40ft）和 IC（即 20ft）两种。IAA 型集装箱（即 40ft 干货集装箱）内容积可达 $67.96m^3$，一般自重为 3800kg，载重量为 26.68t，总载重量为 30.48t。IC 型集装箱内容积为 $33.2m^3$，自重为 2317kg，载重量为 17.9t，总载重量为 20.32t。

国际上船舶冷藏集装箱基本上分两种：一种是集装箱内带有冷冻机的，称为机械式冷藏集装箱；另一种是箱内没有冷冻机而只有隔热结构，即在集装箱端壁上设有进气孔和出气孔，由固定的冷冻装置供应冷气，称为离合式冷藏集装箱（又称夹箍式或外置式冷藏集装箱）。

离合式冷藏集装箱是在 20 世纪 70 年代之前开发的，集装箱不带制冷装置，通常由船上、码头上或冷藏箱夹箍上的制冷装置提供的冷气制冷。在海运过程中，离合式冷藏集装箱只能堆放在甲板下，在安排箱位时不灵活，其消耗功率比较低。机械式冷藏集装箱由于装有独立的制冷装置，在运输中堆放在甲板上、下都可，卸载比较灵活，在当今冷藏集装箱运输中的应用最为广泛。

在早期的冷藏集装箱内都装有圆盘式温度记录表，承运方可对回气温度进行长达 31 天的记录，这种记录表浪费人力且不满足欧盟的相关规定。随着现代科技的发展，计算机数据记录仪逐渐取代了温度记录表，数据记录仪可储存长达一年的数据。

目前，国际上冷藏集装箱监测装置已发展到第四代，我国在该领域尚属空白。目前，我国的造船配套设备大大落后于国外发达国家，电气设备进口的比例甚至达到 95%，造成外汇大量流失。大力发展国内船舶配套行业会更好地促进造船业和船舶冷藏集装运输业的发展。

1. 船舶冷藏集装箱介绍

冷藏集装箱内的货物水分含量一般都大于 90%，这些货物要求始终处在冷链之内，即产品从生产出厂到消费者使用的整个过程都需要保持在恒定温度下。

冷藏箱内运输的货物可按温度分为冷冻货物和冷藏货物。

（1）冷冻货物　一般温度都在 -10℃以下，如鱼、肉，因此少许的温度波动对货物不会产生影响。为了节省能源，循环风机以低速运行，压缩机根据冷箱的出气温度启停，高于设定温度 0.2℃起动，低于设定温度 0.2℃停止。但为了保护压缩机，防止频繁起动，压缩机在停止一段时间后再起动。

（2）冷藏货物　一般温度都在 -10℃以上，一般为水果、蔬菜，要求精确的温度控制。为更好地保持货物温度，循环风机高速运转，压缩机一直运行，通过制冷剂管路阀的开度或旁通阀的开闭来控制进气温度。

2. 船舶冷藏集装箱监测系统介绍

对于运输冷藏集装箱的航运公司和集装箱码头来说，对冷藏集装箱的主要管理工作就是如何设定控制器的参数和读取数据记录仪的数据。而随着冷藏集装箱数量的增加，航运公司就更需要一个自动系统来对这些冷藏集装箱进行有效的监控。随着集装箱船向大型化发展，

一些船舶能运输多达1000只的冷藏集装箱，因此很有必要在这样的船上安装自动冷藏集装箱遥控监测系统，这样不仅可以削减集装箱的人工巡检费用，同时还可使船员迅速对制冷装置失灵可能产生的问题作出反应，从而避免发生货损。而对于一个大型集装箱码头，用冷藏箱监控系统来监管冷藏集装箱的检测、报警、控制等很有必要。

（1）四极监测系统　冷藏箱监测方式采用的是四极监测，监测冷藏集装箱的温度是否正常。每一个冷藏箱除了供电的电力电缆外，还有一根额外的四芯信号电缆，其中三芯用来传输“压缩机运行”、“融霜”、“温度正常”状态信号，这些信号通常为交流24V信号，另外一芯是公共线。公共线接至冷藏集装箱的制冷装置机壳，通过检测公共线和冷藏集装箱的接地线之间的连接，即可判断该冷箱是否接至四极监测系统。图5-9所示为四极监测信号插头、插座。这三个信号中，“温度正常”是最重要的，如果没有检测到该信号，系统会马上发出警报。“融霜”和“压缩机运行”则提供相关的辅助信息，如“融霜”可用来抑制温度报警（融霜时温度会偏离正常值），而制冷压缩机的长时间连续运行（“压缩机运行”）在低温模式则预示集装箱内有故障。图5-10所示为低温冷藏集装箱功能正常时的信号状态：在正常制冷操作中制冷压缩机启/停；融霜时压缩机停止并在融霜结束后立即起动，且保持运行的时间比正常长，从而散发融霜时积蓄的融霜热量；“温度正常”信号在融霜时因空气被加热而不会出现。

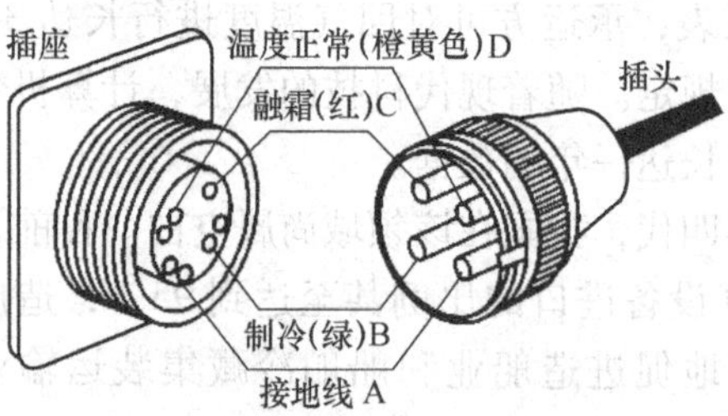

图5-9　四极监测信号插头、插座

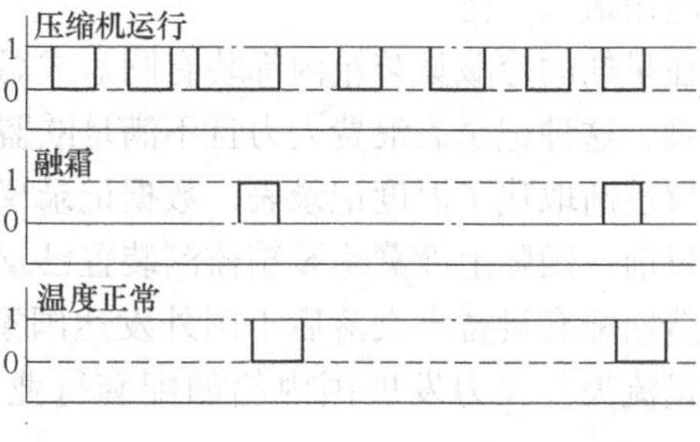

图5-10　低温冷藏集装箱功能正常时的信号状态

在船上或码头上，每一个冷藏集装箱箱位都应有可供四极信号用的插头，这些插头通常都整合在冷藏集装箱的电源插座内，四极信号在这里通过现场总线或电力网络传到监测计算机中。以目前在该领域内技术处于领先地位的厂家约克（York）公司的冷藏箱监控系统为例：安装在冷藏插座箱内的四极监测装置将四极信号转换成RS485信号，通过RS485信号将四极信号的所有信息发送到冷藏监控系统计算机（见图5-11），进行记录和分析。

四极监测系统由于需要额外的四极监测电缆，存在以下几个主要缺点：腐蚀，虽然冷藏集装箱和船上或码头上的四极插头插座都有防护盖，但由于所处的环境大都比较恶劣，腐蚀很严重；机械损伤，四极信号电缆在集装箱捆扎件落下时容易被砸坏，甚至在卸集装箱时由于操作人员没有将其拔下而被扯断。另外，由于信号的传输是通过0V和24V的电压状态来完成的，所以很难确定插头、插座的接触是否良好。

（2）电力载波（PCT）技术　电力载波（PCT）技术在20世纪70年代末首次应用到冷藏集装箱上，并从20世纪80年代初开始大规模地应用。在现代的集装箱上除了由控制器和数据记录仪构成的微处理器外，增加了可提供远程通信用的辅调制解调器。它将冷藏集装箱上制冷装置、温度等信息调制成电力网络线路上的高频信号，再在控制中心或靠近控制中心

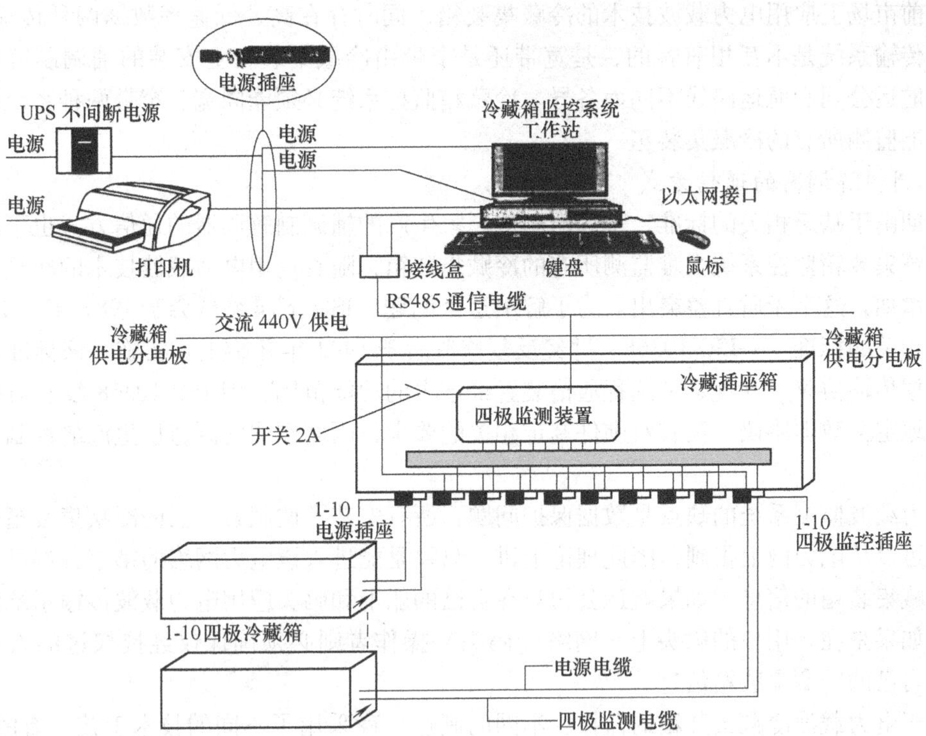

图 5-11　约克公司四极冷藏箱监测系统示意图

处通过一个或多个主调制解调器解调出来，再经总线系统传至监测计算机中，从而达到自动监控的目的。电力载波传输系统中，数据是通过冷藏集装箱的三相电力电缆传输的，因此就消除了四极监测系统中因额外监测电缆所出现的所有问题，而且与四极监测系统相比，冷藏集装箱和主调制解调器之间的数据传输量不受任何限制，这种数据的传输是双向的，即远程监测系统不仅可以接受冷藏集装箱的数据，还可以对冷藏集装箱的温度点等进行远程修改，也可以前期在船上或码头上对冷藏集装箱进行自检，在一个航次结束后再读取数据记录仪的信息，从而更节省成本。

根据调制解调器调制信号的频率不同，可将冷藏箱的电力载波的冷藏箱监控技术分为窄带传输和宽带传输。窄带传输采用的是固定频率，将数据调制成频率约为 55kHz 的信号后加在电力电缆上，其传输速率为 1200 波特（dBV），所以也常被称为“低速率数据系统”。宽带传输采用的是一定带宽的频率，数据传输的波长为 140～400kHz，其传输速率为 19200 波特（dBV），所以也常被称为“高速率数据系统”（见图 5-12）。宽带系统是在 20 世纪 80 年代中期出现的，通过多个频率传输可使系统免受其他（如变频器产生的频率）干扰，使数据传输更可靠。

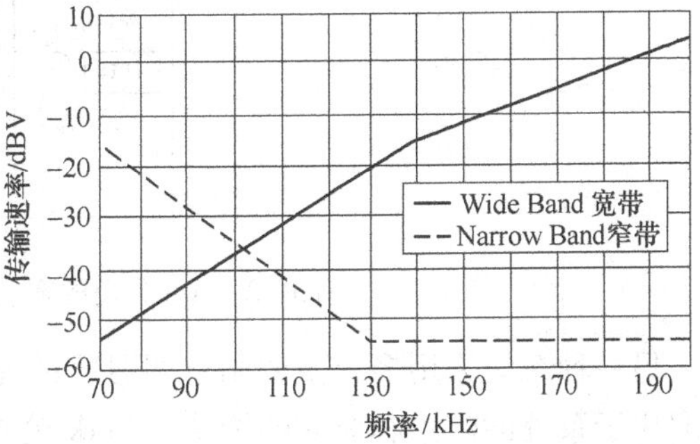

图 5-12　ISO 关于宽带和窄带的滤波器特性

目前市场上应用电力载波技术的冷藏集装箱，同时存在高、低速率数据两种传输系统，这两个传输系统是不互相兼容的，是宽带还是窄带由冷藏集装箱上安装的辅调制解调器决定，因航运公司和航运路线不同而各异。冷藏箱监控系统必须能同宽、窄带两种系统进行通信，才能监测所有的冷藏集装箱。

3. 调制解调器的通信方式

早期由于缺乏相关的标准，不同的制造厂家生产的辅调制解调器的通信方式也不同，从而使冷藏集装箱监控系统很难监测所有的冷藏集装箱，随着运用电力载波技术的冷藏集装箱数量的增加，这个矛盾日益突出。为了解决这个问题，ISO 下属委员会于 1987 年至 1990 年制定了相关的标准——ISO 10368，并经反复修改后于 1992 年开始正式实施。该标准初步规定了数据传输协议，并规定了远程通信装置最基本的功能范围，但 ISO 10368 没有对控制命令精确地定义数据协议，没有对硬件制定相关的要求，因而不同的制造厂生产的控制器功能也不同。

电力载波监测系统的缺点是数据保护问题，所有安装了调制解调器的冷藏集装箱的所有数据都可以从电力网上得到，因此理论上讲，只要是能进入该电力网络的第三方都可读出和更改冷藏集装箱的信息。如果航运公司只在自己的船上和码头应用电力载波传输系统问题不大，但如果是在多用户的码头上，网络（码头）操作者则必须确保仅经授权过的人才能获取属于自己的冷藏集装箱信息。

对于电力载波冷藏集装箱的监控，不同的制造厂商采用了不同的技术工艺。有的系统，如容性电桥网系统，只需一个同监控用计算机进行通信的主调制解调器，该调制解调器通过一个或多个容性电桥装置（CBU）接至三相电力网络中，若电力网络中有变压器还可采用变压器旁路装置（TBU），如图 5-13 所示。

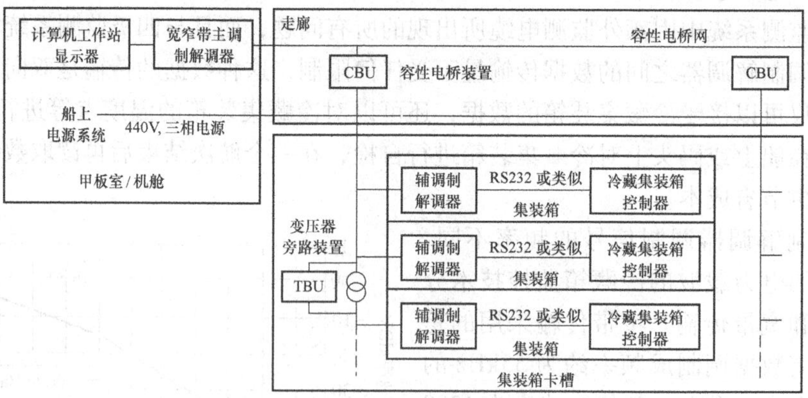

图 5-13 ASI 公司的宽、窄带电力载波系统示意图

另一种系统采用多个主调制解调器通过现场总线与监控计算机通信，主调制解调器的数量取决于系统的配置和监测的距离。York 公司生产的主调制解调器能处理多达 150 个冷藏集装箱，按照每船有 1000 只冷藏箱来计算，7 个主调制解调器就够了，如图 5-14 所示。

该系统最多可处理约 2000 只冷藏集装箱。这种系统的缺点是能同时与监测计算机进行通信的主调制解调器只有一个，这就大大降低了多个主调制解调器系统的平均数据传输速率。而且，冷藏集装箱处在多个主调制解调器的交汇处时，相同的数据可能进行多次不必要

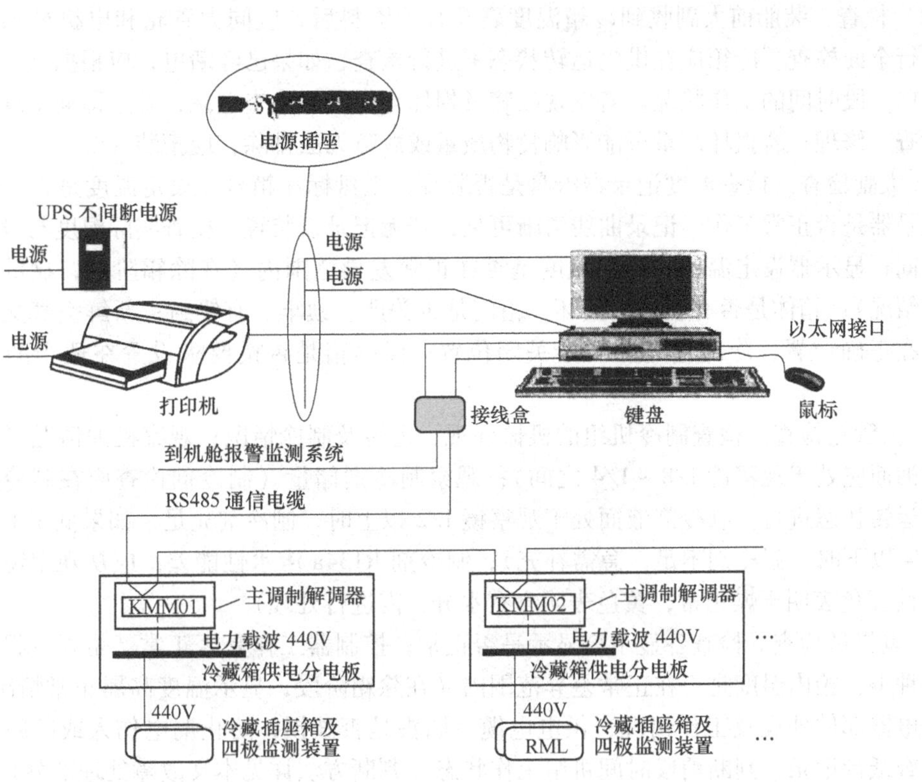

图 5-14　York 公司冷藏箱监控系统示意图

的传输，系统在处理数据时还需将这些重复传输的数据过滤掉。

二、冷藏集装箱船舶运输管理

由于水运自然环境恶劣、运输时间长、风险大，尽管冷藏集装箱技术不断完善并实现现代化智能控制，但货损事故仍时有发生，特别是因在船监督管理不善，造成高额赔偿。因此，必须提高管理人员的素质、加强责任心，并根据船舶性能、箱型、航线和挂港特点等制定一套完整、具体的管理措施，达到安全、准时、优质，满足货主的要求。

1. 船舶冷藏集装箱管理

（1）积载

1）甲板积载。冷藏集装箱（以下简称冷箱）应尽量装于甲板通风处，制冷机组朝向船尾（特别是装于船前部的冷箱），但装于生活区后的制冷机组也可朝向船首。

2）舱内积载。船舶建造规范允许，必要时也可以将冷箱装于舱内。但应尽量将冷箱装于底层，特别是冷冻箱。必须保证货舱内机械通风设备正常工作有足够的换气量（一般冷冻箱的排风量为 $75m^3/min$，进风量为 $37.575m^3/min$），应避免将保鲜箱装于舱内。

冷箱应装于供电插座附近（冷箱自备电缆约 18.3m），并且便于检查和有足够自由空间进行通风和修理。应避免冷箱制冷机组端对装或制冷机组端与其他箱端近距离对装，以便操作与修理。如果条件允许，应尽量将冷箱装于能先装的位置，以便尽早装船供电、检查，如果存在故障可以及时处理。在积载图上应标明冷箱的装载位置、箱型、设定温度及特殊要求等必要资料。

（2）检查　装船前大副收到冷箱温度表及有关资料后，应同大管轮和电机员到现场对冷箱进行全面检查。冷箱应在供电运转状态下进行检查，如果已经断电，应根据纸盘记录判断冷箱前一段时间的工作状况。若发现故障及损坏，应做好检查记录，并立即通知现场管理人员检查、修理；若损坏严重可能影响货物质量或故障无法排除，应拒装。

1）大副检查。检查温度记录器纸盘是否装妥，纸盘标注箱号、设定温度是否与实际相符，记录器是否正常工作、记录曲线清晰可见；若无记录盘装置，检查实际温度与设定温度是否相同；显示器设定温度与箱内温度是否在正常差异范围内（在除霜阶段，显示温度高属正常情况）；箱体是否有破损、损坏，箱门是否关严、锁牢、有铅封；新鲜空气交换窗是否设置在正确位置，冷冻箱是否置于关闭位置；保鲜箱是否按要求设置在适当的百分比开度。

2）大管轮检查。检查制冷机组的机械外观、运转及制冷情况；观察机油情况（压缩机运行时油面应处于观察镜1/8~1/4之间）；观察制冷剂储量（制冷剂检查应在制冷机组处于冷冻运转状态进行，制冷剂液面处于观察镜1/2以上时，制冷剂充足，如果低于1/2或已降至1/4以下时，制冷剂不足，急需补充）；制冷剂R134a溶水性能差，应从观察镜观察其湿度（浅绿色表明干燥正常，黄色表明含有水分，需进行处理）。

3）电机员检查。检查各显示窗显示是否正常；控制器工作是否正常，是否有报警，确认报警种类，箱内温度是否在正常差异范围内（在除霜阶段，显示温度高属正常情况）；制冷机组电器部件外观及工作情况；供电电缆、插头是否破损，防止漏电伤人或断路影响供电；检查纸盘记录，判断前段时间机组工作状态（判断方法详见本文故障处理部分）。

4）装船时检查。甲板值班人员应在现场监装，注意检查箱体六面的外观状态。若发现破损，应立即通知理货员做好破损记录；如果可能影响货物质量，应拒装，并及时通知现场领班、代理及各有关方。

5）装船后检查。每一冷箱装妥后应尽快供电起动，电机员对其工作状态进行复查。如果发现故障且不能排除，应立即通知大副，大副通知现场领班或代理安排专业人员检查、修理。如果故障的确不能排除，应卸船，并通知代理及有关方。

（3）故障排除　冷箱在运输途中出现故障时，轮机员负责制冷机组机械部分和补充制冷剂；电机员负责控制系统和制冷机组电器部分。如果故障无法排除，应采取应急措施保持制冷机组间断运行。冷冻箱应防止机组连续运转损坏压缩机；保鲜箱应防止低温冻损货物。应做好故障、采取措施及应急措施的详细记录。

（4）报告

1）故障报告。当对冷箱故障采取措施无效时，应以最快捷的方式报告公司。报告内容包括：箱号、故障发生时间、设置温度、当时温度、故障现象、故障原因、已采取措施等，公司将咨询专业技术人员指导并采取进一步措施。

2）货损报告。当对冷箱故障采取进一步应急措施无效冷箱停止工作时，应将故障出现时间、采取措施及应急措施、连续温度记录、卸货时温度记录等内容作出详细报告，并以最快捷的方式报告公司，在卸货港安排公证检验。

3）海事声明。在航行途中遇恶劣天气及意外情况时可能造成冷箱损坏，应在到达第一挂靠港时做出海事声明，并委托代理进行公证。

4）其他报告。当采取应急措施仅维持冷箱运转或出现停机故障已接近卸港时，应及时通知公司和卸货港代理尽快安排专业技术人员修理或卸货交货减少损失。

（5）操作及注意事项　冷箱在装货前一般已进行过预检测试（PDI），并在控制器附近贴有预检测试合格标签标明预检测试日期，装货后已对温度进行设置并经一段时间运转后才能装船。在船管理应注意如下事项：

1）冷箱箱体。冷箱箱体大多为铝合金材料制造，材料脆弱，防碰性能差，极易破损、变形。在装卸货时，值班人员应在现场监装、监卸，及时发现破损，分清责任，并通知理货员做好记录。一般小破损可以用金属胶带封堵，以防损坏绝热层。应制止在装箱过程中采用碰箱对位、将加固锁具抛掷于冷箱顶面等可能损坏冷箱的作业方式。

2）冷箱自备电缆。冷箱装船后，船方负责拉电缆供电，卸船前负责断电收妥电缆到冷箱电缆储放室内。装卸时，应注意将电缆妥善地存放于储放室内，以防在吊运过程中散落损坏或伤害人员，特别是装于专用集装箱船隔栅式舱内时间隙小极易损坏。拉接电缆应避免通过其他箱下方或用插头连接延长电缆等，以防电缆破断或连接器材进水损坏。

3）接、断电。连接电源时，要确保制冷机组开关和电源开关处于关闭状态，绝不能用电源线直接起动和关闭机组。船舶供电一般为460V/380V高压电，若开关处于开启位置带电插接，一旦漏电极其危险，且会损坏连接器材。另外，不能用湿手或在潮湿的情况插拔电缆以防触电。

4）机组各盖板和水密门。在装卸过程中，机组各盖板和水密门应关紧、拧牢；检查、维修操作水密门必须关严、保持水密，否则一旦进水可能损坏电器部分和控制系统。

5）制冷机组。机组在正常运转时各部分部件可能高温或低温，在检查或附近作业时应注意做好防护，防止烫伤或冻伤。

6）维修。在维修前，必须使开关处于关闭位置，以防突然起动造成伤害；维修控制集成模块时必须小心静电释放，以防烧坏电子元件；补充制冷剂时，必须根据不同制冷剂使用不同专用设备，否则会损坏设备，并且无法有效补充；不同种类的制冷剂绝不能混用。

7）箱体焊接。为避免损坏机组，焊接前必须断开所有电源、控制器电子模块。焊接时，焊条尽量接近焊接区减少电流通过电路或电子元件。

2. 简单故障及处理

（1）电源供应

1）无电力供应。供电插座电源开关未打开或过载保护装置断开，应检查打开；供电电缆破断、电源插头松动，应检查电力是否进入冷箱机组，修妥重接；冷箱机组电源关未打开，应检查打开；冷箱供电选择开关与电力供应不匹配（460V/230V），应设置到对应位置；冷箱高压、低压、过热等自动保护断电器跳起，应检查复位。

2）有电力供应。机组不起动或起动后又停止，该状态一般会有警告灯亮并显示故障码，可根据故障码或根据预检测试记录资料有针对性地检查故障并进行排除。

机组按程序逐步起动，蒸发器风扇起动后，压缩机发出嗡嗡声但不起动或起动后很快跳电，应检查电压是否过低、三相电缺相或三相电不平衡。

（2）制冷系统　制冷系统正常工作时，压缩机平稳运转、排气温度过热、冷凝器风扇排风较热、低压入口端较冷并结有薄冰霜。

1）压缩机机组按程序逐步起动，蒸发器风扇起动后，压缩机先发出咔的声音，后是嗡嗡声，不起动很快跳电，压缩机卡死。

2）机组起动、运转，并长期处于制冷状态或持续不停地工作，但箱内温度降不下来，传感器故障，应改变温度显示，即将进风温度显示改为回风温度显示或反之，如果温差相近，传感器感温正常。箱内温度偏离设置温度范围，应改变温度显示，即将进风温度显示改为回风温度显示或反之，只要有温度接近设置温度，则制冷系统工作正常；造成此故障的可能原因是箱内货物装得过满超过极限高度，使箱内空气不能正常循环；货物未预冷或未预冷到设定温度；制冷机运转正常，但制冷量不足。制冷剂不足，观察在储液筒视液镜中没有任何液体流动、冷凝器风扇排风同常温、压缩机低压入口端温度变化不明显，应补充制冷剂；除霜不正常蒸发器盘管结冰，制冷剂不能有效蒸发吸热，在制冷系统回路中逐渐蒸发吸热，使管路严重结冰霜，应检查自动除霜功能、改变除霜时间间隔、手动除霜。

（3）根据记录曲线判断故障　为直观将纸盘记录的极坐标系变为直角坐标系，横轴为时间、纵轴为温度。

1）正常的曲线应为相似的规则曲线。开始曲线逐渐向下为货物刚装箱，制冷机组工作，箱内温度逐渐下降，达到设定温度后为直线；一定间隔出现的峰值为除霜过程。如果未设定除霜功能，即为在设定温度的直线。

2）制冷剂不足或膨胀阀阻塞。除霜后，温度曲线开始直线下降，然后缓慢下降，最低温度达不到设定点，且除霜周期逐渐变短。

3）控制器保护装置关闭制冷系统，仅蒸发器风扇工作，使箱内空气循环，箱内温度逐渐上升。

4）由于蒸发器风扇卡死或不能接通运转，造成过量制冷，低压保护开关短周期间断接通。

5）在冷冻模式进风温度传感器和回风温度传感器同时故障的情况下，不影响冷箱、制冷系统继续工作，箱内保持较低温度。

6）在保鲜模式进风温度传感器和回风温度传感器同时故障的情况下，压缩机停止工作，蒸发器风扇低速运转，使箱内空气循环，箱内温度逐渐上升，达到一定温度保持不变。

7）蒸发器盘管结霜，制冷系统未进行除霜，制冷系统不能正常制冷，箱内温度逐渐上升。

第四节　船舶制冷装置制冷剂

一、船用制冷装置制冷剂 R12 及其替代物

R12 会破坏臭氧层，因此在 1990 年加拿大的蒙特利尔国际会议上发表了缔约国协定书，决定 2000 年停止生产 CFC 制品，在哥本哈根会议上又决定提前到 1996 年。

作为 R12 替代物的主要有 R22、MP39 和 R134a 等。含氢氯氟碳化合物（代号 HCFC）的制冷剂 R22（CHF_2Cl）破坏臭氧层，将被禁用。1993 年曼谷会议上规定 2015 年禁止生产 R22。不破坏臭氧层、符合环境保护要求的制冷剂不允许含氯，因此，从热力性质、节能潜力和冷冻速率几方面都比 R134a 更适宜替代 R12 的制冷剂 MP39，由于其含有 Cl，还会破坏臭氧层，只能作为短期过渡替代物。R134a 以其可靠的安全性、良好的环境兼容性及其与 R12 相似的热物理性，而成为较理想的 R12 的替代物。

（1）R12 与 MP39（由 R22、R152a、R12A 组成的三元混合物）的比较　这种由三种制

冷剂按不同组分制成的混合工质，由美国杜邦公司作为商品出售，共有三种不同组分（见表5-1）。由于合理配比，MP39具有高于R12的COP值，节能潜力较大；而R134a的COP值低于R12，其系统能耗较高，将造成过多的CO_2和氮氧化物的排放，加剧日益严重的“温室效应”。

表5-1 杜邦公司出售的MP39制冷剂的组分

MP系列	HCF-22	HFC-152a	HCFC-124
MP33	40%	17%	43%
MP39	53%	13%	34%
MP66	61%	11%	28%

（2）碳氢化合物 欧洲研究人员反对开发含氯的替代工质如MP39。基于温室效应，也反对应用含氟的替代工质R134a，提倡用天然气体HCS。德国制造的“绿色冰箱”于1994年已正式销售，它采用碳氢化合物作制冷剂，或采用丙烷C_3H_8与异丁烷C_4H_{10}各占一半的混合物，或采用C_4H_{10}来替代R12。但HCS这类碳氢化合物易燃、易爆，不安全，美国认为目前不宜采用它们作为制冷剂。我国认为此种碳氢化合物可用于电冰箱，因为它属于封闭系统，其制冷量少，不易泄漏，因此其安全性尚可；如果将其用于船舶，因船舶的振动、冷剂用量较大和系统是密封装置存在漏泄的可能，这些都是不安全因素，因此不能将HCS作船用R12的替代物。

（3）R12与R134a的比较 R134a是氢氟碳化物，不含氯，它是二氢四氟乙烷的同分异构物，所以在R134后加一个a。它是世界各国投入大量人力、物力研制出的R12的替代物，美国杜邦公司投入数十亿美元的资金，已于1991年实现R134a的商品化生产，并于1993年完成毒性试验，适用的润滑油也已批量生产，所以可以在船用制冷装置中用它作为替代物考虑，只是性能系数COP值略有降低。R12和R134a的热物理特性值见表5-2，当冷凝温度为41℃、蒸发温度为-27.6℃时二者各参数的比较见表5-3。

表5-2 R12和R134a的热物理特性值

工　质	R134a	R12
分子式	CF_3CH_2F	CCl_3F_2
相对分子质量	102.03	120.93
标准沸点/℃	-26.5	-29.8
凝固点/℃	-101.0	-155.0
临界温度/℃	100.6	112.0
临界压力/kPa	3944	4120
临界比体积/(L/kg)	2.047	1.793
25℃时液体密度/(kg/L)	1.203	1.309
25℃时蒸汽压力/kPa	661.8	651.6
标准沸点饱和蒸汽密度/(kg/m^3)	5.05	6.33
25℃液体比热容/[kJ/(kg·K)]	1.129	0.973
25℃时常压下蒸气比定压热容/[kJ/(kg·K)]	0.791	0.615

（续）

工　质		R134a	R12
标准沸点汽化热/(kJ/kg)		219.8	165.3
25℃时热导率/[W/(m·K)]	蒸气	0.0083	0.0097
	液体	0.118	0.068
25℃时常压下动力粘度/(Pa·s)	蒸气	1.23×10^{-5}	1.11×10^{-5}
	液体	待定	2.52×10^{-4}
24℃时表面张力/(N/m)		0.0108	0.0091
25℃常压下在水中溶解度，质量百分比		0.15	
单位容积制冷量/(kJ/m^3)		677.31	730.82
单位制冷量/(kJ/kg)		141.6	111.82
吸气比体积/(m^3/kg)		0.209	0.153
单位压缩功/(kJ/kg)		66.83	51.9

表 5-3　当冷凝温度为 41℃，蒸发温度为 -27.6℃时 R12 和 R134a 各参数的比较

比较的参数	R134a	R12	增减值
p_{in}/MPa	0.095	0.111	-14.4%
p_{out}/MPa	1.043	0.984	4.9%
p_{in}/p_{out}	11.01	8.86	24.0%
相对 R12 制冷量	0.92	1.0	-8.0%
COP 值	2.91	2.92	-0.34%

从表 5-2 和表 5-3 可知，从物理性上比较，R134a 与 R12 十分接近，其单位质量制冷量比 R12 高出 26.4%，而容积制冷量都低于 R12 。所以，原来用 R12 作制冷剂的制冷压缩机改用 R134a，其制冷量要下降一些，若要保持压缩机转速不变，压缩机的容量必须加大 8% 左右。从 COP 值来看，R134a 的 COP 值略小于 R12，即若获得相同的制冷量，R134a 系统能耗将高于 R12 系统。另外，由于 R12 用的矿物质润滑油，与 R134a 不相溶，要改用合成油（PAG 与酯类合成油，牌号为 EASTER），干燥剂也得改用新的合成分子筛，如采用不吸附 R134a 的合成泡沸石作干燥剂。

R12 及其主要替代物的制冷性能指标综合比较情况见表 5-4 和表 5-5。

上述 R12、R134a 和 MP39 几种制冷剂，其另外的性能指标比较列于表 5-5 中。

表 5-4　几种制冷剂制冷性能指标的比较

制冷剂	R12	R134a	MP39	R22
大气压下沸点/℃	-29.8	-26.22	-28.4	-41
在大气中存在的寿命/年	103.8	17.4	14.5	19
可燃性极限/(mg/kg)	无	无	无	无
毒性极限/(mg/kg)	1000	1000	800	1000
臭氧破坏系数 ODP 值	1	0	0.03	0.055
温室效应比较值 GWP 值(R11 为 1)	3.05	0.25	0.23	0.36

表 5-5 当冷凝温度为 54℃，蒸发温度为 -23℃，过热度为 32℃条件时各制冷剂的性能指标

制冷剂	R12	R134a	MP39
冷凝压力/kPa	1336.0	1454.5	1538.0
压比	9.96	12.46	11.3
排气温度/K	398.93	391.11	407.98
COP 值	2.15	2.11	2.20
容积制冷量/(kJ/m^3)	730.52	677.31	802.98
吸气比体积/(m^3/kg)	0.153	0.209	0.194
单位压缩功/(kJ/kg)	51.9	66.83	70.70
压缩机	原 R12 系统	用原 R12 机，当加大转速时，可用 R12 时的相同制冷量	用原 R12 机转速不变时即可用
换热器	原 R12 系统	原 R12 的可用	原 R12 的可用
润滑油	原 R12 系统	应改用 EASTER 油	原 R12 的可用
干燥剂	原 R12 系统	应改用	应改用

由于到 2015 年禁止用 R22 冷剂，MP39 也列为不再生产之列，所以若在航船舶较新，估计服役期会超过 2015 年，其原 R12 机应该采用 R134a 作替代制冷剂。

R134a 与一般制冷系统所用矿物油不相溶，更换工质前需冲洗系统以确保原矿物油残留量低于 1%；此外，R134a 易水解，为防止发生水解，在充注制冷剂之前，系统应用真空泵充分抽真空，并在投入运转工作之后，确保系统干燥。

二、自然制冷剂在冷藏船舶运输中的应用前景

自然制冷剂主要包括空气、氮气、碳氢化合物、氨、二氧化碳、氦气等。氦、空气、氮气、甲烷等属于低沸点工质，适用于低温范围，如液化气体运输等。

1. 自然制冷剂在冷藏运输船舶上的应用现状

冷藏运输船舶的一般船龄平均为 10~20 年。世界现役船队 80% 以上的冷藏运输船舶在其空调、食品冷冻机、货物冷藏和冷却设施中采用传统的 HCFC 类制冷剂，如 HCFC22。只有某些新造的船舶采用了基于 HFC 的制冷剂，如 HFC134a。新生产的冷藏集装箱几乎只用 HFC134a。虽然“蒙特利尔议定书”对 HFC 类制冷剂是否禁产禁用尚无定论，但由于其 GWP 值高而被“京都议定书”列入限制名单。

受传统观念的影响，采用自然制冷剂的国外运输船舶较少，而家用冰箱冷柜、空调及大型冷库运用自然制冷剂的技术较为成熟。除了少数冷藏运输船舶用氨制冷剂及 NH_3/CO_2 复叠式制冷系统外，自然制冷剂在运输船舶上应用得极少。随着氯氟烃替代形势的日益严峻，国外在运输船舶上应用自然制冷剂替代氯氟烃的趋势越加明显。

由于受技术及国情等诸多因素的影响，除了一些冷藏船外，国内的运输船舶用自然制冷剂替代氯氟烃制冷剂的事例尚未有报道。如我国航运界大型国有企业中国海运集团有各类船舶近 400 艘，在船队制冷和空调装置中使用氯氟烃类制冷剂约占 80%，冷藏集装箱 60% 以上仍使用氯氟烃类制冷剂。

2. 氨、丙烷和 CO_2 的基本热物性及其在冷藏运输船舶上的应用范围

（1）氨　氨是最早用于人工制冷的自然制冷剂之一，具有优良的热力和流动性能，且

价廉，易获得。氨属于中温制冷剂，沸点为-33.4℃，常温及普通低温范围内压力较适中，冷凝压力不超过1.6MPa。氨在蒸气压缩式制冷系统中具有适应温度范围广、相变潜热大、黏性小、流动阻力小、传热性能好及热效率高等优点。无论是单工质还是混合工质的氯氟烃类物质制冷过程均不如氨有效。例如氨在中温区域内的COP、容积制冷量均高于HCFC22，在低温区域的COP比HCFC22稍低，但比R134a高。

氨的管内、外冷凝换热系数和沸腾时的换热系数均比HCFC22高得多，因此，在相同条件下，有利于缩小蒸发器和冷凝器的换热面积，实现设备小型化，这对运输船舶有现实意义。

船舶氨系统存在安全性及与润滑油互溶问题。氨气有毒，但其刺激性气味又有利于在发生泄漏时的报警和采取防范措施。氨在空气中的含量达15.5%～27.0%（体积分数）时可燃，着火温度为651℃，故氨虽为可燃气体却很难引燃。运输船舶上只要应用合理的密闭机房、气体指示器和有效的通风系统以及对船员进行良好的安全培训，严格执行操作规程，并配备必要的防护工具，应该是安全的。

氨与润滑油的互溶性问题在技术上已能处理，例如日本的前川制作所试制的组合型氨制冷装置就很好地解决了这一问题，同时在系统设备小型化上也取得了进展。

由于氨的毒性及安全性问题，氨制冷系统在运输船舶上主要采用间接系统，即采用载冷剂（如盐水等）传递冷量。鉴于氨系统的制冷特点，外置式冷藏集装箱采用制冷系统统一供冷可以考虑使用氨系统。大型冷藏船及冷藏船舱也可考虑使用氨制冷系统。

虽然氨替代氟利昂系统代价很大，但随着人们对环境保护的日益关注、船舶安全管理制度的健全及技术的进步，氨制冷剂在新造运输船舶上的应用大有可为。

（2）丙烷　丙烷作为制冷剂较为成熟的应用领域是化工及家用空调、冰箱业。运输船舶应用丙烷作为制冷剂的最大障碍是其在一定条件下的可燃可爆性。但丙烷本身的主要热物理特性（如标准沸点、凝固点、临界温度、临界压力等参数）都与HCFC22极其相近，故丙烷具备替代HCFC22的基本条件。表5-6列出了丙烷与HCFC22的基本物理性能比较。

表5-6　丙烷与HCFC22的基本物理性能比较

制冷剂	HCFC22	丙烷
标准沸点/℃	-40.78	-42.07
凝固点/℃	-160	-187.70
临界压力/MPa	4.974	4.254
临界温度/℃	96.2	96.8
临界比体积/(m^3/kg)	0.001904	0.004545
ODP值	0.0055	0
GWP值	0.34	0
燃烧范围	不燃	2.1%～9.5%（体积分数）

丙烷在能耗、与系统的相容性及价格上较HCFC22有优势，丙烷系统的排气温度比HCFC22系统低；丙烷与矿物油相溶，不存在HCFC22需要特殊防腐橡胶和漆包线那样的问题；价格仅为HCFC22的10%，且易获得。

丙烷为高可燃性物质，燃烧范围为2.1%～9.5%（体积分数），燃点为466℃，但事实上丙烷的汽化热值是 HCFC22 的 1.84 倍，密度小，在相同条件下可减少丙烷系统的充注量。经证实，丙烷制冷剂的充注量为0.07kg/kW，如果采用新技术可减至0.04kg/kW。极少的丙烷充注量对内置式冷藏集装箱及高级船员使用的独立于船舶制冷系统的冰箱、冷柜系统中制冷剂替代有现实意义。例如，我国从国外进口的40ft 铝或不锈钢内置式冷藏集装箱，装载容积为45m^3，压缩机制冷量一般为 1.5 ~ 3kW，如果改用丙烷系统，按保守的 0.07kg/kW 充注量计算，需注入的丙烷不到0.5kg，即使发生全部泄漏的最恶劣工况，在空气中的浓度也不足1%，远低于其爆炸浓度范围。另外，内置式冷藏集装箱制冷机的冷凝器都为风冷，通常装在船甲板上启运，故通风条件良好。

丙烷系统一般采用透平压缩机，故如果对传统的容积式压缩机进行更换，设备上的代价较大。为确保丙烷系统的安全性，可采取安装烃类报警器或传感器，在丙烷内加入阻燃工质等措施。

(3) CO_2 从1886 年作为制冷剂应用直至20 世纪五六十年代，CO_2 在船舶制冷空调领域中的应用极其普遍。CO_2 安全无毒、不可燃，这是它曾被广泛用于船舶的主要原因。另外，CO_2 的 ODP 值为零，GWP 值如果采用废气回收则为零；如果运行接近甚至超过临界点，则其压力接近于最佳经济水平；完全适用于各种润滑油和常用机器零部件材料；价格是 HCFC22 的 10%，且易获得。人们可能对 CO_2 的窒息性提出质疑，但值得注意的是传统的氯氟烃类制冷剂的窒息性几乎和 CO_2 相同。

CO_2 在运输船舶制冷领域内的主要应用是和氨或 HFC134a 组成复叠式制冷系统，即在高压级用氨或 HFFC134a 作为第一制冷剂，低压级用 CO_2 作为第二制冷剂。第二种情况以 CO_2 作制冷剂的低温系统，但需解决压力及临界温度低（31℃）导致的能效较低等问题。在运输船舶上也可使用 CO_2 热泵热水加热器，经证实比采用电能或天然气燃烧加热可节能75%。天津大学制冷研究所认为 CO_2 是运用于船舶空调制冷领域内很有潜力的替代制冷剂。相关的科技人员也积极进行有关 CO_2 热力循环的特性研究。

CO_2 要求设备和系统循环技术有更多的新发展，如需解决 CO_2 系统的空冷机、冷凝器、泵、压缩机及相关的阀件和控制设备的技术问题。

第五节 航空冷藏运输技术

一、航空物流体系及其构成

航空货运业在探索如何满足货主的物流及供应链管理需求的战略问题上，融入到了物流产业的发展过程中，航空物流产业逐渐演变产生出来。航空物流体系作为航空物流的综合体，由航空物流网络系统、航空物流生产服务系统、航空物流组织管理和协调系统组成。

1）航空物流网络系统是基础层，由以航空运输为主的运输线路基础设施、场站基础设施、通信信息基础设施、仓库基础设施等构成。其中相当部分由政府投资兴建，具有社会公益性的特点。完善的物流基础设施是航空物流发展的基本保障。

2）航空物流生产服务系统是业务层，由具体的航空物流业务构成，主要是指航空物流企业的经营行为。它是航空物流业发展的核心。

3）航空物流组织管理和协调系统是管理调控层，由相关的物流管理组织机构、产业政策、法规体系、标准化体系、产业发展战略规划等构成，承担着航空物流业的规划、指导、调控、管理等功能，是航空物流业发展的关键。

这三个方面构成了航空物流体系生产能力的主要因素。要发展和完善航空物流体系，也主要在这三个方面下工夫，同时要注意三个层次之间的分工协作、合理配置问题，以及航空物流体系与整个物流体系及与国民经济之间的协调发展问题，以保证整个物流体系与社会经济发展的适应性，促进社会经济持续稳定地发展。

二、航空冷藏运输的特点

航空冷藏运输是现代冷链的组成部分，是市场贸易国际化的产物。航空运输是所有运输方式中速度最快的一种，但是运量小、运价高，往往只用于急需物品、珍贵食品、生化制品、药品、苗种、观赏鱼、花卉、军需物品等的运输。航空冷藏运输作为航空运输的一种方式，具有以下特点：

（1）运输速度快　飞机作为现代速度最快的交通工具，是冷藏运输中的理想选择，特别适用于远距离的快速运输。然而飞机往往只能运行于机场与机场之间，冷藏货物进出机场还要有其他方式的冷藏运输来配合。因此，航空冷藏运输一般是综合性的，采用冷藏集装箱，通过汽车、列车、船舶、飞机等联合连续运输，被称为横跨集装箱运输，不需要开箱倒货，实现“门到门”快速不间断冷环境下的高质量运输。但资料介绍，这种横跨运输费用在美国港口内已经降低到集装箱水路运输费用的1/30，港口停留时间从7天降低到15h。

（2）可广泛应用冷藏集装箱　航空冷藏运输是通过装载冷藏集装箱进行的，除了使用标准的集装箱外，小尺寸的集装箱和一些专门行业非国际标准的小型冷藏集装箱更适合于航空运输，因为它们既可以减少起重装卸的困难，又可以提高机舱的利用率，给空运的前后衔接都带来方便。

（3）液氮、干冰作为冷源　由于飞机上动力电源困难、制冷能力有限，不能向冷藏集装箱提供电源或冷源，因此空运集装箱的冷却方式一般采用液氮和干冰。在航程不太远，飞行时间不太长的情况下，可以对货物适当预冷后保冷运输。由于飞机飞行的高空温度低，飞行时间短，货物的品质能够较好地保持。

三、航空冷藏运输的发展前景

随着国民经济的发展和人民生活水平的提高，航空冷藏得到了快速发展。随着冷藏运输工具、冷藏技术的发展和普及程度的提高、冷藏集装箱联运组织系统的改善，横跨集装箱运输的费用大幅下降，运输时间大大缩短。人们对航空冷藏运输的需求量越来越大，如高级宾馆的生鲜山珍海味、特种水产养殖的苗种、跨国的花卉业、观赏鱼等，经常采用航空冷藏运输的方式，因此，航空冷藏运输是一项很有发展前途的行业。

第六章　冷藏集装箱运输技术

第一节　冷藏集装箱概述

一、冷藏集装箱的定义与类型

1. 冷藏集装箱的定义

集装箱是一种标准化的运输工具，根据国际标准化组织的定义，它应具备下列条件：

1）具有足够的强度，可长期反复使用。

2）适用于一种或多种运输方式运送；途中转运时，箱内货物不需换装。

3）具有快速装卸和搬运的装置，特别便于从一种运输方式转移到另一种运输方式。

4）便于货物装满和卸空。

5）具有 $1m^3$ 及以上的容积。

凡具有隔热的箱壁（包括端壁和侧壁）、箱门、箱底和箱顶，能阻止内、外热交换的集装箱称为保温集装箱。

保温集装箱是一个总称，根据中华人民共和国国家标准 GB/T 7392—1998《系列 1 集装箱的技术要求和试验方法　保温集装箱》的分类，保温集装箱中常见的冷藏集装箱的分类和定义详见表 6-1。

表 6-1　冷藏集装箱的分类和定义

代码	冷藏集装箱的分类	定　义
30	耗用冷剂式冷藏集装箱	指采用冷态之类作制冷剂的带有或不带蒸发控制的集装箱。此类集装箱泛指各种无需外接电源或燃料供应的保温集装箱
31	机械式冷藏集装箱	设有制冷装置（如制冷压缩机组、吸收式制冷压缩机组等）的保温集装箱
32	制冷/加热集装箱	设有制冷装置（机械式制冷或耗用制冷剂制冷）和加热装置的保温集装箱
45	隔热集装箱	不设任何固定的临时附加的制冷和/或加热设备的保温集装箱
46	气调或调气装置的冷藏和加热式集装箱	设有冷藏和加热装置并固装有一种调气设备，可以产生和/或维持一种修饰过的空气成分的保温集装箱

冷藏集装箱是一种附有冷冻机设备，并在内壁敷设热传导率较低的材料，用以装载冷冻、保温、保鲜货物的集装箱。冷藏集装箱是具有良好隔热、气密，且能维持一定低温要求，适用于各类易腐食品的运送、储存的特殊集装箱。

根据箱体主要部位使用材质的不同，目前生产的冷藏集装箱有钢箱和铝箱两种。钢箱和铝箱的常用材料见表 6-2。

2. 冷藏集装箱的类型

（1）耗用冷剂式冷藏集装箱　此类集装箱主要包括冷冻板冷藏集装箱、干冰冷藏集装箱和液氮冷藏集装箱。

表 6-2 钢箱和铝箱的常用材料

部件＼箱种	钢箱/mm	铝箱/mm
外顶板	不锈钢/冷轧钢板 1.0、1.2	铝板 1.6、2.0，不锈钢 1.0、1.2
内顶板	宽铝板 0.9、1.0、1.2，不锈钢	宽铝板 0.9、1.0，不锈钢 0.7、0.8
内衬板	不锈钢 0.7	不锈钢 0.7
外侧板	冷轧钢板 0.7、0.8、1.0、1.2，不锈钢	整张宽板、窄板铆接 1.27、1.4、1.6
底架	普通钢 3.5～8，冷轧钢板，铝型材	普通钢 3.5～8，冷轧钢板，铝型材
T 地板	铝型材	铝型材
发泡底板	玻璃钢(FRP)、冷轧钢板(钢)、顶涂窄板	玻璃钢(FRP)、冷轧钢板(钢)、顶涂窄板
前后框	冷轧钢板、普通钢	冷轧钢板、普通钢

注：来源于 HDB/JT 001—2000《冷藏集装箱加工贸易单耗标准》。

冷冻板冷藏集装箱是指采用冷冻板，利用低温共晶液进行储冷和供冷的集装箱。

干冰冷藏集装箱和液氮冷藏集装箱是利用干冰或液氮在大气压力下汽化温度低的特点，用干冰或液氮在汽化时所吸收的潜热和升温显热达到制冷效果。采用干冰或液氮制冷所用设备简单，无运动部件，降温快，制冷过程中无需动力电源供应。

耗用冷剂式冷藏集装箱的特点是在运输过程中，不需要外接电源或燃料供应等，无任何运动部件，维修保养要求低。其主要缺点是无法实现连续制冷；储冷剂放冷或消耗后必须重新充冷或补充；较难实现精确温度控制；制冷设备占用空间较大。耗用冷剂式冷藏集装箱只能适应小型冷藏集装箱的短距离运输。目前耗用冷剂式冷藏集装箱只有在区域性短途冷藏运输中尚有使用，而在国际冷藏运输中已不使用并有逐步淘汰的趋势。

（2）机械式冷藏集装箱　根据 GB/T 7392—1998 的分类，机械式冷藏集装箱是指设有制冷装置（如制冷压缩机组、吸收式制冷机组等）的保温集装箱。制冷/加热集装箱是指设有制冷装置（机械式制冷或耗用制冷剂制冷）和加热装置的保温集装箱。在实际应用中，通常把这两类保温集装箱通称为机械式冷藏集装箱。

机械式冷藏集装箱不仅有制冷装置，而且同时具有加热装置，可以根据需要采用制冷或加热手段，使冷藏集装箱的箱内温度控制在所设定的温度范围内。一般机械式冷藏集装箱的箱内控制温度范围为 $-18\sim38$℃。

机械式冷藏集装箱以压缩式制冷为主。当机械式冷藏集装箱在船上运输或集装箱堆场时，由船上或陆上电网供电；而当机械式冷藏集装箱在陆上集装箱专用拖车运输时，一般由车载柴油发电机供电。

机械式冷藏集装箱是当前技术最为成熟，应用最为广泛的一种冷藏运输工具。

（3）隔热集装箱　隔热集装箱是指不设任何固定的、临时附加的制冷或加热设备的保温集装箱。隔热集装箱是一个具有良好隔热性能的集装箱。为实现其保温功能，必须要有外接制冷或加热设备，向箱内输送冷风或热风以达到保温的目的。

隔热集装箱的特点是箱体本身结构简单，箱体货物有效装载容积率高，造价便宜，适合大批量、同品种冷冻或冷藏货物在固定航线上运输；缺点是缺少灵活性，对整个运输线路上的相关配套设施要求高。

隔热集装箱在 20 世纪 70 年代前曾经是国际之间冷藏保鲜货物的主要运输工具之一，随着20世纪80年代之后机械式冷藏集装箱的大量使用，目前隔热集装箱已逐步被更为灵活的机械式冷藏集装箱所取代，但在某些具有稳定货源的航线上仍有使用。

（4）气调冷藏集装箱　气调冷藏集装箱具有一般机械式冷藏集装箱的所有制冷或加热功能，同时气调冷藏集装箱装有一种调气设备，可以产生和维持一种修饰过的空气成分，以减弱新鲜果蔬的呼吸量和新陈代谢强度，从而减缓果蔬的成熟进程，达到保鲜的目的。

气调保鲜的关键是调节和控制货物储存环境中的各种气体的含量。目前最常见的是用充氮降氧的方法来降低环境中的氧气含量，控制乙烯含量，减缓果蔬成熟。气调冷藏集装箱的气密性要求较高，一般要求漏气率不超过 $2m^3/h$。采用气调冷藏运输具有保鲜效果好、储藏损失少、保鲜期长和对果蔬无任何污染的优点。但由于采用气调设备后，技术要求高、冷藏箱价格高，并且气调在大批量货物的储存和运输中更有优势，因此目前使用还不普遍。

由于目前实际应用中主要以机械式冷藏集装箱和隔热集装箱为主，因此本章主要介绍隔热集装箱和机械式冷藏集装箱，尤其以机械式冷藏集装箱为主。

二、冷藏集装箱的尺寸与计量单位

国际通用冷藏集装箱作为一种标准化的运输工具，其外观尺寸必须符合 ISO 668：1995 和 GB/T 1413—1998 的有关规定，而冷藏集装箱内部尺寸则由于制造厂家的不同而有所变化，但冷藏集装箱的最小内部高度为集装箱外部高度减 241mm，最小内部宽度为 2330mm，最小门框开口宽度为 2286mm。冷藏集装箱最小内部长度和门框开口高度可参见 GB/T 1413—1998《系列 1 集装箱分类、尺寸和额定质量》的有关规定。

从表 6-3 所列冷藏集装箱外形尺寸和允许公差中可以看出，各种型号冷藏集装箱的宽度均为 2438mm；长度有 12192mm、9125mm、6058mm 及 2991mm 四种；箱高为 2438mm 的集装箱的型号为 1A、1B、1C 及 1D，箱高为 2591mm 的集装箱为高箱，其型号为 1AA、1BB 及 1CC，箱高为 2896mm 的集装箱为超高箱，其型号为 1AAA 和 1BBB。

表 6-3　冷藏集装箱外形尺寸和允许公差

<table>
<tr><th rowspan="2">集装箱型号</th><th colspan="4">长度 L</th><th colspan="4">宽度 W</th><th colspan="4">高度 H</th></tr>
<tr><th>mm</th><th>公差 mm</th><th>ft in</th><th>公差 in</th><th>mm</th><th>公差 mm</th><th>ft</th><th>公差 in</th><th>mm</th><th>公差 mm</th><th>ft in</th><th>公差 in</th></tr>
<tr><td>1AAA</td><td rowspan="4">12192</td><td rowspan="4">0
-10</td><td rowspan="4">40ft</td><td rowspan="4">0
-3/8</td><td rowspan="4">2438</td><td rowspan="4">0
-5</td><td rowspan="4">8</td><td rowspan="4">0
-3/16</td><td>2896</td><td>0
-5</td><td>9ft6in</td><td>0
-3/16</td></tr>
<tr><td>1AA</td><td>2591</td><td>0
-5</td><td>8ft6in</td><td>0
-3/16</td></tr>
<tr><td>1A</td><td>2438</td><td>0
-5</td><td>8ft</td><td>0
-3/16</td></tr>
<tr><td>1AX</td><td><2438</td><td></td><td><8ft</td><td></td></tr>
<tr><td>1BBB</td><td rowspan="4">9125</td><td rowspan="4">0
-10</td><td rowspan="4">29ft11 $\frac{1}{4}$in</td><td rowspan="4">0
-3/16</td><td rowspan="4">2438</td><td rowspan="4">0
-5</td><td rowspan="4">8</td><td rowspan="4">0
-3/16</td><td>2896</td><td>0
-5</td><td>9ft6in</td><td>0
-3/16</td></tr>
<tr><td>1BB</td><td>2591</td><td>0
-5</td><td>8ft6in</td><td>0
-3/16</td></tr>
<tr><td>1B</td><td>2438</td><td>0
-5</td><td>8ft</td><td>0
-3/16</td></tr>
<tr><td>1BX</td><td><2438</td><td></td><td><8ft</td><td></td></tr>
</table>

（续）

集装箱型号	长度 *L*				宽度 *W*				高度 *H*			
	mm	公差 mm	ft in	公差 in	mm	公差 mm	ft	公差 in	mm	公差 mm	ft in	公差 in
1CC									2591	$^{0}_{-5}$	8ft6in	$^{0}_{-3/16}$
1C	6058	$^{0}_{-6}$	19ft10 $\frac{1}{2}$in	$^{0}_{-1/4}$	2438	$^{0}_{-5}$	8	$^{0}_{-3/16}$	2438	$^{0}_{-5}$	8ft	$^{0}_{-3/16}$
1CX									<2438			
1D	2991	$^{0}_{-5}$	9ft9 $\frac{3}{4}$in	$^{0}_{-3/16}$	2438	$^{0}_{-5}$	8	$^{0}_{-3/16}$	2438	$^{0}_{-5}$	8ft	$^{0}_{-3/16}$
1DX									<2438		<8ft	

国际上集装箱的计量单位用TEU来表示，TEU（Twenty -feet Equivalent Units）又称20ft换算单位，是计算集装箱箱数的换算单位。目前各国大部分集装箱运输，都采用20ft和40ft长的两种集装箱。为使集装箱箱数计算统一化，把20ft集装箱作为一个计算单位，40ft集装箱作为两个计算单位，以利于统一计算集装箱的营运量。标准集装箱基本上是三类：20×8×8(ft)、20×8×8.6(ft)、40×8×8.6(ft)（长×宽×高，1ft=0.3048m）。使用温度范围为-30℃（用于运送冻结食品）到12℃（用于运送香蕉等果蔬），更通用的范围是-30~20℃。我国目前生产的冷藏集装箱主要有两种外形尺寸：6058mm×2438mm×2591mm和12192mm×2438mm×2896mm。

第二节　冷藏集装箱的工作原理

一、隔热冷藏集装箱

1. 隔热冷藏集装箱的工作原理

隔热冷藏集装箱是一种具有良好隔热性能的集装箱，所有箱壁都采用导热系数低的隔热材料制成。如图6-1所示，在箱子的一端有两个风口，下部为送风口，上部为回风口，风口可通过专用接头与制冷装置的供风系统相连。从隔热冷藏集装箱上部回风口抽回的回风，经制冷装置冷却降温后，再分别送入集装箱的下部送风口。低温空气从送风口进入箱内后，先进入箱底风轨，再向上经过货物后，从回风口被抽出回到制冷装置，以达到对冷藏货物的降温、保温作用。

由于隔热冷藏集装箱必须依赖于其外部的制冷与送风装置进行工作，因此在使用中有明显的局限性。

2. 隔热冷藏集装箱的工作特点

隔热冷藏集装箱由于本身无任何制冷能力，必须依赖外部制冷装置与系统来维持其正常的工作。

当隔热冷藏集装箱处于船舶运输途中时，采用船舶集中式制冷系统向冷藏箱供冷，但货舱中必须有隔热冷藏集装箱专用设施，且隔热冷藏集装箱只能装载在船舶货舱内。由于船舶制冷装置不可能提供太多种送风温度，且各冷藏集装箱的回风经汇合后返回到集中式制冷装

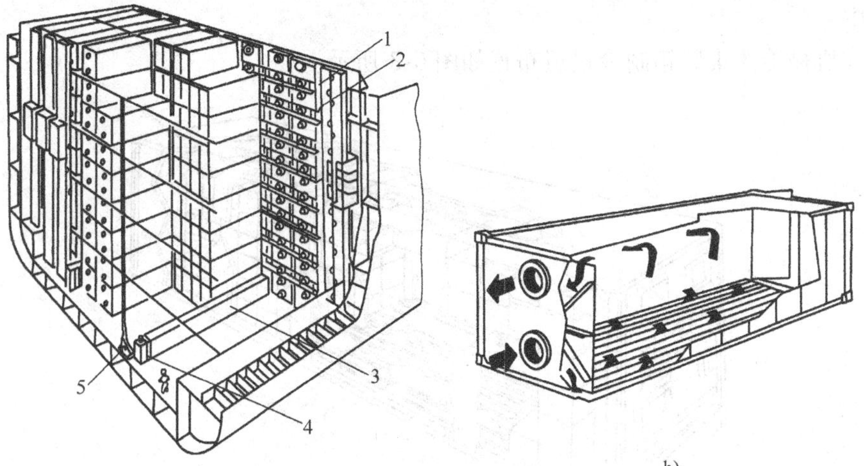

a)　　　　　　　　b)

图 6-1　隔热型冷藏集装箱

a）结构及装载方式　b）气流流动情况

1、3—风管　2—送风机　4—空气冷却器　5—排风机

置处，即各冷藏集装箱的回风存在混合问题，因此隔热冷藏集装箱较适合运送同品种的冷藏货物。另外，只有当冷藏集装箱的数量足够多时，集中式制冷装置才能显示其经济性。因此，隔热冷藏集装箱只有在运送大批量、同品种的冷藏货物时，其经济性才能得到充分体现。

当隔热冷藏集装箱处于集装箱堆场时，可采用集装箱堆场的集中式制冷系统向隔热冷藏集装箱供冷，以维持冷藏箱的正常工作。因此，保证隔热冷藏集装箱正常工作的必要条件是：集装箱所途经的堆场，必须要有能维持冷藏集装箱正常工作的集中式供冷装置和设施。

当隔热冷藏集装箱处于车辆运输途中时，一般采用壁挂式制冷装置向隔热冷藏集装箱供冷，以保证隔热冷藏集装箱的正常工作。

目前国际上隔热冷藏集装箱的主要航线是澳大利亚与欧洲及美国之间、欧洲与南美之间的肉类和季节性水果的运输。隔热冷藏集装箱的制造在 20 世纪 70 年代达到顶峰，但由于隔热冷藏集装箱在使用上的局限性，目前除在具有稳定的大批量货源的部分航线上仍有使用外，隔热冷藏集装箱已逐步被使用上更具灵活性的机械式冷藏集装箱所取代。

二、机械式冷藏集装箱

1. 机械式冷藏集装箱的工作原理

机械式冷藏集装箱由具有良好隔热结构的集装箱和与箱体构成一体的机械制冷装置组成。机械式冷藏集装箱的外形尺寸是标准的 20ft 或 40ft。制冷装置藏在箱体的一端，因此机械式冷藏集装箱有时也称为内藏式冷藏集装箱。

机械式冷藏集装箱的工作原理如图 6-2 所示，冷藏集装箱由箱体和制冷装置两部分组成。制冷装置的蒸发器离心风机将冷藏集装箱的回风经回风格栅后抽回到制冷装置，回风经蒸发器降温后，被送入送风道并进入送风压力室；冷却降温后的送风从送风压力室经 T 形风轨被送入冷藏集装箱，冷风在冷藏集装箱内从下往上经过货物后回到回风格栅进入下一次循环。在机械式冷藏集装箱正常工作过程中，冷藏集装箱内部的热量由循环空气不断带回到制冷装置；制冷装置中的制冷剂不断地将热量从蒸发器带到冷凝器，并由冷凝器将热量排至周围环境中。

内藏式机械冷藏集装箱制冷机组布置如图6-3所示。

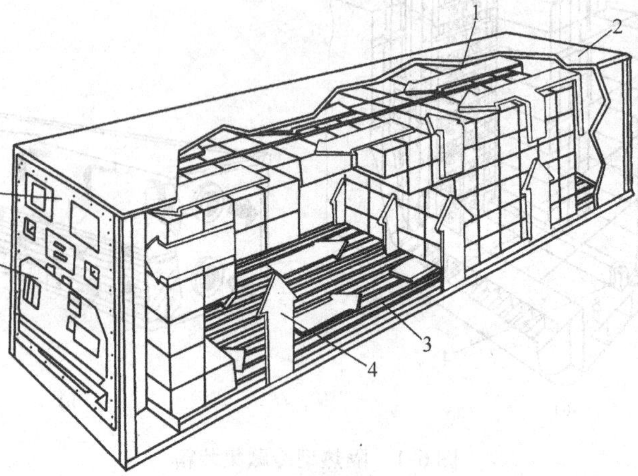

图6-2　机械式冷藏集装箱的工作原理

1—回风气流　2—箱体　3—通风轨道　4—送风气流　5—制冷机组　6—冷风机位置

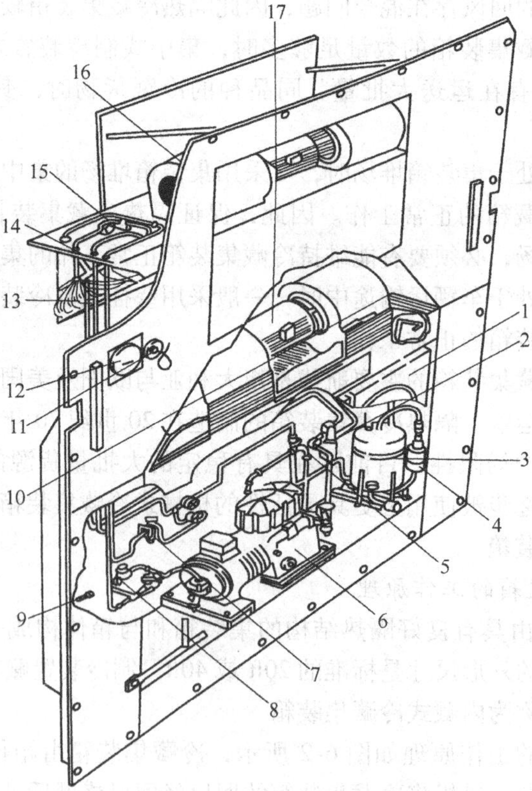

图6-3　内藏式机械冷藏集装箱制冷机组布置

1—控制箱　2—回气调节阀　3—辅助冷凝器（水冷）　4—过滤干燥器　5—视液镜　6—半封闭式制冷压缩机　7—供液阀　8—旁通阀　9—温度控制器　10—主冷凝器（风冷）　11—箱内气体取样口　12—新风进口　13—空气冷却器（蒸发器）　14—电热元件　15—热力膨胀阀　16—蒸发器风机　17—冷凝器风机

图 6-4 所示为计算机控制的冷藏集装箱制冷系统。该系统利用计算机进行多方位控制制冷装置的工作，保证装置在高效、安全的工况下运行。系统中的回气调节阀 24，可以通过计算机控制器 25 精确调节和控制返回压缩机的制冷剂流量，并防止压缩机过载。当回气调节阀 24 开度过大时，为了防止压缩机排气温度过高，计算机控制器 25 将发出信号，开启喷液阀 22，使少量制冷剂节流后进入压缩机，以降低压缩机的排气温度，并冷却压缩机及电动机。

当制冷装置从环境温度开始降温时，回气调节阀 24 处于全开状态，旁通阀 5 和喷液阀 22 处于关闭状态，装置制冷量最大。随着送风温度的下降，当温度接近设定温度时，回气调节阀 24 的开度逐步关小。使制冷剂流量减小，制冷量下降，回气调节阀的开度由计算机控制器 25 进行比例控制，并与冷藏集装箱的实际负荷相匹配。当回气调节阀 24 的开度下降到 65% 时，喷液阀 22 开始工作，脉冲性地向压缩机喷液降温，随着回气调节阀 24 开度的不断减小，喷液阀 22 的工作时间不断加长；当回气调节阀 24 开度下降到 20% 以下时，喷液阀 22 将保持连续打开状态。随着送风温度继续下降逐步接近设定温度，压缩机的吸气量不断下降，吸气压力也不断下降。当送风温度与设定温度的差小于 0.6℃时，旁通阀 5 开启。回气调节阀 24 的开度越小、吸气压力越低，旁通阀 5 的开度越大，制冷剂从排气侧向吸气侧旁通的量也越多，回流的制冷剂流量补偿了由于热负荷下降而减少的蒸发器回气量，使吸气压力下降速度减慢，延长了压缩机的工作时间，保证了制冷装置工作到设定温度。

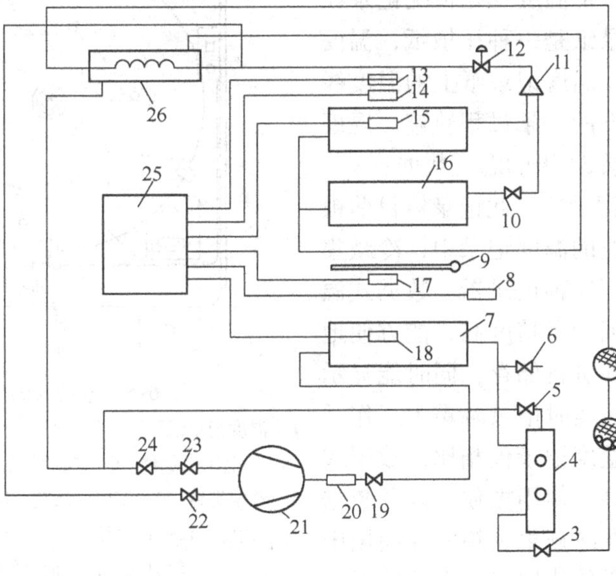

图 6-4　计算机控制的冷藏集装箱制冷系统（THERMO KING CSR-40）

1—过滤器　2—过滤干燥器　3—储液器出液阀　4—储液器　5—旁通阀　6—高压释放阀　7—冷凝器　8—环境温度传感器　9—电加热器　10—除湿阀　11—分液器　12—热力膨胀阀　13—回风湿度传感器　14—回风温度传感器　15—蒸发温度传感器　16—蒸发器　17—送风温度传感器　18—冷凝温度传感器　19—压缩机排出阀　20—排气温度、压力及高压保护　21—制冷压缩机　22—喷液阀　23—吸入截止阀　24—回气调节阀　25—计算机控制器　26—回热器

冷藏集装箱通常采用电热式融霜，根据冷却或冷冻的不同工况，可在控制器上预先设定融霜时间间隔。融霜间隔时间通常为 3 ~ 8h。当装置处于融霜工况时，控制器先停止压缩机

和蒸发器风机的工作，再开始电加热器的工作。当蒸发盘管传感器温度达到预定温度时，控制器将停止加热器的工作，融霜过程结束，装置重新转入制冷工况。

冷藏集装箱用的制冷剂：在20世纪90年代中期以前，以R12或R22为主；自20世纪90年代中期开始，逐步改用R134a和R404。

冷藏集装箱大多采用半封闭或封闭式制冷压缩机。传统的冷藏集装箱制冷压缩机使用单级活塞式压缩机，现代冷藏集装箱制冷压缩机则有以涡旋压缩机为主的趋势。

2. 机械式冷藏集装箱的温度记录

冷藏集装箱的温度记录是货物实际承运人与托运人之间表明货物运输质量的一种凭证。货物一旦入箱就必须开始冷藏集装箱的温度记录，直至货物运输到目的地开始卸货为止。送风温度与回风温度是冷藏集装箱的两个重要控制参数，而回风温度更接近箱内货物温度变化的实际情况。因此，在只能记录一个温度参数的情况下，通常把冷藏集装箱的回风温度作为记录参数。

（1）温度记录仪　常见的冷藏箱温度记录仪，有采用上发条的纯机械式和采用电池为动力的电动式两种。图6-5所示为电动式温度记录仪。圆形温度记录纸1安装在记录器图表底板14上，记录盘由石英电动机驱动，逆时针回转。温度记录笔9依据温包感受的箱内温度的变化作左右摆动，把温度变化情况记录在温度记录纸1上。记录纸是一种压敏纸，温度记录笔9是一支铁笔，温度记录纸上的温度线是铁笔在压敏纸上留下的一条过程轨迹。温度记录纸一般最长能记录31天的温度数据。

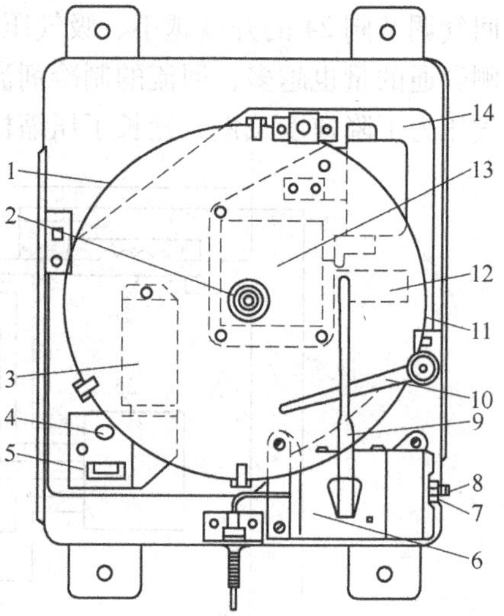

图6-5　电动式温度记录仪

1—温度记录纸　2—紧固螺母　3—电池　4—试验按钮　5—电压指示器　6—感温驱动装置　7—调节螺钉　8—锁定螺钉　9—温度记录笔　10—升降臂　11—时间刻度　12—接线板　13—石英电动机和减速齿轮总成　14—记录器图表底板

（2）数据式温度记录器　此记录器目前被广泛地应用于各行各业的温度记录中，冷藏集装箱的温度记录也使用这种记录器。数据式温度记录器的优点是数据记录精度高，能方便地显示温度的实时情况并进行储存，同时能显示和储存多个数据，并能实时记录融霜等工作开始和结束时间等。与温度记录仪相比，数据式温度记录器具有精度高、使用方便，以及数据易于保存等优点，但在冷藏集装箱实际使用中却不如温度记录仪那样使使用者一眼就能了解整个冷藏货物运输过程的温度变化情况。数据式温度记录器仅显示了冷藏箱当前的温度情况，要了解整个历史情况，明显不如温度记录仪直观明了；数据式温度记录器所反映的数据是不连续的，这也是目前大多数冷藏箱仍保持使用温度记录仪作为温度显示的主要原因。当然，从冷藏集装箱自动控制的发展趋势看，数据式温度记录器是冷藏集装箱温度显示与记录的必然发展趋势。

（3）货物内部温度记录　为更详细和精确地了解冷藏货物在运输过程中的温度情况，使用数据式温度记录器对运输过程中的内部货物温度进行记录。在货物装箱时，发货人将温度记录器放入冷藏集装箱内；运输过程结束，收货人打开温度记录器，取出记录纸带，就可以得到整个运输过程中货物温度随时间变化的曲线图，所有信息一目了然。

另一些冷藏集装箱制造商则利用数据式温度记录器，对箱内货物实行了多点采样集中显示方式。图 6-6 所示为货物内部温度记录器位置。采样点与显示器之间一般使用有线信号传输。

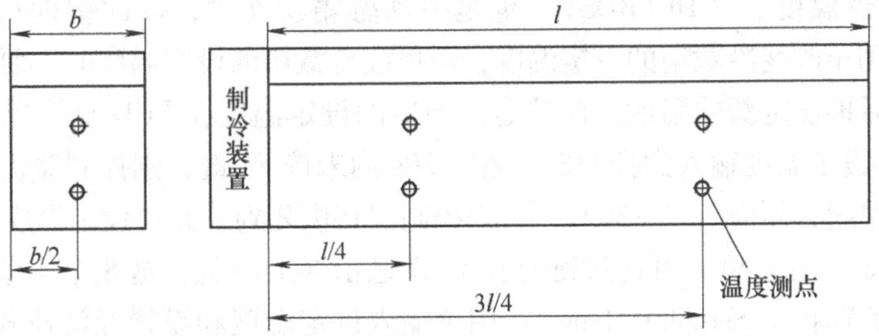

图 6-6 货物内部温度记录器位置

3. 冷藏集装箱机组控制器

现代机械式冷藏集装箱机组的运行操作控制、状态监测及记录，全部由一个先进的微处理控制器来完成。微处理控制器控制所有机组功能，以使货物保持在合适的温度，同时也监测和记录系统运行情况及故障。下面以较具代表意义的 THERMO KING MP-3000 控制器为例，说明控制器的基本功能。

图 6-7 为 MP-3000 控制器操作面板。操作面板分为 4 个部分。

在第 1 部分中，LED 发光二极管显示屏用于温度显示，同时显示温度单位；状态指示灯 RETURN 和 SUPPLY 表明出现在显示屏上的是送风温度还是回风温度；其余位于上方的 6 个状态指示灯，分别用于指示湿度模式（HUMIDITY）、压缩机（COMP）、加热（HEAT）、融霜（DEFROST）、设定温度范围（IN-RANGE）及报警（ALARM）。当某一状态指示灯亮时，表明机组处于该运行模式或状态。例如，当融霜指示灯（DEFROST）亮时，表示机组正处于融霜运行模式；压缩机状态指示灯（COMP）亮时，表示压缩机正处于运转状态。

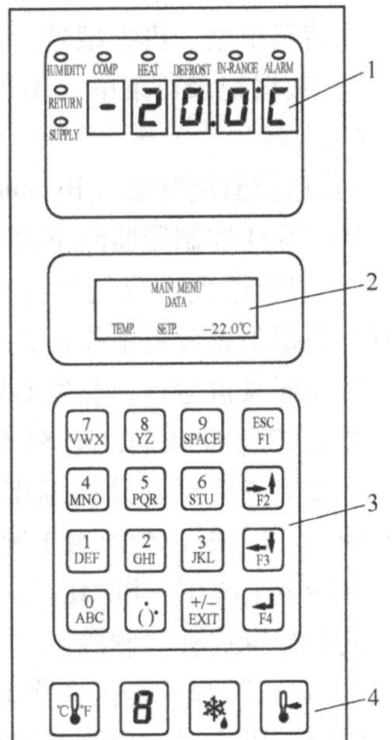

图 6-7 MP-3000 控制器操作面板
1—温度与状态显示 2—LCD 液晶显示屏
3—键盘 4—功能键

第 2 部分为 LCD 液晶显示屏，用于显示设定温度、信息和控制器工作菜单。在正常运行时，液晶显示屏显示设定温度。当按下控制器第 3 部分中的特殊字符键后，液晶显示屏可以显示报警、输入/输出信息及控制器菜单。使用功能键可以查阅信息和控制菜单。

第 3 部分为 16 个功能键组成的键盘。其中 F1 ~ F4 为特殊字符键，按 F1 键，然后按另一常用键，可输入该键上显示的数字；按 F2 键，然后按另一常用键，可输入该键上显示的第 1 个字母；按 F3 键，然后按另一常用键，可输入该键上显示的第 2 个字母；按 F4 键，然后按另一常用键，可输入该键上显示的第3个字母。同时，F1～F4键还有从菜单退出（ESC）、向前（→）、向上（↑）、向后（←）、向下（↓）及输入（ENTER）功能。

第4部分为位于控制器面板最下方的4个特殊功能键。按“℃↔℉”键，可以变换在LED显示屏上的显示温度单位；按“SUP↔RET”键，可以在送风温度和回风温度显示之间切换，如当前LED显示屏显示的是回风温度传感器温度，按下“SUP↔RET”键，即可查阅送风温度传感器温度。“DEFROST”键是手动融霜功能键，按此键即可启动融霜功能。“SETPOINT”键用于改变冷藏箱的设定温度，需更改冷藏箱的设定温度时，要先按此键进入设定温度菜单，然后再设定新的温度。应注意：当新的设定温度在LCD显示屏上出现时，必须按F4键；使新的设定温度输入到控制器。若在30s内未按F4键，则控制器仍保持原先的设定温度不变。设定温度必须为-30～30℃，否则控制器将恢复到原先的设定温度。

MP-3000有8个主菜单，可通过键盘在LCD显示屏上浏览。这8个主菜单分别是：

1）设定温度菜单（Setpoint Menu）：用于输入设定温度和设置经济模式。

2）数据菜单（Data Menu）：用于显示机组运行信息，包括传感器温度、电压、电流和频率信息。

3）报警菜单（Alarm List Menu）：用于显示报警代码清单。

4）命令菜单（Commands Menu）：用于起动运行前预检（PTI）测试、功能测试、融霜、手动功能测试及功率管理。

5）其他功能菜单（Miscellaneous Function Menu）：用于显示日期/时间、C/F、装货数据、软件版本及运行时间信息。

6）结构菜单（Configuration Menu）：用于显示制冷剂种类、温度范围设定、集装箱箱号、集装箱箱型、机组型号、蒸发器类型、冷凝器类型及其他机组设定。

7）数据记录器菜单（Datalogger Menu）：用于显示温度记录、事件记录，设定记录时间和PTI记录。

8）遥控监测状态（Remote Monitoring State）：用于显示当前遥控监测的状态。

MP-3000控制器监测下列信号并作为控制器的输入：回风温度、进风温度（左右两侧）、蒸发器温度、冷凝器温度、环境温度、湿度、压缩机排气温度、相序、电流、电压。控制器根据预先设定工作模式与实时监测输入信号，自动调整所有机组功能，包括压缩机运行、冷凝器风机运行、蒸发器风机运行、电加热器、喷液阀、蒸发压力调节阀等。

4. 冷藏集装箱的运行模式

冷藏集装箱根据设定温度的不同，可分为冷藏工况和冷冻工况两种。当设定温度为-9.9℃及以上时，为冷藏工况；当设定温度为-10℃及以下时，为冷冻工况。

在冷藏工况下，机组的运行模式有“制冷”、“加热”、“融霜”三种；在冷冻工况下，机组的运行模式有“制冷”、“空运行”、“融霜”三种。

“空运行”模式是指在冷冻工况下，当回风温度降至低于设定温度1℃（不同机组可以有不同值）以下时，冷藏集装箱机组控制器要求进入“空运行”模式。在“空运行”模式下，控制器停止压缩机和冷凝器风机运转；切断供液电磁阀供电；蒸发器风机继续运转（除非在“经济运行”模式）；压缩机至少停机5min以上。

为达到节能效果，机组可以选择在“经济运行”模式或“正常运行”模式运行。通常蒸发器风机为双速风机，控制器根据设定温度和是否为“经济运行”模式来决定蒸发器风机的转速。

当机组处于“正常运行”模式时，在冷藏工况下，蒸发器风机持续高速运转；在冷冻工况下，蒸发器风机低速运转，低速转速为高速时的一半。

当机组处于“经济运行”模式时，在冷藏工况下，当温度达到设定温度范围时，控制器使蒸发器风机低速运行，节省耗功；在冷冻工况下，当回风温度降低至低于设定温度1℃以下时，机组从“制冷”模式转入“空运行”模式，控制器停止压缩机和冷凝器风机，蒸发器风机从低速变为停止，以达到节能的目的。

5. 冷藏集装箱的遥控监测

现代船舶的冷藏集装箱装载数量越来越大，因此对运行中的冷藏集装箱必须采用遥控监测，对压缩机及温度的基本状态进行监控。

（1）状态监视系统　使用冷藏集装箱状态监视系统是早期的冷藏集装箱遥控监测方式。在冷藏集装箱上设有专门用于冷藏集装箱状态监控的四线插座、插头及电缆线。电缆线中的四根线分别用于传输“压缩机运转”、“融霜”、“温度”信号及“接地”之用。其中，橙色线用于“温度”信号传输；红色线用于“融霜”信号传输；绿色线用于“压缩机运转”信号传输；另一根则为接地线。四线状态监视系统仅能对冷藏箱进行状态监视，即信号只是单向传递，并且是开关量信号而非状态参数数据信号。由于采用四线状态监视系统，需要在集装箱电源线之外多加一根信号传输线，这样给使用管理带来不便，并会因插头接触不良等原因造成信号传输故障。

图6-8所示为冷藏集装箱在冷冻工况下工作时的典型信号变化。信号是通过24V电压进行传递的，分别以“1”和“0”表示所指示的工况。图6-8a所示为压缩机运转情况，在保温工况下，制冷压缩机间歇性地运行和停止，“1”表示压缩机运行，“0”表示压缩机停止。图6-8b所示为融霜工作情况，冷藏集装箱采用定时融霜，当冷藏集装箱处于融霜工况时，信号由“0”变为“1”。图6-8c所示为由回风温度所表示的冷藏集装箱温度情况，“1”表示温度在设定的温度控制范围内“0”表示温度已超出设定温度范围。从图6-8中可以看出：

1）当制冷装置开始融霜时，制冷压缩机必须处于停止状态。从图6-8b中可知，装置在第一次融霜时，压缩机保持停止状态不变；而第二次融霜时，压缩机必须先从原先的工作状态变为停止状态，然后再开始融霜。

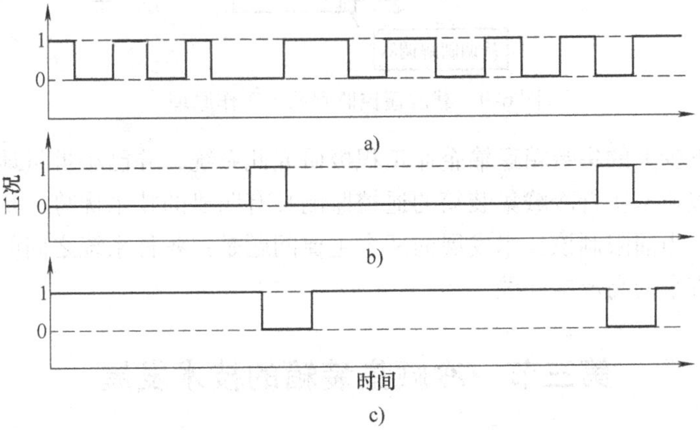

图6-8　冷藏集装箱在冷冻工况下工作时的典型信号变化

a）压缩机运转　b）融霜　c）冷藏集装箱温度

2）当装置处于融霜状态时，冷藏集装箱所显示的温度会超出设定范围。

3）当融霜结束后，压缩机将立刻投入工作状态，即由“0”变为“1”。

4）冷藏集装箱温度回归有一定的滞后性。从图6-8c可以看出，只有当压缩机运行一段时间后，冷藏集装箱的温度才会重新回到设定温度范围内。

5）压缩机在每一次融霜结束后的首次连续工作时间会加长。

（2）载波遥控监测系统　此遥控监测系统利用每个冷藏集装箱的电源供应线作为双向信号传输线，即在电源线传输系统中，冷藏集装箱的电源线既是动力供应线，又是信号传输线。

图6-9所示为载波遥控监测系统工作原理。系统以220V/440V、3相输电线作为各冷藏集装箱与调制解调器之间的信号传输线路，采用现场总线（Field-bus）技术以及主、从调制解调器（Master/Slave Modem），实现冷藏集装箱与位于船舶机舱或驾驶台之间的信号采集与控制信号的传输。控制人员可通过位于机舱或驾驶台的主控制计算机，实时遥控监测每个冷藏集装箱的各种工作参数。各冷藏箱的数据既可显示也可储存，在必要时还可以打印，以便分析之用。机舱或驾驶台工作人员可通过主控制计算机，对冷藏集装箱的运行情况进行遥控操作。船舶与陆地之间也可通过卫星进行数据交换与信息传递。

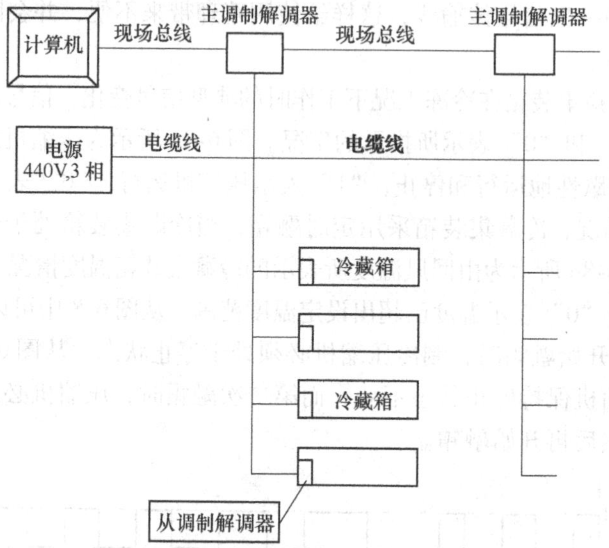

图6-9　载波遥控监测系统工作原理

目前，已有不少大的集装箱运输企业正积极研究此系统，并已小批量地投入部分集装箱进行使用。采用该技术实行冷藏集装箱的遥控监测具有明显的技术优势，是冷藏集装箱遥控监测的发展方向。当前限制该技术发展的两个主要问题是：各种系统之间的相容性问题，以及使用该系统所带来的高成本问题。

第三节　冷藏集装箱的技术发展

一、冷藏集装箱使用的主要特点

1）冷藏集装箱装载容积利用率高，营运调度灵活，使用经济性强。

2）冷藏集装箱使用中可以整箱吊装，装卸效率高，运输费用相对较低。新型冷藏集装箱的结构和技术性能更合理先进，有广泛的适用性。

3）冷藏集装箱在一定条件下可以作为活动式冷库使用，以调节市场供应，给营销者带来良好的经济效益。

4）冷藏集装箱可用于多种交通运输工具进行联运，中间无需货物换装，而且货物可不间断地保持在所要求的低温状态。

5）对国内和国际间的“冷链”运输，可以从产地到销售点实现“国到国”直达运输，为保证各类食品的新鲜度，提供了最佳储运条件。

二、冷藏集装箱技术的发展趋势

1. 国际上冷藏集装箱技术的发展趋势

集装箱已是国内、外公认的一种经济合理的运输工具，它在海、陆、空运输中占有重要的地位和作用。冷藏集装箱技术和冷藏集装箱运输更具有特殊的意义。大力发展集装箱运输是我国交通运输的既定技术政策。在“冷链”技术中，常规的冷藏运输工具是冷藏列车、冷藏汽车、冷藏船或船舶冷藏货舱。近年铁路冷藏列车、公路冷藏汽车均有较大的发展，而水上冷藏船和冷藏舱虽有一定的扩大，但发展更迅速的则是冷藏集装箱。冷藏集装箱的特殊结构和应用条件，已对冷藏列车、冷藏汽车、冷藏舱等产生了巨大的冲击，并有迫使传统的两大运输工具向冷藏集装箱运输方式集中的趋势。

冷藏集装箱具有特殊的隔热结构、可靠的制冷保温功能、完善的自动控制、良好的适用性和灵敏性，其他类型的运输工具难以替代。冷藏集装箱可以灵活地吊装到火车、汽车、船舶上使用。它既适合于中国陆上、海上冷藏运输，又适用于欧亚大陆架和国际海上冷藏运输。20 世纪 80 年代国际上迅速兴起了海上冷藏集装箱运输。冷藏集装箱运输冲击了海上利用多用途船上冷藏货舱载运冷藏货的运输方式，即传统的冷藏货舱逐步为方便适用的冷藏集装箱所替代。

现在，海上集装箱运输的发展，已形成了规模巨大的集装箱船队，大吨位半集装箱船和全集装箱船不断出现，在这些船上只要设置冷藏集装箱电源插口，就可方便地载运冷藏集装箱，进行海上冷藏运输。在海上冷藏运输中，近年冷藏集装箱不断挤占常规冷藏船和冷藏舱的运量。冷藏集装箱可适于各种运输工具的载运，只要能及时提供制冷和运行电源，就能长时间保持食品的冷藏质量或其他特殊货物的运送条件，且方便对载运全过程的监控。对送货距离不大、交通方便的城市，即使无电源提供，借助冷藏集装箱本身的隔热性能，也能完成在一定时间距离内的冷藏运输，满足转运要求。

2. 我国冷藏集装箱技术的发展

在 1983 年，我国生产出第一只 20ft 冷藏集装箱，但由于当时选用的制冷设备技术落后，制冷工质为 R12，加上运输组织管理不到位、起吊困难等问题一时难以解决导致其未能得到进一步应用和扩大生产。但是，这为我国冷藏集装箱制造技术的探讨和冷藏集装箱的实际应用等积累了一定的经验。1984 年，我国向日本三菱公司购进 30 只 40ft 冷藏集装箱，并投入冷藏集装箱运输。实践证明冷藏集装箱比杂货船的冷藏舱使用更加灵活、方便、快捷。1985 年，我国向日本大金（Daikin）公司购进 200 只新型冷藏集装箱。不久，我国向美国开利（Carrier）公司进口一批 40ft 标准冷藏集装箱，自此，较多方位地开始了中国至世界各国远洋运输中的冷藏集装箱运输。

目前，我国各远洋公司选用的冷藏集装箱均采用蒸气压缩式氟利昂制冷机端部内藏式机组。箱体外壁为铝合金板，内壁为不锈钢板，中间为聚氨酯整体发泡隔热材料。箱体下地板同样隔热，地面有工字型纵向通风轨结构，具有较大的结构强度和刚度，方便冷风纵向流动。冷藏集装箱的制冷是冷风从箱体前端下部进入，沿通风轨向后端流动，并不断通过货物区，再从箱体后端沿上部回风空间返回冷风机，实现冷风循环。早期的冷藏集装箱制冷剂为R12（CFC12），选用半封闭活塞式制冷压缩机，后期执行“蒙特利尔”议定书的要求禁用CFC制冷工质，逐步改用R22（HCFC220）或R134a（HFC134a）制冷工质。随着R22工质淘汰时间的提前和对R134a温室效应的考虑，国内、外新造冷藏集装箱更多地选用了R404a作为制冷工质。目前使用的冷藏集装箱的使用温度一般为-18～16℃。机组运行实现自动控制、事故显示和安全报警。

我国于1995年开始生产20ft和40ft国际标准型冷藏集装箱，并到2002年底我国已有6家冷藏集装箱生产厂。我国台湾也具有相当规模的冷藏集装箱的生产能力。国外冷藏集装箱生产国主要有韩国、丹麦、日本和美国等。我国各厂生产的冷藏集装箱多选用全封闭活塞式或涡旋式制冷压缩机，选用R404a作制冷工质的较多，传统的活塞式半封闭R22制冷压缩机已不再采用。

目前，我国冷藏运输发展迅速，国家已注意到水陆冷藏集装箱联运的重要性，铁道部门已重视与海运合作发展，便利灵活的冷藏集装箱运输不再是海上冷藏运输的专利，而内河运输与铁路冷藏集装箱的合作应用已逐步展开。另外，近年我们进、出口货量中鲜果、鲜花及园艺品利用冷藏集装箱载运的运输量也在不断增长，这也是冷藏集装箱运用的新领域。

第四节　冷藏集装箱的应用

一、冷藏集装箱使用的一般要求

1）冷藏集装箱装货后应检查冷藏或冷冻货的原有质量，并在货单上加以说明。

2）在装箱过程中，应严格装货堆码原则，避免冷风短路造成降温不平衡，降低制冷装置的制冷效率。

3）冷冻货长距离运输时，箱内设定温度与实际温度差不能超过3℃；若运送冷却货，其温度误差应不大于0.5℃，最好不大于0.25℃。

4）集装箱运送新鲜水果、蔬菜等，应及时打开通风口进行通风换气，但运送冷冻货时应关闭通风口。

5）在运送纸盒包装的冷却货时，应根据室外气温及湿度情况及时进行通风，保持箱内空气的干燥，防止包装箱外表面结露。

二、冷藏集装箱的降温、保温性能要求和箱内温度分布

1. 冷藏箱降温、保温性能

冷藏集装箱运送冻结货物时通常使用温度应不高于-18℃。一般，20ft（610cm）冷冻集装箱的平均降温速度（空箱）为31.3℃/h，但装货后，由于货物热容量较大，降温速度会大大减慢，有时达到设定温度要求需要15～16h。若进货温度较高，则达到设定温度需要2～3天。

冷藏冷冻集装箱箱内的温度升、降速度与箱内装载货物有关，当达到设定温度范围

(-18 ± 3)℃后，应维持其箱内温度的稳定。但在计算冷藏箱不制冷时的箱内温升时，可采用如下经验公式作为标准值计算：

$$冷却货(不通风时)=0.0054\times(t_1-t_0)\quad(℃/h) \tag{6-1}$$

$$冷冻货=0.0067\times(t_1-t_0)\quad(℃/h) \tag{6-2}$$

式中　t_1、t_0——外界温度和箱内温度（℃）。

2. 集装箱箱内温度分布

目前，国内、外广泛采用的冷藏集装箱的冷风循环均采用下送上回式，即冷风从制冷装置的下部吹出。冷风从箱内底部通风轨吹出，经过货物、箱内侧板、门板，吸收热量再上升到箱体上部，最后为冷风机吸入，进而经蒸发器吸收热量，降温后再从下部吹出，如此冷风循环实现箱内的降温。为了保持箱内温度的均匀，箱内强制循环的风机除在融霜期外，需要不停地转动运行。为了保持箱内的低温，蒸发器进、出口的空气必须有一定的温差。蒸发器吸收箱内回风的热量，使其降温，再以更低的温度向箱内吹送。

冷藏集装箱至少有两个温度传感元件（传感器）。一个装在蒸发器下部冷风出口处，感应送风温度，这也是箱内最低温度；另一个装在回风口，感应箱内回风温度，即箱内最高温度。通常以回风温度代表箱内实际温度。但在运送水果、蔬菜时，为防止货物冻坏，把送风温度作为箱内实际温度，以保证运输货物的质量。

事实上，冷藏集装箱运送冷却货时，为防止货物发生“冻伤”或腐烂变质，对运送过程的温度控制精度要求更高。相对来讲，运送冷冻货时；其温度控制精度较低一些。此外，为提高运送冷却货的温度控制精度，在制冷装置的制冷系统中装有热气旁通阀、吸气调节阀等能量控制装置，以实现制冷装置按制冷实际要求调节制冷量的供给。

冷藏集装箱装载之后，由于堆码的原因可能会造成箱内温度的不均匀。通常箱底送风口温度最低，而回风口和箱门端的上部温度最高。有时，运送冷却货时由于水果、蔬菜呼吸热的作用，可能使货物中心部位温度偏高。

3. 冷藏集装箱货物运送温度和换气

（1）货物运送温度　冷藏集装箱运送食品时，为保证运送质量必须维持一定的箱内温度。在冷藏集装箱使用过程中，承运人员应确保冷藏箱在设定温度下，使之稳定运行。实际上冷藏集装箱的运送温度，既是冷藏货质量的保证温度，也是制冷机经济运行温度。不过在冷藏集装箱使用中，对箱内温度原则上按货主要求确定。

目前，国外在运输冷冻食品时，一般都以1960年美国食品医药协会所推荐的运输温度（-18℃）为标准。这一标准，也为世界大部分国家所接受。在欧洲，对冷冻食品的温度要求多采用-20℃为标准。

（2）箱内送风温度与回风温度　冷藏集装箱既能装运冷却货，又能装运冷冻货，故在温度控制上必须兼顾二者不同的要求。装运冷却货，如蔬菜类产品，货物比较娇嫩，既需要冷却，又怕“冻伤”，故其温度不能过低；但装运冻货时，则在允许的范围内，其温度越低越好。

实际使用的冷藏集装箱的箱内温度也是不均匀的。一般在制冷机起动时送风温度较低，回风温度因冷风在箱内吸热，使回风温度较高，在制冷机停止运行时，其送、回风温差仅为2℃左右。

由于冷藏集装箱送风温度变化范围大，而冷却货物对温度的敏感大，因此，在冷藏箱设计时必须予以考虑。通常冷藏集装箱制冷装置均有一个设定温度临界点（-5℃或-10℃）。在临界点以上为冷却运行模式，采用送风温度控制的方式，用来运送果蔬、花卉类货物，以防止“冻伤”；在临界温度以下时为冻结运行模式，采用回风温度控制方式，控制冷藏集装箱冷冻货物的最高运送温度，保证运送质量。

由于冷却货物对箱内温度变化的敏感性高，因此，在现代新型集装箱制冷装置中采用了不同形式的能量控制调节装置，在冷藏集装箱使用中随时调节制冷量的供给，防止冷却货“冻伤”。因此在运送冷却货时，当送风温度接近设定温度时，能量调节装置自动地减少能量（制冷量）的供给。越接近设定温度，能量供给越少，以至仅仅维持箱体漏热而必需的能量，并维持箱体的热平衡和箱内温度的稳定。这种控制方式有效地避免了箱内温度产生过大的波动。

（3）冷藏集装箱的通风换气　冷藏集装箱进行通风换气的基本目的是运送冷却货时，控制箱内 CO_2 和乙烯等气体的含量。一般冷藏集装箱的通风口全部打开时，最大换气量可达 $280m^3/h$。

冷藏集装箱的冷风由蒸发器风机压入。而冷藏集装箱通风换气的通风器的吸入口与蒸发器风机吸入端相通，风机运转时，借助于负压把箱外空气不断地引入箱内，通风器的排出口与外界相通，排气压力把箱内空气排出箱外，实现了冷藏集装箱的通风换气。

从控制箱内 CO_2 浓度的角度上看，通风换气是必要的；但从制冷效果的角度看，通风又是不利的。因为通风换气，不但把箱外的热量带入箱内，而且把空气中的水蒸气也带入箱内，进而导致蒸发器的结霜。而多次频繁除霜，会降低制冷装置的制冷效果。因此，冷藏集装箱运送无“生命”的冷冻货时，必须关闭通风换气口，甚至连排水口也要关闭。当然，在运送冷却货时，通风换气口虽然应该打开，但从制冷效果考虑，换气口不能开得过大。关于冷藏集装箱的换气量，一般均以美国森基斯特·格罗尔（Sunkist Grower）公司的推荐值作为标准，即通常控制 CO_2 的体积分数在0.1%以下（短时间允许达到5%）。若控制 CO_2 的体积分数在0.1%以下时，以40ft冷冻集装箱计算，每1000个纸盒需要 $0.8m^3/h$ 的换气量；若 CO_2 的体积分数达到5%时，则每1000个纸盒需要 $1.6m^3/h$ 的换气量。冷风循环量一般为 $4000\sim5000m^3/h$。

通风型冷藏集装箱在装运冷冻货时，应有较高的制冷量，而在装运冷却货时，应有较大的冷风循环量。为此，目前冷藏集装箱的蒸发器风机多为双速风机，即在装运-6℃以上冷却货时，风机高速运转，提高冷风循环量，以满足冷风循环的要求；达到-6℃左右时，风机低速运转，以满足制冷量的需求。

在我国食品冷藏运输中，冷藏集装箱作为“冷链”的重要一环受到重视。它随着我国食品工业和国际航运业的发展及冷藏集装箱自身技术的提高，将得到更广泛的应用。

三、冷藏货物在集装箱运输中的管理

随着冷藏集装箱制冷与控制技术的发展和日臻完善，冷藏集装箱适装货物范围不断拓展，包括-60℃的超级冷冻鱼和30℃的花球茎；温度控制偏差要求小于1℃的温度敏感货物；采用湿度、空气结构控制或调节保鲜的水果和蔬菜等，保证将货物以最佳质量交付货主，延长上市保鲜期，提高经济效益。虽然冷藏集装箱（以下简称为冷箱）现已具备多种完善地保持货物质量的功能，但货物正确的装箱前预处理，适当的包装和箱内堆装，特定的温度、湿度、新鲜空气换气量设置及空气结构控制或调节等都十分重要。如果做不好这些工作，将无法把货物保质保量地安全运抵目的地。

1. 冷冻货物

（1）冻畜禽肉类　畜禽肉类食品主要包括牛、羊、猪、鸡、鸭、鹅肉等，主要营养成分有蛋白质、脂肪、糖类、无机盐和维生素等，由肌肉组织、脂肪组织、结缔组织和骨骼组织组成。

畜禽经屠宰后即成为无生命体，对外界的微生物侵害失去抗御能力，同时进行一系列的降解等生化反应，出现僵直、软化成熟、自溶和酸败等四个阶段。其中，自溶阶段始于成熟后期，是质量开始下降的阶段；特点是蛋白质和氨基酸分解、腐败微生物大量繁殖，使质量变差。肉类的储藏即尽量推迟其进入自溶阶段。冷冻储藏是一种古老的、传统的保存易腐败货物的方法。货物由于酶的分解、氧化和微生物生长繁殖而失去使用价值。冷冻可以钝化酶的分解、减缓氧化、抑制微生物生长繁殖，使货物处于休眠状态，在产品生产数周甚至数月后保持原始质量。

通常肉类在 -18℃以下即达到休眠状态，但 -23℃以下的低温与 -18℃的低温相比，可成倍延长肉类的冻藏期，畜肉类冷藏期与温度的关系见表6-4。在 -30℃以下的冻藏期比在 -18℃以下的冻藏期长一倍以上，其中猪肉较明显。许多国家明确规定，冷冻食品、制成品和水产品必须在 -18℃或更低的温度下运输。客户一般要求货物在运输期间温度保持在 -18℃以下。

表6-4　畜肉类冻藏期与温度的关系　（单位：月）

畜肉品名	-12℃	-15℃	-18℃	-23℃	-25℃	-30℃
牛肉	5~8	6~9	12	—	18	24
羊肉	3~6	—	9	6~10	12	24
猪肉	2	—	4~6	8~12	12	15

冻禽类：禽肉类肌肉组织比畜肉类肌肉组织更丰富，更易出现质量下降，因此，禽肉类应使用气密的复合材料包装，并在 -18℃以下运输，以避免脂肪氧化、脱水干耗和腐败菌繁殖。各种禽肉的推荐设定值见表6-5。

表6-5　鱼类、肉类、乳品与其他冷藏产品的推荐设定值

品名	冷藏目的	推荐温度设置/℃	温度范围/℃	保存期/天
腌肉(bacon)	保鲜	-1	-2~2.5	30
牛肉(beef)	保鲜	-1.5	-1.5~0	70~95
黄油(butter)	新鲜	0	-1~4.5	30
	冷冻	-14	-25~-23	360~600
奶酪(cheese)	保鲜	4	0~10	30
奶油(cream)	保鲜	0	-1~0.5	10~40
鸡蛋(eggs)	带壳	0	-1~0.5	180
	新鲜	3	0~4	14~28
	冷冻	-18	-19~-18	360
油脂(oil或fat)	保鲜	0	-1~4.5	360~540
	冷冻	-21	-26~-23	360~600

（续）

品名	冷藏目的	推荐温度设置/℃	温度范围/℃	保存期/天
鱼类(fish)	盐腌	6	5~7	120
	冷冻	-23	-23~-20	124~240
浓缩果汁(fruit juice concentrate)	保鲜	-19	-20~-18	540~720
火腿(ham)	保鲜处理	-0.5	-1.5~0.5	21
	听装	4.5	0~10	7
冰淇淋(ice cream)	保鲜	-25	-30~-26	90~690
羊羔肉(lamb)	保鲜	-1.5	-1.5~0	85
猪油(land)	保鲜	0	-1.5~4.5	180
人造奶油(margarine)	保鲜	0	-1.5~1.5	180
肉类(meat)	冷冻	<-21	-26~-23	120~240
乳类(milk)	新鲜	0	-1.5~1	14~30
羊肉(mutton)	保鲜	-1.5	-1.5~0	85
猪肉(pork)	保鲜	-1.5	-2~0	14~40
	盐腌	4.5	-1~7	120
禽类(poultry)	保鲜	-1	-1.5~1.5	14~21
对虾(prawns)	冷冻	-25	-30~-18	120~360
水产品(sea food)	冻藏	-0.5	-2~0	14~20
	熏制	-0.5	-2~4.4	15
	盐腌	-0.5	-2~6	120
小虾(shrimps)	冷冻	-25	-30~-18	120~360
鹿肉(venison)	保鲜	-1.5	-1.5~0	14

（2）冻鱼和水产品　鱼类和水产品主要含有水分、蛋白质、脂肪、矿物质、酶和维生素，其中蛋白质含量较高，还有人体必需的8种氨基酸。鱼类和水产品与畜禽肉比较，其肌肉组织松软，不饱和脂肪酸含量高，且酶含量也高。

鱼类和水产品死后不但出现僵直、成熟、自溶和酸败等四个阶段，而且在僵直前还有一个表面黏液分泌过程，这种黏液是腐败菌的良好培养基。上述四个阶段持续时间较短，尤其是软化成熟阶段极短，这是因为多种酶和微生物在较低的温度下仍有很强的活性。在自溶阶段，蛋白质和氨基酸分解、腐败，微生物大量繁殖，使质量变差。

鱼类和水产品的储藏时间与温度密切相关，在正常情况下，温度每降10℃，冻藏期增加三倍。多脂鱼类较低脂鱼类冻藏期短，红色肌肉鱼类冻藏期更短。一般冻藏温度是：少脂鱼和水产品为-23℃～-18；多脂鱼在-29℃以下；部分红色肌肉鱼可能要求达到-60℃的低温。在冻藏和运输期间应使用尽可能低的温度，并应避免任何温度波动。各种鱼和水产品的推荐设定值见表6-5。

包装和操作方法对冻藏期也有影响。应避免货物暴露在空气中造成脂肪氧化和脱水干耗。装、拆箱作业应快速进行，避免温度波动影响质量。

“镀冰衣”鱼和水产品即在鱼和水产品表面覆盖上一层薄冰，这可以避免水分散失保证质量。经“镀冰衣”的鱼和水产品总质量会增加，托运人应特别注意货物的总质量，禁止超过冷箱的安全载质量。

（3）冻水果和蔬菜　水果和蔬菜的营养价值因品种、生长、成熟、储藏条件等的不同而有较大的差异，其主要含有水分、糖类、有机酸、酶、纤维素、色素和维生素等。水果和蔬菜采摘后，果实组织中仍进行着活跃的新陈代谢过程，在很大程度上是母体发生过程的继续，未成熟的可继续成熟，已成熟的可以发展至老化腐烂的最后阶段。多数水果和蔬菜经过冻结和冻藏后，将失去生命的正常新陈代谢过程，由有生命体变为无生命体。

冻水果和蔬菜有大批量散装和零售小包装等多种运输形式，运输时应特别注意货物的特殊要求以免造成货损。一般规律是冻藏温度越低，货物品质保持越好。

1）冻蔬菜。冷冻蔬菜在冻结前通常用热水或蒸汽烫洗，以杀灭大量的细菌和减缓酶的作用。采用水密的复合材料包装，且储藏在低于 -18℃的温度下，在没有温度升高波动的情况下能延长蔬菜的冻藏期。

2）冻水果。冷冻水果通常不用烫洗而采用糖处理或酸处理。选择适当成熟度和高质量的水果进行冷冻处理非常重要，因为再好的包装和低温也不能避免低水平的酶化作用。

（4）冰淇淋　冰淇淋是人们用于清凉解暑、充饥解渴的营养价值很高的食品，含有脂肪、蛋白质、碳水化合物、矿物质和维生素等。生产中的低温灭菌操作、清洁的运输、适当的温度设置和完整的包装，能保证冰淇淋的食用安全性。

冰淇淋组织细腻是感官评价的一个重要标准，它主要取决于其冰晶的尺度、形状及分布。冰晶越小、分布越均匀，口感越好。除加工外，在冻藏过程中低温是控制冰晶尺度、保证质量的有效方法。

冰淇淋的包装材料有涂蜡纸、纸箱和塑料桶等。外包装对避免冰淇淋损坏和热袭起重要的保护作用。冰淇淋通常使用 20ft 的冷箱运输，温度应低于 -25℃，并应避免任何温度波动。冰淇淋的推荐设定值见表 6-5。

（5）奶制品　冷冻奶油通常装在纸箱内，纸箱装在货盘上，然后再装入冷箱内运输。

有些奶制品虽然可在较暖的温度下运输，但实际温度一般低于 -14℃，因为大部分奶油在低于 -8℃时没有微生物损坏，并且能保持良好的质量。

可长期储存的硬奶酪运输时的温度通常为 1～7℃。温度的设定值主要取决于奶酪的种类、包装、运输距离和用途（加工或零售）。其他奶酪通常用冷箱在 0～13℃的温度下运输。各种奶制品的推荐设定值见表 6-5。

2. 保鲜水果和蔬菜

水果和蔬菜采摘后仍为有生命体，果实组织中仍进行着活跃的新陈代谢过程，对微生物的侵入有抗御能力。但当这种生命体发展到后期时（即过熟阶段），新陈代谢变慢甚至停止，果实成分与组织均发生了不可逆转的变化，使其失去营养价值和特有风味，在微生物作用下开始腐烂。

水果和蔬菜的呼吸实质上是果实内有机物缓慢的氧化。在有氧条件下，果实内作为基质的糖、有机酸以及复杂的碳水化合物被完全氧化分解为 CO_2、水和热量，维持正常的生命活动。在缺氧条件下，果实内的基质不能完全氧化分解，只能产生结构比较简单的化合物

（如乙醇、乙醛等）和少量的热量。缺氧呼吸果实为获得与有氧呼吸同样多的能量，就必须氧化更多的呼吸基质，即消耗更多的储藏物质，使果实质量变差，缩短储藏期。水果和蔬菜呼吸还会产生少量乙烯和其他微量气体，乙烯诱发果实呼吸强度升高，从成熟进入完熟。乙烯是果实成熟的促进物质，是一种催熟剂，不仅能加快果实的成熟速度，而且会均匀改变成熟过程。但乙烯也有许多不利影响，如在储存期间不希望的加速成熟；加速某些未成熟的果实（黄瓜、南瓜等）和多叶蔬菜枯黄、失去绿色；在莴苣上产生黄褐色斑点；刺激或抑制土豆发芽，这取决于乙烯的浓度和时间；芦笋变硬等。

保证水果和蔬菜新鲜的高质量运输不仅要控制乙烯，同时要控制 CO_2、水汽和呼吸发出热量造成的损坏。一般情况下低温可以降低水果和蔬菜的呼吸强度，但低温也将使水果和蔬菜由于生理失调而造成冻害。因此，应正确设置温度。

为保证水果和蔬菜正常的呼吸活动，需供应适量 O_2。应正确设置冷箱新鲜空气换气窗开度比率，特别注意换气窗要远离乙烯源（如柴油机排气管等）。

为避免由于水汽使霉菌和真菌繁殖造成腐烂及水汽凝结造成的其他损坏，应正确地设置相对湿度，降低冷藏集装箱内的湿度达到最佳储藏运输环境。控制 CO_2、乙烯、O_2 影响有许多方法，例如：一次气调法（MA），指利用气密材料，使果实与周围的气体不与外界进行交换，保持充入气体结构或靠自身呼吸用途达到合适的储藏环境；连续气调法（CA），指对储藏环境不断地进行检测与调整，保证在最适合的气体成分比例下储藏，连续气调法包括人工降氧法和硅窗自动气调法；使用高锰酸钾也可以吸收乙烯，有助于改善储藏环境。

水果和蔬菜应使用合适的包装，且在冷箱内应正确堆装，使箱内气体循环良好，O_2 均匀分布和减少有害气体、水汽及热量的聚集，保证良好的储藏环境。不同季节运输不同的水果和蔬菜均应详细计划。必须遵守许多国家的特殊规定，如产品质量、药水清洗、包装上的标签和果蝇在运输期间已被杀灭的证明等。

水果和蔬菜高质量的运输始于采摘。首先应在理想的时间和成熟状态下采摘，然后对果实细心地拣选、整理和清洗，再通过降温使果实成熟过程达到最慢，最后是正确使用包装材料对果实迅速进行包装使其处于低温状态，在正确的温度、湿度、气体成分环境下运输。各种水果、蔬菜的特性和推荐设定值见表6-6。

表6-6 各种水果、蔬菜的特性和推荐设定值

品种	推荐设置温度/℃	推荐设置湿度(%)	推荐设置换气量/(m^3/h)	保存期/天	冷冻点/℃	乙烯产生率	乙烯敏感度
苹果	-1~4	90	40	40~240	-1.5	非常高	高
杏	-0.5	90	—	7~14	-1.1	高	高
芦笋	2	90	20	14~21	-0.6	非常低	中等
鳄梨	4~13	85~90	40	14~56	-0.3	高	高
茄子	14	95	—	10~14	-0.8	低	低
香蕉	13.5	85~90	30	7~28	-0.8	中等	高
豆芽	0	90~95	—	49~63	-0.4	—	—
青豆	7	95	—	10~14	-0.7	低	中等
黑萝卜	0	—	—	60~120	-0.7	低	无
黑刺莓	-0.5	95	—	2~3	-0.8	低	低

（续）

品种	推荐设置温度/℃	推荐设置湿度(%)	推荐设置换气量/(m^3/h)	保存期/天	冷冻点/℃	乙烯产生率	乙烯敏感度
面包树果实	13	—	—	14~40	—	中等	中等
花椰菜	0	95	—	10~14	-0.6	非常低	高
牛蒡	1~2	90	15	60~90	0	低	低
卷心菜	0	95~100	20	90~180	-0.9	非常低	高
甜瓜	4	90	30	10~14	-1.2	高	中等
杨桃	8	90	40	21~28	—	低	低
卡萨巴甜瓜	10	90	30	21~28	-1.1	低	低
木薯	0~5	65	0	20~24	—	非常低	低
芹菜	0	90	20	14~28	-0.5	非常低	中等
樱桃	-1	90	0	14~21	-0.8	非常低	低
菊苣	0	90	—	14~28	—	非常低	高
辣胡椒	8	90	—	14~21	-0.7	低	低
白菜	0	95~98	20	60~90	—	非常低	中等
椰子	0	80~85	0	30~60	-0.9	低	低
密生西葫芦	7	70~75	—	14~21	-0.5	低	中等
大国越橘	2	90~95	—	60~120	-0.9	低	低
黄瓜	10	90	—	10~14	-0.5	低	高
椰枣	0	<75	—	165~365	-15.7	非常低	低
榴莲	4	90	15	42~56	—	—	—
苣类菜	0	95	—	14~21	-0.1	非常低	中等
无花果	0	85~90	—	7~10	-2.4	中等	低
大蒜	0	70	15	140~210	-0.8	非常低	低
姜	13	75	15	90~180	—	非常低	低
葡萄柚	13	90	15	28~42	-1.1	非常低	中等
葡萄	0	85~90	15	56~180	-2.2	非常低	低
扁豆	4	85~90	15	7~10	—	—	—
蜜瓜	10	90	—	21~28	-1.0	中等	高
辣菜	0	95~100	15	300~350	-1.8	非常低	低
猕猴桃	0	90	—	28~84	-0.9	低	高
球茎甘蓝	0	90	20	25~30	-0.1	非常低	低
柠檬	12	90	30	30~180	-1.4	非常低	中等
莴苣	0	90	15	8~12	-0.2	低	中等
酸橙	12	85~90	20	21~35	-1.6	非常低	中等
龙眼	1.5	—	—	21~35	-0.5	—	—
枇杷	0	90	15	14~21	-0.9	—	—

（续）

品种	推荐设置温度/℃	推荐设置湿度(%)	推荐设置换气量/(m^3/h)	保存期/天	冷冻点/℃	乙烯产生率	乙烯敏感度
荔枝	1	90	15	21~45	-0.5	中等	中等
柑橘	7	90	15	14~28	-1.1	非常低	中等
芒果	13	85~90	40	14~25	-0.9	中等	高
香菇	0	80~90	—	12~17	-0.9	非常低	中等
油桃	-0.5	90	40	14~28	-0.9	中等	中等
橄榄	7	85~90	0	28~42	-1.4	低	中等
干洋葱	0	65~70	15	30~180	-0.8	非常低	低
橙	7~10	85~90	15	30~180	-0.8	非常低	中等
木瓜	12	85~90	—	7~21	-0.9	高	高
红辣椒	8	—	—	14~20	-0.7	低	地
西潘莲果实	12	—	—	14~21	—	非常高	高
桃子	-0.5	90	40	14~28	-0.9	高	高
梨	-1	90~95	40	60~90	-1.6	高	高
胡椒	8~10	90	15	12~24	-0.7	低	低
胡椒(辣味)	10	—	15	14~20	-0.7	低	地
波斯甜瓜	10	—	30	14~21	-0.8	中等	高
柿子	10	90	—	14~21	-0.8	低	高
菠萝	5~13	85~90	15	14~36	-0.8	中等	地
大焦果实	14	—	—	10~35	-0.8	低	高
李子	-0.5	90~95	—	14~28	-0.8	中等	高
石榴	5	90	—	28~56	-3.0	低	低
土豆	4~10	90	15	56~175	-0.8	非常低	中等
南瓜藤	12	70~75	—	84~160	-0.8	低	低
萝卜	0	95	—	21~28	-0.7	非常低	低
红毛丹	12	90	30	7~21	—	高	高
波罗门参	0	98~100	—	60~120	-1.1	非常低	低
菠菜	0	95	—	10~14	-0.3	低	中等
番茄汁	7	—	—	28	—	—	低
甜玉米	0	95~100	15	4~6	-0.6	非常低	低
橘子	7	85~90	15	14~28	-1.1	非常低	中等
番茄	4~10	85~90	—	7~28	-0.5	非常低	高
菱角	4	—	30	100~128	—	—	—
西瓜	10	90	15	14~21	-0.4	低	低
山药	13	85~90	—	50~115	-1.1	非常低	低
南瓜	7	95	—	14~21	-0.5	无	—

3. 温度敏感货物

温度敏感货物指在运输期间温度必须保证在其冰点或损害点1℃之内。这类货物主要是保鲜肉类；根茎蔬菜，如胡萝卜；水果，如橙子、香蕉和一些活植物。

装运这些货物前应对冷藏集装箱进行预冷，并且用“冷风通道”迅速装妥货物；应使用冷藏集装箱自带发电机保持冷藏集装箱制冷系统连续工作，避免温度波动。

4. 一般冷藏货物

（1）巧克力　巧克力要用非常清洁、无味的冷藏集装箱装载并在适宜的温度下运输。低温有利于保证质量。托运人常要求相对湿度设置为65%。根据巧克力品种的不同，温度通常设置在8～18℃。运输期间可能造成在巧克力表面出现极小“花纹”，颜色有改变，并且影响质量。

（2）温控货物　温控货物指这些货物在运输期间要求保持稳定的温度，如电影胶片、药品和食品，要避免结块和变质，其温度设置为-2～30℃。货物在装箱前应预冷到运输温度。

（3）危险和伤害货物　冷藏集装箱保持高标准运输危险或敏感货物，并保持质量。这些专用冷藏集装箱用特殊颜色和标志区别。

5. 冷藏货物拼箱混装

对于低温深冷货物拼箱运输，除了制成食品与食品原料由于卫生原因及不同种类货物串味影响外，一般不存在其他重大影响。一般货物在比其推荐设置温度更低的温度下冻藏，更有利于保证质量。一般应避免多种保鲜水果和蔬菜拼箱混装，由于承运货量、品种和成本等因素需要拼箱装运时，应注意下述问题：

（1）温度　温度是水果和蔬菜拼箱混装的主要条件，拼箱混装的水果和蔬菜冷藏温度越接近越好。因水果和蔬菜对温度变化特别敏感，低温可以降低呼吸强度，但湿度过低会造成冻害；高温不仅增加呼吸强度，加快成熟，而且会降低抗腐能力，还可能产生斑点和变色等。

（2）相对湿度　相对湿度是水果和蔬菜拼箱混装的重要条件。相对湿度过高则水果和蔬菜易腐败，相对湿度低则会脱水、变色，失去鲜度。大部分水果和蔬菜一般相对湿度要求为85%～90%。

（3）呼吸作用　呼吸作用也是水果和蔬菜拼箱混装的重要因素。水果和蔬菜呼吸可产生少量乙烯（一种催熟剂），可使某些水果和蔬菜早熟、腐烂。产生较多乙烯气体的水果和蔬菜不能与对乙烯敏感的水果和蔬菜拼箱混装。

（4）气味　有些水果和蔬菜能发出强烈的气味，而有些又能吸收异味，因此，这两类水果和蔬菜不能混装。这同样也是水果和蔬菜不能拼箱混装的一个条件。

各种水果和蔬菜的特性和推荐设定值见表6-6。

四、包装

1. 外包装

包装是冷藏货物运输的重要组成部分，是防止货物损坏和污染的基础。适当的设计和高质量的包装材料应能承受冷冻和运输全过程。包装应能够防止货物积压损坏；承受运输途中发生的冲击；标准的外形尺寸适于货盘或直接装入冷箱；防止货物脱水或减低水汽散失速度；防止氧化的 O_2 障碍作用；在低温和潮湿情况下保持强度；防止串味；经得住-30℃或更低的温度；能支持堆放高度为2.3m的货物。

由于上述原因，不同货物要有不同的设计和达到质量要求的包装材料。易腐烂水果和蔬菜应使用能够使空气在货物中间循环带走因货物呼吸产生的气体、水汽和热量的包装。

2. 箱内堆装

根据冷冻货物、保鲜货物、一般冷藏货物及危险品等特性的不同，其在冷箱内的堆装方式也不同。

（1）冷冻货物　一般冷藏货物及危险品等由于货物自身不会发出热量，而且在装箱前已预冷到设定的运输温度，其堆装方法非常简单，仅需将货物紧密堆装成一个整体即可。在货物外包装之间、货物与箱壁之间不应留有空隙，但所装货物应低于红色装载线，这样冷空气才能均匀地流过货物，保证货物达到要求的温度。

（2）保鲜货物　因有呼吸作用而产生CO_2、水汽、少量乙烯及其他微量气体和热量。堆装方式应当使冷空气能在包装材料和整个货物之间循环流动，带走因呼吸产生的热量，补充新鲜空气。有两种标准装箱方式：

1）无间隙积木式堆装。货物应像堆积木那样堆装成一个整体，货物与箱壁之间不留任何空隙。如果装入的货物无法占满整个冷箱底面，应使用厚纸板或类似材料覆盖剩余面积，这样可以防止空气循环“短路”，致使货物冷却不足。箱内堆装的货物应低于红色装载线和不超出T型槽的垂直面，以保证冷空气良好循环，不能用塑料薄膜等材料覆盖货物。

2）货盘堆装法。除遵守积木堆装方式要求外，还应使货盘上堆装箱子的四个角上下对齐，以便质量均匀分布；箱子顶部和底部的通气孔应上下对齐，使冷空气循环畅通。

3. 装箱须知

（1）货物预冷　对货物应进行预冷处理，并预冷到运输要求的温度。因冷箱设计制冷能力有限，仅能用于保持货物的温度，如果货物温度过高，将使制冷系统超负荷工作，导致该系统出现故障，影响货物安全。

（2）冷藏集装箱预冷　一般情况下冷箱不应预冷，因为预冷过的冷箱一打开门，外界热空气进入冷藏集装箱遇冷将产生水汽凝结，水滴会损坏货物外包装和标签；在蒸发器表面凝结的水滴影响制冷量。但在冷库的温度与冷藏集装箱内温度一致，并采用“冷风通道”装货时，可以预冷冷藏集装箱。

当装运温度敏感货物时，冷藏集装箱应预冷。预冷时，应关紧箱门。如果冷藏集装箱未预冷可能造成货物温度波动，影响货物质量。

4. 预检测试

每个冷箱在交付使用前应对箱体、制冷系统等进行全面检查，保证冷藏集装箱清洁、无损坏、制冷系统处于最佳状态。经检查合格的冷藏集装箱应贴有检查合格标签。

五、装箱前的准备工作

（1）不同易腐货物的注意事项　最佳温度设定；新鲜空气换气量设定；相对湿度设定；运输总时间；货物体积；采用的包装材料和包装尺寸；所需的文件和单证等。

（2）装箱前及装货时的注意事项　设定的温度应正确；设定的新鲜空气换气量应正确；设定的相对湿度应正确；装箱时，制冷系统应停止工作；箱内堆装的货物应低于红色装载线和不超出T型槽的垂直面；箱内堆装的货物应牢固、稳妥；箱内堆装货物的总质量应不超过冷箱最大允许载质量；冷箱装货后总质量（包括附属设备的质量）在运输途中不应超过任一途经国的限重。

六、脱离制冷时间

由于各种运输方式之间的交接，可能出现短途运输或制冷系统故障，造成停止制冷。对冷冻和冷藏保鲜货物短时间地停止制冷状态是允许的。许多产品出现几小时的停止制冷可以接受，但并非所有货物都如此。对任何冷藏货均不允许出现长时间的停止制冷。

对于特种货物和温度敏感货物，应保持制冷系统连续工作，避免任何温度波动造成货物质量下降。

冷藏货物运输的技术要求高、风险大，对任何冷藏货物的运输均应做好详细的计划，并认真做好每一环节的工作才能保质保量地将冷藏货安全运抵目的地，为货主提供优质服务。

第五节　冷藏集装箱的管理

一、冷藏集装箱制冷操作方法及常见故障分析

检验人员对进出境冷藏集装箱实施法定检验，除了需要做必要的安全和卫生检查外，更主要的是对冷藏集装箱的冷藏效能进行检查。能代表冷藏集装箱冷藏效能的主要内容包括：一是能否按照人们的意愿设定制冷和控制温度；二是各种表盘和记录系统能否正确反映和记录冷藏箱的工作情况；三是各个制冷器件的工作是否正常；四是箱体是否完整、保温功能是否良好。

在实施冷藏集装箱的检验工作中，许多人对上述检验内容都不够清楚。因此，研究各类冷藏集装箱的制冷规律，熟练掌握冷藏集装箱的故障判定，正确识别冷藏集装箱的特点和性能，使从事冷藏集装箱运输和检验的人员广泛利用这些技术，服务于实践。

1. *冷藏集装箱的制冷操作方法*

（1）冷藏集装箱制冷前的注意事项　当接到冷藏集装箱检验申请单（或制冷工作单）时，首先要看清申请单上所要求的该冷藏集装箱的制冷温度，是否还有其他特别要求，如调整空气量、保鲜度（最新采用的方法是用专用机器制保鲜 N_2，并向箱内充入）等。

对冷藏集装箱的内部、外部和底部结构进行检查，检查其是否有损坏。如果有损坏，将会影响制冷或保温效果。

确定冷藏集装箱的箱型。一般来说，保鲜货物的冷藏温度要求在0℃以上，对于装运保鲜货物的冷藏集装箱要求比较高，因此，这种情况下应尽可能使用制冷效果好的冷藏集装箱。

（2）冷藏集装箱的制冷操作步骤　安装温度记录纸表盘，在安装温度记录纸表盘的时候要注意表盘上的相应日期和时间。记录纸表盘的时间是以日期线（M 线）为 0 起点，记录纸表盘上每个格为6h，记录表针要对准开始制冷的时间。安装记录纸表盘的同时，要注意给表盘托架上满弦或更换电池。

1）设定温度。设定温度的时候，一定要注意设定的温度是摄氏度还是华氏度。如果设定错误，冷藏集装箱制冷后，在温度记录纸表盘上反映的温度就是错误的了。

2）设定融霜周期。设定融霜周期的时候，首先要按 CODE-SELECT 键，用上下选择键找寻功能键代码 27，按 ENTER 键，用上下选择键确定所需要的融霜时间。一般融霜的间隔时间可视情况设定 5 个档次中的任意一个档，即 3h、6h、9h、12h、24h。但是也有个别冷

藏集装箱无需制冷前设定融霜，该类型的冷藏集装箱在制造时确定了自动融霜功能，当蒸发器表面上结霜需要消除时，它会自动融霜。

3）打开制冷开关，插电前应把开关置于OFF位置，可避免人身事故和制冷机器损坏。因为开关不在停电位置，若插上电，制冷机就会有电流通过，在插头处产生电弧，造成短路，也会使制冷机缺项或电流断续冲击使机器损坏。当所有准备工作完毕，才可将开关置于ON位置开始制冷。

（3）冷藏集装箱的工作状态鉴别　通过上述步骤，冷藏集装箱的制冷操作基本完成，但是冷藏集装箱所处的工作状态需要随时掌握。因此，在制造冷藏集装箱时就特意设置了一系列指示灯用于工作状态提示，其中最常用的3个指示灯的含义如下：橙色或琥珀色灯表示冷藏集装箱处在适温中，即箱内实际温度与设定温度之差在±2.8℃的正常范围内；绿色灯表示冷冻装置在运行中；红色灯表示在融霜中。

2. 冷藏集装箱常见故障的判定

冷藏集装箱在制冷过程中经常会出现一些故障，导致这些故障的原因很多。最常见的几种故障及判定方法如下：

1）打开电源开关，如果制冷系统不工作，首先应检查电源转换开关是否在选择的电压上，电源插座是否插好，熔丝是否损坏。

2）打开电源开关，制冷机各系统都在工作，但是不制冷。这种情况一般是缺少制冷剂。

3）开机后，制冷机工作几分钟就自动停机，几分钟之后又自动开机，这种情况多是缺少制冷剂。如果开机20min以后，通过制冷剂显示镜可见气泡，即为缺少制冷剂。如果夏天出现自动停机情况，若不是缺少制冷剂，则为冷凝器灰尘太多，或者是制冷剂过多。

4）制冷机正在工作，计算机不能储存实际温度，一般是制冷机的温度感应器或计算机系统发生故障。

5）冷藏集装箱各系统工作正常，制冷状况也正常，但反映在温度记录纸表盘上的温度波动范围太大，其原因可能是通气口没关闭、冷藏集装箱门没有关严，或者是冷藏集装箱局部破损，导致箱内冷气泄漏。

6）一般来说，冷藏集装箱的融霜周期是在制冷前设定的，在制冷过程中融霜的规律性很强。如果执行融霜操作时持续融霜时间过长，则表明融霜控制开关坏了；如果融霜在制冷机工作期间终止，则表明加热器坏了。

7）冷藏集装箱正在运行的时候，如果发现设定的温度与人工在箱内实测温度相同，而冷藏箱温度记录表盘显示的温度与前者相差过大，则表明温度感温探头坏了。

3. 冷藏集装箱非故障性温度差异和融霜规律

1）冷藏集装箱非故障性温度差异。温度记录纸表盘（或电子温度计）显示的温度时常与箱内实际温度有差异，尤其是处在冷冻和冷藏两种不同工作状态，这种差异尤为突出，而事实上冷藏集装箱本身并没有任何故障。其原因为：冷藏集装箱在构造上，将控制冷藏集装箱内部温度的感温探头分别设置在回风口处和供风口处。在蒸发器下方的是供风口，其上方的是回风口。供风口的温度波动较大，而回风口的温度波动较小。所以，感温探头放置在不同位置，在温度记录仪上反映的结果也不同。冷藏集装箱在实际运行过程中，如果冷藏集装箱设定为冷冻状态（-10℃以下），回风口的感温探头控制开关起作用；如果冷藏集装箱的温度设定在冷藏状态（－10℃以上），供风口的感温探头起作用。实际上供风口的温度是由外至里反映的；而回风口的温度是由里至外反映的。两者的温度在测试的过程中必然产生1～2℃的差异。冷藏集装箱被设置为冷冻制冷状态时，恰好是回风口上的感温探头起作用，因此，温度记录表盘上记录的温度更接近冷冻状态的箱内温度；而设置冷藏制冷状态时，却是在供风口上的感温探头起作用，温度记录表盘上记录的温度较之冷藏状态下箱内温度有一定偏差，温度记录表盘反映的温度倾向于制冷机发出的供风温度。

2）融霜规律。融霜功能在冷藏集装箱中是一个很重要的功能。在冷冻机运转时，为了使蒸发器表面的霜融解，通过气压开关检测蒸发器空气出入口的压差，由于结霜而使压差值逐渐增加，当压差值达到一定数值时使加热器开关动作通电，开始融霜。目前，国外生产的冷冻装置都采用定时器控制融霜。这种融霜方式是把发出融霜指令的接头和空压开关的接点并列地安装在定时器上，通常，冷藏集装箱的储藏温度要求在0℃以上时，冷藏集装箱的除霜时间应设为3～6h，因为0℃接近冰点，这时货物易产生热气，当这些热气通过蒸发器时会结很多霜，结到盘管上的霜过多会影响制冷。因此，冷藏集装箱的储藏温度要求在0℃以上时需要频繁融霜，以保证其制冷效果。

结束融霜是靠蒸发器盘管上的温度继电器发出指令，切断加热器电源。如果发现加热器不融霜，可用手动融霜开关进行强行除霜，以达到及时融霜或检查融霜功能的目的。

二、集装箱易锈蚀部位的检验及预防措施

集装箱的运输条件很恶劣，海水浸渍，风吹浪打，一天之内环境温度可能相差几十度，因此，集装箱制造业对焊接（保证强度）、油漆（防腐）、发泡（冷箱隔热）非常重视。可见，在防锈技术方面集装箱的要求是很高的。集装箱有多种易锈蚀部位，在制造、搬运和使用过程中应特别予以注意。

（1）焊缝部位的防锈　干货箱顶侧板焊接时须焊透，否则背面不渗透，油漆喷不到，易生锈。有缺陷部位不允许打腻后喷油漆，否则，该部位油漆极易脱落、生锈，成为锈蚀源。尽管集装箱材料多为低碳钢，但焊缝部位经高温处理，其材质内部应变产生粗大晶相组织，本身就容易晶间腐蚀。焊道部位的锌粉底漆被烧损且留有残留物，易产生氧化皮，如存在焊缝缺陷（如气孔等），油漆就不能充分喷涂。因此焊道必须仔细严格充分打砂，彻底清除氧化皮，消除焊接应力，提高油漆工艺质量，对于间断焊接更须彻底清理砂粒。如果焊道采用刷子简单清理后再油漆，其效果不佳，使用寿命一般也不理想。

冷藏集装箱内侧板的拼焊也很重要。尽管内侧板材料为0Cr18Ni9不锈钢板，但拼接时，若保护气体不纯或保护不到位，箱子在使用一段时间后，焊缝部位便会开始生锈。正常的内侧板拼焊焊道不但要均匀、平直、焊透，外观检查时焊道须保持银白色。

（2）易磨损部位的防锈　后门槛是货物进出必经之处，摩擦最频繁，磨损撞击最严重，也就是说最易生锈，而且在制造过程中操作者频繁进出，因此，后门槛的保护十分重要。首先，油漆前预处理必须符合规范要求，尤其打砂密度必须符合规范要求，除油必须彻底；其次，油漆干膜厚度必须符合规范要求，尤其是锌粉层厚度必须得到保证；另外，制造过程中必须进行保护，以防污染，影响油漆质量。

外角柱侧面、外门楣及上侧梁上面、外门槛及下侧梁下面等，在堆码过程中也是常摩擦撞击部位，可能与堆码机抓具及船体、其他集装箱摩擦撞击，防范措施应同后门槛一样。

（3）外露铝合金的防锈　冷藏集装箱的地板、顶板、内衬板大多为铝合金材料，有些

侧板以及铝制干货箱表皮也由铝合金制成。一般这些铝合金部件不油漆，直接与货物接触，而且每次运输后都须清洗，即这些铝合金始终暴露在水汽中，而铝合金是较活泼的，几乎所有的箱子使用一段时间后，这些都位都会产生不同程度的氧化斑，既不美观又不卫生。在无油漆的情况下，为减少这种氧化现象可进行表面钝化处理（如阳极氧化处理），使铝合金表面产生一层致密均匀具有一定厚度的氧化保护层。因此，在施工时须保护铝合金表面，不允许随意破坏其氧化层，也不宜抛光，因为抛光会破坏其氧化保护层，露出的本体会立即在空气中氧化。而短时间自然氧化形成的钝化层很薄，颜色为黑色，这便形成了与其他未抛光区域明显的色差。

(4) 死角部位的防锈　碳钢铰链板轴销孔大多采用钻（或铰）加工成形，两端压配衬套。而铰链板是与门板焊接或螺栓联接后再喷涂油漆的，铰链板轴销孔中部油漆达不到。集装箱在运输过程中，由于雨水海水淋湿，铰链板轴销孔无油漆部位会渐渐地锈蚀，严重的甚至会流出黄锈水。因此该部位必须进行防锈处理，应改变工艺，建议在轴销孔内预涂锌粉后再装衬套。

镀锌的钢质铰链板轴销孔锈蚀情况要好一些，但镀锌层不均匀，也须再加工。有些加工者为了方便，钻（铰）时从铰链板一端直接贯通至另一端，破坏了轴销孔内的锌层并露出本体，仍然会产生锈蚀现象。因此，建议从两端钻（铰）铰链板孔，且仅加工衬套配合部位。安装前，须检验铰链板轴销孔内是否有镀锌层。钢门板上锁杆组件的螺栓孔或铰链板螺栓孔，无论是在钢门板油漆前，还是在油漆后打孔，都存在螺栓孔缘无油漆的现象，该部位的防锈在制造厂常被忽视。有些制造厂将锁杆安装在门板上以后，再进行门板油漆，锁杆托架背面的门板只有 10～15μm 的车间底漆，该部位的防锈也常被忽视。因此锁杆托架背面在装锁杆前须再涂锌粉漆（一般大于 40μm），待其干燥后才可装配锁杆组件。

有些喷枪很难喷到的部位或一些死角，若是不影响外观的部位可用刷子预涂（如角件内腔），外露部位可用刷子预涂（注意：这里的油漆稀释剂比例可大些，同时保证流平干燥时间），也可在喷涂时增加在该部位的喷枪停留时间或多喷几次，以增加漆层厚度。无论采用什么方法，这些部位的漆层厚度都必须重点测量检验。

(5) 零部件尖锐角部位的防锈　钢板剪裁后，其边缘都会形成不同程度的尖锐部位及产生毛刺，剪切模用钝时所下的钢板更严重。在部件拼装过程中，虽然焊接部位的尖锐部位及毛刺会消失，但外露部位，如角柱外边、下侧梁外边等部位，由于尖锐边的存在，油漆无法喷涂上去，或涂层厚度很小，该处便首先锈蚀，成为其他部位的锈蚀源，锈蚀会很快蔓延，产生大面积锈蚀。因此外露部位的尖锐处须处理掉（如打磨处理）或改进剪裁质量，减少尖锐程度。

(6) 外大板的防锈处理　材质为 0Cr19Ni9（或 0Cr18Ni9）的冷藏集装箱的外大板，由于板厚较薄，故打砂密度一般只能达到 30% 左右。因此打砂时，尤其要注意打砂密度和打砂粗糙度的区别。打砂密度不足时，油漆与板面结合力减小，经过较短时间的运行，油漆会发生剥离，甚至产生大面积剥离现象。当采用钢砂打砂时，往往打砂粗糙度较大，即凹坑深，易造成变形。故打砂时气压应调小，钢砂应采用大比例的钢丸或棕刚玉砂。为保证有足够的打砂密度和较小的变形，最好采用非金属砂（石英砂等）。检验时，可以随机抽样，用铲刀铲油漆及划格粘贴试验，做抗剥离性能试验。

对于冷藏集装箱的未预涂铝合金外门板，由于铝板与面漆的结合力不良，故涂油漆时，铝板需砂毛，并在铝板与面漆之间增加过渡油漆（如磷化液等），可能时铝板可考虑进行扫砂预处理。

(7) 不同材料之间的防锈　由于不同金属材料之间存在少量水分（或海水），水充当电解液，会使不同价位的金属之间产生电解腐蚀，因此非焊接连接的异种金属之间（如不锈钢或碳钢与铝材、不锈钢与碳钢等）须加垫绝缘材料。

(8) 不锈钢零件及铆钉的防锈　有些不锈钢零件使用一段时间以后会发生锈蚀。除外界因素以外，主要是其化学成分不符合要求。有些不锈钢抽芯拉钉和铝拉钉芯杆（不锈钢）也会发生锈蚀现象。对于芯杆断在拉钉体内，即凹陷较多的结构，由于其结构易含水，故锈蚀现象会更严重。不锈钢的品种和等级很多，对于不涂油漆无镀层的不锈钢必须选用奥氏体不锈钢，碳的质量分数应小于0.08。因此，需对不锈钢成品抽样检验其化学成分，做锈蚀试验，对外露的抽芯拉钉，采用密封胶封涂芯杆头部。

(9) 其他方面的防锈　在集装箱制造过程中，打磨是最常见的加工方法。对于已涂油漆的集装箱，打磨时须注意对油漆的保护。否则，打磨的金属粉尘易飘落到箱体油漆上，并吸附在油漆表面。由于这些金属粉尘具有较高的温度和较高的飞溅速度，因此它们将嵌入靠近砂轮的油漆层，有些还会接触到底漆层。集装箱在运输一段时间后，这些金属粉尘将成为锈蚀源，渐渐地蔓延产生大面积锈蚀。因此，打磨工具最好采用环保型的，即具备自动收集金属粉尘的装置；或打磨时对其他部位进行适当保护，并在打磨后认真进行清理。

冷藏集装箱的内侧板及其他不需要涂油漆的不锈钢件进行磨削时，产生的金属屑也具有较高的温度和较高的飞溅速度，当落到其他不锈钢表面时，会粘贴在上面。这些金属屑长时间受潮后，也将锈蚀泛黄，其预防措施与其他方法相同。

锈蚀是无处不在的，尤其对于集装箱，锈蚀是影响其使用寿命和使用性能的“大敌”，应予以足够的重视。随着人们对集装箱性能要求越来越高，防锈蚀的要求也越来越高。因此不能仅局限于常规的防锈，更要对可能产生锈蚀的因素进行较为系统的分析，采取针对性的防范措施。

第六节　气调集装箱和干冰为冷源的冷藏集装箱

我国幅员辽阔，各地气候、地理差别大，物产丰富，每年需运输的冷藏货物量极大。因此，在我国发展方便、经济的气调集装箱和以干冰为冷源的冷藏集装箱经济效益巨大，意义深远。

一、气调集装箱

1. 气调运输的发展及其优点

20世纪70年代末、80年代初，国外开始利用气调集装箱进行海上或陆上长途运输。经过不断的努力和完善，目前各水果出口大国已经利用气调集装箱把本国水果运输到全球更多地方，从而占据更大的市场份额。例如，把香蕉从拉丁美洲运至欧洲，把苹果、猕猴桃从新西兰运至欧洲和亚洲，把桃、油桃从智利运到美国等。此外，许多名贵果蔬和热带水果采摘后仅能存放7~14天，以往只能空运，现在则可以实现海运或陆运。相较于香蕉、苹果等低价位果蔬，鳄梨、各类核果、芒果、芦笋和红橘等高价果蔬占了近几年集装箱果蔬运输量的70%以上。

实践证明，气调运输可以选择成熟度较高、风味更好的果实，无需担心到达目的地时会“熟过头”；它还能减少果实内部生理紊乱和各类病害的出现，降低损耗率；与传统冷藏运输相比，果实到岸状态均匀、货架期长，更受销售商欢迎。

2. 气调集装箱的要求和类型

（1）对气调集装箱的要求　水果的大规模气调运输离不开气调集装箱的发展，不管在海上还是在陆上的运输过程中，各种设备的工作环境远比气调库中恶劣，所以对气调集装箱及其内部设备有很高的坚固性（能经受途摇晃、颠簸）、可靠性（无需在途中进行维修）和方便性（操作人员往往并非专业人士）要求。

与气调库一样，气调集装箱的使用效果和运行费用受气密程度的影响，所以要求它具有良好的气密性。早期，由于技术不成熟，甚至有些产品就是在冷藏集装箱内加装一套气调设备，却没有采取密封措施，漏气率往往达到5m³/h或更多。针对泄漏主要发生在箱门这一现象，制造商们采取的措施有：靠磁力将一层塑料帘吸在门框内部（意大利 Isocell 公司），将双扇门改为特制的单扇门（美国 Freshtainer 公司）等。现在，经过良好设计和安装的集装箱漏气率低于1m³/h。

气调集装箱是在冷藏集装箱的基础上发展而来的。目前有些产品即为原来生产冷藏集装箱的公司生产的，有些则是与气调设备生产商合作的产物。与冷藏集装箱一样，气调集装箱的外形尺寸是标准化的，但是气调设备往往会占据一定的储藏空间，所以各生产商的一大任务就是在保证使用效果的前提下，尽量缩小气调设备的外形尺寸，使整套设备紧凑。

（2）气调集装箱的类型　装备完整的气调集装箱非常类似于一座小型气调库，除制冷系统外，配备了膜分离制氮机、碳分子筛 CO_2 脱除机、催化氧化除乙烯机、加湿设备、减湿设备、计算机控制记录系统等。表6-7列出了 Freshtainer 公司 intac401 型气调集装箱各项参数。

表6-7　Freshtainer 公司 intac401 型气调集装箱各项参数

项　目	参　数	项　目	参　数
容积/m³	66.6	箱内温度	−25～29℃（±0.25℃），环境38℃
外形尺寸/mm×mm×mm	12192×2348×2895		
内部尺寸/mm×mm×mm	11400×2280×2562	箱内 CO_2 含量	0%～80%（1%，1.5%），换气量0.18m³/h
自重/kg	5446	箱内乙烯含量	0.12m³/h（11.25mg/h）
最大载质量/kg	24554	箱内 O_2 含量	1%（1%，−1.5%）
门（宽×高）/mm×mm	2262×2519	箱内湿度	60%～80%

按照降氧方法的不同，气调集装箱分成两类。

1）采用充气法的气调集装箱。装满货物后，用 N_2 和 CO_2 的混合气体冲洗箱内，来迅速降低 O_2 浓度，提高 CO_2 浓度。早期产品是在码头装满货物后，直接向箱内充注预先配制好的混合气体。此后的运输过程中，依靠气体成分测控装置，O_2 浓度降低时通入新风，CO_2 浓度升高时进行脱除。但如果箱体密封性能差，渗进的 O_2 会多于果蔬呼吸耗氧量，O_2 浓度就无法维持在所需的低水平上，同样 CO_2 也无法维持在一定的高水平上。为此，有些产品改为携带液氮钢瓶和干冰，运输过程中，根据箱内气体环境的变化情况，自动进行充氮降氧、通风增氧、充入或脱除 CO_2 等操作。这类集装箱的早期代表产品是美国加州 Transfresh 公司于 20 世纪 90 年代末推出的 TectrolCA 系统。该系统的主要优点是初投资少，每只集装箱的配备费用约为 700 美金，包括：充注气体入口、箱门内框加装铝质门轨（用于安装硬塑料密封帘）；安装储藏参数控制记录仪所需的支架及电线（该仪器用毕拆下）；生石灰 CO_2 脱除机及其附属设备。它的缺点是运行费用高，并且需要依赖果蔬的呼吸作用，不是一个完全独立的系统，故有人认为不能称其为 CA（Controlled Atmosphere）集装箱，而只能称为 MA（Modified Atmosphere）集装箱。

2）依靠制氮机来降氧的气调集装箱。由于此类集装箱的制造商很多，不同公司生产的气调设备配置情况各不相同，同一公司的产品也可能分几个档次供顾客选择，所以价格差别很大。另外，英国的 Cronos Containers 公司推出的 Cronos 气调系统可以把标准冷藏集装箱临时性或永久性地改装成气调集装箱。该系统外形尺寸为 2m×2m×0.2m，所有气调及控制设备均安装在铝质外壳内。它可以很容易地安装在大多数冷藏集装箱的地板和内壁上，仅占据 $0.8m^3$ 的空间。它由制冷系统的电源驱动，可以将 O_2、CO_2 及相对湿度维持在预先设定的水平上，并能脱除乙烯。

二、干冰为冷源的冷藏集装箱的优势

1. 制冷量大，降温速度快

干冰的制冷量较大，常压下干冰的温度为 −78.9℃，汽化热为 573kJ/kg，1kg 干冰变为 25℃时 CO_2 气体能吸收 653kJ 的热量，而 1kg 的液氮（−196℃）转化成 25℃的 N_2 时吸收的热量为 411kJ，只有干冰的 60%，可见使用干冰作冷源需要的干冰量仅是液氮的 60%。

另外，由于干冰制冷是利用干冰升华制冷，制冷过程快，而且还可以方便地通过箱内温度调节系统调节干冰的汽化量，因而能在较短的时间内使冷藏集装箱箱内温度达到要求温度。而机械制冷冷藏集装箱从制冷系统起动到系统输出最大制冷量有一个较长的工作过程，最大制冷量的输出还受到所用制冷机组的限制，因而其降温速度与干冰制冷相比要慢得多。国际铁路联盟科研所曾对干冰、机械制冷等系统的降温速度进行了对比实验，实验结果如图 6-10 所示，由图中可以看出干冰制冷在这方面有较大的优势。

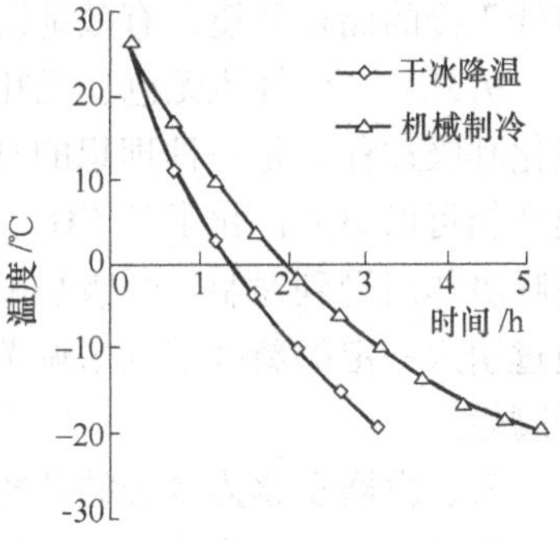

图 6-10　降温曲线

2. 结构简单，运行可靠，成本低廉

干冰为冷源的非机械制冷冷藏集装箱系统利用干冰升华时较大的汽化热和较低的汽化温度来实现制冷目的，它除了干冰储存及温度控制装置外，没有其他任何运动部件，这样就大大地减少了故障出现的可能，提高了运行的可靠性，同时也降低了维修费用。比较而言，机械制冷冷藏集装箱的制冷系统结构复杂，零部件多，而且工作压力高（一般为 114MPa 左右），非常容易出现设备故障和系统泄漏，维修工作量大，费用高。有关统计资料显示，机械式制冷系统的折旧费大约是非机械制冷系统的 218 倍，维修费约为 514 倍。而且干冰为冷源的冷藏集装箱没有制冷机组，它的制造成本相对也要低。

另外，与液氮制冷集装箱相比，干冰冷藏集装箱有两大成本优势，第一是干冰每升的价格是 1～1.8 元，而液氮的价格是 2 元左右；第二是干冰制冷集装箱的结构更简单，它在使用前通过外置减压装置将高压液态 CO_2 转化为常压下的雪花状干冰，充灌到集装箱的冷源存储室，集装箱自身不带减压装置，这比液氮制冷集装箱少了一套喷淋装置，同时也进一步提高了其运行可靠性。

3. 充灌速度快，使用方便

在冷源存储室内的雪花状干冰是由高压液态 CO_2 经减压装置减压后形成的，其充灌速度较快，可以达 60～100kg/min。以箱型 ICC（即 20ft 冷藏集装箱）为例，一天干冰的消耗量为 500kg，如一次要充灌 5 天使用的干冰（即 2500kg），充灌时间仅为 25～42min，这比冷板式冷藏集装箱的冷板蓄冷时间要短得多，而且充灌方便、操作简单，无需冷源的搬运，也无需专业人员操作。

4. 应用领域广阔

干冰汽化温度低，常压下为 -78.9℃，以干冰作冷源的冷藏集装箱只要通过温度控制装置的调节，就可以将箱内温度调节到 -78.9℃ 至常温下的任何一个温度，满足不同冷藏货物对冷藏温度的要求。而机械式制冷集装箱由于受到所用制冷剂以及制冷系统的限制，一般蒸发温度不低于 -30℃，而且蒸发温度越低，冷机的运行工况越恶劣，制冷系统的效率也会急剧下降。

机械制冷由于用电量大，需要额外电源，供电问题制约了它在铁路、公路运输中的广泛应用。而干冰制冷集装箱不存在这方面的问题，它只需少量的电量来提供自动控制和循环风扇的用电，而这可以通过蓄电池来提供，无需外加电源，因此干冰制冷集装箱的应用领域更为广阔。

5. 兼有冷藏运输和气调运输双重功能

干冰制冷的降温速度快，降温时对食品组织的细胞破坏较小，而且低温的 CO_2 气体从箱体顶部导入箱内，再加以一定量的通风量，箱内温度很容易达到均匀，食品能够很快地整体处于冷的储存环境，有效地防止了食品变质。

另外，CO_2 气体无色、无味、无毒，是一种化学性质稳定的惰性气体，可以遏制果蔬的氧化呼吸过程，是一种理想的气调保鲜气体，目前广泛应用于气调保鲜中。因此，干冰制冷集装箱可以引入汽化了的 CO_2，提高箱内 CO_2 的浓度，起到气调保鲜作用；同时，由于果蔬呼吸作用受到遏制，呼吸热减少，减少了箱内热负荷，使干冰消耗量减少很多。当然必须通过引入一定的新鲜空气来调节集装箱内空气的成分，因为过高的 CO_2 含量反而会引起水果腐烂。

三、发展干冰为冷源的非机械制冷集装箱所存在的问题及解决办法

虽然以干冰为冷源的冷藏集装箱优势众多，但现在各国仍处于实验开发阶段，要投入实际应用还存在以下几方面问题。

1. 冷藏集装箱箱体设计

目前，我国冷藏集装箱的箱体结构和制冷设备应符合 GB/T 7392—1998 的有关规定，冷藏集装箱的传热系数应小于 0.4W/(m^2·℃)。考虑到生产成本，生产厂家一般采用 50mm 的硬质聚氨酯为隔热材料，其隔热性能就可以满足要求。但干冰汽化温度低，在相同的隔热性能情况下，其漏热量是机械制冷集装箱的 2 倍左右，而干冰制冷式集装箱的隔热性能直接决定了干冰的消耗量和箱体容积的利用率，这就要求更好的隔热性能。

改进方法之一是提高隔热层的隔热性，可以通过加厚隔热层来实现。有实验表明，将隔热层厚度增厚加到 100mm，可以将传热系数降到 0.2W/(m^2·℃) 以下，也可以采用新的隔

热材料，如使用PEF（高压聚乙烯）材料，同时必须尽量减少或避免冷桥，因为冷桥导致箱体的隔热性能大幅下降，通常情况下冷桥处的传热系数是隔热部位传热系数的6倍左右。

另外，干冰升华会产生大量气体，使箱体内处于正压状态，箱体内气体的泄漏量也会太大提高，同时会带走大量的热量，增加了箱内热负荷，使干冰消耗量增加，这就要求此类集装箱要有更高的气密性要求，以减少漏热量。

2. 箱内温度的控制

每种食品都有特定的冷藏温度。表6-8列出了几种易腐食品的冷藏条件。在运输过程中应满足食品的冷藏条件，并能保持稳定。

表6-8　几种易腐食品的冷藏条件

品名	冷藏温度/℃	相对湿度(%)	品名	冷藏温度/℃	相对湿度(%)
冻结鱼	-20 ~ -12	90 ~ 95	苹果	-1 ~ 1	85 ~ 90
冻结肉	-24 ~ -18	85 ~ 95	菠萝(青)	10 ~ 1	85 ~ 90
鲜鱼	-0.5 ~ 4	90 ~ 95	青豌豆	0	80 ~ 90
冷却肉	0 ~ 1.2	85 ~ 90	青椒	7 ~ 10	85 ~ 90

由于循环风量较小，箱内垂直截面上有一定的温度差。这对于冷冻食品和对冷藏温度范围大的果蔬（如菠萝、青椒）的运输能符合要求，而对一些冷藏温度范围小且易变质的果蔬（如青豌豆）就无法满足要求，因此必须研究新的解决措施。

3. 箱内食品污染

虽然对于大多数食品来说，CO_2是无害气体，但研究表明，部分食品并不适合存放在高浓度的CO_2环境中，如香蕉、卷心菜等，它们在高浓度的CO_2环境中表面会发黑，影响外观。所以干冰为冷源的冷藏集装箱必须设计成两种冷却方式：一种是直接冷却，即CO_2气体与食品直接接触冷却；另一种是间接冷却，即CO_2气体不与食品接触，而是先冷却空气，再冷却食品。这样可以满足运输不同食品的需要。

4. 箱内容积的利用率

由于集装箱运输过程中所需的干冰是以雪花状存储在冷藏集装箱的存储室内，而干冰的消耗量又大，以20ft为例，每天干冰的消耗量约500kg，转化为雪花状干冰的体积约为$0.64m^3$，如果计划长途运输，以10天为例，就需要约$6.4m^3$的存储空间，而标准20ft冷藏集装箱的有效内部容积为$32.1m^3$，这样干冰的存储室就要占用1/5的容积。另外运输路程不同，其所需的干冰量也不同，如果按最大消耗量设计存储室体积，当干冰存储量减少时就会出现冷藏集装箱体积利用率低的现象。解决的办法是将干冰存储室设计成可伸缩的容器，能够根据实际的干冰存储量自动调节，以提高集装箱的容积利用率，同时这个可伸缩容器必须有一定的承压能力，以满足不同的蒸发压力要求。

第七章　液化气体运输与设备

第一节　液化气体的定义和液化气货品的种类

一、液化气体的定义

一般而言，液化气体是指某种物质的液体状态，该物质在常温、常压下是气体。由于气体物质密度低，储存运输时占据较大体积，因此从经济角度出发，海上运输和储存时需将气态货物液化成液体。例如：石油气（主要成分是丙烷）经液化变成液化石油气（LPG）后，体积仅为气体时的1/250；天然气（主要成分是甲烷）经液化变成液化天然气（LNG）后，体积仅为气体时的1/625。

国际海事组织（IMO）制定的《液化气体船国际气体规则》（IGC 规则），明确规定了液化气船适载的液化气货品的定义，即温度在37.8℃时，饱和蒸气压力超过0.28MPa（绝对压力）的液态物质及理化性质和这些液化气体相近的其他货品。表7-1 列出部分液化气体在37.8℃时的饱和蒸气压力和在大气压下的沸点。

表7-1　部分液化气体在37.8℃时的饱和蒸气压力和在大气压下的沸点

液化气名称	37.8℃时的饱和蒸气压力(绝对压力)/MPa	大气压下的沸点/℃	液化气名称	37.8℃时的饱和蒸气压力(绝对压力)/MPa	大气压下的沸点/℃
甲烷(CH_4)	气体①	-161.5	氯乙烯(C_2H_3Cl)	0.57	-14
丙烷(C_3H_8)	1.29	-43	丁二烯(C_4H_6)	0.40	-5
正丁烷(C_4H_{10})	0.36	-0.5	环氧乙烷(C_2H_4O)	0.27	10.7
氨(NH_3)	1.47	-33			

① 甲烷的临界温度是-82.5℃，临界压力为4.47MPa。

按照上述定义，环氧乙烷（C_2H_4O）不符合定义所规定的液化气体要求，但是由于该物质在大气压下的沸点也较低（10.7℃），很难采用液化气体以外的方式进行运输，因此IMO 也将它列为IGC 规则包含的“液化气体”之中。同样，一些化学品，如乙醚、氧化丙烯和异戊间二烯，严格来说都不能列入液化气体，但是由于它们的饱和蒸气压力较高，对人体有危害并易燃烧爆炸，因此IMO 把这些化学品和类似的化合物也看做是液化气货品。海上运输这些货品时，除了要遵守IGC 规则之外，还要满足IBC 规则的要求，而且在运输时不能装载在整体式的液舱中，只能装载在独立式液舱中。

二、液化气货品种类

IGC 规则第19 章中，列出了液化气体船适载的32 种液化气货品的名称及各货品相应的联合国编号，其中有9 种货品也包括在IBC 规则内。表7-2 列出了这32 种液化气货品的 基本资料，同时包括在IBC 规则中的9 种货品名称后标注“ * ”。

从表7-2 中可看到，在环境温度和大气压力下，大多数液化气货品处于气体状态，只有异戊间二烯、异丙胺、氧化丙烯、亚乙烯基氯、乙醚、环氧乙烷/氧化丙烯混合物、戊烷和戊烯等八种货品在大气环境下呈液态。当然，在船运状态下，所有货品都是在液体状态下运输的。

表 7-2 IGC 规则包含的液化气货品基本资料

货品名称	联合国编号	船型要求	货品状态	
			在大气环境下	在船运条件下
甲烷(液化天然气)	1971	2G	气体	液体
乙烷	1961	2G	气体	液体
乙烯	1038	2G	气体	液体
丙烷	1978	2G/2PG	气体	液体
丙烯	1077	2G/2PG	气体	液体
丁烷	1011	2G/2PG	气体	液体
丁烯	1012	2G/2PG	气体	液体
丁二烯	1010	2G/2PG	气体	液体
无水氨	1005	2G/2PG	气体	液体
氯乙烯	1086	2G/2PG	气体	液体
氯	1017	1G	气体	液体
环氧乙烷*	1040	1G	气体	液体
制冷剂气体(R12/R22)	1028/1018	3G	气体	液体
乙醛	1089	2G/2PG	气体	液体
二甲基胺	1032	2G/2PG	气体	液体
乙胺*	1036	2G/2PG	气体	液体
氯乙烷	1037	2G/2PG	气体	液体
氮	2040	3G	气体	液体
氧化丙烯*	1280	2G/2PG	气体	液体
二氧化硫	1079	1G	气体	液体
丁烷/丙烷混合物	1011/1978	2G/2PG	气体	液体
乙氧基乙烯*	1302	2G/2PG	气体	液体
亚乙烯基氯	1303	2G/2PG	液体	液体
乙醚	1155	2G/2PG	液体	液体
异戊间二烯*	1218	2G/2PG	液体	液体
异丙胺*	1221	2G/2PG	液体	液体
环氧乙烷/氧化丙烯混合物(环氧乙烷的质量分数不超过30%)*	2983	2G/2PG	液体	液体
戊烷(所有异构体)*	1265	2G/2PG	液体	液体
戊烯(所有异构体)*	1265	2G/2PG	液体	液体
甲基乙炔/丙二烯混合物	1060	2G/2PG	气体	液体
溴甲烷	1062	1G	气体	液体
氯甲烷	1063	2G/2PG	气体	液体

三、常见的液化气货品

IGC规则中的液化气货品有32种，但在液化气海上运输中，最常见、运输量最大的是作为能源用的液化天然气LNG和液化石油气LPG两种。此外，氨、乙烯、氯乙烯、丙烯等作为化工用途的液化气货品，也较为广泛地出现在海上运输中。

1. 液化天然气（LNG）

（1）液化天然气链　天然气从气田开采出来，要经过处理、液化、船运、接收和再汽化等几个环节，最终送至终端用户，这样便形成了所谓的“液化天然气链”，如图7-1所示。液化过程能净化天然气，除去其中的氧气、二氧化碳、硫化物和水。这个处理过程能够使天然气中甲烷的纯度接近100%。

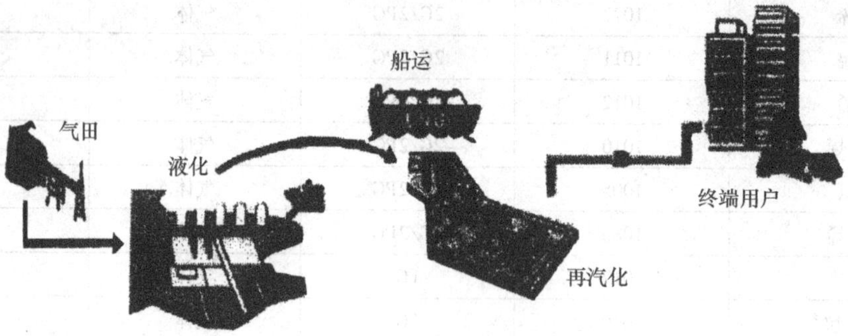

图7-1　液化天然气链

（2）液化天然气的成分　天然气在0.1MPa下冷却至约 -162℃时，天然气由气态转变成液态，称为液化天然气（Liquefied Natural Gas，LNG）。LNG无色、无味、无毒且无腐蚀性，其体积约为同量气态天然气体积的1/625，LNG的质量仅为同体积水的45%左右，热值为1.05×10^9J/t。

天然气无色、无味、无毒且无腐蚀性，主要成分为甲烷，也包括一定量的乙烷、丙烷和重质碳氢化合物，还有少量的氮气、氧气、二氧化碳和硫化物。此外，在天然气管线中还发现含有水分。

甲烷的分子结构由一个碳原子和四个氢原子组成，燃烧产物主要是二氧化碳和水，反应式为

$$CH_4+2O_2\longrightarrow CO_2+2H_2O$$

与其他化工燃料相比，天然气燃烧时仅排放少量的二氧化碳和极微量的一氧化碳、碳氢化合物、氮氧化物，因此，天然气是一种清洁的能源。

天然气的主要成分是甲烷，它本身是一种无毒可燃的气体。同其他燃料一样，天然气的燃烧需要大量氧气（O_2）。如果用户在使用灶具或热水器时不注意通风，室内的氧气会大量减少，造成天然气的不完全燃烧。不完全燃烧的后果就是产生有毒的一氧化碳（CO），最终可能导致使用者中毒。不完全燃烧的反应式为

$$2CH_4+3O_2\longrightarrow 2CO+4H_2O$$

天然气是从地下油气田中开采获得的碳氢化合物和非碳氢化合物的混合气体。其中，从油田开采中获得的天然气称为伴生天然气，从单独气田开采出的称为非伴生天然气。非伴生

天然气比较纯净，热值较高。从气田中开采是获得天然气的主要途径。

不同的气田生产的天然气成分不同。一般而言，甲烷占主要成分，占总体积的70%～95%（有的甚至高达99%）；此外，含有少量的乙烷、丙烷、丁烷和统称为天然气液（NGL）的重质烃；少量非烃物，如水、二氧化碳、氮、硫化氢，以及其他非烃杂质。

天然气液（NGL）是指天然气中沸点较高、相对分子质量大、常温常压下是液体的戊烷及 C_5 以上较重的碳氢化合物。

（3）液化天然气的生产

1）清除重质烃和非烃物质。首先，利用酸性气体（如 CO_2 和 H_2S）把未加工的原始天然气中的重质烃（NGL）除去，然后，用水蒸气清除留在天然气中的酸性气体，最后，利用脱水装置除去天然气中的水分和水蒸气等。

2）分离丙烷和丁烷。利用丙烷和丁烷沸点比甲烷、乙烷高许多的特性，将天然气分别降温到丙烷和丁烷的沸点以下，使丙烷和丁烷液化而将其从天然气中分离出来。也可以在环境温度下将天然气加压，使丙烷和丁烷液化而将其与天然气分离。

3）天然气降温液化。天然气可被加压液化的临界温度为 -82.5℃，此时液化所需的压力（临界压力）为4.47MPa。为了避免使用笨重的压力容器，液化天然气都是在常压、低温状态下储存运输，在大气压力条件下将天然气降温到 -160℃左右，即可将天然气液化得到液化天然气。

为了把天然气降到 -160℃左右的低温，需要进行多级的制冷过程才能达到。天然气的液化过程都是在闭式制冷循环中进行的。液化装置一般是利用氮和原始天然气抽取的碳氢化合物的混合物作制冷剂，将天然气压缩并升温、升压后用制冷剂降温冷却，再通过膨胀机低温膨胀而液化。在每一次低温膨胀过程中，一部分天然气被液化，其余的天然气再送到下一级的制冷循环中降温液化。制冷剂在低温蒸发器中汽化后，利用单独的压缩再液化系统不断被液化循环使用。

（4）天然气的用途　天然气主要用于发电。以天然气为燃料的燃气轮机电厂的废物排放水平大大低于燃煤与燃油电厂，而且发电效率高，建设成本低，建设速度快。此外，燃气轮机起停速度快、调峰能力强、耗水量少、占地面积小。

天然气也可用作化工原料。以天然气为原料的一次加工产品主要有合成氨、甲醇、炭黑等近20个品种；经二次或三次加工后的重要化工产品包括甲醛、醋酸、碳酸二甲酯等50个品种以上。以天然气为原料的化工生产装置投资省、能耗低、占地少、人员少、环保性好、运营成本低。

天然气广泛用于民用及商业燃气灶具、热水器、采暖及制冷，也用于造纸、冶金、采石、陶瓷、玻璃等行业，还可用于废料焚烧及干燥脱水处理。

天然气汽车的一氧化碳、氮氧化物与碳氢化合物排放水平都大大低于汽油、柴油发动机汽车，不积炭、不磨损、运营费用很低，是一种环保型汽车。

尽管受到将其从产地运到消费市场的运输技术和运输费用的限制，但由于天然气具有热值高、使用方便、价格适宜等优点，并且是一种清洁燃料，在世界主要的能源消费地区一直被作为主要的燃料来源，通过城市燃气管线将天然气很方便地送到居民和用户家使用。在工业方面，天然气也是很重要的热源。由于燃烧清洁，在玻璃陶瓷厂、面包厂、发电厂等都广泛使用天然气，并逐渐推广到车辆和航空中作为无污染、高性能燃料。

石油化学工业是天然气的另一个重要市场。由于天然气（甲烷）比其他碳氢化合物含氢比例大，而氢是生产化肥、树脂的重要基础，所以天然气是极好的化学工业原料，被用作生产化肥、塑料、粘接剂等的原料。

（5）液化天然气的性质和特点

1）纯净的液化天然气是无色、无味、无毒和透明的液体，液化天然气比水轻，不溶于水。液化天然气蒸气温度高于 -110℃时比空气轻，泄漏时蒸气往上升，易于扩散，因此发生爆炸的危险性相对于液化石油气小。

2）液化天然气化学性质稳定，与空气、水及其他液化气货品在化学上相容，一般不会引起危险反应（与氯可能有危险反应）。

3）由于液化天然气是非腐蚀性货品，所以只要求容器的材料能耐低温的金属材料，如不锈钢、铝、铜、含镍的质量分数为9%或36%的合金钢等。

4）液化天然气无毒，但它会使眼睛和皮肤严重冻伤，高含量的蒸气会使人晕眩困倦，但没有持久的影响。另外，高含量的蒸气也可能会造成空间缺氧而使人窒息。

5）由于液化天然气的临界温度远低于环境温度，所以只能采用全冷冻的条件运输与储存，即在常压沸点温度下运输，使用的船型是2G型。

6）由于液化天然气属于混合物，货品的成分不同会影响它的理化性质，运输时须向货主索取有关数据和建议。

下面列举典型的商业液化天然气的一些数据以供参考：

1）液化天然气的沸点在大气压条件下为 -157 ~ -163℃，而纯甲烷的沸点为 -161.5℃。

2）液化天然气在大气压沸点温度下的密度为0.47 ~ 0.53t/m^3，而甲烷在大气压沸点温度下的密度为0.427t/m^3。

3）液化天然气热值为26.5 ~ 36kJ/m^3，而纯甲烷的热值为30.74kJ/m^3。

4）液化天然气蒸气相对密度为0.58 ~ 0.67，而纯甲烷蒸气相对密度为0.55。当温度降低时，蒸气的相对密度是增大的。当温度低于 -113℃时，甲烷蒸气比空气重；当温度高于 -110℃时，甲烷蒸气比空气轻。

5）爆炸极限：纯甲烷的体积分数为5.3% ~ 14%。

6）自燃温度：纯甲烷为595℃。

7）闪点：纯甲烷闪点为 -175℃。

8）体积膨胀系数：纯甲烷为0.0026℃$^{-1}$（-165℃时）。

2. 液化石油气（LPG）

（1）液化石油气的成分　液化石油气即“被液化了的石油气”，其本身在常温、常压下是气体。为了便于运输和储存，通常采取加压、制冷或两者兼施的方法，将其液化成液体。

液化石油气是碳氢化合物的混合物，主要成分是丙烷和丁烷，但是由于生产和净化的不同原因，液化石油气主要是由俗称碳三（C_3）和碳四（C_4）的一种或多种烃类化合物以及少量俗称碳一（C_1）、碳二（C_2）和碳五（C_5）的物质组成。碳三和碳四主要包括丙烷、正丁烷、异丁烷、丙烯、1-丁烯、顺-2-丁烯、反-2-丁烯和异丁烯八种成分；碳一、碳二和碳五包括甲烷、乙烷、戊烷、乙烯和戊烯等成分。此外，还有微量的硫化物、水蒸气/水（和其他非烃类杂质）。液化石油气的来源不同，其各种成分和含量也不同。为了准确了解

LPG 的成分和含量，通常使用气相色谱仪对液化石油气进行定性和定量分析。

（2）液化石油气的来源

1）来源于炼油厂的石油气。炼油厂石油气是石油炼制和加工过程中产生的各种气体的总称，其总量取决于炼油厂的加工方案和加工深度。对采用燃料油-润滑油浅度加工方案的炼油厂，炼油厂石油气总量占入厂原料质量的4%～5%；对采用纯燃料油深度加工方案的炼油厂，炼油厂石油气总量为入厂原料质量的6%～9%。

炼油厂石油气由于采取的加工工艺和设备不同，炼油厂石油气的组成和产量也各不相同，大致可分为五种：蒸馏气、热裂化气、催化裂化气、催化重整气及焦化气等。其中，催化裂化气是国内生产供应民用液化石油气的主要来源。从催化裂化气中回收得到的液化石油气的产率为催化裂化原料油量的8%～13%。催化重整气产率为原料质量的3%～5%，目前国内产量仅次于催化裂化气。

2）来源于石油化工厂的副产品。石油化工厂用石油的一些产品（如甲烷、乙烷、石脑油、轻柴油等）作为原料，以生产合成氨、甲醇、塑料、合成橡胶及各种化工产品。与此同时，也副产部分液化石油气。目前国内只有少数石油化工厂将副产的液化石油气用作民用燃料。

3）来源于油田伴生气。在石油开采过程中，石油和油田伴生气是同时喷出的。油田伴生气含体积分数为60%～90%的甲烷和乙烷，10%～40%的丙烷、丁烷、戊烷和其他重质烃。利用装在油井上面的油气分离装置可使石油和伴生气分离，然后利用吸收法将油田伴生气的各种碳氢化合物分离，从而提取得到液化石油气。

4）来源于天然气。天然气和石油气往往共同蕴藏在地壳中。气田开采出来的原始气体中甲烷的体积分数通常为85%～95%，C_3 和 C_4 的体积分数为2%～5%。可采用压缩、吸收、吸附或低温分离的方法，将其中的 C_3 和 C_4 分离出来以获得液化石油气。

（3）石油气的用途

1）家庭和工业的优质燃料。石油气热值高、燃烧清洁，与天然气一样，是城市燃气的主要气源。

2）石油化学工业的重要原料。石油气用作合成橡胶、合成纤维、合成树脂和塑料等产品的原料。

3）理想的汽车燃料。石油气作为气体燃料燃烧平稳均匀，比汽油等污染少，并且有良好的起动性能。从环保需求出发，许多国家城市正在推广石油气作为汽车燃料。对于汽油机可较容易改用石油气。柴油机较难，但石油气可作为柴油机的辅助燃料。

4）其他用途。如用作溶剂，石油气的丙烷也可用作制冷系统的制冷剂等。

（4）民用液化石油气质量要求　液化石油气的质量与其来源和提取方法有关。在一般情况下，从油田伴生气和天然气中获得的液化石油气质量很高，基本不含不饱和烃和硫化物；而从炼油厂石油气和石油化工副产得到的液化石油气，则含有较多的不饱和烃和一些不易除去的硫化物等。许多国家对于不同用途或不同地区使用的液化石油气，有各自的规格和质量标准，主要是对液化石油气中的 C_1 和 C_2 含量、C_3 和 C_4 含量、残液量、C_5 及 C_5 以上烃类物质含量、游离水含量、硫化氢含量、总硫分含量、给定温度下的蒸气压力、加臭剂含量等作出明确的规定。

1）硫分。液化石油气中如果含有太多的 H_2S 和其他有机硫，会对运输、储存蒸发和使用设备造成腐蚀，同时液化石油气燃烧后会生成强腐蚀性的 SO_2 污染大气和环境，因此液化石油气必须脱硫才能投放市场。

2）水分。水和水蒸气在一定条件下会与液态和气态的 C_1、C_2、C_3 和 C_4 生成结晶的水合物。水蒸气能加剧 O_2、H_2S 和 SO_2 等对金属设备的腐蚀。由于水分有很大的危害性，故应尽量除去液化石油气中的水分。

3）二烯烃等不稳定碳氢化合物。从炼油厂获得的液化石油气，可能会含有易产生聚合反应的二烯烃类化合物，从而影响运输和使用。一般要求丁二烯的体积分数不大于2%。

4）甲烷、乙烷和乙烯等。C_1 和 C_2 类碳氢化合物的饱和蒸气压远高于液化石油气，而液化石油气容器、货舱、管道设备等均是按照丙烷、丙烯的饱和蒸气压设计的，如果 C_1 和 C_2 含量过多，则产生的压力就会过高，容易发生事故。

5）残液。沸点较高，常温、常压下不能汽化的液体称为残液，如 C_5 及 C_5 以上的重质烃等。残液量大，减少了液化石油气的有效成分，增加了用户更换气瓶次数，增加重复运输量，并给使用和管理增加负担，因而要对残液量加以限制。国外要求残液的质量分数小于1%。目前我国生产的液化石油气残液量仍较高，一般其质量分数为10%～15%，有的甚至高达20%～30%。

6）液化石油气加臭。液化石油气无色无味，混入空气中不易被人觉察，并且爆炸极限很低。为了及时发现液化石油气泄漏，防止爆炸事故，需对民用的液化石油气加臭。一般用硫醇、硫醚等硫化物作加臭剂，要求当液化石油气气体的体积分数达到爆炸下限的1/5时，就能被用户及时察觉。美国商用液化石油气加臭剂用量为乙硫醇 $1.2\times10^{-3}kg/m^3$、硫醚 $1.2\times10^{-3}kg/m^3$、戊硫醇 $1.68\times10^{-3}kg/m^3$。

7）9506 液化石油气的蒸发温度。有些国家考虑到气温对液化石油气使用的影响，规定了95%液化石油气蒸发的温度。

8）给定温度下的饱和蒸气压力。许多国家对液化石油气规定了在给定温度（如20℃或48℃等）下的最大饱和蒸气压。

（5）液化石油气的性质和特点　液化石油气是 C_3 和 C_4 的混合物，货品的组成会影响其理化性质和有关数据。以下仅对液化石油气的一些物理、化学性质，以及这些性质在使用中的重要性作一些简单介绍。

1）气态时密度大，是空气密度的1.5～2.1倍。丙烷、丁烷在标准状态下的气态密度分别为 $2.01kg/m^3$ 和 $2.7kg/m^3$。

2）液态时密度比水小，约比水小一半。液化石油气密度随温度变化差异很大，在常温时为 $500\sim580kg/m^3$。0℃时，丙烷和丁烷的液体密度分别为 $528kg/m^3$ 和 $601kg/m^3$。

3）石油气能在常温下加压液化和常压下降温液化，又能在常温下汽化。从气态转变为液态时，液态体积是气态体积的1/300～1/250。丙烷和正丁烷在大气压下的沸点分别为 -42.3℃和 -0.5℃。

4）液化石油气的液体溶剂膨胀系数大，是水的16倍。温度上升，液相体积膨胀大。

5）液化石油气易燃易爆。它的爆炸极限范围较窄，体积分数为1.5%～9.5%，而且爆炸下限比其他可燃气体低。这意味着泄漏少量的液化石油气，就可能与空气形成爆炸性混合气体而使环境处于危险中。

6）液化石油气的汽化热大，液化石油气喷出接触人体皮肤时，会迅速汽化而吸收人体皮肤表面的热量，造成皮肤冻伤。

7）液化石油气的热值高，为22000～29000kJ/m^3，是城市优质燃气。但燃烧需要的空气量很大，完全燃烧约需20～30倍的空气量，使用场所必须通风良好，否则易发生使人中毒或窒息的事故。

8）液化石油气是石油产品，与同族溶解性好，在酒精、乙醚和高于乙醇的高醇中能完全溶解，在油脂（除蓖麻油外）中能完全溶解。对橡胶软化性强，在液化石油气货品系统中必须使用耐油和耐酸碱材料，如合成橡胶、聚四氟乙烯、丁腈制品等。液化石油气基本不溶于水。

9）液化石油气的饱和蒸气压较大，随温度升高而增大。

10）当温度低于露点温度或压力大于饱和蒸气压时，石油气容易产生凝液，管道管网输送石油气时，应防止气体液化。

11）石油气的自燃温度为400～500℃，燃烧速度为0.38～0.5m/s，爆炸速度约为2000～3000m/s，火焰温度约为2000℃，闪点在－104～－80℃之间。

12）纯净的液化石油气无色、无味、无毒。但如果货品不纯，含有较多硫化氢等硫化物时，可能会有微毒，对人体中枢神经有麻醉作用。当空气中含有体积分数为10%的石油气时，只要呼吸2min就会引起头昏。液化石油气残液中的C_5也能麻醉神经，使人恶心、呕吐、晕倒甚至休克等。

13）液化石油气化学性质稳定，与空气、水和其他液化气货品无危险反应，但与氯可能有危险反应。由于液化石油气是非腐蚀性物质，与常用的金属无反应，如低碳钢（0℃以下不适合）、不锈钢、铝等。

14）液化石油气通常可通过加压、全/半冷冻等方式运输，使用的船型为2G/2PG。

3. 液化乙烯（LEG）

（1）成分及来源　液化乙烯的主要成分是乙烯，另含有少量的乙炔和微量的乙烷及C_3等次要成分。乙烯气体经降温或降温加压液化后，形成液化乙烯。

乙烯可由天然气、油田伴生气、炼油厂气分离直接获得，但更主要的来源是以石油为原料进行裂解生产。

（2）用途　乙烯是石油化工基本原料之一，在塑料工业中有广泛的应用；乙烯可制造多种基本有机原料，如乙醇、乙醛、醋酸、环氧乙烷、乙二醇、乙苯、氯乙醇、氯乙烯、苯乙烯、二氯乙烷和醋酸乙烯等；也可作为合成材料的原料单体，如聚乙烯等。

（3）乙烯的性质和特点

1）乙烯的分子式为CH_2CH_2，联合国编号为UNNO.1038。它是无色的液体和气体，有轻微的甜味，无毒（TLV值为1000×10^{-6}），主要危险是易燃、易爆。

2）乙烯在大气压下的沸点为－103.7℃，在沸点下液体密度为0.569t/m^3，蒸气相对密度为0.975。液体比水轻，蒸气比空气轻，不溶于水。乙烯的临界温度是9.3℃，温度大于9.3℃时，无法以液态存在。液体的温度达到9.3℃时，将瞬间闪发成蒸气，从而引起容器/液货舱超压。

3）乙烯的闪点为－150℃，爆炸极限为质量分数达2.7%～34%，自燃温度为450℃左右，适用的灭火剂有二氧化碳、干粉、水雾、卤化物等。

4）液态乙烯会使眼睛和皮肤冻伤，使组织损害。蒸气对呼吸道有轻微刺激，会使人窒息、晕眩和恶心，含量高时会引起麻木。

5）乙烯化学性质活泼，但在低温常压运输条件下不会发生聚合反应，对材料无腐蚀性，与空气和水及其他货品无危险反应，但与氯可能有危险反应。

6）乙烯在海上运输一般是在全冷冻条件下运输，即将乙烯在常压下降温到 -104℃左右。现在也有用较先进的冷压式船装运。运输乙烯使用的船型是2G型船。

第二节　液化气体运输船舶的设计及结构

一、液化气体船的安全布置与要求

1. 外形结构特点

液化气体船的总体布置与常规的油船相似，可以认为是从油船发展而来的。机舱和上层建筑均设于船的尾部，货物储存于货物区域的液货舱内。但是，由于液化气货品与油品性质不同，需要加压、冷冻或加压和冷冻相结合来装运货物，所以液化气体船与油船或不同类型的液化气体船之间，在货物围护系统方面也有很大不同。

用于装载加压货物的液化气体船从外观上很容易辨认出来，因为它们的货舱是圆筒形卧罐或球形罐，并且一部分或全部露出甲板面。同样，货舱是球形的B型独立液货舱的LNG船也容易辨认出来。但用于装运常压、低温货物的液化气体船，在外观上就不容易与油船区别开，只是由于液化气货品密度低，同等载质量时其液货舱比油船大，并且要设置专门的压载舱，所以液化气船的干舷比油船的高。

2. 双层船壳结构

除少数的小型压力式船或改装船外，对载运货物温度低于 -10℃的所有液化气船都要求设置双层底；对载运货物温度低于 -55℃的液化气船，强制性规定必须设置双层舷侧（边舱）。在发生碰撞或搁浅时，这些双层船壳设施将对液舱提供极好的保护作用。对于一些液化气船，虽没有完整的双层舷侧结构，但液货舱与船舷内侧也有一个规定的安全距离。货品危险性越高，这个安全距离就应越大。

3. 居住舱室和压载舱

所有的居住舱室均设在船的尾部，并且液货舱不能当作压载舱使用，必须设置专用的压载舱。

4. 液货舱的主屏壁和次屏壁

液货舱的主屏壁可在多种液舱结构形式中采用。为保护船壳，大多数都要求增设次屏壁。所有液化气船的液货舱或主屏壁外，都留有足够空间作为施工、修理、检查液舱泄漏之用。在载运低温易燃货品的液化气船上，这些空间充满干燥的惰性气体；如果是低温非可燃货品，则要求是干燥的空气。

次屏壁的作用是当主屏壁泄漏时，防止低温液货泄漏到船体普通构件处。对于薄膜液舱和A型独立液舱，其次屏壁必须在整个主屏壁失效而船体处在倾斜30°时，仍能起到防护作用。

5. 液货舱位置和船舶残存能力

为保证在船体结构发生一定程度破损的情况下，液货不至于泄漏出来，用船体结构和液货舱来保护货物很重要。所有液化气船的液舱壁均与船体外壳保持一定的距离，并要求在船体破损后，仍具有足够的船舶残存能力。

（1）船型及适运货品　根据船舶设计装运货物的危险程度不同，IGC 规则将液化气船分成以下四种船型：

1）1G 型船舶。1G 型船舶用于载运要求采取最严格防漏保护措施的货品的液化气船。

2）2G 型船舶。2G 型船舶用于载运要求采取相当严格防漏保护措施的货品的液化气船。

3）2PG 型船舶。2PG 型船舶指长度为 150m 及以下，载运采取相当严格防漏保护措施的货品的液化气船，且这些货品要求装载于 MARVS（安全阀允许最大设定值）至少为 0.7MPa（表压力），以及货物围护系统设计温度为 -55℃或以上的 C 型独立液舱内。

4）3G 型船舶。3G 型船舶用于载运要求采取中等防漏保护措施的货品的液化气船。

从上述的船舶分类可以看出：1G 型船舶是用于载运具有最大综合危险性货品的船舶，2G/2PG、3G 所载运货品的危险性依次减少。其中，2PG 与 2G 型船舶适装货品相同，液货舱位置要求相同，只是船舶长度和货物围护系统的压力和温度要求不同。

最常见的液化气货品可装于 2G 或 2PG 型船舶载运；非常危险的货品，包括氯气、溴甲烷、环氧乙烷、二氧化硫等，则要求用 1G 型船舶载运；无毒和不燃烧爆炸的氮气和制冷剂气体可以用 3G 型船舶载运。

LNG 船、乙烯船和其他全冷式 LPG 船，均要满足 2G 型船舶的要求。全压式或半压式船，根据具体情况要求分别采用 2G 或 2PG 型船舶。

（2）液货舱的位置　液化气船对双层底和边舱的尺度，以及对液货舱位置的要求都有规定，以保护液货舱在碰撞、搁浅、触礁时免受破损。这些规定见表 7-3。

表 7-3　液化气船对双层底和边舱的尺度及液货舱位置的规定

液货舱位置 \ 船型	1G	2G/2PG、3G
距舷侧外板的横向距离	≥$B/5$，最大取 11.5m	≥760mm
距船底板的垂向距离	≥$B/15$，最大取 2m	
其他任何部位距外边的距离	≥760mm	

注：B 为船宽。

表 7-3 中的数据是从船舶实际发生的搁浅和碰撞事故中调查统计所得到的。一般较轻的舷侧破损，如与拖船或码头相碰，很少有超过 760mm 的；而对于严重的碰撞，破损穿透的最大深度一般都是小于 $B/5$。所以为防止可能碰撞冲击而确定的液货舱的位置要求，对 1G 型船最严，要求液货舱和船舷侧之间距离为 $B/5$；对 2G/2PG 和 3G 型船的要求要低得多，要求距离为 760mm。对于为防止可能搁浅而确定的液货舱位置，对所有船型都是相同的。

（3）船舶破损残存能力　船舶残存能力是指船舶的船体结构在遭受一定程度、范围的破损后，仍具有足够的稳性和漂浮能力，并符合一定的漂浮状态要求。为此，船体用横向的水密舱隔开，最小的分舱距离大于假定的最大损坏程度。

下沉、纵倾及横倾的残存要求对所有船型是相同的。采用的破损标准，1G 型和 2G 型船几乎是相同的（通常是两舱制），但对较小的 2G 型船（长度 $L \leqslant 150$m）的机舱可放松要求；而对于 2PG 型船，通常采用一舱制，对较小的 3G 型船（长度 $L < 125$m）的机舱可放松要求。具体的船型破损残存要求如下：

1）对于 1G 型船舶，沿长度范围内任何部位经受破损，包括在一个隔堵处破损，造成相邻的两个水密舱浸水仍满足残存要求（因此称为二舱制）。

2）对于2G型船舶，船长度超过150m者与1G型船舶要求相同；船长度≤150m，沿长度范围内任何部位经受破损造成两个水密舱浸水，但机舱舱壁不破损，要求一个水密舱满足残存要求（机舱前为二舱制，机舱及其后为一舱制）。

3）对于2PG型船舶。沿长度范围内任何部位经受破损，但舱长超过纵向破损范围的横舱壁不破损，满足残存要求（一舱制）。这种船只需接受一个水密舱浸水的破损，因这种液舱有足够的储备浮力，在碰撞搁浅时有较大残存能力。

4）对于3G型船舶。与2PG型船相同，要求一舱制。

6. 货物区域与其他区域的分隔

液化气船的货舱处所与机器处所、起居处所、控制站、锚链舱、饮用水舱、生活用水舱，以及储物舱是分隔开的。上述分隔一般是采用隔离空舱、燃油舱或等效布置。对未设有次屏壁的货物围护系统，也可用全焊接结构形成A-60级分隔的单层气密舱壁。如果相邻处所内没有着火源或火灾危险，则可以采用气密的A-0级分隔。

起居处所、服务处所或控制站都布置在货物区域以外，一般处于船尾。起居处所和机舱出入口应保持一定的距离（详见IGC规则）。这些场所的构造（包括各种通道和开口）应能防止货物气体的进入。

7. 货物区域的布置

1）所有液货舱的气室都突出于露天甲板之上。

2）货泵舱和货物压缩机舱都位于露天甲板上方，并处在货物区域内，穿戴安全设备的人员能安全无阻碍地出入，货物操作阀门也方便穿保护服的人员接近。货泵和压缩机如果采用电动机驱动，则电动机和泵/压缩机之间采用A-0级气密舱壁分隔开，以形成互相独立的舱室。电动机舱采用正压式机械通风，泵/压缩机舱采用负压式机械通风。

3）货物管系都位于开敞甲板上方的货物区域内，且不通过气体安全处所，并与其他管系隔离。

4）货舱处所、留空处所，以及认为有危险气体的其他处所和液货舱的布置，都留有规定通道，以便穿保护服、佩戴呼吸器的人员进入检查这些处所，并在发生工伤事故时，能将昏迷人员从该处所内救出。

5）船体的内层结构也设有相应的通道，以方便相关人员进入检查。

6）起居处所前端壁有绝缘防火材料保护。货物区域设置有常规消防系统和高容量的水雾喷淋系统，以保护起居处所前壁、装卸总管区域、主要控制阀、甲板储罐、液货舱的暴露部位及朝向货物区域的甲板室围壁。所有液化气船均配置有干粉灭火装置，以扑灭货物区域的局部火灾。

7）经主管机关批准和满足IGC规则要求时，液化气船可安装船首或船尾装卸装置。

二、液化气体船货舱及货物围护系统

1. 液货舱的种类及其结构

液货舱是指专门设计用来装载液体货物的主要容器。IGC规则把液货舱分成五种类型：独立液货舱（A、B、C型）、薄膜液货舱、半薄膜液货舱、整体液货舱、内部绝热液货舱。其中，独立液货舱和薄膜液货舱最重要，目前大多数液化气船的货舱均属于这两种类型中的一种。

(1) 独立液货舱 这类液货舱完全由自身支持，并不构成船体结构的一部分，也不分担船体强度，主要取决于设计压力的大小。它有A型、B型和C型三种不同类型。

1) A型独立液货舱。其设计主要应用公认的船舶结构分析方法。它主要由平面结构组成，其最大的设计蒸气压力值不得超过0.07MPa（表压）。这种液货舱通常必须在大气压或接近大气压（通常低于0.025MPa表压）下，以全冷方式运输液体货物。液货舱形状通常为棱柱形。载运货温度低于-10℃的A型独立液货舱，需设有次屏壁，以保护船体免受低温损伤。图7-2所示为全冷方式液化气船的A型独立液货舱的剖面。它是应用常规内部加强的自身支持的棱柱形液货舱。

2) B型独立液货舱。此类结构液货舱既可以是平面形结构，也可以是压力容器结构。其设计是应用模型试验，与A型独立相比，B型液货舱能够进行更为精确的应力分析，包括疲劳寿命和裂纹扩展分析，所以这种液货舱的渗漏危险性是很小的。这种液货舱允许只设置部分次屏壁。次屏壁通常由一个防滴盘和一个防溅屏壁组成。一个防护钢罩封住了甲板以上的主屏壁，主屏壁的外壁敷设有隔热材料。如果这类液货舱是平面形结构（重力液货舱），则与A型独立液货舱一样，其蒸气设计压力不应超过0.07MPa（表压）。

常见的B型独立液货舱是“球形”液货舱，其形状如图7-3所示。它几乎专门用于LNG船，由于“简化”了次屏壁，从而使造价得以降低。但是也有非球形的B型独立液货舱，液化气船上已有采用棱柱形的B型独立液货舱，并在进一步研究使之能适用于LNG船。

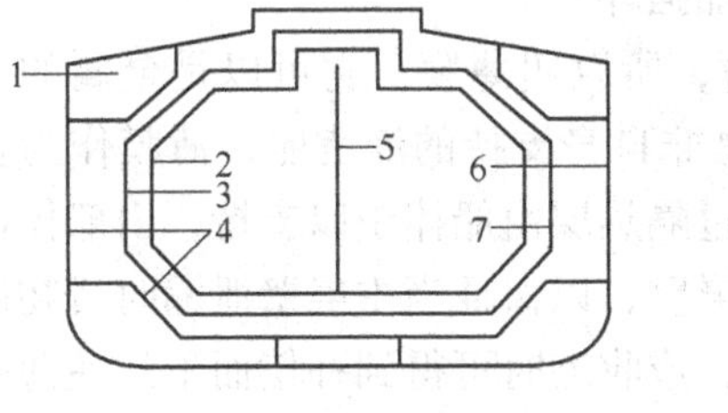

图7-2 A型独立液货舱的剖面

1—压载水舱 2—主屏壁 3—包覆层 4—次屏壁 5—舱壁 6—货舱处所 7—隔热层

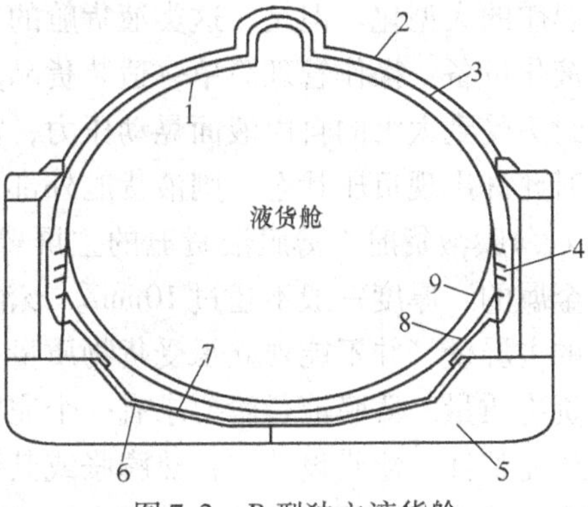

图7-3 B型独立液货舱

1—液货舱壳体 2—保护钢罩 3—带隔热层的防溅屏壁 4—舱裙下部隔热层 5—压载水舱 6—隔热层 7—滴盘 8—防护罩 9—舱裙加强支承件

3) C型独立液货舱。C型独立液货舱是符合压力容器标准的压力式液货舱，一般为圆筒形卧罐或球罐，如图7-4所示。由于它们有均匀的外形，几乎没有内部结构，避免了应力集中，所以能承受较高的内压力。它是按常规压力容器规则设计和建造的，并需进行精确的应力分析。它的设计蒸气压力大于0.2MPa，一般用于全压式和半冷式液化气船。如果液货舱材料可承受低温，它也可以用于全冷式的运输。对于典型的全压式液化气船，其液货舱的最高工作压力可以达到1.7MPa（表压）或以上。对于半压式液化气船，其液货舱的设计工作压力为0.5~0.7MPa（表压）。

由于这类压力式货舱必须是圆筒形或球形，因此甲板下的空间得不到有效利用。为了提高船舶的载货容积利用率，部分船舶采用双联圆筒形液货舱，即把两个圆筒卧罐并接，如图

7-5 所示。同时，为了适合船体外形，对设在艏艉部位的液货舱做成圆锥形。另一种提高船舶容积利用率的方法是将液货舱伸出主甲板上，并用水密罩加以防护。这种方法必须考虑船舶的稳性，主要用于低密度的货品运输。

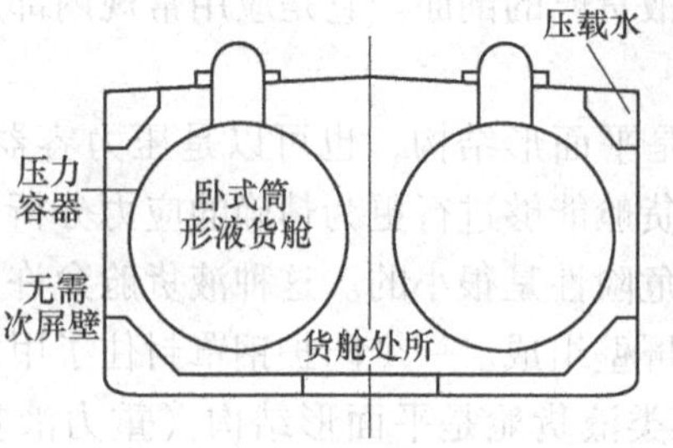

图 7-4　C 型独立液货舱

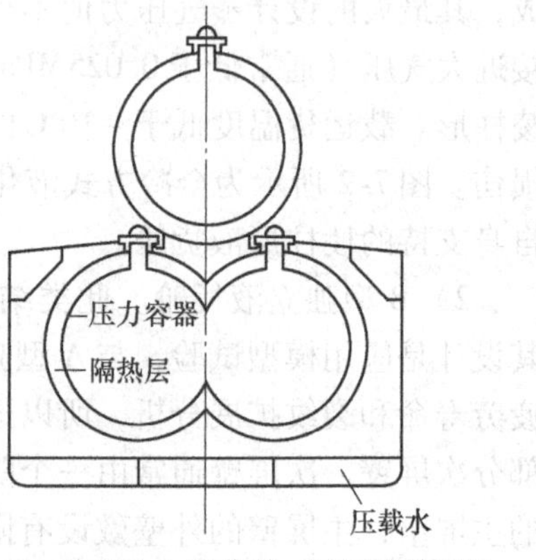

图 7-5　C 型独立液货舱（双联圆筒形）

即使是采用特殊形状的液货舱，同时又使液货舱突出于甲板面，仍有相当大的船舱空间没有被利用，并且为了承受较高压力，液货舱的壁厚加大，自重增加，影响载货量，在船舶同等尺度下装货量显然比常压液货舱低。由于货舱容积增加受到货舱壁厚的限制，从而妨碍了这类船舶的大型化。但是，这类液货舱的货物围护系统不需用耐低温的特殊钢材，无需绝缘和再液化设备，操作管理简单，适装货品多。对于长的水平圆筒形液货舱，为避免液货舱两端的封头受到太大的自由液面晃动压力，需设置带圆孔的止荡舱壁。如果液货舱设计在货物作业时允许出现负压状态，则液货舱外部会设有加强环。

（2）薄膜液货舱　薄膜液货舱的主屏壁非常薄，所以叫薄膜。它可以是金属的，也可以是非金属的，厚度一般不超过 10mm。该液货舱是非自身支持的液货舱，薄膜作为货物围护系统的主屏壁，并不能独立承受货物质量，需通过隔热层由船体予以支持，由船体内部构件承受货物质量。薄膜液货舱要求有一个完整的次屏壁，以保证当主屏壁泄漏时货物围护系统的整体完整性。薄膜设计成在热膨胀或其他膨胀，或收缩时可得到补偿而不致使薄膜受到过大应力。薄膜液货舱的设计蒸气压力通常不大于 0. 025MPa。如果船体结构尺寸适当增加，并对支持的隔热层作适当考虑，蒸气压力可适当增加到某一较大值，但不得大于 0. 07MPa。

常用的薄膜系统有两种主要形式，它们均以其研制的公司命名，且主要用于 LNG 船。

1）法国的 Gaz Transport 薄膜液货舱。图 7-6 所示的 Gaz Transport 型薄膜液货舱，包含了一层 0. 5mm 厚的殷钢（镍铁合金）主屏壁，它覆盖在 200mm 厚的用作主隔热层掺有珍珠岩层压板壳的次隔热层上。选择殷钢作为薄膜是由于它具有极低的热膨胀系数，从而使屏壁中不需配置膨胀接头或形成波形。新设计的 Gaz Transport 型薄膜系统采用 0. 7mm 厚的殷钢和粘附珍珠岩隔热材料的加强层压板壳。珍珠岩经过硅

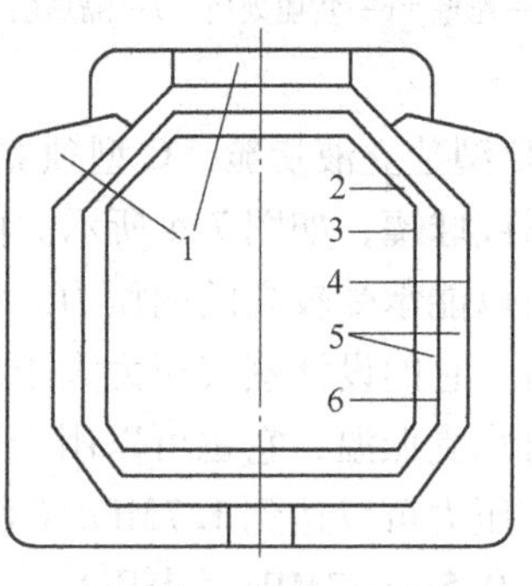

图 7-6　Gaz Transport 型薄膜液货舱

1—压载水　2—屏壁间处所　3—殷钢薄膜主屏壁
4—内壳　5—隔热层　6—殷钢薄膜次屏壁

化处理，使它不能渗水或吸收水分。

2）法国的 Technigaz 型薄膜液货舱。Technigaz 型薄膜液货舱如图 7-7 所示。它的特点是具有波形或“华夫”形 1.2mm 厚的不锈钢主屏壁，以允许膨胀或收缩。支撑主屏壁薄膜的隔热材料由在两层层压板间的巴尔沙轻木板组成。内层的层压板（冷的）形成次屏壁，巴尔沙轻木板由包括聚氯乙烯楔形块和层压拼板的专门设计的接头相连接，并经木底材支撑在船体内壳上。在最近设计的船上，巴尔沙轻木隔热材料已被成型玻璃棉的多孔泡沫及铝板构成的次屏壁所取代。图 7-8 示出了典型的 Technigaz 围护系统的结构。

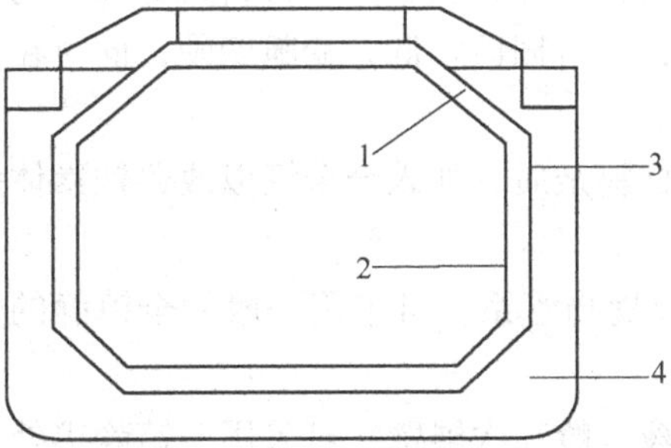

图 7-7　Technigaz 型薄膜液货舱

1—隔热层（与次屏壁组合）　2—主屏壁薄膜　3—内壳　4—压载水

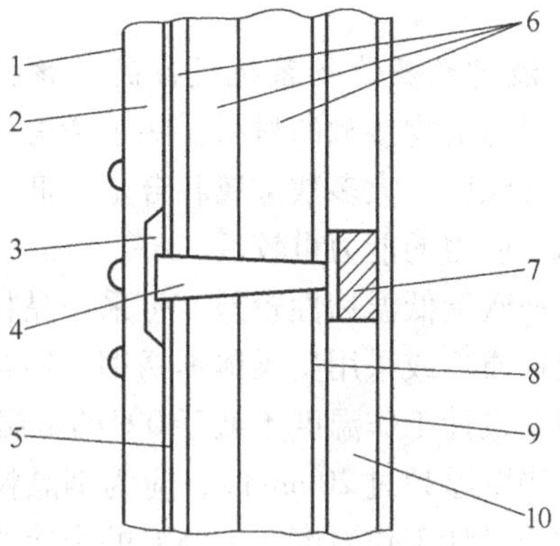

图 7-8　Technigaz 围护系统的结构示意图

1—不锈钢主屏壁　2—巴尔沙轻木衬垫　3—层压拼板　4—聚乙烯泡沫楔形块　5—层压面板次屏壁　6—巴尔沙轻木板　7—木底材　8—层压底板　9—钢舱壁　10—玻璃纤维或聚氨酯泡沫隔热层

（3）半薄膜液货舱　半薄膜液货舱的概念是由薄膜液货舱演化而来的，它介于 A 型独立液货舱和薄膜液货舱之间。它的主屏壁由一个薄层组成，但比薄膜液货舱系统厚得多，其各部分由相邻船体结构通过隔热层来支持。半薄膜液货舱在空载时是自持的，但在装载情况下是非自持的，作用在主屏壁上的液体和蒸气压力通过绝热层传给船体内壳结构。半薄膜液货舱具有圆弧形转角，以便吸收消化由于温度波动所引起的膨胀和收缩。半薄膜液货舱的设计蒸气压力一般不超过 0.025MPa。如果船体构件尺寸增加，并且对隔热层强度作了考虑，其设计蒸气压力可以增加到某一较大值，但应小于 0.07MPa。

半薄膜液货舱最初是为 LNG 船研制的，但也被用于全冷式 LPG 船中。

（4）整体液货舱　整体液货舱构成船体结构的一部分，并且受到与船体结构相同方式、相同载荷的应力影响。它适合装运温度不低于 -10℃ 的货物，设计蒸气压力通常不超过 0.025MPa。如果船体构件适当增加，其设计蒸气压力可相应增加到某一较大值，但应小于 0.07MPa。

日本制造的 LPG 船中，有少量的船舶货舱采用整体液货舱，专用于装运丁烷。

（5）内部隔热液货舱　这种液货舱实际上是整体液货舱，只是它的隔热层的内表面与货物直接接触。它是非自身支持，省去了对独立液货舱的各种要求。采用隔热材料固定于船体内壳板上，或成为独立的承载表面以围护和隔热液货。

内部隔热液货舱可分为两种形式：一种是舱内的隔热层，或隔热层与一层或多层衬里的组合体，只起到主屏壁的作用，内船体或独立液货舱结构在必要时应起次屏壁作用；另一种是舱内的隔热层，或隔热层与一层或多层衬里的组合体，既起主屏壁作用，又起次屏壁作用，并且这两层屏壁可以清楚识别。

内部隔热液货舱的设计蒸气压力一般不超过0.025MPa，内部隔热液货舱如果受到独立液货舱结构的支持，则设计蒸气压力可达到独立液货舱所允许的最大设计蒸气压力。它能以－10℃以下的温度装载深度冷冻的液货。

在为数不多的全冷式LPG船上可以采用内部隔热液货舱，但在实际使用中并不令人满意。

2. 液货舱及货物系统设备的结构材料

选择与货物接触的材料，除了考虑材料必须与货品相容外，主要考虑材料在低温下的韧性和结构强度。大多数金属和合金在低于一定温度时，材料韧性降低，变脆变硬，同时在低温时承受应力的能力也较低。

普通碳钢低温韧性较差，可采用晶粒细化，减少材料杂质，加入合金镍以改善铁素体钢的低温性质，或采用奥氏体不锈钢、铝合金等。

对于设计工作温度不低于0℃的常温压力式货舱及货物管系，可采用一般的全镇静的碳锰钢。当壁厚超过20mm时，应为细晶粒钢。

对于设计工作温度达－55℃的全冷式液化气船的液货舱和次屏壁，可采用全镇静铝处理细化晶粒碳锰钢，或在这种钢中掺入质量分数为0.5%的镍来改善低温韧性。

对于用来装载全冷乙烯或LNG货品的液化气船，由于它们的最低设计温度分别为－104℃和－163℃，液货舱及次屏壁的结构材料分别采用铝合金或特殊合金（如不同含量的镍合金钢或奥氏体不锈钢），并经不同的热处理。

货物管系的损坏危险性要小于货舱损坏的危险性，所以管路系统对低温脆性破坏的要求不是很严格。对工作温度为－165～0℃的货物管系，根据温度的不同，分别采用碳锰钢或不同含量的镍钢，并经不同热处理。

对于阀门、法兰、泵、压缩机和换热器等，则采用低合金钢和奥氏体不锈钢。

3. 液货舱隔热

如果装载的货物低于环境温度，则液货舱和货物系统的其他部分必须配置隔热层。

（1）隔热层的作用

1）减少外界热量传入液货舱内，从而减少液货蒸发。较厚的隔热层既可减少因热量传入而引起货品蒸发，又可降低再液化设备的容量，但会增加成本和减少货舱的装货容积。隔热层的厚度要力求经济，并与再液化装置能力相称。

2）保护液货舱周围船体结构与低温隔绝，防止因低温液货泄漏对船体构件造成的低温脆裂伤害。

3）防止形成湿气而导致液货舱表面的腐蚀。

（2）隔热材料性能要求　液化气船上采用的隔热材料应具有下列特性：①低的热导率；②不能燃烧或能自熄；③具有承载能力；④具有耐机械损伤的特性；⑤质量小、价格合适；⑥与货物化学相容。

（3）隔热材料的类型　根据它们抵抗变形的能力，一般的隔热材料分成三类：

1）坚硬或能承受载荷的材料。这类材料主要用于支撑液货舱并能承受变形，要求具有耐低温的性能；包括各种木材，如阿佐比（Azobe）和巴尔沙（Balsa）硬木，以及一些密度大的塑料泡沫物质。

2）不能承受载荷的软性物质，如矿物纤维、膨胀塑料、泡沫橡胶等。这些材料可以用粘胶等方法固定于液货舱壁或次屏壁上面。

3）粉状材料。如珍珠岩，它是以火山岩为原材料的制品，加工后呈泡沫状，盛产于阿尔及利亚。珍珠岩的一个特点是它很容易被充填入液货舱与次屏壁层的空间，当维修检验时又很容易被抽吸出来，并在重装之前进行干燥。

（4）隔热材料的设置与安装　隔热层的设置随船型的不同而不同。对于内部隔热式液货舱，隔热层装设于液货舱的内表面，与液货直接接触，构成液货的主屏壁。隔热层既可用来盛装液货，又可作为液货和船体间的隔热材料。对于其他液货舱，绝缘材料一般直接敷设在液货舱的外表面，也可以装设在次屏壁上。对于独立式液货舱，还可以敷设在船壳的里面和内底部的上面。经验表明，隔热材料直接敷设在液货舱表面较好，因为压载舱发生的泄漏要多于液货舱货物泄漏，水一旦浸泡隔热层，会影响隔热性能，甚至结冰引起隔热层破裂。

目前，除非是在船壳和液货舱之间填满珍珠岩，否则都应尽可能将隔热材料直接敷设在液货舱表面。进行敷设隔热材料前，必须先检查液货舱有无泄漏。隔热材料敷设以后，就很难发现泄漏点，因为隔热层会扩散漏液，可能在泄漏点的远处出现漏迹。如果相邻压载舱漏水，必须及时抽排掉，以保证隔热层的保温性能和使用寿命。

为了防止货舱泄漏的液货蒸发出去和不让外界的水气渗透进入保温层内，对隔热层直接设置在货舱表面者，还需要设有外部加强和包覆材料。可选用以下办法进行：①用玻璃纤维聚酯加强；②用一层或多层沥青乳胶，并用一层或多层玻璃纤维树脂加强；③几层薄铝箔直接粘于隔热层外，与聚氨酯块同时使用，但包覆使用的粘胶剂必须是防火的。

对于突出在露天甲板的压力式液货舱，为了防火和防水渗漏，隔热层外必须包覆一层气密的薄钢皮罩。对于完全在甲板下面的全冷式液货舱，可以省去防水渗漏的外罩，但要防止隔热层周围气体结露而影响绝缘性能。因此，甲板下货舱周围处所内的惰性气体或空气，必须用干燥器干燥、除湿、降低露点，使其露点温度低于液货舱壁温度，并维持一定的正压，以防止外界湿气侵入。

4. 液货舱的支持结构

根据IGC规则要求，液货舱由船体支持的方式应使其在受到静、动载荷作用下，能防止液货舱本体的移动，又允许液货舱在温度变化和船体变形时，可以收缩和膨胀，而不引起液货舱和船体的过大应力。

液货舱的支持结构与液货舱的构造方式有关，对于C形独立液货舱，如圆筒形货罐和球形罐，一般由嵌入船体结构的支座或托架支撑于船体结构上。为了防止液货舱变形，货舱内壁在受支座支撑处设有加强环，外壁也有局部的加强措施。在设计液货舱的支撑系统时，还必须考虑经液货舱的支撑件传递给液货舱部分的船体变形力。对于水平放置的圆筒形卧罐，一般由两个马鞍形支座支撑，其中一个是固定支座，另一个为滑动支座。这种结构允许液货罐作纵向位移，又限制了货罐的前后窜动。

对于方形液货舱，一般是在底部全部支持或用岛形支座为主，参阅图7-2、图7-6、图7-7和图7-8。

对于球形液货舱，用马鞍形或环形支座或托架支持，参阅图7-3。对于薄膜和半薄膜式液货舱，则由隔热材料支撑，如图 7-6、图 7-7 和图 7-8 所示。

对于独立液货舱，应采取措施用键固定液货舱，以防转动和移动。同时还应设置防浮装置，防止货舱处所破损进水，导致货舱受到过大浮力而脱离船体。防浮装置设置于支撑环处，应能承受住任一货舱处所进水至船舶夏季载重吃水时对一个空液货舱的向上浮力，并不致产生可能危及船体结构的塑性变形。在所有营运状态下，防浮装置与船体之间有足够的间隙。

5. 液货舱的主屏壁和次屏壁的设置

主屏壁是指货物围护系统具有两层界面时用来装货的内层结构，而次屏壁是指货物围护系统中的液密外层结构。次屏壁的主要作用是液货从主屏壁泄漏时，对漏液提供暂时的保护，并防止低温液货接触船体结构材料。

大部分低压全冷式货舱的主屏壁强度和安全可靠性较差，所以必须设置次屏壁，而压力式货舱则可不设次屏壁。货物在大气压下的沸点温度高于或等于 -10℃时，可不设次屏壁；在 -10 ~ -55℃时可以利用船体结构作次屏壁，但船体材料必须能承受该沸点温度；在 -55℃以下时必须单独设置次屏壁。

对于方形和棱柱形的 A 型独立液货舱、整体式液货舱、薄膜或半薄膜式液货舱和内部隔热式液货舱都要求有完整的次屏壁结构。对于球形的 B 型独立液货舱，因它与其他低压全冷式货舱相比能够准确地进行应力分析，渗漏的可能性较小，所以允许只设置部分次屏壁。

6. 货舱处所内的环境控制

1）无需充注干燥空气或干燥惰性气体的货物围护系统。这类液货舱包括两类：一类是它的隔热材料满足 IGC 规则的要求和试验的内部隔热式货舱；另一类是载运常温压力式液货的 C 型独立液货舱。

2）货舱周围处所内和屏壁间处所内必须充满干燥惰性气体，并维持一定正压的货物围护系统。对于载运低温易燃货品且要求设完整次屏壁的所有货物围护系统，均需要进行这种环境控制。

3）可以不惰化但必须用干燥空气保持干燥的货物围护系统。这类货物围护系统包括三大类，第一类是载运低温非可燃货品的所有液货舱（内部隔热式除外）；第二类是载运低温可燃货品但仅要求设置部分次屏壁的非压力式液货舱（如 B 型独立液货舱），对这类货舱虽不要求一定充注干燥的惰性气体，但一旦探测到该处所有任何泄漏时，必须能立即进行惰化；第三类是载运低温冷冻液货的 C 型独立液货舱。

三、液化气体船的设计原则及其结构特点

液化气在常温、常压下是气体，而气体密度远小于液体。为了载运更多货物，需将液化气液化后以液态运输，散装液化气的海上运输才经济可行。

目前海上运输量较大的液化气货品是 LNG、LPG 和氨，其他较常见的货品还包括一些化工用途的化学气体，如乙烯、丙烯、丁烯、丁二烯和氯乙烯等。除 LNG 和乙烯外，以上这些货品的临界温度都低于环境温度，都可以在环境温度条件下加压液化。根据需要，也可以采用冷却或加压冷却并用等方式液化。LNG、乙烷和乙烯等液化气的临界温度低于环境温度，不可能在环境温度条件下单靠加压液化，但可以用冷却或加压冷却并用的方法液化。

由于液化气船适装货品种类较多，而各种货品密度均小，并且又各不相同，所以液化气船的大小通常用载货容积而不是用载货质量表示。

设计液化气船时，对以下的一些因素应予以考虑：

1）载运货物的种类及其性质要求。

2）载运时货物的状态，即全压、半压/半冷、全冷等。

3）船舶要求的货物处理的灵活程度。

4）船舶装卸货时码头设施。

液化气船比其他种类船舶要采取更严密的设计，这从它所采用的各种类型货物围护系统中可以看出。

根据载运的货物种类以及货物液化储运的方式分，液化气船包括6种船型：①全压式液化气船；②半冷/半压式液化气船；③半压/全冷式液化气船；④全冷式LPG船；⑤乙烯船；⑥LNG船。其中，半冷/半压和半压/全冷式船又可统称为半压式或冷压式液化气船。另外还有一些特殊液化气船。由于船型不同，其设计依据和特点也各不相同。

1. 全压式液化气船

（1）设计依据　全压式液化气船采用常温压力方式。液化气储存于没有温度/压力控制的C型独立液货舱的压力容器内，处于环境温度状态，液货舱内压力为环境温度下的液化气饱和蒸气压。液货舱必须承受货物在环境温度下的饱和蒸气压力，以维持液化气的液化状态。通常假设营运中可能遇到的最高环境温度为45℃。在45℃以下能单靠加压就能液化的液化气货品中，丙烯的蒸气压力最大，在45℃时约为1.7MPa（表压）。如果选用大于或等于1.7MPa的设计压力，便能适装所有在45℃时饱和蒸气压力不大于1.7MPa的液化气，故典型的全压式液化气船的设计压力均大于1.7MPa（一般均取1.77MPa，有些取1.8MPa或2.0MPa）。因此，这类船舶适于装临界温度大于45℃的所有液化气，如丙烷、丙烯、丁烷、LPG、丁烯、丁二烯、氨、氯乙烯等。对于临界温度低于45℃的液化气，如甲烷、乙烷和乙烯等，均不能用全压式液化气船装运。

某些专门建造用于载运固定货品的全压式船，其设计压力可根据货品在45℃时的饱和蒸气压力而设计，显然该压力可小于1.7MPa。例如专门用于载运丁烷或VCM的船，其设计压力可以为0.7MPa左右。

用于全压式船货舱的材料一般是高强度碳锰钢，能承受压力，但不能耐低温。早期全压式船载运的货物温度不能低于0℃，但随着焊接技术和低温钢的发展，新的全压式液化气船已可以装载-25℃或更低温度的液化气货品。

（2）一般特点　就货物围护系统和货物装卸设备而言，全压式船是所有液化气船中最简单的。货舱是压力容器，不设再液化装置和保温层，货物操作和货物管理比较简单。

液货舱是满足压力容器标准的货舱，一般为圆筒形卧罐或球罐。用圆筒形卧罐时，由于技术上的原因，单舱最大容积为1500m^3左右，一般设两个水平的圆筒形卧罐。对于设计压力在1.57MPa（表压）以上的液化气船，如果总容积要求超过3000 m^3，则通常采用球形货罐，一般设4~5个球形舱。绝大多数全压式液化气船货舱上半部突出于露天甲板之上；仅少数船将液货舱置于甲板下，只有气室管线、仪表及货泵座露出甲板。

有些船为了充分节省甲板下船舱空间，将液货舱做成双联或三联圆筒形舱。不管货舱形状如何，都设有气室。气室是一个加强的向上凸起的圆穹，各种仪表、管线集中通过气室开孔进入货罐，以保护货罐强度不被削弱。气室一般设在货罐的艏向端，并比罐体突起一定高度，以保证气室在各种营运状态下均能保持蒸气状态，保证压力释放阀排放的是货物蒸气，气相管内不进入液体。

沿液货罐长度方向一般还设置两道横向制荡舱壁。船舶一般设双层底，有些还设有顶边压载舱，不设次屏壁，货舱处所内不要求充注惰性气体，可用空气通风。

由于货舱设计要承受较高压力，罐壁厚、货舱自重大，且单个液货舱容积受限制，液货舱数也受限制，甲板下的空间无法充分利用，因而液货舱总容积和载货量受限制。由于在常温下运输货物，货物密度比全冷、半冷式船低，即使舱的容量相同，其载货量也比其他船少。所以这类船舶大多数是小型船舶，大多数载货容积小于2000m^3，很少有超过4000 m^3 的。全压式液化气船主要用于小宗货物的短途运输，主要货物是液化石油。除此之外，可装丙烯、丁烯类、VCM、丁二烯、氨水等的多用途船也不少，也有一些乙醛、氨水和聚乙烯专用船。

2. 半压/半冷式液化气船

（1）设计依据　半压/半冷式液化气船采用低温压力方式。液化气储存于属于 C 型独立液货舱的压力容器内。液货舱设有隔热保温材料，通过再液化装置控制货物的温度和压力，把货物的温度控制于最低设计温度与环境温度之间，从而把货物的蒸气压力控制在常压和最大设计工作压力之间。由于设有再液化装置控制货物温度，所以货舱的设计压力比全压式船小。

对于沸点较低的液化气，液货虽被冷却，但由于货舱可以承受一定压力，所以没必要冷却到常压下货物的沸点（货物冷却到常压沸点温度时称为“全冷”）。温度高于沸点时的液货状态被称为“半冷”。

（2）一般特点　液货舱是压力式货船，有保温隔热层，设有再液化装置，不需设置次屏壁，液货舱的最大工作压力一般为 0.4 ~ 0.8MPa（表压），允许的最低货物温度一般为 -10 ~ -5℃。由于设计压力低，单个货舱的容积比全压式的大。这类船舶载货容积可达7500 m^3 甚至更大。这类船舶所载运货品基本上与全压式船相类似，总体布置则类似于全压式船和半压/全冷式船。

实际上，随着钢材低温技术的发展，目前新建的冷压式液化气船基本上都是半压/全冷式液化气船。

3. 半压/全冷式液化气船

（1）设计依据　这类船舶的布置和原理与半压/半冷式船基本一致，是采用低温压力方式。由于设有再液化装置，所以货舱的设计压力可以比全压式船低，一般为 0.3 ~ 0.8MPa（表压），但货舱可以承受更低的温度。通常选取目标货品中最低的沸点温度作为设计温度，如乙烯船为 -104℃，LPG 船为 -48 ~ -42℃。半冷/半压式船和半压/全冷式船并不能截然区分，往往统称为半压式船或冷压式船。装载温度和压力的选择主要根据运输的需要而定。对于专用船，大多按货品的特性，并考虑陆上储存条件及运输的经济性来选定温度和压力，例如乙烯专用船，设计温度为 -33℃，设计压力为 1.86MPa。这与陆上储存条件一致，既方便船岸装卸作业，又可降低对液货舱材料和再液化装置能力的要求。液氨专用运输船的设计温度为 20℃，设计压力为 0.69MPa。多用途船大致分两类：一类是多用途乙烯船，目标货品是乙烯、LPG、氨、氯乙烯等，设计温度为 -104℃；另一类是多用途 LPG 船，目标货品是 LPG、氨、氯乙烯等，设计温度为 -48 ~ -42℃。实际上半压/全冷式船适装“全冷”的液货，而半压/半冷式船由于低温条件的限制，不能装温度太低的液货。虽然“全冷”的液货可以用常压全冷式液化气船载运，不必用压力式液货舱载运，但如果液货舱既可以承受液货全冷时的低温，又可以承受一定的压力，就可以根据具体货物和装卸货港具体要求，采用低温常压方式、低温压力方式及常温压力方式运输，从而使该类船舶适装更多种类的货品。半压/全冷式液化气船能同时装载几种不同类型的货品，并且在载运方式上及与岸上储库相配合方面更为灵活，这是全冷式或半冷式船所不具备的优点。所以，尽管半压/全冷式船比常规的半冷/半压式船造价高，但由于它所具有的灵活性，在小型液化气船中最受经营者欢迎。

（2）一般特点　半压/全冷式液化气船与半压/半冷式液化气船一样，大多为多用途船舶，主要用于运输作为化工原料的液化气，如乙烯、丙烯、丁二烯、氯乙烯等，也可以装运氨和 LPG 等。其载货总容积大多数为 1500 ~ 30000m^3，可用于沿海或远洋运输。货舱都设有保温隔热材料和能力较大的再液化装置，有些船还设有惰性气体发生装置。这类船通常有完整的双层底，有些船有顶边压载舱，不设屏壁结构，货舱处所不要求充注惰性气体。

与全压式船相比，冷压式船由于设计压力降低，货罐的质量大幅减小，货重与船重之比约为 4:1，而全压式船为 2:1。同时由于运输温度低，货品密度较大，因而运输效率高，例如丙烷在 45℃时相对密度为 0.46，在 −42℃时为 0.58，所以同样舱容下，采用半压/全冷式液化气船可比全压式液化气船增加 26% 的液货量。

冷压式液化气船的货舱都是 C 型独立液货舱，但由于设计压力较低，所以单个液货舱的容量比全压式的大，最大的单舱容积为 5000 m^3。这类货舱与全压式液化气船货舱形状相同，均是圆筒形、球形或双联圆筒形，但采用球形的较少，有些还提出三联圆筒形舱的设想。由于压力式货舱形状限制了充分利用船舱的空间，较大型的半压式液化气船均采取各种排列形式，以增加液货舱数，从而增大船的运载能力。一般有以下几种排列方式：圆筒形舱纵向单列、纵向双列、纵向品字排列、纵横混合及横向布置、双联圆筒形舱纵向单列、双联圆筒及单圆筒舱混合。目前较常见的是 4 ~ 6 个液货舱，分成两组，按品字形排列，左右两个在甲板下，而第三个位于甲板上的中心线处（见图 7-5）。艏部的液货舱为与艏线型相配合采用圆锥形的较多。目前冷压式液化气船中，设计压力为 0.981MPa 以上的舱与全压式液化气船相同，采用带球形封头的圆筒形舱或球形舱。

对于设计压力在 0.981MPa 以下的液货舱，采用带椭圆形封头的圆形舱；对于设计压力在 0.686MPa 以下的液货舱，较多使用双联圆筒形舱。双联筒形舱如图 7-5 所示。每个筒体上各设一个气室和泵座、泵井。这种液货舱除容积利用率高外，还具有传热面积小以及两台泵互为备用的优点。

冷压式液化气船有些将液货舱完全置于船舱内，仅气室及泵座突出于甲板上；也有些船采用较低的型深，而像全压式液化气船一样将部分液货舱设置在甲板之上。为此，有少数船在甲板上做成覆槽形的围蔽室结构，以盖蔽液货舱；个别船还采取类似于 MOSS 的 LNG 船的形式，船用球形液货舱，液货舱上半都突出甲板上，并以半球形钢板罩壳盖蔽。冷压式液化气船的液货舱与全压式液化气船的液货舱区别在于：全压式液货舱由于压力较高，因而壳板厚度大，同时不承受外压，所以液货舱无骨材；冷压式液货舱由于压力低、壳板薄，同时还需要受外压（一般为 24.5kPa），所以筒体上都设有加强环。

4. 常压/全冷式 LPG 船

（1）设计依据　这类船与乙烯船和 LNG 船一样，都是采用常压全冷方式，只是根据货品种类和制冷低温等级不同而予以区分。常压/全冷式 LPG 船的设计依据是：液化气储存在不耐压的液货舱内，并处于常压下的沸点温度附近，通过把货物温度控制在大气压下沸点温度而使其保持液化状态。这时液货处于常压下的沸腾状态，称为“全冷”。处在“全冷”时的液货的饱和蒸气压力近似等于外界大气压力，所以液货舱可以不必采用压力容器结构，但必须能承受低温，因为液化气在大气压下的沸点远低于0℃。普通钢材在温度低于0℃时，韧性会迅速降低，材料变脆变硬，所以这类液货舱必须要用特殊的耐低温材料。

液货舱的设计温度取目标货品在1个大气压（绝对压力）下的沸点温度。液货舱的设计压力接近于大气压，一般为24.5kPa（表压）左右。由于液货舱的设计压力很小，单个液货舱的容积和形状很少受限制，并且液货舱自重轻、可以按船舶剖面形状建造，所以适宜于建造大型的船舶。同时由于液货在全冷状态下密度最大，常压全冷式船能达到最大的装载率，因而适宜于大规模长途运载供能源用的液化气。这种全冷式LPG船货重与舱重比例可达到8:1。

常压/全冷式LPG船必须设置能控制货物温度和压力的系统，如货物蒸气再液化系统或货物蒸气作燃料处理系统，以保持货舱压力低于压力释放阀最大允许的调定值，并保持液货温度在其沸点附近。在液货舱及其他货物系统应敷设保温隔热材料，以减少热量的传入和液货的蒸发。这类船在经营适应性方面不如半压/全冷式液化气船好，为将货物卸到岸上非低温储罐中，还必须装设货物加热器和增压泵。

（2）一般特点　全冷式LPG船是LPG专用或为主的液化气船，但也可以装运氨、氯乙烯、丙烯、丁二烯等货品。货罐与其他货物系统没有根本区别，只是在装运其他货品时，要考虑与货品的化学相容性问题。它除了适装全冷冻的LPG外，也适装沸点高于-48℃的烃类液化气及化学气体类液化气。全冷式LPG船的设计最低温度一般为-48℃，但考虑到部分LPG中含有乙烷等成分，有些船可以在-55～-47℃装载LPG。大多数全冷式LPG船的载货容积大，一般为5000～100000m^3。

全冷式LPG船可采用四种不同的货物围护系统：①带有双层船壳的独立液货舱；②带单层船壳但有双层底及顶边压载舱的独立液货舱；③带双层船壳的整体液货舱；④半薄膜液货舱。普遍采用的是带单层船壳但有双层底及顶边压载舱的A型独立液货舱。采用该类型液货舱，需要设置一个完整的次屏壁，但由于温度不低于-55℃，则可以用船壳的一部分作为次屏壁。这为全冷式船提供了有用的灵活性，因为船壳用特殊耐低温钢制作，即可作为次屏壁，这比在每个液货舱周围配备一个特殊的围护装置要好得多。

全冷式LPG船一般有4～6个液货舱。这种舱通常用木质墩座支撑并与船体滑动连接，能允许膨胀和收缩，同时防止在静载荷和动载荷下产生移动。液货舱还设置有防浮垫块。这种类型的货物围护系统无顶边压载舱，船壳结构构成次屏壁层，所以货物区域的内底板、舷侧船壳和顶边舱通常是用能耐液货低温的特殊钢材，与液货舱一样，为细晶粒热处理碳锰钢或低合金镍钢等材料，以构成次屏壁。

液货舱与船壳之间的处所必须填充干燥的低露点的惰性气体，并维持一定的正压，以保证无空气和湿气。该处所内设有泄漏报警装置。

全冷式液货舱的气室突出于甲板上，并尽可能向艉端布置，以便使货物卸空。各种管系、仪表、压力释放阀等均通过气室进入。为提高稳定性和减少液货晃动，这类液货舱通常在内部中心线处设一个纵向液密舱壁，将液货舱平均分成两个部分。每一个部分装一台货泵；在液面上的舱壁有开孔，以利于气体通过；在舱壁底部设有连通阀，以便当一个泵坏时，利用相邻的泵卸走液货。为了防止惰性气体逃逸以及给舱以竖向的伸缩，在甲板与舱顶之间装有软的气密裙。为防止液货进入气相管中，在舱与气室之间装有防溅挡板。

5. 乙烯船

（1）设计依据　事实上装运乙烯有两种船型：一种是半压/全冷式船；另一种是常压/全冷式船。其中半压/全冷式乙烯船前面已作介绍，这里不再重复。对于常压/全冷式乙烯船，其基本原理与全冷式 LPG 船一样，但由于乙烯在大气压下沸点为 -104℃，所以液货要制冷并保持在 -104℃左右，远比全冷式 LPG 船的温度要低。其液货舱材料要求是铝、镍钢或不锈钢等耐低温材料。

对于以全冷状态载运乙烯的船，其液货舱都是独立型液货舱。由于温度低于 -55℃，不论是采用 A 型、B 型或 C 型独立液货舱，均需要设置完整的双层底和边舱（即完整的双船壳）。对于 A 型独立液货舱，必须设置完整的次屏壁；对 B 型独立液货舱，则可只设部分次屏壁；对于 C 型独立液货舱，则无需设置次屏壁。假如设有这种全部或部分的次屏壁，则这种次屏壁不可以是船壳的一部分。该类船的液货舱还必须敷设隔热层及大容量的再液化装置。

（2）一般特点　这类船载货容积一般在 10000 ~ 30000m^3 之间，一般有 1 ~ 4 个液货舱，除小型船（货舱总容积小于 5000m^3）外，构造上与 LNG 船相同。常压/全冷式乙烯船的货舱周围处所必须充填干燥、露点低的惰性气体，对于 C 型独立液货舱的半压/全冷式液化气船，由于其货舱为压力容器，其货舱周围处所可以只充填干燥的空气。

乙烯船分为专用乙烯船和多用途乙烯船。由于货品性质与 LPG 等液化气类似，设计温度又低于除 LNG 以外的其他所有液化气，所以乙烯船可以装沸点比 -104℃ 高的液化气货物，如 LPG 等，包括其他化学气体。但由于材料相容性问题和设备配置问题，有些乙烯船不能装氨和氯乙烯等货品。

在乙烯的运输过程中，必须保证货品的纯度。在惰化、清洗、冷却和卸货等过程中，必须保证油、二氧化碳、氧和其他货品等杂质在可接受的范围内。

6. LNG 船

（1）设计依据　LNG 都是以常压全冷方式运输的，即在大气压下以 -163℃左右的低温储存运输。其液货舱材料必须能耐 -163℃以下的低温。一般货舱材料是铝合金、铝、不锈钢、镍合金钢等，货舱设有保温层。由于 LNG 比 LPG 的储运温度低得多，所需的再液化设备技术和成本要高得多，因而目前现有的 LNG 专用船一般不设货物蒸气的再液化设备。但为了控制液货舱内的货物温度和压力在允许的范围内，其方法是将超压的货物蒸气作为燃料通到机舱内，供船上推进系统或废热系统使用，也可通过蒸气排放系统排至大气。但是将 LNG 排入大气既不经济也不利于环境保护，所以一般只作为应急用。早期大多数 LNG 船都选用蒸气轮机作推进机械，因为蒸气轮机容易使用 LNG 蒸气作为锅炉燃料；同时也有用双燃料柴油机的，该类柴油机能烧重油、货物蒸气和两者的混合气；还有燃气轮机，能燃烧处理渣油和渣油与货物的混合气。

LNG 的价格有随石油价格上升而上升的趋势。随着 LNG 的价格上升，未来设计的 LNG 船会趋于采用更完善的隔热层以减少蒸发，同时设置再液化设备，主机推进装置使用低速柴油机等。因为在这种情况下，与以往的蒸气轮机相比，柴油机的燃料费用要低许多。即使考虑了驱动再液化装置所需的燃料，节约燃料成本依然很可观。实际上，如果要造 300000m^3 以上的 LNG 船，除特别注意考虑稳性的自由液面外，装设再液化设备就很有必要了。为了适装乙烯或 LPG 等其他货品，多用途的 LNG 船需要装设再液化装置。但运输 LNG 时，采用的是双燃料发动机而不用再液化装置设备，只有在运输乙烯和 LPG 等货品时，才使用再液化装置并停用双燃料系统。

（2）一般特点　大多数 LNG 船都是为既定航线而建造的，一般从事单一的 LNG 货品运输，运输合同为 20～50 年，直至合同期满为止。LNG 船可分为 LNG 专用、LNG 与 LPG 兼用，或除 LNG 之外，LPG、乙烯、氨等多种用途船。LNG 专用和 LNG 与 LPG 兼用船是比较大型的，而多用途的 LNG 船多是比较小型的（货舱总容量小于 5000m^3）。LNG 船容积一般为 40000～135000m^3，标准容积为 120000～130000m^3，某些工程项目要求 160000～200000m^3，一般有 4～6 个液货舱。除了 B 型独立液货舱外，其余适用液货舱的主、次屏壁间处所均应充填干燥的惰性气体，B 型独立液货舱可只充填干燥空气。LNG 船要求设置完整的顶边压载舱和双层底，对 A 型独立液货舱和薄膜液货舱，均要设置完整的次屏壁结构以保护船壳结构。

7. 其他形式的特殊液化气船

（1）LPG/石油混装船　这包括两种类型的船：一种是全压式 LPG/石油混装船，LPG 货物装在常温压力式货罐内，船的边舱装运油品；另一种是全冷式 LPG/石油混装船，“全冷”的 LPG 装在 A 型独立液货舱内，油品则装在双层底和边舱中。

（2）化学品/液化气兼用船　如果液化气船的货舱及货物设备在设计、液货密度和结构材料的化学相容性等方面满足化学品的要求，则这类液化气船就可载运化学货品。如用低碳钢或合金钢等制造的货舱，就适装大量的石化产品，如苯、甲苯、二甲苯和环己烷，并适装各种浓硫酸等。如果货物系统和货舱是用不锈钢制造的，还可装运各种不同浓度的无机酸。

（3）特殊液化气船　这类液化气船包括运输温度比 LNG 低的氧气、氮气等特殊货品的液化气船，以及运输 Cl_2 和环氧乙烷等特殊货品的液化气船。

第三节　液化气体再液化原理与再液化设备

一、简单的液化气再液化循环

图 7-9 所示为某半冷/半压式液化气船上简单的液化气再液化循环装置。它主要由以下设备组成：

（1）液货舱　在直接式再液化系统中，液货舱就相当于蒸发器，液货在其中蒸发汽化。由于液货汽化、蒸发，它从液货舱、舱内液货及液货舱周围环境带走一定的热量 Q_1。

（2）压缩机　液货舱中液货蒸发汽化产生的蒸气压力为 p_1，这些货物蒸气被压缩机从货舱内抽吸过来并进行压缩，货物蒸气压力提高到 p_2，在压力 p_2 下送入货物冷凝器。在压缩过程中，有量值为 Q_2 的热能被加给货物蒸气，而压缩机则消耗了等量的功 W_1。

（3）冷凝器　经压缩机压缩升压后的蒸气在冷凝器中降温液化，并将量值为 Q_3 的热量传给冷凝器内的冷却介质（海水等）。

（4）膨胀阀　当被冷凝的液货从冷凝器回流到液货舱时，膨胀阀将冷凝液的压力从 p_2 降到 p_1。

根据热力学第一定律，可得

$$Q_1 + Q_2 = Q_3$$

事实上，真正的再液化循环与前面的简单循环不同，因为在循环过程中有热量损失。热量损失主要包括以下几个方面：

1）在液货舱和压缩机之间吸入管路内受热而损失。

2）管路摩擦损失。

3）压缩机的容积效率损失。

4）冷凝器的损失。

尽管如此，按照以上简单的再液化循环进行热力学计算，对于工程实际应用已足够精确。

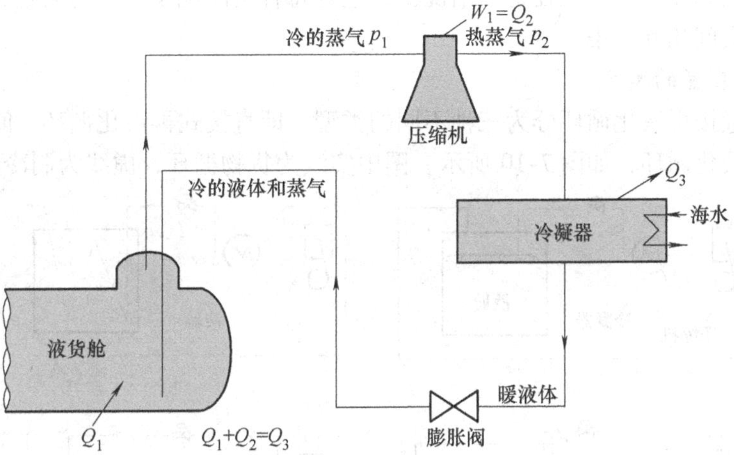

图 7-9　简单的液化气再液化循环装置

二、再液化装置的功用与类型

1. 再液化装置的功用

对于冷压式或全冷式液化气体船，液货是在远低于环境温度下运输的。由于舱内、外温差大，外部的热量不可避免地要经过隔热材料或装卸过程传入液货舱内，同时船舶航行时会发生摇晃，引起液体晃动而产生热量，这些热量会使液货不断蒸发。如果蒸发的气体积聚，则舱内压力会升高。全冷式或冷压式液化气船液货舱的设计压力都小于环境温度下的货物蒸气压，因此当舱内压力过高时，压力释放阀被迫打开，把货物气体排入大气中，造成直接经济损失。如果压力释放阀失灵，会破坏液货舱结构，造成危险。液化气船在航行中，每一天货物蒸发率约为货物质量的 0.2% ~0.3%，任其排入空气中不但危险，在经济上也不合算。因此，从安全和经济上考虑，都需对蒸发气体进行处理。处理的方法有两种：一种是装设某种形式的再液化设备，将超压的蒸气重新冷凝液化后再回流到液货舱中；另一种是将多余的货物蒸气排放掉，或作为船舶的燃料消耗掉。

除 LNG 船以外的所有全冷式或冷压式液化气船，均设置某种形式的再液化设备，以便控制装货、航行过程中液货舱的压力和温度。再液化装置的基本功能如下：

1）在装货前，冷却液货舱及有关管路。

2）在装载货物时，将引起超压的货物蒸气再液化，并回输到液货舱。

3）在航行途中，使货物温度和压力保持在货物围护系统的设计限度内。

此外，再液化装置中的某些设备还有许多其他的辅助作用。如复叠式再液化系统中 R22

制冷装置，既可以用作货物蒸发器的热源，通过在液货舱内的加热盘管蒸发残留液货，又可用作冷却、干燥惰性气体或空气的冷源。船上配有直接式或复叠式再液化系统后，一般都不再另设货物压缩机。再液化系统中的压缩机兼作货物压缩机。

一般根据船舶预期的用途、载运液化气货品的种类、装载要求，以及运输贸易需要来决定船上再液化装置的数量、形式和再液化能力。一般而言，再液化装置的再液化能力，必须能在极端工作环境温度下（通常取空气温度为45℃，海水温度为32℃），保持液货舱内的液货蒸气压力小于压力释放阀的设定压力。备用机组的能力至少要等于设置的机组中最大一套的容量。当装载两种或更多种需互相隔离的货品时，再液化系统彼此应采取可拆除的短管或其他方法来达到完全隔离。在这种情况下，应为每种货品配备单独的装置与各自的备用机组来防止货品之间相互污染。

2. 再液化装置的类型

再液化装置按再液化循环分为三种不同的类型，即直接式再液化循环、间接式再液化循环及复叠式再液化循环，如图7-10所示。图中实线为货物循环，虚线为制冷剂循环。

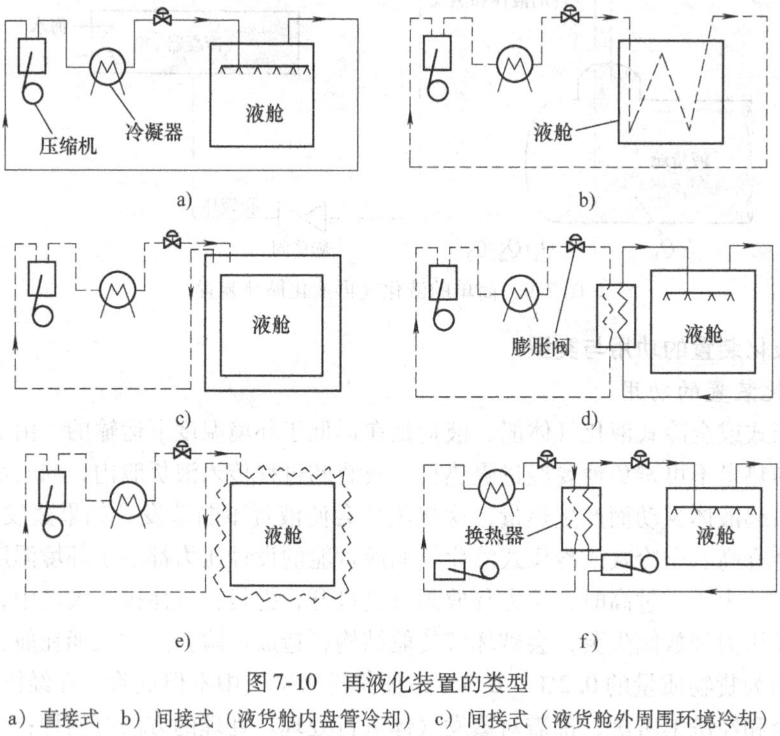

图7-10 再液化装置的类型

a）直接式 b）间接式（液货舱内盘管冷却） c）间接式（液货舱外周围环境冷却） d）间接式（货物蒸气在液货舱外冷却） e）间接式（在液货舱外部周围用盘管冷却） f）复叠式

（1）直接循环式再液化装置 将液货舱内的蒸发气体抽出后，经压缩机直接加压，然后通过冷凝器冷凝成液体后，再返回到液货舱内，从而控制液货舱内的温度和压力，这类装置称为直接循环式再液化装置。直接循环式再液化装置是最常见的再液化装置，但对于某些由于化学上的原因不能被压缩的货品和特别危险的货品，则不能采用该系统。直接循环式再液化装置有三种不同形式：

1）单级压缩直接循环式再液化装置。其装置的组成如图7-11所示，再液化循环过程的p-h图如图7-12所示。

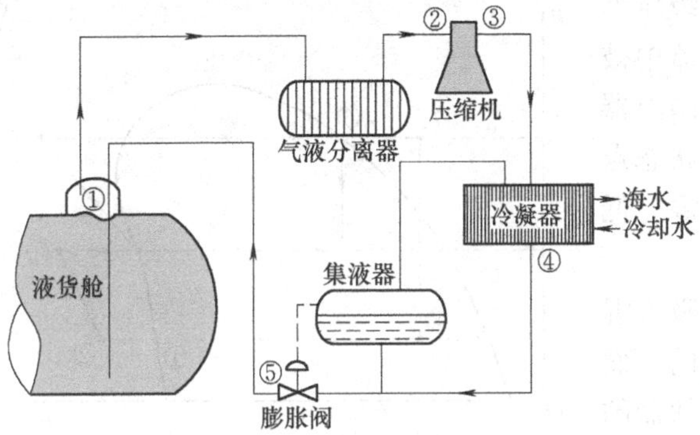

图 7-11　单级压缩直接循环式再液化装置的组成

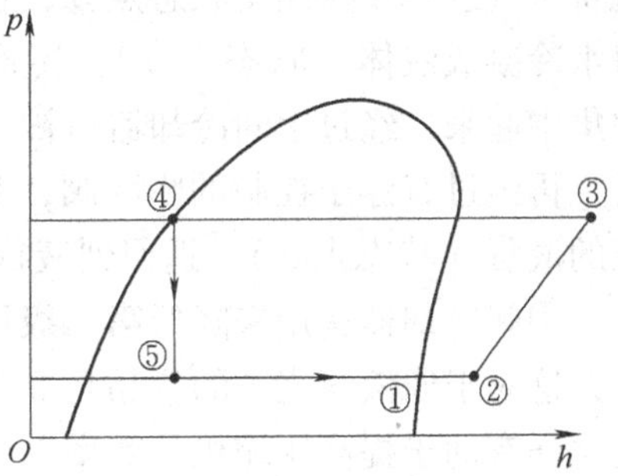

图 7-12　单级压缩直接循环式再液化循环过程的 p-h 图

液货舱蒸发的货物蒸气（状态点①）经过气液分离器去除液滴后，到达压缩机（状态点②）并被压缩机压缩。压缩过程增加了货物蒸气的温度和压力，从压缩机出来的高温、高压的蒸气（状态点③），在冷凝器中被海水冷凝成液体（状态点④），冷凝液在储液器中集中起来，再经过有浮子控制的膨胀阀，变成低温、低压的液货（状态点⑤），返回到液货舱。通过膨胀阀的液流由储液器中的液位开关来控制，以防来自于液货舱的背压影响冷凝器和压缩机的工作。此外，应保证膨胀阀有足够高的出口压力把冷凝液送回到液货舱。

要保证单级压缩直接循环再液化装置正常工作，要求压缩机具有足够高的进口压力，因此这种装置较适合于冷压式液化气船。

2）两级压缩直接循环式再液化装置。在单级压缩直接循环式再液化装置中，如果压缩机的排出压力与吸入压力之比超过6:1，则压缩机的效率会降低，此时宜采用两级压缩。两级压缩可用两台独立的压缩机，也可采用一台两级压缩机来实现。

两级压缩直接循环式再液化装置的布置如图 7-13 所示，其再液化循环过程的 p-h 图如图 7-14 所示。

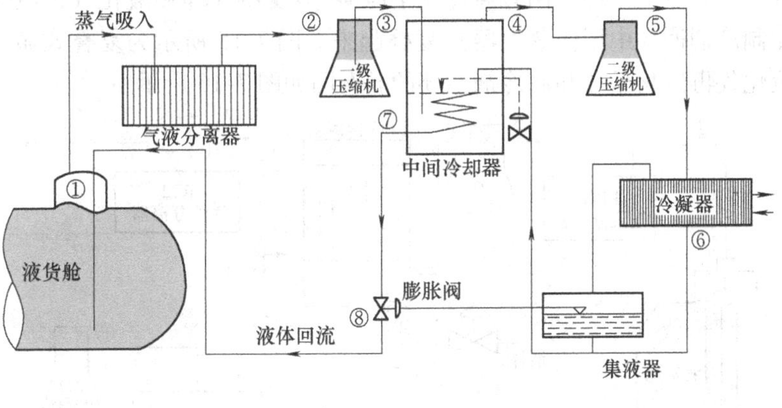

图 7-13　两级压缩直接循环式再液化装置的布置

两级压缩直接循环式再液化循环中，第一级（低压级）与单级压缩循环相同。来自液货舱蒸发的货物蒸气（状态点①）经过气液分离器去除液滴后，到达第一级压缩机（状态点②），并被压缩机压缩成过热的蒸气（状态点③），过热蒸气被送往第二级压缩机之前，在中间冷却器中被冷却至状态点④。第二级压缩机将蒸气进一步压缩至状态点⑤，在冷凝器中被海水冷凝成液体（状态点⑥），冷凝液在储液器中集中起来，经过中间冷却器后被过冷至状态点⑦，再经过有浮子控制的膨胀阀，变成低温、低压的液货（状态点⑧），返回到液货舱。

中间冷却器是用来降低第二级压缩的吸入温度，这对于像液氨之类的货品是非常重要的，而且这样有助于提高压缩机的效率。中间冷却器的冷却介质是来自于储液器的液货，在消除第一级压缩机出口货物蒸气过热的同时，也使液货本身得到过冷。

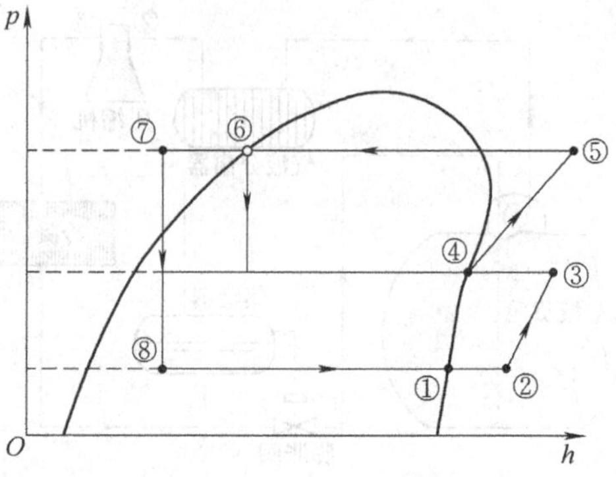

图 7-14　两级压缩直接循环式再液化循环过程的 p-h 图

两级压缩直接循环式再液化装置适用于冷压式和全冷式 LPG 船。

(2) 间接循环式再液化装置　在间接式再液化循环中，液货舱内的货物蒸气不需要被压缩，仅利用制冷剂的汽化热来冷却降温，从而使货物蒸气冷凝成液体。间接循环式再液化装置需要很大的制冷量，也需要很大的换热面积，一般仅用于某些因化学原因不能直接被压缩的货品或特别危险的货品，如氯、溴甲烷、环氧乙烷和二氧化硫等。

为确保效率，间接循环式再液化装置必须采用汽化热大的制冷剂。常用的制冷剂有氢、氨、氟利昂和丙烷。

间接循环式再液化装置的布置形式有四种，如图 7-10b、c、d、e 所示。其中图 7-10d 是最常用的形式，图 7-10c 和图 7-10e 是氯气运输船和特殊液化气兼化学品的多用途船常采用的形式。

(3) 复叠式循环再液化装置　此装置实质上与单级压缩直接循环式再液化装置相同，不同的是冷凝器中的冷却介质是 R22 等制冷剂而不是海水。为此，除了液化气再液化循环外，还需配置一个制冷剂循环，两者通过一个冷凝/蒸发器（即在液化气再液化循环中用作冷凝器，而在制冷剂循环中用作蒸发器）复叠起来。图 7-15 所示为复叠式循环再液化装置的布置图，液化气再液化循环和制冷剂循环的 p-h 图如图 7-16 所示。

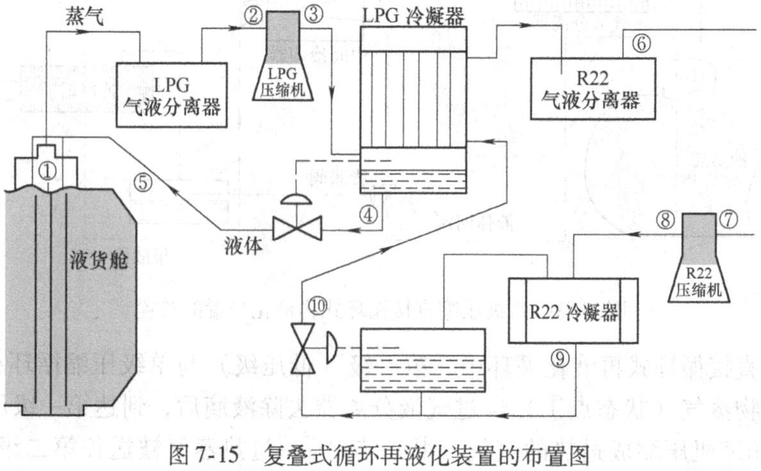

图 7-15　复叠式循环再液化装置的布置图

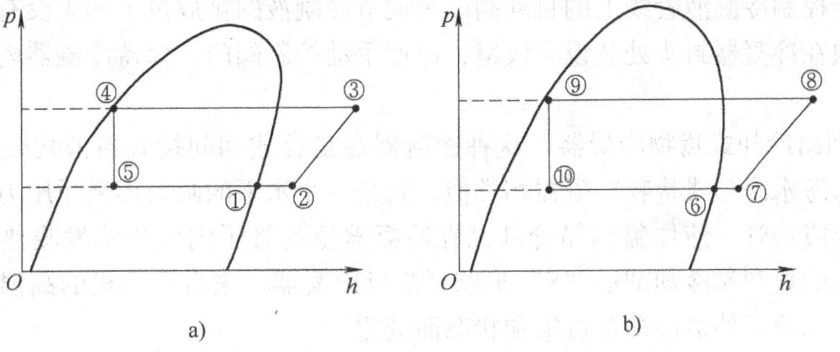

图 7-16　复叠式循环再液化循环过程的 p-h 图

a）液化气再液化循环　b）制冷剂循环

复叠式循环再液化装置适用于全冷式液化气船。其主要优点是装置的再液化能力不像其他类型的再液化装置那样受海水温度的影响，运行工况稳定；而且由于货物冷凝器中的冷却介质 R22 的温度可低于 0℃，因此再液化效率较高。

三、再液化装置的相关设备

图 7-17 所示为某船单级压缩直接循环式再液化装置的布置图。货物压缩机是再液化装置中的关键设备。在此主要介绍再液化装置中一些重要的附属设备。

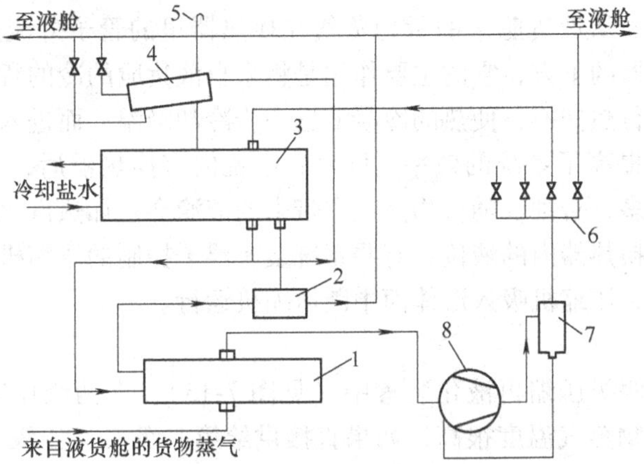

图 7-17　某船单级压缩直接循环式再液化装置的布置图

1—换热器　2—浮子阀阀箱　3—货物冷凝器　4—不凝结气体分离器

5—排气口　6—分配阀组　7—油气分离器　8—压缩机

1. 货物冷凝器

（1）海水冷却式货物冷凝器　其原理和结构与机舱内一般的换热器的原理和结构均相同。它是一个圆柱形的耐压筒体，内部排列许多细的镀锌钢管（或铜管）。筒体两端的盖板与筒体外壳用螺栓联接，盖板内有隔板。海水在冷凝器内的管子里流动，由于受盖板和隔板的作用，海水流过管子呈“S”形路径，来自压缩机的高温、高压货物蒸气在冷凝器内的管子外部空间穿过冷凝器，并与海水进行热交换。货物蒸气被海水冷却，冷凝成液体；海水则将货物蒸气的潜热和凝结热带走并排至舷外。

为保证货物冷凝器的正常工作，冷凝器内的冷凝液位应保持在合适的位置，一般通过冷凝器内的浮子控制冷凝液管线上的自动阀门来调节冷凝液的排放量。如果没有自动控制液位装置，则必须在冷凝器封头处装设示液镜，以便手动控制阀门，保持冷凝器内的液位在规定位置。

（2）氟利昂冷却式货物冷凝器　这种冷凝器在复叠式和间接式再液化装置中使用。其结构和原理与海水冷却式货物冷凝器相类似。它是一个水平的圆筒形钢质压力容器，里面排列有许多钢管或铜管。液体氟利昂冷却剂在冷凝器里的管子内汽化蒸发吸热，端板处有隔板，正在蒸发的氟利昂冷却剂沿“S”形路径流过冷凝器。来自压缩机的高温、高压货物蒸气在冷凝器内的管子外被冷却至过饱和状态而液化。

2. 不可冷凝气体分离器

在货物冷凝器顶部装有一个不可冷凝气体分离器，将无法冷凝的气体，如空气、氮气、甲烷等气体分离后，达到一定压力时，通过透气桅从高空排入大气中。同时，将少量冷凝液体货物通到分离器内的盘管蒸发，对气体分离器内的气体急剧降温。由于气体分离器内的温度要远低于主货物冷凝器内的温度，所以部分在主货物冷凝器内无法液化的货物蒸气，在气体分离器内被冷却液化而被回收。液化后的货物和在分离器蒸发盘管内蒸发的货物蒸气一起被送回液货舱。

3. 换热器

换热器在结构和原理上与前面介绍的冷凝器相类似。从冷凝器来的货物冷凝液通过换热器里面的管子内部，而从液货舱来的货物蒸气在换热器里的管子外流过，然后才进入压缩机。换热器位于冷凝器的下方，它的主要作用是将来自液货舱的冷的货物蒸气和来自冷凝器的热的货物冷凝液进行热交换，使热的冷凝液进一步冷却降温，而进入压缩机前的冷的货物蒸气得到加热升温，提高了系统的效率。同时，系统内有换热器后，可以不再设气液分离器。除非液体数量过多，否则，随货物蒸气夹带来的液滴会被加热汽化；换热器的封头处应设有示液镜，以监测换热器内的液位。有些系统装有浮子控制的压缩机切断开关，可防止当加热器内液位太高时，压缩机吸入液体而中断压缩机运行。

4. 中间冷却器

中间冷却器设于两级压缩再液化装置中（见图 7-13）。在两级压缩中，第一级（低压级）压缩机排出的货物蒸气温度很高，如果直接供给第二级（高压级）压缩机，则第二级压缩机的排出温度会过高，导致压缩机因高温而中断运行。因此，从第一级压缩机来的货物蒸气通入中间冷却器，用少量来自冷凝器内的液货冷凝液喷淋这部分液体，使这部分液体遇热急剧汽化，吸收货物蒸气的汽化热，这样，进入第二级压缩机前货物蒸气已冷却降温。为了保证中间冷却器的正常工作，液体喷射通过一个控制器操纵阀门，使中间冷却器只维持一个低液位。如果因故障使液位上升，则有一个浮子开关停止压缩机运转，防止液体进入压缩机内。

液滴分离器设在中间冷却器及第二级压缩机吸口之间，以去除所有带入的液滴。如果压缩机停机，压缩机润滑油的压力下降，会操纵一个控制器，使它停止输入中间冷却器的液体，避免液体货物充满中间冷却器。

第八章 冷藏运输制冷装置的运行管理

制冷装置的正确操作、管理与维修是设备长期正常运转以满足使用要求的保证。这对延长设备使用寿命、减少检修费用、提高设备使用经济效果亦有重要意义。因此，如果管理人员既能掌握制冷原理，熟悉制冷装置组成、结构和工作性能，又能掌握制冷装置的科学操作、管理和维修方法，就可以减少运转故障，保证装置长期、安全和经济地工作。由于制冷装置操作、管理与维修方面涉及的问题极其广泛，而实践中各操作人员的接触范围又有限，其经验亦不尽相同，所以本章主要对冷藏运输中的制冷装置操作、管理和维修方面一些共同性问题作概要阐述。

第一节 制冷装置的基本操作

一、制冷装置的起动、运转与停车

1. 装置起动前的准备

具有自动化系统的制冷装置，正常情况下能自动起动、运转、调节与停车。但是当装置经过拆修、复装或较长时间停车而再使用时，则需人工起动。起动前应做好准备工作：

1）压缩机曲轴箱的润滑油油面应在示油镜中间位置或偏上；检查全封闭压缩机的状态。

2）储液器内制冷剂液面应在示液镜1/3～2/3处。

3）开启压缩机排气阀及高、低压系统有关阀门。但压缩机吸入阀和储液器出液阀可暂不开启或稍稍打开一点。

4）检查装置周围（特别是运转部件附近）有无妨碍运转的因素或障碍物。新安装或检修复装后，首次起动的压缩机应先作手动盘车试转。

5）对具有手动卸载-能量调节装置的压缩机，应将能量调节在最小容量位置。

6）接通电源，检查电源电压。

7）开启冷却水泵（冷凝器、气缸、润滑油等）。直接吹风冷却系统应开启风机，间接冷却系统开启盐水循环泵。

8）调整压缩机高、低油压控制器及各温度控制器的给定值，一般R134a高压为1.2～1.4MPa，R22、R717等高压为1.6～1.9MPa。装置所有安全控制设备应确认状态良好。

9）检查制冷循环系统管路，保证气密无泄漏。冷却水系统不得有严重漏水现象。

2. 制冷装置的起动

起动准备工作完毕，瞬时起动压缩机，观察压缩机、电动机的起动状态和转向。然后反复起动2～3次，确认起动正常，则转入正式起动运转。

正式起动后逐渐开启压缩机吸入阀及储液器出液阀，把卸载-能量调节机构逐步调节到所要求的容量。在起动后，还应观察机器运转、振动情况；系统高、低油压是否正常；检至工作稳定，运转正常时为止。

对自动化程度较高的运输制冷装置，压缩机起动后即可转入正常运转，但也应作定期巡视检查：

1）运转中压缩机不应有局部激热，制冷系统各连接处不应有油渍（开启式压缩机轴封处允许有少量渗油现象）。

2）检查运转中压缩机的排出压力和温度。压缩机吸、排气压力是判断系统工作是否正常的重要依据。运输制冷装置冷凝器为风冷，空气温度变化范围较大，其冷凝温度多为25～35℃，故其压缩机的排气压力一般数值是：R134a是0.8～1.1MPa，最高不应超过1.2MPa，最低不低于0.6MPa；R22是1.8～2.0MPa，最高不超过2.2MPa。压缩机排气压力过高，必然造成排气温度高，而排气温度过高，又将使压缩机的润滑性能恶化，影响运转安全。因此，国家标准对活塞式制冷压缩机作了最高排气温度不超过130℃（R134a）和150℃（R22）的规定。

3）检查压缩机的吸入压力与温度。通常把压缩机的吸入压力近似地看做制冷剂的蒸发压力，与此压力相应的饱和温度即为蒸发温度。在直接冷却系统中，通常要求蒸发温度比冷藏室（库）保持温度低5～10℃，所以蒸发温度为－25℃的情况下，就能满足－15～－20℃的舱温要求。在装置运转过程中，保证吸入表压在0 MPa以上是必要的。

4）检查压缩机的润滑。润滑是压缩机正常运转的基本条件。冷藏运输用高速压缩机要求真正润滑压力保持在0.1MPa以上，最低不小于0.075MPa，而对设有油压控制的卸载-能量调节装置的压缩机，其压力应为0.15～0.3MPa。此外，还应注意曲轴箱内油位变化及分油器的回油情况。曲轴箱内的油温规定：开启式压缩机不超过70℃，封闭式压缩机不超过80℃。

5）装置运转过程中，应经常检查自动控制设备工作与指示是否正常。

6）装置运转过程还需检查各冷室（库）降温、保温及低温冷舱蒸发器结霜情况。

3. 制冷装置的停机

制冷装置临时停机或停用时间不长（不超过一星期），则只要在停机前关闭储液器（或冷凝器）出液阀，当低压表达到0.02MPa时停止压缩机，关闭吸、排气阀即可。若装置停用时间较长，则应将系统中的制冷剂收入储液器。

二、制冷装置中制冷剂的充注和取出

1. 制冷剂的充注

制冷装置制冷剂的充注有两种情况：一种是新安装的制冷装置（包括装置长期停用，制冷剂全部泄露）的制冷剂充注；另一种是制冷装置运转中，由于制冷剂泄漏而必须补充时的充注。

新安装的制冷装置在充注制冷剂以前，全系统必须经过气密试验和真空试验。

通常制冷装置充注制冷剂，可用压缩机本身对系统进行抽空；而大型制冷装置可使用真空泵对系统抽空。采用装置本身的压缩机抽空比较简单：先开启压缩机排出阀多用通道（通大气），并使阀芯处在中间位置；在压缩机吸入阀多用通道上安装压力表，吸入阀放在正常开启位置，并使低压和油压控制器触点常闭；起动压缩机，这时系统中的部分空气便经过多用通道排出，随着吸入压力不断下降，逐步关闭排出阀的排出口，系统内的空气将不断地经多用通道排出。由于系统中压力不断下降，系统内残存的水分也部分汽化，随空气一道排出。待系统压力下降至真空度在96kPa以上，多用通道不再有气体排出后，倒退排气阀，关闭多用通道，使压缩机停车；之后观察压力回升情况，若真空在 2 ~4h 内稳定而不下降，则说明系统密封性能良好，可以准备充注制冷剂。

制冷系统抽空之后，充注制冷剂的过程如图 8-1 所示。充注时，先将制冷剂钢瓶 9 斜置于磅秤 8 上，并记下质量。然后将钢瓶接头接上充制冷剂接管，管子的另一头接在充制冷剂阀 7 的管接头上（暂不旋紧），在充制冷剂管路中间加装过滤干燥器 10，然后稍开钢瓶阀，放出少许制冷剂，将接管中的空气排出，随即旋紧管接头。如果这时系统已经被抽空，且处于真空状态，则先在压缩机排出阀 2 的多用通道接上高压压力表 3，并使压缩机排出阀 2 的阀芯处于中间位置。至此，充制冷剂的准备工作就绪，即可开始充注。

先开启冷却水阀和压缩机排出阀 2，起动压缩机 1，并逐步开启充制冷剂阀 7 及钢瓶阀，这时制冷剂将不断被吸入系统。为了迅速充注，可将储液器出液阀 6 关闭，使被吸入的制冷剂储存于储液器 5 中。在充注制冷剂的过程中，压缩机吸入压力可保持在 0.1 ~0.2MPa。待充注量达到要求之后，关闭充制冷剂阀 7，然后再开启储液器出液阀 6，使压缩机继续运转一段时间，观察系统中的制冷剂量是否合适。在充注过程中，宁可多充几次，切不要一次充注过量。待制冷剂充注达到要求之后，先关闭钢瓶阀，再关闭充制冷剂阀 7，后开启储液器出液阀 6，拆去充制冷剂接管及钢瓶。此时，制冷系统即进入正常工作状态。

此外，因系统不严密，或者拆修、操作不慎造成制冷剂泄漏，在补充制冷剂时仍可按图 8-1 进行操作。当充制冷剂管接好之后，随着装置继续运转，将储液器出液阀 6 关闭，然后逐步开启充制冷剂阀 7 及钢瓶阀，于是制冷剂便渐渐被压缩机 1 吸入，并送入储液器 5。待充注量达到要求之后，关闭钢瓶阀及充制冷剂阀 7，开启储液器出液阀 6。最后，拆去钢瓶及充注接管，装置即可转入正常运转。

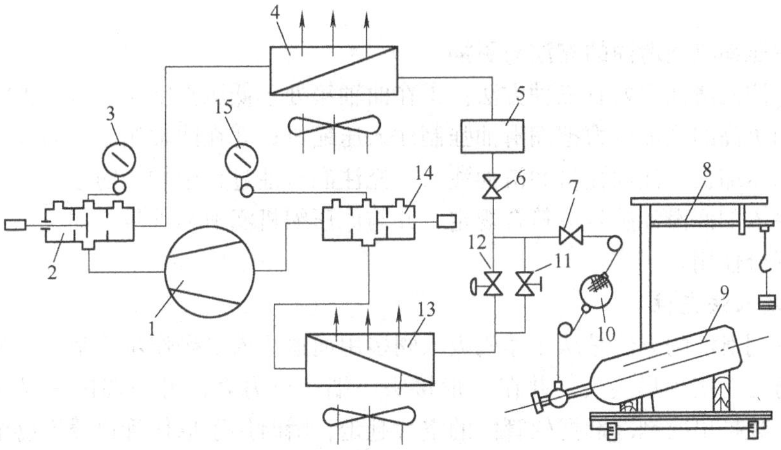

图 8-1　制冷系统制冷剂充注操作示意图

1—压缩机　2—压缩机排出阀　3—高压压力表　4—冷凝器　5—储液器　6—储液器出液阀　7—充制冷剂阀　8—磅秤　9—制冷剂钢瓶　10—过滤干燥器　11—手动截止阀　12—膨胀阀　13—蒸发器　14—压缩机吸入阀　15—低压压力表

在小型制冷装置中，可以用压缩机吸入阀多用通道充注，但充注过程中，钢瓶阀不能开得过大，以免产生“液击”。

2. 制冷剂的取出

取出制冷剂的基本原理和方法：把外接钢瓶作为系统的冷凝器，通过压缩机排出阀多用通道把制冷剂排入钢瓶，并不断冷却，使冷凝液体储存在钢瓶内。图 8-2 所示为从制冷系统中取出制冷剂操作示意图。其操作步骤如下：先把压缩机排气阀 8 退足，在多用通道外接上 T 形接头，并在 T 形接头一端接上排气压力表 9，另一端接上接管 10（$\phi = 6 \sim 8$mm），接管另一头引到钢瓶接头 11 上（暂不旋紧）；微开压缩机排气阀 8 的多用通道，放出少量制冷剂，把管内的空气排出，并立即旋紧接头 11，然后开启钢瓶阀。开启冷凝器 2 的冷却风机及钢瓶冷却风机，起动压缩机，然后逐步关小至关闭通道（开始要注意高压压力变化，以免超压）；待吸入压力达到 0 MPa 或稍低，即说明系统中的制冷剂已全部取出。然后停机，并随即关闭钢瓶阀；再拆除接管，移出钢瓶，工作完毕。

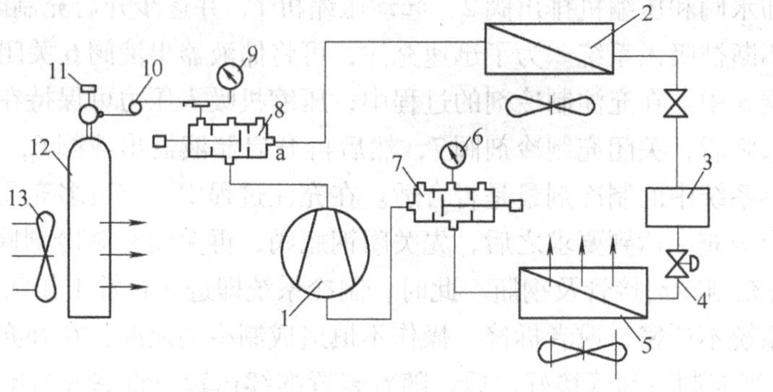

图 8-2 从制冷系统中取出制冷剂操作示意图

1—压缩机 2—冷凝器 3—储液器 4—膨胀阀 5—蒸发盘管 6—压缩机吸气压力表
7—压缩机吸气阀 8—压缩机排气阀 9—排气压力表 10—接管
11—钢瓶接头 12—钢瓶 13—冷却风机

三、制冷压缩机润滑油的充注与更换

压缩机充注润滑油主要有三种方法：①在曲轴箱处于低压真空状态时，把润滑油吸入压缩机；②采用更高的注油压力把润滑油强制注入压缩机；③在曲轴箱压力与大气压力接近平衡状态时，从压缩机的注油孔将润滑油注入。充注润滑油过程中均应防止空气、水分、污垢进入系统。注入的润滑油牌号应符合规定，并与原压缩机润滑油牌号相同，不允许把不同牌号的润滑油混合使用。

1. 低压吸入法充注

这种充注润滑油的方法是从压缩机吸入阀多用通道注入。操作步骤是：退足压缩机吸入阀，在多用通道上接 T 形接头，并在 T 形接头一端接压力表，另一端接一根注油软管；微开多用通道，让排出的制冷剂把软管内的空气赶走，瞬时用手揿住管口浸入盛油容器油面之下，或者在软管末端装一个小型加油截止阀；关闭压缩机吸入阀，开启多用通道并起动压缩机，待低压达到 40 ~ 53.33kPa 真空度时，停止压缩机运转；放开手指或开启加油截止阀。这时，润滑油即被吸入压缩机，并经吸气腔的回油孔注入曲轴箱。观察曲轴箱示液镜，待油量达到油面线后，即关闭多用通道，拆下注油管及 T 形接头，再接上压力表，并开启吸入阀，加油完毕。

低压吸入注油也可从曲轴箱下部的注油阀进行充注。其具体步骤可参照上述方法进行。国产新系列压缩机在曲轴箱下部进油管路中设有注油三通阀，它为压缩机运转中注油提供了极为方便的条件。

2. 压力强制充注

压力强制充注油是在注油管压力较曲轴箱油面压力（低压压力）更高的条件下，将润滑油强行注入曲轴箱。其注油管引至补油柜，而补油柜中的压力一般来自注油泵或压缩机的排气端。

有些压缩机既没有加油三通阀，吸气阀上又没有多用通道，只能从压缩机曲轴箱上部的油孔注油。注油时，先起动压缩机，关闭吸入阀，待低压压力降至0MPa或稍高时，停止压缩机运转，关闭排出阀，然后拆下注油孔旋塞，用漏斗直接将清洁的润滑油注入曲轴箱。待注油量达到要求时，拿去漏斗，旋紧旋塞，注油工作即告结束。

四、制冷系统中的空气排除和水分清除

1. 空气排除

制冷系统中进入的不凝性气体，主要是空气和少量润滑油在高温下分解出来的其他气体等。这些气体的导热性很差，进入制冷系统后，还将使压缩机冷凝压力和排气温度升高，影响压缩机的润滑，降低制冷能力，增加压缩机的功率消耗。空气中的水分进入系统会影响制冷系统正常工作。

进入制冷系统内的空气通常都聚集在系统高压侧，即从压缩机排出截止阀至冷凝器之间的系统内。放空气前停车15min，然后开启系统高压部位放空气阀即可将空气排出。对于船舶氨制冷系统，放空气管应通向舷外，或把放空气管引入盛水容器，以避免氨气进入机舱。

2. 水分清除

进入系统的水分将与制冷剂作用锈蚀金属设备和管路，并使润滑油乳化变质，而且容易造成膨胀阀冰塞。为清除系统中的水分、污垢，一般均在系统中设置过滤干燥器。在过滤干燥器内装有干燥剂。常用的干燥剂有无水氯化钙（$CaCl_2$）、硅胶（SiO_2）、活性氧化铝（Al_2O_3）及分子筛（钾A、钠A型）等。无水氯化钙吸湿性强，其吸湿率可达90%以上；但吸湿潮解后变为粉末，若干燥器过滤网不良，则容易进入系统，故无水氯化钙在制冷系统中使用时间一般不超过24h。硅胶的吸湿率为30%左右，是一种无毒、无臭、无腐蚀的半透明结晶块，并有粗孔、细孔和原色、变色之分，变色硅胶吸湿前为蓝色，吸湿后呈淡红色。活性氧化铝和分子筛的吸湿率为20%～25%，是白色或淡黄色多孔结晶体，可以较长时间使用。

五、制冷系统的检漏

制冷系统通常的检漏方法有肥皂水检漏、检漏灯检漏及电子卤素检漏仪检漏等。

1. 肥皂水检漏

在制冷系统内达到一定压力（低压不低于0.2MPa）时，可将肥皂水涂抹在各连接、焊接和紧固处等可疑泄漏部位。若发现被检部位有不断扩大的气泡出现，即说明有泄漏存在，应予以阻漏。肥皂水检漏操作比较麻烦，而且在0℃以下不能使用。

2. 检漏灯检漏

检漏灯又称卤素灯，对氟利昂制冷系统来说，它是一种简便、有效的检漏工具。检漏灯是特制的酒精（乙醇）灯、乙炔灯或丁烷灯，它在灯头火焰处设有铜网，并有橡胶或塑料软管将欲检处的空气吸入火焰喷口处。如果吸入的空气中含有氟利昂气体，则氟利昂遇火之后便分解出氟、氯元素。这些元素与灯头上炽热的铜网接触，化合成为卤素铜化合物，使火焰变成光亮的绿色、深绿色。当氟利昂大量泄漏时，火焰即变成紫罗兰色或深蓝色，以至火

焰熄灭。因此，观察检漏灯火焰的色变，即可判断系统有无泄漏，并确定泄漏部位。如果怀疑冷凝器内部泄漏，则可以引出冷凝器出水端的冷却水，将检漏灯软管靠近水出口处进行检查。

3. 电子卤素检漏仪检漏

电子卤素检漏仪是利用气体电离原理制作的。这种检漏仪灵敏度很高（0.3～0.5g/a，R22），反应速度快，质量小且携带方便；但灵敏度过高，船舶冷藏舱难以使用。

4. 自动检漏系统

氟利昂自动检漏装置在氟利昂泄漏量超过允许标准时，通过专门仪器发出报警信号或停止压缩机运转。一种 R22 的自动检漏装置，是按卤素灯检漏原理，采用丁烷灯作检测器，铜环作触媒器，丁烷由标准气瓶供给。当含有氟利昂的气体触及燃烧火焰时，根据其含量呈现不同色变，再通过光敏元件将色变转换成报警信号。

六、制冷系统的气密性试验

制冷系统的气密性试验包括由压力试验和真空试验。其压力试验采用氮气、二氧化碳气体或干燥的压缩空气进行。对 R22、R404A 及 R410a 等制冷系统，高压部分试验压力为 2.0MPa，低压部分为 1.4MPa。

1. 压缩机的压力试验和真空试验

压力试验方法是向压缩机内充注氮气，待试验压力达到 1.0 MPa 后，保压 4h。在保压时间内，压力下降不得超过 0.02MPa。如果由于气温变化使压力下降 0.01～0.03MPa 属于正常情况。

压缩机压力试验合格后，一般可不做真空试验。在多数场合，操作人员利用压缩机自身抽真空的方法，检查压缩机的密封性能比压力试验更简便有效。

2. 制冷系统的压力试验和真空试验

制冷装置安装完毕后，必须进行压力试验和真空试验。只有当试验合格后，才允许充注制冷剂进行试车和运转。

制冷系统的压力试验分高、低压两步进行。其步骤如下：

1）在高、低压部分接压力表，拆去原系统中不宜承受过高压力的部件、阀件，如恒压阀、压力控制器、膜片式热力膨胀阀等，并用其他阀门或管道代替。

2）自高压系统任何一处向全系统充注氮气，并使压力达到低压试验压力（1.05MPa）即停止充气。

3）观察系统压力下降情况。若压降明显，则应用肥皂液进行找漏。

4）低压试验完毕，即进行高压系统的压力试验。此时，关闭压缩机排出阀和膨胀阀前的供液截止阀，继续向高压系统充氮气，使压力提高到高压试验压力（R134a 为 1.6MPa，R22、R404a 为 2.0MPa）后停止充气，观察高压系统压力下降情况并再次找漏。

5）使系统保压 24～48h，前 4h 压降不超过 0.02MPa，而后能持续稳定，即试验合格。试验过程中，因气温改变，压力升降一般不超过 0.01～0.03MPa。

如果压力试验不得不用空气进行时，充气过程应将空气进行过滤干燥，试验结束后再将系统抽空。若利用压缩机自身向系统充气提高压力，在充气过程中应注意空气温升。如果温度超过 120℃应停车，待冷却之后，再继续进行。

第二节　冷藏运输制冷装置的安装、调试与验收

一、冷藏运输制冷装置的安装

冷藏运输制冷装置一般均随车、船等运输工具在工厂安装、调试、验收，在应用过程中则有可能需要进行检修、拆解，然后进行重新安装、调试。在铁路冷藏车或船舶冷藏运输中，更多的是由工厂提供制冷系统的各组件，如压缩机组、压缩冷凝机组或冷风机机组等，进行实地安装、调试和验收。

制冷装置安装时，必须做好安装前的准备工作，掌握制冷装置全部技术资料，编制安装试车计划，检查装置所有零部件、组件、接管和附件等，保证其质量完好；核对安装舱室设备底座和基础尺寸、位置；备好安装工具及起重设备；引进专门电源线路，备好必要的电气设备和仪表，接入水泵冷却管系。制冷装置安装必须保证系统的清洁、干燥和密封。

（1）压缩机与机组的安装　压缩机与电动机通常先固定在特制的机座上，然后安装在机组的基础上。在直接传动时，应保证压缩机与电动机传动轴的同心度；带传动时，除保证两轴的平行度外，还应使两带轮在同一平面内回转。压缩机与电动机或机座与基础，在紧固时都要准确校正中心线和水平正位。为了运转、操作和检修方便，其基座应高出地面150～200mm，而紧固螺栓应高出螺母上平面10～20mm。此外，在机组周围应留有一定的活动空间和面积，以利于机组及其零部件的拆卸、检查和修理。

（2）辅助设备的安装　在安装前，应确认状态良好，并做好清洁、干燥工作。所有辅助设备安装紧固后，应保证在振动条件下不产生任何方向的移位。

（3）制冷装置管系的安装与连接　各管路的接管应用氮气、二氧化碳气体或干燥空气吹除干净。清洁干燥后的管子应及时安装，不能及时安装的，应包扎封口。各管路必须按规定的材质、尺寸规格选配，各接管应长短合适。弯管的弯曲半径应适当，忌用直角，避免过多的接头、法兰、弯头、阀门和通道截面过大的突变。总管与支管连接也应避免直交。横向流动的管系，如排气管、回气管沿流向应有1/250～1/100的向下倾斜度，并避免出现不必要的U形弯头，以免集油。回气管要考虑管内流速，以保证系统的顺利回油，而所有回气管路应予以隔热。隔热的管路在敷设隔热层之前，应对其接头、法兰等连接、焊接处进行严格检漏；所有接管要固定防振。隔热管路的固定支架应装在隔热层之外，对易碰撞的管路应加保护措施。管路安装、连接时，还应力求整齐美观，且有利于操作、检修和维护保养。

二、冷藏运输制冷装置的调试

制冷装置的调试是把装置运行工况参数调整到所要求的范围。制冷装置的运行参数主要有：蒸发温度和压力、冷凝温度和压力、压缩机的吸气和排气温度、膨胀阀（或节流阀）前制冷剂的温度等。这些参数在制冷装置运行的过程中，随内部与外界条件（热负荷、冷却水温度、环境温度等）的变化而变化，所以在调试过程中应根据外界条件和使用要求，把各运行参数调整在合理的范围内。

1. 蒸发压力 p_1 和蒸发温度 t_e

蒸发温度 t_e 是制冷剂在一定压力下汽化时的饱和温度，该温度所对应的压力即为蒸发压力 p_1。装置运行的蒸发温度 t_e 应根据制冷的温度要求来确定。例如，对某些直接冷却式制冷系统来说，一般蒸发温度应比制冷剂温度低5～10℃。对于间接冷却式系统，其 t_e 应比

载冷剂温度低4~8℃。在制冷装置运行过程中，蒸发温度 t_e（蒸发压力 p_1）并不是固定不变的，它将随着工作条件的变化（热负荷的变化、压缩机能量的变化等）而产生相应的变化。

2. 冷凝压力 p_2 和冷凝温度 t_c

冷凝温度 t_c 是制冷剂气体在冷凝器中冷凝时的温度。对应于冷凝温度 t_c 下的饱和压力就是冷凝压力 p_2。

从制冷装置的工作条件可知：冷凝温度 t_c 升高后，过高的冷凝温度造成排气压力升高，对装置的运行是不利的。按照规定，R134a 装置的冷凝温度 t_c 最高为50℃；R22、R404A 和氨装置 t_c 最高为40℃。冷凝温度的大小取决于冷却空气的温度；对船用制冷装置，t_c、p_2 取决于冷却水的温度。一般情况下，冷凝器的出水口温度应比冷凝温度低5℃左右，以保证必要的换热温差。

3. 制冷压缩机的吸气温度

制冷压缩机的吸气温度是指压缩机的吸入口处的制冷剂温度。为了防止“液击”现象，进入压缩机的制冷剂气体应有一定的过热度。一般情况下，在没有回热器的氟利昂制冷装置中，吸气温度应比蒸发温度高5℃左右（即有5℃的过热度）；在有回热器时，保持15℃的吸气过热度是合适的。

4. 制冷压缩机的排气温度

制冷压缩机的排气温度是指压缩机排气阀处的制冷剂温度。为了保证压缩机安全，规定R134a 装置的排气温度不能超过130℃，R22、R404a、R410A 和 R717 装置的排气温度不能超过150℃。若排气温度过高，润滑油会因温度升高而粘度降低，使润滑效果变差和润滑油结焦，造成运转部件的损坏。排气温度与压缩比 p_2/p_1 及吸气温度有关。吸气温度越高，压缩比越大，则排气温度越高，反之亦然。

5. 制冷剂液体的过冷温度

为了防止液体制冷剂在膨胀阀（节流阀）前的液管中产生“闪气”现象，保证进入膨胀阀的制冷剂全部是液体，应使液体制冷剂具有一定的过冷度，一般为3~5℃。为了过冷，可采用气液回热器。

三、冷藏运输制冷装置的试验验收

冷藏运输中的制冷装置一般以整体机组的形式提供给用户，并有一定的使用保修期或试用期。制冷装置在使用中总会有检修、维护保养，甚至整体机组拆检、拆修。对此，必须在拆检、拆修复装后进行试验验收。一般对拆修复装后的冷藏运输制冷装置试验验收基本要求是：制冷装置的压缩机、辅助设备安装就位；管路安装、连接正确，装置的电气线路接通；装置的所有自控器件及安全保护安装齐全；系统润滑油充注符合规定；制冷剂紧急泄放管路畅通。进行系统的气密性检验时，采用 CO_2、N_2 或干燥空气进行。检验前关闭热力膨胀阀及压力控制器。从系统充制冷剂阀处充入气体至低压试验压力1.05MPa，再切断低压侧，继续向高压侧充气，达到高压侧规定压力，然后保压24h，其压降不大于0.035MPa。

压力检验合格后，排除检验气体，再以抽真空法使整个系统真空度达96kPa，经24h，真空应保持不低于93.33kPa。检验合格后，开启制冷系统因气密检验而关闭的阀门、器件，再由充制冷剂阀处充注制冷剂，并调试至正常运转工况，然后进行降温试验等。

1. 制冷装置的降温检验

做完制冷装置的起动准备后，起动制冷压缩机，使冷却空间温度从大气温度降到设计规定的最低温度，并继续运行12h，总降温检验时间不得少于24h。运行过程中注意观察压缩机、冷风机及它们的电动机运转情况。船用冷藏装置必须检验其冷却水泵。在装置运行检验时，每小时对下列各项作检验记录：压缩机的电动机转速、电流、电压；压缩机的转速、吸排气温度和压力；润滑油压力；冷凝器进、出空气的温度；冷凝器风机电动机转速、电流、电压；冷藏间各室的温度；冷风机进、出空气温度及电动机的转速、电流、电压；间接制冷系统盐水进、出冷却空间的温度、压力及盐水泵电动机转速、电流、电压等。降温检验结束后，检测各电动机及其控制设备的绝缘电阻，其值不小于2MΩ。

2. 制冷装置的热平衡试验

冷藏运输中的制冷装置降温检验结束后，再运行8h，使冷却空间温度在设计温度条件下保持稳定，并每小时记录一次。按蒸发温度、冷凝温度、压缩机运转台数、转速等，借助压缩机特性曲线求出制冷量，继而算出冷却空间的渗入热，最后按公式 $K=$ 漏入热$/\sum A\Delta t$（式中，A 为面积，Δt 为内、外温差）算出冷却空间壁的平均传热系数 K 值。这一实际传热系数值应等于或小于设计时的选用值。

3. 冷却空间的隔热性能检验

隔热性能检验是在冷却空间处于设计最低温度，保持冷却空间密封状态，使制冷机停止工作6h后，检查冷却空间温度回升情况，其允许温度回升值可参考表8-1。

表8-1　冷却空间允许温度回升值

外界气温与冷却空间温度的温差/℃	60	55	50	45	40	35	30	25	20	15
允许温度回升值/℃	14.4	13.2	12	10.8	9.6	8.4	7.2	6	4.8	3.6

4. 自动控制器的调定和效用检验

制冷装置的自动控制器动作压力值可参考表8-2调定，并做2~3次效用试验，以检查其动作的准确性和可靠性。各温度控制器按冷却空间设计规定调定，控制精度一般为±1℃。

表8-2　自动控制器动作压力值

动作压力＼制冷剂	R134a	R410a、R22、R404a	R717
高压断开（停机）表压/MPa	0.95~1.05	1.65~1.75	1.5~1.6
高压闭合（起动）表压/MPa	比高压断开压力低0.2~0.3	比高压断开压力低0.1~0.3	
低压断开（停机）表压/MPa	比蒸发温度低5℃的对应饱和压力，但最低不得低于0.01		
低压闭合（起动）表压/MPa	比低压断开压力高0.05~0.1	比低压断开压力高0.1~0.2	

试验时，油压控制器按设计规定或在压差小于0.1MPa时动作，并使压缩机停机；冷却水压力控制器，按设计规定或调至控制压力为0.01~0.05MPa时动作。

5. 自动融霜控制器检验

电热自动融霜系统的融霜间隔及融霜时间应按设计规定设定。同时，进行实际融霜操作，以考核融霜控制器的断电、通电准确性和可靠性，以及融霜效果。如果是热气融霜，则应检验其融霜电磁阀的动作。

6. 冷室（间）应急求援信号检验

检验冷室（间）所有求援信号装置的工作，所发信号要准确、及时，以防信号失控、误报。

第三节　制冷装置的运行操作与管理

一、制冷装置正常运行的要求及安全工作

1. 制冷装置正常运行的要求

1）压缩机内无敲击声。

2）压缩机轴承等各摩擦部位温度正常，无过热现象。

3）曲轴箱中润滑油位正常，润滑油不起泡。

4）油压正常。一般要求其润滑油压不低于0.1~0.15MPa，最低不低于0.075MPa。如果压缩机设有液力卸载能量调节装置，则要求润滑油压范围为0.15~0.3MPa。此外，曲轴箱内润滑油油温应不超过70℃或低于5℃。

5）压缩机体不应有结霜现象，但船舶冷库制冷系统压缩机回气管路结霜属正常现象。

6）制冷系统各辅助设备及部件应处于正常工作状态，即压缩机吸、排气阀，分油器进、出口阀，冷凝器或储液器进、出口阀等均处于开启位置；膨胀阀开度适当；各风机及电动机运转平稳；水系统各泵运转正常，无异常声响。系统中不允许有制冷剂泄漏现象。

7）制冷系统所有压力及温度指示正确。压力、温度表指针稳定；高、低油压控制器调整适当，以保证在所有压力数值范围内起到自动控制和安全保护作用；所有温度控制器的动作应能准确地控制冷藏室（间）的温度。

8）储液器内制冷剂的液位符合要求。冷凝器进、出水温度稳定，一般进、出水温度差控制在4~8℃为宜。

9）压缩机的吸气温度不超过15℃；冷凝压力、温度随冷却水供水情况而定，一般R134a的冷凝压力为0.6~0.8MPa，最高不超过1.4MPa；R22、R404A及R717的冷凝压力为1.4~1.6MPa，最高不超过1.9MPa。通常蒸发温度比要求的室温低5~10℃。

2. 压缩机安全工作条件

对冷藏运输用的活塞式制冷压缩机的安全工作条件可参考表8-3的规定。

表8-3　活塞式制冷压缩机的安全工作条件（参考）

动作压力 \ 制冷剂	R134a	R410a、R22、R404a	R717
蒸发温度 t_e/℃	-30~10	-40~5	-30~5
最高冷凝温度 $t_{c\,max}$/℃	50	40	40
最高冷凝压力(表压)$p_{2\,max}$/MPa	1.1	1.5	1.5
最大压缩比 p_2/p_1	10	8	8
活塞最大压力差(p_2-p_1)/MPa	1.2	1.4	1.4
压缩机最高吸气温度/℃	15	15	t_e+(5~8℃)
压缩机最高排气温度/℃	130	150	150
安全阀开启压力/MPa	1.65	2.25	2.25
润滑油油压(比曲轴箱压力高)/MPa	0.15~0.30	0.15~0.30	0.15~0.30
最高油温/℃	≤70	≤70	≤70

3. 压力控制器给定值

（1）高压控制器　比安全阀开启压力低0.1MPa。

（2）低压控制器　比最低冷凝温度 t_e 低5℃的相对应饱和压力值，但最低不低于0.01MPa。例如，对于制冷剂R134a，$t_e=20℃$时，低压控制给定值可取与 -25℃相应的表压力值，约为0.107MPa。

（3）油压（压差）控制器　有卸载-能量调节装置时，取0.15MPa；无卸载-能量调节装置时，最低取0.075MPa。

二、冷藏运输用制冷装置常见故障的分析与排除

下面以冷藏运输制冷装置典型故障为例进行分析。

1. 制冷压缩机不能起动或起动后不久即停机

1）检查控制箱的电路是否有电，电源开关触头接触是否良好。检查熔丝是否熔断。

2）检查电源的电压、电流。输入电源的电压应不低于额定电压的90%，否则电动机的额定功率明显下降，无法拖动压缩机；当输入线路的电流较小时，电动机带不动压缩机。

3）检查电动机是否超载。超载后使电动机无法转动或转动速度明显下降，若不马上停机，会熔断熔丝。若保护设备失灵，将烧损电动机。

4）检查各控制器。

① 检查压力控制器的触头，并检查是否因高压给定值太小或低压给定值过大而造成控制器断开。另外，若系统中高压阀未打开，也会引起压力控制器失控。

② 检查压差控制器触头是否断开。若油压建立不起来，会使该触头断开；起动时没有按复位钮，该触头处在自锁的断开状态（控制器工作一次后，需隔5min才能复位）。

③ 检查温度控制器触头是否断开。断开的原因有：库内温度已降到给定值；调整或安装不妥；感温包内制冷剂泄漏等。

5）检查压缩机的运动部件是否损坏，或者是否因缺油而“咬缸”。

2. 装置运行中压缩机突然停机或起、停频繁

1）高压超过允许值，压力控制器动作，保护性停机。引起高压升高的原因如下：

① 系统中有空气。空气在常温下不凝结，空气积存在冷凝器内会造成冷凝温度和冷凝压力均升高。系统中有了空气，在排出空气之前应检查空气是如何进入系统的。造成空气进入系统的原因有：一是低压段有渗漏，当吸气压力低于大气压时，空气渗入系统，发现渗漏点后，应及时排除；二是加制冷剂前，系统内空气未抽干净，或是在添加制冷剂（或添加润滑油）时，操作不严格，空气渗入系统。

② 冷却风量太小。冷却风量不足会使冷凝温度升高，排气压力随之升高。

③ 冷凝器结垢严重。冷凝器严重结垢，热阻增大，造成冷凝温度升高，排气压力相应升高。此时，需对冷凝器进行清洗。对于风冷翅片冷凝器积尘过多，也应做好清洁吹污工作。

2）低压过低，低于允许值，压力控制器自动切断电源，保护性停机。当库温达到给定值时，温度控制器动作，关闭电磁阀，低压随之降低；当降低至低压给定值时，压力控制器动作，压缩机停机。这是自动运行工况下的正常停机，不要误认为是故障。

若在正常停机后，虽库温尚未回升，电磁阀仍处于关闭状态，但压缩机却很快自动起动，起动后马上又停机；出现停、开频繁时，一般是压缩机阀片泄漏，高压气体渗漏到低压端，引

起低压回升，使压力控制器触头闭合，压缩机起动，但起动后，又会立即停机，造成起、停频繁。油分离器的自动截止阀或电磁阀泄漏，也会引起高、低压旁通，造成起、停频繁。

3）油压过低，引起润滑油压过低。若油压调节阀调节正常，一般是曲轴箱内润滑油量太少、吸油管不畅或过滤器堵塞；或是曲轴箱内的润滑油中溶解过多的氟利昂制冷剂（尤其是在吸气压力降低时），从而减少了油泵的供油量，油压即降低。

4）其他原因。

① 排气管道不通畅，分油器进口滤网阻塞，或排气阀未开足，使排气压力升高，造成压力控制器动作，电源切断，压缩机停机。

② 电动机超载，造成热继电器动作，或熔丝熔断，切断电源停机。

3. 冷室（间）降温速度缓慢或长时间不降温

（1）冷藏室（间）的隔热性能和密封性能差　冷室的密封性能或隔热性能差，引起热负荷增大，造成“打不冷”的后果。若在冷室门四周见到凝露或结霜现象，则表明门的密封性差，应及时修理。

若在外壁面上也有凝露现象，则说明隔热结构的隔热性能差。这可能是因为施工质量差或隔热材料受潮造成隔热性能降低。发现上述情况，须检修或更换隔热材料。

（2）冷风机的蒸发盘管霜层过厚　对于库温在0℃以下的冷库来说，蒸发器上所结的霜层为薄薄一层为最佳。若霜层很厚，甚至结成“冰棍”，那样会使蒸发器的传热性能降低，造成制冷量下降，冷库不降温，对此应及时融霜。

（3）膨胀阀的流量过大或过小　对调整好的膨胀阀来说，流过膨胀阀的制冷剂流量的大小是与工况的变化相适应的。若调节不当，制冷剂流量过大或过小，则无法使冷室降温，故一定要正确地掌握膨胀阀的调试。

（4）膨胀阀堵塞　膨胀阀的堵塞一般有以下三种情况：

1）冰塞——制冷剂中含有水分。制冷剂经膨胀阀节流时温度突降，水即结成冰粒，堵塞阀孔。出现冰塞后，制冷剂流量减少，吸气压力下降，排气压力下降，制冷量下降。

2）脏堵——系统中的脏物在膨胀阀进口滤网上造成堵塞。该处被堵后，会使阀吸入口结霜。排除方法是拆下膨胀阀进口滤网，进行清洗。

3）油堵——一般是由于选用了凝固点太高的润滑油引起的。当制冷剂流过膨胀阀时因节流降温，使部分油凝成糊状粘住阀孔，造成堵塞。这种故障的发生多数是因为蒸发温度过低或润滑油凝固点过高。

除了膨胀阀堵塞外，在干燥器、过滤器、连接管道或蒸发管内也会产生堵塞，一旦发生，同样会造成冷室降温缓慢或不降温的现象，发现堵塞后，应及时排除。

（5）制冷压缩机工作效率差　压缩机的效率差是指在工况不变的情况下，其实际排量显著下降，从而制冷机的制冷量相应减少，造成库温下降缓慢或不降温。造成压缩机效率差的原因多数是机器长期运行后运动部件的磨损，使密封性降低，从而使压缩机的实际排量显著下降。除此以外，也有高、低压之间泄漏等其他原因。

（6）制冷系统内制冷剂不足　制冷装置中制冷剂不足，影响蒸发器的正常供液，制冷量下降。造成制冷剂不足的原因除系统制冷剂充注量不足外，一般是系统中有泄漏。易漏的部位有压缩机轴封、接头，阀门填料处，冷凝器管子与管板扩焊接处，电磁阀芯、压力控制器波纹管，以及压缩机视油镜、加油塞、主轴承两端盖、油泵压盖等。

（7）制冷系统中有空气等不凝性气体　制冷系统中有空气时会引起高压升高，压缩比增大，供给系数减小，制冷量下降。

第四节　制冷装置常见故障分析及排除

制冷装置中常见故障很多，难以一一表述。为此，本节采用列表法进行表述，见表8-4。

表8-4　制冷装置中常见故障原因分析和排除方法

序号	故障	原因分析	排除方法
1	压缩机排气压力过高	系统进入空气	排除空气
		冷凝器冷却水泵、风机未开启	开启水泵、风机
		风冷冷凝器风量不足	加大风量、防止气流短路或阻塞
		冷凝器管壁积垢太厚	清洗冷凝器
		系统内制冷剂过多	抽出多余制冷剂
		分油器堵塞	清洗分油器及滤网
		压缩机排气阀未开足，排气管不畅通	开足排气阀、疏通排气管
		储液器进液阀未开或未开足	开启、开足进液阀
		装置分油不良、系统集油过多	检查调整分油装置，进行系统排油
2	压缩机排气温度过高	吸入气体过热度太大	适当调节膨胀阀，减少过热度
		压缩机排气阀片泄漏或破损	研磨阀片、阀线或更换阀片
		压缩机气缸垫片打穿	更换垫片
		安全阀过早开启，高、低压旁通	调节安全阀开启压力值
3	压缩机排气压力过低	冷凝器风量过大，气温过低	减少风量
		压缩机排气阀漏	研磨阀片或更换
		压缩机气缸垫片打穿，高、低压旁通	更换垫片
		系统内制冷剂不足	充注制冷剂
		吸入压力过低	适当提高吸入压力
		卸载-能量调节失灵，正常制冷时部分气缸卸载	调整油压0.15～0.3MPa，检查调整卸载机构
		安全阀过早开启，高、低压旁通	调整安全阀动作压力值
		分油器回油阀失灵，高、低压旁通	检修或更换回油阀
4	压缩机吸入压力过高	蒸发器热负荷过大	调整热负荷、降低 t_e，合理选择蒸发器
		压缩机吸气阀泄漏、阀片断裂	研磨阀片、阀线、更换阀片
		活塞环损坏或间隙过大	更换活塞环，调节间隙
		压缩机气缸垫片打穿，高、低压旁通	更换垫片
		膨胀阀感温包位置不对	放正感温包，包扎良好
		卸载-能量调节失灵，正常制冷时部分气缸卸载	调整油压、检查卸载机构
		安全阀调节不当，过早开启、高低压旁通	调整安全阀动作压力值
		分油器自动回油阀失灵，高、低压旁通	检修或更换自动回油阀
		系统内制冷剂过多	取出多余的制冷剂

（续）

序号	故障	原因分析	排除方法
5	压缩机吸入压力过低	蒸发器热负荷过小，t_e 过低	调整热负荷，提高 t_e
		膨胀阀开度过小，蒸发器进液量太少	调大膨胀阀开度，清洗膨胀阀滤网
		膨胀阀“冰塞”	系统进行除水干燥
		膨胀阀感温包充剂逃逸	更换膨胀阀
		供液电磁阀未开启、液管堵、储液器出液阀未开或未开足	开启电磁阀、开启或开足出液阀
		系统制冷剂不足	适当充注制冷剂
		压缩机吸入阀未开足或管堵	清洗吸气滤网，全开吸入阀
		蒸发器盘管结垢过厚、集油过多、换热不良	清洁管路、冲污排油
		蒸发器结霜过厚	融霜
		低压系统堵塞	检查、疏通、清洗管路
		吹风冷却风机未起动或倒转	起动并使风机正转
6	压缩机有异常声响	气缸余隙过小	调整余隙或适当加厚气缸垫片
		活塞销与连杆小头衬套间隙过大	更换衬套
		吸、排气阀片、弹簧断裂	停车检查，取出碎片，更换阀片、弹簧
		组装式吸、排气阀螺母松动	拧紧螺母或更换
		假盖弹簧断裂	更换弹簧
		气缸与活塞配合间隙过大或过小，造成拉缸、偏磨	更换零部件，调整配合间隙
		压缩机“奔油”造成“液击”	更换刮油环，调整搭口位置
		吸入液体制冷剂，造成“液击”	调整工况，调整膨胀阀开度，适当调小吸入阀开度
		连杆大头轴瓦与曲轴轴颈间隙过大，主轴颈与主轴承间隙过大	调整间隙，更换轴瓦适当提高油压
		连杆螺栓螺母松动脱落	紧固或更换螺母，并以开口销锁紧
		飞轮、电动机转子键松弛（半封闭或全封闭压缩机）	更换或紧固键
		电动机转子摩擦定子——主轴承间隙过大（半封闭、全封闭压缩机）	更换主轴承
7	润滑油压过低	油压调节阀调节不当	重新调节油压调节阀
		油压调节阀泄漏、弹簧失灵	更换阀芯或弹簧
		润滑油太脏	更换润滑油
		油滤网堵塞或损坏	清洗滤网或更换
		油泵进油管堵塞	疏通进油管
		油泵间隙过大或失灵	更换或检修油泵
		油中溶有制冷剂（油呈泡沫状）	打开油加热器、关小膨胀阀
		润滑油质量低、变质、粘度过大	更换清洁、粘度适当的润滑油
		各润滑轴承间隙过大、跑油	调整间隙、更换轴瓦
		曲轴箱润滑油量不足	加注润滑油
		油温过低	开启油加热器
		油压表不显示、阀未开、接管堵塞等	检查表、阀和接管，并予以解决
		油泵传动件损坏	检查油泵传动件，修复或更换

（续）

序号	故障	原因分析	排除方法
8	卸载-能量调节装置失灵	能量调节阀调节不当	重新调节能量调节阀
		能量调节阀油活塞卡死	拆检能量调节阀
		调节机构卡死	拆检调节机构
		油活塞严重漏油	拆检或更换油活塞
		油管或接头严重漏油	检修油管或接头
		油压过低	提高油压
		卸载油缸进油管堵，不进油	疏通进油管
9	制冷系统堵塞	压缩机至冷凝器之间堵——高压迅速升高	疏通管路、检查各阀，全开高压排出阀
		冷凝器至膨胀阀之间堵——低压迅速下降，堵塞部位以后结霜、结露、“发冷”	疏通管路，检查各阀开启度，更换或清洗滤器
		膨胀阀至压缩机之间堵——低压迅速抽空，堵塞部位以前结霜融化，不结露，也不“发冷”	清洗膨胀阀滤器、网，疏通管路，清除膨胀阀冰塞
		阀头脱落、裂损使高压通路堵	拆修、更换
		分油器回油管堵、油脏	换油
		吸气滤网堵	清洗滤网
10	系统制冷剂泄露	易熔塞泄漏、易熔塞已熔、高压异常	更换、清除、排除超压原因
		蒸发管路破损，爆裂	焊修或更换
		法兰及连接或焊接等处泄漏	阻漏处理
		冷凝管路破裂、爆裂，端板锈蚀	局部焊修、封管或更换
11	装置运转但不制冷	蒸发器温度过低：制冷剂不足或无制冷剂	充注制冷剂
		蒸发器温度过低：过滤干燥器脏堵	清洗滤网或更换干燥器
		蒸发器温度过低：管路集油和污垢，换热不良	排油清洁管路
		蒸发器温度过低：蒸发管结霜过厚	融霜
		蒸发器温度过低：膨胀阀调节不当，滤网堵	重新调节，清洗
		蒸发器温度过低：热负荷过小，冷风短路回流	改变负荷，防止冷风短路
		蒸发器温度过低：膨胀阀、制冷剂分配器或管路堵	疏通或更换
		冷凝器温度过高：热负荷过大	调整负荷
		冷凝器温度过高：膨胀阀不良	调整、检修或更换
		冷凝器温度过高：膨胀阀温包接触不良	重新包扎
		冷凝器温度过高：压缩机吸气阀片打碎	更换
		冷凝器温度 t_c 过高	找出原因，采取相应措施
		冷凝器温度 t_c 过低	找出原因，采取相应措施
		冷风机减速或停止	提高到额定转速，开启风机
		冷风被阻塞或短路回流	防止阻塞或短路回流
		压缩机输气量不足，制冷剂太少，转速下降	充注制冷剂、堵漏、提高转速
		压缩机压比下降、阀不密封	检查接触不良处、堵漏
		卸载-能量调节机构工作不良	检查、调整

（续）

序号	故障	原因分析	排除方法
12	热力膨胀阀常见故障	膨胀阀滤网、节流孔堵——蒸发压力过低	蒸发器供液量不足，低压下降，压缩机抽空，采取相应措施或更换膨胀阀
		阀针过短——阀开度过小或不开启	
		感温包内充剂逃逸——阀不开启	
		膨胀阀“冰塞”——阀节流孔堵	
		阀针过长，感温包位置不正确，未包扎，膨胀阀调节弹簧折断，阀芯卡死，阀开度过大，停机后关不严	造成蒸发器供液量过大，回气管压缩机结霜，停车后再起动产生“液击”，采取相应措施消除
		膨胀阀有“丝丝”且断续的气流声，制冷剂不足，液管阻力过大，产生“闪气”	造成供液不足，低压下降，采取相应手段解决
13	压缩机起停频繁	供液电磁阀漏	检修或更换
		高低端内漏（如排气阀漏）	研磨阀片或更换
		低压控制器，温度控制器失灵或幅差过小	检查调节
		其他电气故障	检查，排除故障
14	压缩机正常运转中突然停机	高压超高（冷凝器断水，水量减少，水温、气温均过高）	通水，调节冷却水量
		风冷式冷凝器风量过小，风机停转	检查风机，排除故障
		油压过低或控制器调节不当	调节油压调节阀及控制器的控制值
		高、低压控制器调节不当	重新调节控制值
		温度控制器调节不当	重新调节
		压缩机咬缸或电气故障	检查、修复

参考文献

[1] 于学军，张国治．冷冻、冷藏食品的贮藏与运输［M］．北京：化学工业出版社，2007.

[2] 华泽剑，李云飞，刘宝林．食品冷冻冷藏原理与设备［M］．北京：机械工业出版社，2002.

[3] 卢士勋，杨万枫．冷藏运输制冷技术与设备［M］．北京：机械工业出版社，2006.

[4] 关志强．食品冷冻冷藏原理与技术［M］．北京：化学工业出版社，2005.

[5] 王世良．冷藏集装箱［M］．北京：人民交通出版社，2005.

[6] 王世良．机械制冷冷藏集装箱与运输［M］．北京：人民交通出版社，2005.

[7] 孙桂初，刘东岭．铁路冷藏运输［M］．北京：中国铁道出版社，2005.

[8] 费千．船舶辅机［M］．3版．大连：大连海事大学出版社，2001.

[9] 雷霞．制冷原理［M］．北京：机械工业出版社，2005.

[10] 罗伦．制冷与空调设备［M］．北京：高等教育出版社，2008.